Volker Marko
Private Krankenversicherung

Private Krankenversicherung

nach GKV-WSG und VVG-Reform

von

Dr. Volker Marko

2., überarbeitete Auflage

Verlag C.H. Beck München 2010

Verlag C.H. Beck im Internet:
beck.de

ISBN 978 3 406 59879 1

© 2010 Verlag C.H. Beck oHG
Wilhelmstraße 9, 80801 München
Druck und Bindung: Nomos Verlagsgesellschaft
In den Lissen 12, 76547 Sinzheim

Satz: Textservice Zink
Neue Steige 33, 74869 Schwarzach

Gedruckt auf säurefreiem, alterungsbeständigem Papier
(hergestellt aus chlorfrei gebleichtem Zellstoff)

Vorwort

Die vorliegende Neuauflage ist insbesondere um die zwischenzeitlich eingetretenen wesentlichen Gesetzesänderungen betreffend Teil B und Teil C ergänzt worden. Hervorzuheben sind die für den Versichererwechsel bedeutsamen Änderungen der Kalkulationsverordnung, das Gesetz zur Änderung arzneimittelrechtlicher und anderer Vorschriften sowie das Gesetz zur Weiterentwicklung der Organisationsstrukturen in der gesetzlichen Krankenversicherung. Berücksichtigt wurde auch der aktuelle Diskussionsstand in der Literatur. Zudem werden zahlreiche weitere, im Zuge der Umsetzung des GKV-WSG aufgetretene praxisrelevante Rechtsfragen ausführlich erörtert und Lösungswege aufgezeigt. Gegenstand der Überarbeitung ist auch das Urteil des Bundesverfassungsgerichts vom 10. Juni 2009 zur Verfassungsmäßigkeit der PKV-relevanten Teile des GKV-WSG.

München, im Dezember 2009   Dr. Volker Marko

Aus dem Vorwort zur 1. Auflage

Im Rahmen des GKV-WSG wurde das Recht der privaten Krankenversicherung in wesentlichen Punkten neu gestaltet. Die im Zuge der VVG-Reform 2008 erfolgte Neunummerierung aller Paragraphen des VVG war zwar gewöhnungsbedürftig, inhaltlich haben sich aber dadurch keine gravierenden Änderungen für die Krankenversicherung ergeben.

Die Neuregelungen der Vorschriften über die Krankenversicherung im Rahmen des GKV-WSG stellen dagegen das bisherige Geschäftsmodell der privaten Krankenversicherung auf den Prüfstand. Das Modell der privaten Krankenversicherung wurde durch die Verpflichtung zur Einführung eines Basistarifs und der gesetzlichen Rahmenbedingungen für dessen Ausgestaltung ein Stück weit an die Sozialversicherung angenähert. Die Einführung der Pflicht zur Versicherung in der durch das GKV-WSG erfolgten Ausgestaltung passt nicht zu einem auf der grundrechtlich geschützten Privatautonomie basierenden Versicherungswesen. Problematisch ist insbesondere der gesetzlich vorgeschriebene Annahmezwang im Basistarif, in dessen Rahmen dem Versicherer die Erhebung von individuellen Risikozuschlägen und Leistungsausschlüssen untersagt ist und dessen Prämien nicht teurer sein dürfen, als der durchschnittliche Höchstbeitrag der gesetzlichen Krankenkassen.

Gleichwohl sind die privaten Krankenversicherungen gezwungen, die gesetzlichen Neuregelungen umzusetzen, um nicht die Zulassung zu ihrem Geschäftsbetrieb zu verlieren. Die Umsetzung wird dadurch erschwert, dass die gesetzlichen Regelungen teilweise widersprüchlich und lückenhaft sind.

Um die Orientierung zu erleichtern, werden im Rahmen des vorliegenden Werkes in knapper Form zunächst die wesentlichen Neuregelungen des Krankenversicherungsrechts infolge der VVG-Reform 2008 aufgezeigt. Im Anschluss werden die zentralen Gesetzesänderungen des VVG, des VAG, des Sozialversicherungsrechts sowie der darauf basierenden Musterbedingungen dargestellt und die im Rahmen der Umsetzung der neuen Vorschriften auftretenden Rechtsfragen und entsprechende Lösungsvorschläge teilweise mit Beispielen erläutert. ...

München, im Oktober 2008   Dr. Volker Marko

Inhaltsübersicht

	Seite
Inhaltsverzeichnis	IX
Abkürzungsverzeichnis	XVII
Literaturverzeichnis	XXIII

A. Die wesentlichen Neuregelungen des Rechts der privaten Krankenversicherung im Rahmen der VVG-Reform 2008 1
    I. Vorbemerkung 1
    II. Die wesentlichen Neuregelungen des Rechts der Krankenversicherung im Besonderen Teil des VVG   1

B. Die Neuregelungen des Versicherungsvertrags- und Aufsichtsrechts im Rahmen des GKV-WSG 11
    I. Einführung einer allgemeinen Pflicht zur Versicherung   11
    II. Sanktionen bei Verstoß gegen die Pflicht zur Versicherung 24
    III. Kontrahierungszwang der Versicherer im Basistarif ... 26
    IV. Einschränkung des Kündigungsrechts des Versicherungsnehmers 40
    V. Verbot der Kündigung durch den Versicherer 48
    VI. Ruhen der Leistungen bei Zahlungsverzug 51
    VII. Neuregelung des Tarifwechselrechts und Mitgabe des Übertragungswerts 61
    VIII. Informations- und Beratungspflichten des Versicherers im Zusammenhang mit dem Wechselhalbjahr 2009 ... 97
    IX. Verfassungsrechtliche Aspekte der versicherungsvertrags- und aufsichtsrechtlichen Neuregelungen des VVG und VAG 106

C. Die wesentlichen PKV-relevanten Änderungen des Sozialrechts im Rahmen des GKV-WSG und deren Auswirkungen auf den Wettbewerb zwischen der privaten und der gesetzlichen Krankenversicherung 109
    I. Die Aufnahmepflicht Nichtversicherter im modifizierten Standardtarif 109

Übersicht

II. Die Schließung des Standardtarifs im Zuge der Einführung des Basistarifs	113
III. Die Zulassung des Angebots von Wahltarifen im Bereich der gesetzlichen Krankenkassen	114
IV. Die Verlängerung der Mindestverweildauer in der gesetzlichen Krankenkasse für freiwillig Versicherte ..	123
V. Die Auswirkungen der Einführung von Wahltarifen nach § 53 SGB V auf den Wettbewerb zwischen der gesetzlichen und der privaten Krankenversicherung ...	125
VI. Verfassungs- und europarechtliche Aspekte der Möglichkeit der Einführung von Wahltarifen	128
VII. Schlussfolgerung	129

Anhang 131

I. Musterbedingungen 2009 für die Krankheitskosten- und Krankenhaustagegeldversicherung (MB/KK 2009) §§ 1–20 131

II. Musterbedingungen 2009 für die Krankentagegeld-versicherung (MB/KT 2009) §§ 1–18 147

III. Allgemeine Versicherungsbedingungen (AVB) für den Standardtarif im Sinne des § 257 Abs. 2a SGB V sowie des § 315 SGB V 161

IV. Allgemeine Versicherungsbedingungen 2009 für den Basistarif (MB/BT 2009) §§ 1–18, Tarif BT 219

Sachregister 261

Inhaltsverzeichnis

	Seite
Abkürzungsverzeichnis	XVII
Literaturverzeichnis	XXIII

A. Die wesentlichen Neuregelungen des Rechts der privaten Krankenversicherung im Rahmen der VVG-Reform 2008 ... 1
   I. Vorbemerkung ... 1
   II. Die wesentlichen Neuregelungen des Rechts der Krankenversicherung im Besonderen Teil des VVG ... 1
     1. Modifiziert anzuwendende Vorschriften des Allgemeinen Teils des VVG ... 1
       a) Eigene Anspruchsberechtigung der versicherten Person ... 1
       b) Anzeigepflichtverletzung ... 2
       c) Verzug mit der Zahlung einer Folgeprämie ... 3
     2. Einführung eines gesetzlichen Übermaßverbots ... 3
     3. Vereinbarung zusätzlicher Dienstleistungen ... 5
     4. Gesetzlicher Forderungsübergang bei Rückzahlungsanspruch gegen Leistungserbringer ... 6
     5. Erweiterung des Bereicherungsverbots gegen mehrere Erstattungsverpflichtete ... 7
     6. Ausnahmsweise Möglichkeit der Befristung der substitutiven Krankenversicherung ... 7
     7. Neuregelungen im Rahmen des Versicherungsschutzes bei Beihilfeberechtigten ... 8
     8. Neuregelungen bei Wohnsitzverlegung innerhalb der EU ... 9
     9. Neuregelungen beim Kündigungsrecht des Versicherers ... 9
     10. Neuregelungen beim Kündigungsrecht des Versicherungsnehmers ... 10

B. Die Neuregelungen des Versicherungsvertrags- und Aufsichtsrechts im Rahmen des GKV-WSG ... 11
   I. Einführung einer allgemeinen Pflicht zur Versicherung ... 11

Inhalt

1. Allgemeines 11
2. Zweck der Regelung 11
3. Geltungsbereich 12
   a) Erfasster Personenkreis 12
   b) In Betracht kommende Versicherungs-
      unternehmen 12
4. Verhältnis zur Versicherungspflicht in
   der gesetzlichen Krankenversicherung 13
5. Ausnahmen 14
6. Sonderregelung für alte Verträge 16
7. Umfang der Pflicht zur Versicherung 19
   a) Grundsätzliche Anforderungen 19
   b) Darstellung der Auswirkungen der Mindest-
      anforderungen des Versicherungsschutzes anhand
      konkreter Beispiele 21
   c) Mindestversicherungsschutz und individuelle
      Leistungsausschlüsse 23
II. Sanktionen bei Verstoß gegen die Pflicht
    zur Versicherung 24
    1. Allgemeines 24
    2. Prämienzuschlag 24
    3. Stundungsmöglichkeit und Ratenzahlung 26
III. Kontrahierungszwang der Versicherer im Basistarif ... 26
     1. Allgemeines 26
     2. Reichweite des Kontrahierungszwangs 28
        a) Sachlicher Anwendungsbereich 28
        b) Risikoprüfung und Anzeigepflicht 28
        c) Berechtigter Personenkreis 31
        d) Ausnahmen vom Kontrahierungszwang 32
        e) Unabhängigkeit der Kontrahierungspflicht vom
           Zeitpunkt des Wirksamwerdens der Kündigung
           der Vorversicherung 33
     3. Inhaltliche Ausgestaltung des Versicherungsschutzes
        und Prämienhöhe im Rahmen des Basistarifs 33
        a) Brancheneinheitlichkeit der Ausgestaltung des
           Versicherungsschutzes 33
        b) Behandlung vorvertraglicher Versicherungsfälle . 34
        c) Prämienhöhe des Basistarifs 35
        d) Risikoausgleich zwischen den Versicherungs-
           unternehmen 36
        e) Selbstbehalte im Basistarif 36
        f) Varianten des Basistarifs für Beihilfeberechtigte . 36

Inhalt

4. Vertragliche Mindestbindungsfrist bei Verträgen mit Selbstbehalt 37
   a) Allgemeines 37
   b) Reichweite der Mindestbindungsfrist 37
   c) Verhältnis der Mindestbindungsfrist zum Sonderkündigungsrecht nach § 205 Abs. 4 VVG 38
5. Direktabrechnung der Leistungserbringer und gesamtschuldnerische Haftung von Versicherer und Versicherungsnehmer im Basistarif 39
IV. Einschränkung des Kündigungsrechts des Versicherungsnehmers 40
   1. Allgemeines 40
   2. Voraussetzungen einer wirksamen Kündigung 40
   3. Sonderfall: Kündigung eines Gruppenversicherungsvertrags durch den Versicherungsnehmer 41
   4. Verhältnis des § 205 Abs. 6 Satz 2 VVG zu § 8 Abs. 1 Satz 1 VVG 43
      a) Problemstellung 43
      b) Keine Annahme der Verwirkung 43
      c) Keine Annahme der unzulässigen Rechtsausübung 44
      d) Auswirkungen des Widerrufs des Vertrags beim neuen Versicherer auf den Versicherungsschutz beim bisherigen Versicherer 44
      e) Analoge Anwendbarkeit des § 205 Abs. 6 Satz 2 VVG auf den Widerruf 47
V. Verbot der Kündigung durch den Versicherer 48
   1. Allgemeines 48
   2. Reichweite des Kündigungsverbots 48
      a) Wortlaut der Vorschrift 48
      b) Teleologische Reduktion des Kündigungsverbots 49
      c) Verhältnis zum gesetzlichen Rücktrittsrecht bei Anzeigepflichtverletzung und Verzug mit der Zahlung der Erstprämie 51
VI. Ruhen der Leistungen bei Zahlungsverzug 51
   1. Allgemeines 51
   2. Voraussetzungen für das Ruhen der Leistungen 52
   3. Rechtsfolgen bei Ruhen des Leistungsanspruchs ... 53
      a) Auswirkungen auf den Leistungsanspruch 53
      b) Auswirkungen auf die Pflicht zur Beitragszahlung 57
      c) Säumniszuschlag 57
      d) Fortsetzung des Vertrags im Basistarif 57

XI

Inhalt

- 4. Ende des Ruhens der Leistungen 59
  - a) Begleichung aller rückständigen Beitragsanteile . 59
  - b) Eintritt von Hilfebedürftigkeit 59
  - c) Sonderproblem: Aufrechnung von Prämienrückständen mit Leistungsansprüchen nach Eintritt von Hilfebedürftigkeit 60
- 5. Ruhen von Zusatzversicherungen zum Basistarif bei Halbierung des Beitrags im Basistarif 60

VII. Neuregelung des Tarifwechselrechts und Mitgabe des Übertragungswerts 61
  1. Allgemeines 61
     - a) Grundsätzliche Beibehaltung des Tarifwechselrechts 61
     - b) Einführung eines Übertragungswerts 61
     - c) Gesetzeszweck 62
     - d) Praktische Auswirkungen der gesetzlichen Neuregelung 62
  2. Tarifwechsel aus dem Basistarif in normale Krankheitskostentarife 65
     - a) Zulässigkeit des Tarifwechsels aus dem Basistarif in einen Normaltarif 65
     - b) Verhältnis des auf den Basistarif begrenzten Annahmezwangs zum Tarifwechselrecht 65
     - c) Auswirkungen der Begrenzung des Kontrahierungszwangs auf den Basistarif auf das Recht des Versicherungsnehmers, im Rahmen des Tarifwechsels zur Vermeidung von Risikozuschlägen Leistungsausschlüsse zu vereinbaren 66
     - d) Zulässigkeit einer ergänzenden Risikoprüfung für Mehrleistungen des Zieltarifs 67
     - e) Tarifwechsel aus dem Basistarif in den ursprünglichen Tarif nach vorheriger Überführung wegen Nichtzahlung der Beiträge 68
  3. Tarifwechsel in den Basistarif 68
     - a) Allgemeines 68
     - b) Wechselmöglichkeit für PKV-Neukunden 69
     - c) Wechselmöglichkeit für PKV-Altkunden 69
  4. Umgang mit Risikozuschlägen und Leistungsausschlüssen beim Tarifwechsel und bei der Zwangsumstellung in den Basistarif 70
     - a) Problemstellung 70
     - b) Sonderfall: Zwangsumstellung in den Basistarif 71

Inhalt

c) Lösungsvorschlag 71
5. Mitgabe eines Teils der kalkulierten Alterungsrückstellungen beim Wechsel des Versicherers 73
   a) Allgemeines 73
   b) Voraussetzungen des Anspruchs auf Mitgabe des Übertragungswerts 74
   c) Mitgabe des Übertragungswerts bei PKV-Neukunden 75
   d) Mitgabe des Übertragungswerts bei PKV-Altkunden 76
   e) Reichweite des Anspruchs auf Mitgabe des Übertragungswerts 76
   f) Folgen für die Tariflandschaft des Versicherers .. 78
   g) Besonderheiten bei der Anwartschaftsversicherung 80
   h) Besonderheiten im Rahmen der Geltendmachung des Beihilfeergänzungsanspruchs 82
   i) Besonderheiten im Rahmen der Wiederinkraftsetzung von Verträgen 82
   j) Zulässigkeit der Aufrechnung durch den Versicherer wegen Beitragsrückständen des Versicherungsnehmers 83
   k) Zulässigkeit der Geltendmachung eines Zurückbehaltungsrechts durch den Versicherer wegen Beitragsrückständen des Versicherungsnehmers . 85
   l) Verbleib der vor dem 1. Januar von PKV-Altkunden aufgebauten Alterungsrückstellungen bei sonstiger Beendigung des Vertrags 86
6. Anspruch auf Vereinbarung eines Zusatztarifs beim Wechsel in den Basistarif 88
   a) Allgemeines 88
   b) Rechtsnatur und Reichweite des Anspruchs 89
   c) Zeitlicher Rahmen zur Geltendmachung des Anspruchs 90
7. Recht auf Fortführung eines gekündigten Vertrags in Form einer Anwartschaftsversicherung 90
   a) Allgemeines 90
   b) Reichweite des Anspruchs 91
8. Ausgestaltung des Tarifwechselrechts von Versicherungsnehmern zwischen „neuer Welt" und „alter Welt" 92
   a) Allgemeines 92

XIII

Inhalt

    b) Wechsel von Versicherungsnehmern aus Tarifen der „alten Welt" in Tarife der „neuen Welt" 93
    c) Wechsel von PKV-Neukunden aus Tarifen der „neuen Welt" in Tarife der „alten Welt" 93
    d) Zulässigkeit des Rückwechsels von in die „neue Welt" gewechselten PKV-Altkunden in die „alte Welt" 94
    e) Zulässigkeit des Mischens von Tarifen der „neuen" und der „alten Welt" bei Bausteintarifen 95
  9. Anrechnung von Wartezeiten im Rahmen des Wechsels des Versicherers 96
    a) Allgemeines 96
    b) Reichweite 96
VIII. Informations- und Beratungspflichten des Versicherers im Zusammenhang mit dem Wechselhalbjahr 2009 ... 97
  1. Problembeschreibung 97
  2. Anzuwendendes Recht 98
  3. Informationspflichten des Versicherers nach dem VVG 98
    a) Informationspflicht hinsichtlich der Möglichkeit des Wechsels in den Basistarif des bisherigen Versicherers 98
    b) Informationspflicht hinsichtlich der Möglichkeit der Mitnahme des Übertragungswerts beim Wechsel in den Basistarif eines anderen Versicherers 99
  4. Nachfrage- und Beratungspflichten des Versicherers nach dem VVG 101
    a) Allgemeines 101
    b) Nachfrage- und Beratungspflicht hinsichtlich der Möglichkeit des Wechsels in den Basistarif des bisherigen Versicherers 102
    c) Nachfrage- und Beratungspflicht hinsichtlich der Möglichkeit der Mitnahme des Übertragungswerts beim Wechsel in den Basistarif eines anderen Versicherers 103
  5. Informations- und Beratungspflichten nach dem alten VVG 105
IX. Verfassungsrechtliche Aspekte der versicherungsvertrags- und aufsichtsrechtlichen Neuregelungen des VVG und VAG 106

Inhalt

C. **Die wesentlichen PKV-relevanten Änderungen des Sozialrechts im Rahmen des GKV-WSG und deren Auswirkungen auf den Wettbewerb zwischen der privaten und der gesetzlichen Krankenversicherung** 109
  I. Die Aufnahmepflicht Nichtversicherter im modifizierten Standardtarif 109
    1. Allgemeines 109
    2. Zugangsberechtigter Personenkreis 110
    3. Die inhaltliche Ausgestaltung des modifizierten Standardtarifs 111
      a) Vertragsschluss 111
      b) Regelungen zur Beitragszahlung 111
      c) Leistungsanspruch 111
  II. Die Schließung des Standardtarifs im Zuge der Einführung des Basistarifs 113
  III. Die Zulassung des Angebots von Wahltarifen im Bereich der gesetzlichen Krankenkassen 114
    1. Allgemeines 114
    2. Die Wahltarife im Einzelnen 114
      a) Wahltarife mit Selbstbehalt 114
      b) Wahltarife mit Prämien für den Fall der Nichtinanspruchnahme der Krankenkasse 115
      c) Wahltarife für besondere Versorgungsformen ... 115
      d) Wahltarife für Kostenerstattung 116
      e) Wahltarife zur Erstattung der Kosten für Arzneimittel der besonderen Therapieeinrichtungen 116
      f) Wahltarife, die den gesetzlichen Leistungsumfang für bestimmte Mitgliedergruppen begrenzen 116
      g) Wahltarif Krankengeld 117
    3. Mindestbindungsfrist bei Abschluss von Wahltarifen 119
      a) Allgemeines 119
      b) Reichweite der Mindestbindungsfrist 119
      c) Besonderheiten durch das Gesetz zur Änderung arzneimittelrechtlicher und anderer Vorschriften . 121
    4. Kalkulation der Wahltarife 122
  IV. Die Verlängerung der Mindestverweildauer in der gesetzlichen Krankenkasse für freiwillig Versicherte .. 123
    1. Allgemeines 123
    2. Übergangsregelung 123
  V. Die Auswirkungen der Einführung von Wahltarifen nach § 53 SGB V auf den Wettbewerb zwischen der gesetzlichen und der privaten Krankenversicherung ... 125
    1. Allgemeines 125

Inhalt

  2. Reichweite der Befugnis der gesetzlichen Krankenkassen nach § 53 SGB V zur Einführung von Wahltarifen 125
  3. Wettbewerbsvorteile der gesetzlichen Krankenkassen gegenüber den PKV-Unternehmen beim Angebot von Wahltarifen 127
   a) Die Rahmenbedingungen der gesetzlichen Krankenkassen im Wettbewerb 127
   b) Die Rahmenbedingungen von PKV-Unternehmen im Wettbewerb 128
 VI. Verfassungs- und europarechtliche Aspekte der Möglichkeit der Einführung von Wahltarifen 128
 VII. Schlussfolgerung 129

Anhang 131
 I. Musterbedingungen 2009 für die Krankheitskosten- und Krankenhaustagegeldversicherung (MB/KK 2009) §§ 1–20 131
 II. Musterbedingungen 2009 für die Krankentagegeldversicherung (MB/KT 2009) §§ 1–18 147
 III. Allgemeine Versicherungsbedingungen (AVB) für den Standardtarif im Sinne des § 257 Abs. 2a SGB V sowie des § 315 SGB V 161
 IV. Allgemeine Versicherungsbedingungen 2009 für den Basistarif (MB/BT 2009) §§ 1–18, Tarif BT 219

Sachregister 261

Abkürzungsverzeichnis

a. A.	anderer Ansicht
a. E.	am Ende
a. F.	alte Fassung
a. a. O.	am angegebenen Ort
Abl. EG	Amtsblatt der Europäischen Gemeinschaft
Abs.	Absatz/Absätze
ABV	Allgemeine Bedingungen der Vertrauensschadenversicherung
AcP	Archiv für die civilistische Praxis
AG	Aktiengesellschaft; Amtsgericht; Die Aktiengesellschaft (Zeitschrift)
AktG	Aktiengesetz
Alt.	Alternative
Anh.	Anhang
Anm.	Anmerkung
Art.	Artikel
AsylbLG	Asylbewerberleistungsgesetz
AVB	Allgemeine Versicherungsbedingungen
Az.	Aktenzeichen
BAFin	Bundesanstalt für Finanzdienstleistungsaufsicht
BAV, BAA	Bundesaufsichtsamt für Versicherungs- (bis 1973: und Bauspar-)wesen
BB	Betriebs-Berater
BBhV	Verordnung über Beihilfe in Krankheits-, Pflege- und Geburtsfällen (Bundesbeihilfeverordnung)
BeckRS	Beck-Rechtsprechung
BetrVG	Betriebsverfassungsgesetz
BFH	Bundesfinanzhof
BFHE	Entscheidungen des Bundesfinanzhofs (Amtliche Sammlung)
BGB	Bürgerliches Gesetzbuch
BGBl.	Bundesgesetzblatt
BGH	Bundesgerichtshof
BGHZ	Entscheidungen des Bundesgerichtshofs in Zivilsachen (Amtliche Sammlung)
BhV	Allgemeine Verwaltungsvorschrift für Beihilfen in Krankheits-, Pflege- und Geburtsfällen (Beihilfevorschriften)
BK/*Bearbeiter*	Berliner Kommentar zum Versicherungsvertragsgesetz
BM/*Bearbeiter*	*Bach/Moser*, Private Krankenversicherung, MB/KK- und MB/KT-Kommentar, 4. Auflage 2009
BMF	Bundesministerium für Finanzen

Abkürzungen

BMI	Bundesministerium des Innern
BR	Bundesrat
BR-Drucks.	Bundesrats-Drucksache
BT	Bundestag
BT-Drucks.	Bundestags-Drucksache
Buchst.	Buchstabe(n)
BVerfG	Bundesverfassungsgericht
BVerfGE	Entscheidungen des Bundesverfassungsgerichts (Amtliche Sammlung)
BVerwG	Bundesverwaltungsgericht
bzw.	beziehungsweise
ca.	circa
d.h.	das heißt
DB	Der Betrieb
ders.	derselbe
DJT	Deutscher Juristentag
DJZ	Deutsche Juristenzeitung
Drucks.	Drucksache
EG	Einführungsgesetz; Europäische Gemeinschaft
EGHGB	Einführungsgesetz zum Handelsgesetzbuch
etc.	et cetera
EuGH	Europäischer Gerichtshof
EuR	Europarecht
EuZW	Europäische Zeitschrift für Wirtschaftsrecht
EWG	Europäische Wirtschaftsgemeinschaft
f.	folgende
ff.	fortfolgende
GbR	Gesellschaft bürgerlichen Rechts
GDV	Gesamtverband der Deutschen Versicherungswirtschaft
GenG	Gesetz betreffend die Erwerbs- und Wirtschaftsgenossenschaften
GG	Grundgesetz
ggf.	gegebenenfalls
GKV	Gesetzliche Krankenversicherung
GKV-OrgWG	Gesetz zur Weiterentwicklung der Organisationsstrukturen in der gesetzlichen Krankenversicherung
GKV-WSG	GKV-Wettbewerbsstärkungsgesetz
GOÄ	Gebührenordnung für Ärzte
GOZ	Gebührenordnung für Zahnärzte
GWB	Gesetz gegen Wettbewerbsbeschränkungen
h.M.	herrschende Meinung
HGB	Handelsgesetzbuch
HIV	Humanes Immundefizienz-Virus

Abkürzungen

Hrsg.	Herausgeber
Halbs.	Halbsatz
i.d.F.	in der Fassung
i.R.	im Rahmen
i.R.d.	im Rahmen der/des
i.R.v.	im Rahmen von
i.S.	im Sinne
i.S.d.	im Sinne der/des
i.S.v.	im Sinne von
i.V.m.	in Verbindung mit
IDW	Institut der Wirtschaftsprüfer in Deutschland e.V.
IPR	Internationales Privatrecht
IPRax	Praxis des Internationalen Privat- und Verfahrensrechts
Jura	Juristische Ausbildung
jurisPR-SozR	juris Praxis Report Sozialrecht
JW	Juristische Wochenschrift
JZ	Juristenzeitung
KalV	Kalkulationsverordnung
krit.	kritisch
KSVG	Künstlersozialversicherungsgesetz
LG	Landgericht
LSG	Landessozialgericht
LZ	Leipziger Zeitschrift für deutsches Recht
m.w.N.	mit weiteren Nachweisen
MB/BT	Allgemeine Versicherungsbedingungen für den Basistarif
MB/KK	Musterbedingungen für die Krankheitskosten- und Krankenhaustagegeldversicherung
MB/KT	Musterbedingungen für die Krankenhaustagegeldversicherung
MitbestG	Mitbestimmungsgesetz
MünchKommVVG/ Bearbeiter	*Langheid/Wandt*, Münchener Kommentar zum Versicherungsvertragsgesetz, 2009
NJW	Neue Juristische Wochenschrift
Nr.	Nummer
NVwZ-RR	Neue Zeitschrift für Verwaltungsrecht Rechtsprechungsreport
NZS	Neue Zeitschrift für Sozialrecht
o.g.	oben genannt
oHG	offene Handelsgesellschaft
OLG	Oberlandesgericht
OVG	Oberverwaltungsgericht

Abkürzungen

PKV	Private Krankenversicherung
PKV Publik	Zeitschrift des Verbandes der privaten Krankenversicherung
P/M/*Bearbeiter*	*Prölss/Martin,* Versicherungsvertragsgesetz, Kommentar, 27. Auflage, 2004
r+s	Recht und Schaden
RBerG	Rechtsberatungsgesetz
Reg.	Regelung
Rdn.	Randnummer(n)
RHSch/*Bearbeiter*	*Rüffer/Halbach/Schimikowski,* Versicherungsvertragsgesetz, Handkommentar, 2009
Rspr.	Rechtsprechung
S.	Seite(n)
Sch/B/*Bearbeiter*	*Schwintowski/Brömmelmeyer,* Praxiskommentar zum Versicherungsvertragsrecht, 2008
SGB	Sozialgesetzbuch
sog.	so genannt(e)
u.a.	und andere; unter anderem
u.U.	unter Umständen
UmwG	Umwandlungsgesetz
Urt.	Urteil
usw.	und so weiter
UWG	Gesetz gegen den unlauteren Wettbewerb
v.	von/m
VAG	Versicherungsaufsichtsgesetz
VerBAV	Veröffentlichungen des Bundesaufsichtsamtes für das Versicherungswesen
VersArch	Versicherungsarchiv
VersR	Versicherungsrecht
VFA	Versicherungsfachausschuss des IDV
VG	Verwaltungsgericht
VN	Versicherungsnehmer
Vorbem.	Vorbemerkung
VR	Versicherer
VRS	Verkehrsrechtssammlung
VU	Versicherungsunternehmen
VV	Versicherungsvertrag
VVaG	Versicherungsverein auf Gegenseitigkeit
VVG	Versicherungsvertragsgesetz
VVG-InfoV	VVG-Informationspflichtenverordnung
VW	Versicherungswirtschaft
WM	Wertpapiermitteilungen
WSG	Wettbewerbsstärkungsgesetz

Abkürzungen

z.B.	zum Beispiel
z.T.	zum Teil
ZfV	Zeitschrift für Versicherungswesen
ZGR	Zeitschrift für Unternehmens- und Gesellschaftsrecht
ZHR	Zeitschrift für das gesamte Handels- und Wirtschaftsrecht
ZIP	Zeitschrift für Wirtschaftsrecht
zit.	zitiert
zust.	zustimmend

Literaturverzeichnis

Bach/Moser, Private Krankenversicherung, MB/KK- und MB/KT Kommentar, 4. Auflage 2009 [zit.: B/M/*Bearbeiter*]
Becker/Kingreen, SGB V, Gesetzliche Krankenversicherung, Kommentar, 2008
Berliner Kommentar zum VVG (BK), siehe *Honsell*
Boetius, Private Krankenversicherung nach der Gesundheitsreform und der VVG-Reform – Neue rechtliche Probleme, 2008
Hauck/Noftz, Sozialgesetzbuch SGB V, Gesetzliche Krankenversicherung, Kommentar (Loseblatt), 2005
Honsell (Hrsg.), Berliner Kommentar zum Versicherungsvertragsgesetz, 1999 [zit.: BK/*Bearbeiter*]
Huber/Storr, Die Wahltarife im SGB V, Verfassungs- und unionsrechtliche Zulässigkeit, 2008
Kirsten, Der Tarif- und Versichererwechsel des Versicherungsnehmers in der privaten Krankenversicherung, 2005
Klaue/Schwintowski, Grenzen der Zulässigkeit von Wahltarifen und Zusatzversicherungen in der gesetzlichen Krankenversicherung, 2008
Langheid/Wandt, Münchener Kommentar zum Versicherungsvertragsgesetz, Bände 1–3, 2009/2010 [zit.: MünchKommVVG/*Bearbeiter*]
Lorenz, Abschlussbericht der Kommission zur Reform des VVG, 2004
Marlow/Spuhl, Das neue VVG kompakt, Ein Handbuch für die Rechtspraxis zum Stand des Regierungsentwurfs, 3. Auflage 2008
Meier/Baumann/Werding, Modelle zur Übertragung individueller Alterungsrückstellungen beim Wechsel privater Krankenversicherer, 2004
Meixner/Steinbeck, Das neue Versicherungsvertragsrecht, 2008
Münchener Kommentar zum VVG (MünchKommVVG), siehe *Langheid/Wandt*
Palandt, Bürgerliches Gesetzbuch, Kommentar, 69. Auflage 2010
Prölss/Martin, Versicherungsvertragsgesetz, Kommentar, 27. Auflage 2004 [zit.: P/M/*Bearbeiter*]
Römer/Langheid, Versicherungsvertragsgesetz, Kommentar, 2. Auflage 2003
Rüffer/Halbach/Schimikowski, Versicherungsvertragsgesetz, Handkommentar, 2009 [zit.: RHSch/*Bearbeiter*]
Sander, Die Stellung von Bediensteten von Sozialversicherungsträgern im Lichte von Art. 33 Abs. 4 GG, 2000
Schimikowski, Versicherungsvertragsrecht, 4. Auflage 2009
Schwintowski/Brömmelmeyer, Praxiskommentar zum Versicherungsvertragsrecht, 2008 [zit.: Sch/B/*Bearbeiter*]
Sodan, Private Krankenversicherung und Gesundheitsreform 2007, Verfassungs- und europarechtliche Probleme des GKV-Wettbewerbsstärkungsgesetzes, 2. Auflage 2007
Wandt, Versicherungsrecht, 4. Auflage 2009

A. Die wesentlichen Neuregelungen des Rechts der privaten Krankenversicherung im Rahmen der VVG-Reform 2008

I. Vorbemerkung

Im Vergleich zu den erheblichen Veränderungen durch das GKV-WSG hielt sich i.R.d. VVG-Reform das Ausmaß der Neuregelungen für die Krankenversicherung in Grenzen. Die VVG-Reform brachte eine Vielzahl von Neuregelungen des Allgemeinen Teils des VVG mit sich, die die Krankenversicherung gleichermaßen wie andere Branchen betreffen. Als Beispiel sollen hier nur die Abschaffung des Policenmodells, die Vorschriften zu Anzeigepflichtverletzung in §§ 19 bis 22 VVG[1] sowie die neuen Informationspflichten nach § 3 VVG-InfoV[2] angeführt werden. Da die Vorschriften des GKV-WSG, deren Erörterung den Schwerpunkt dieses Buches bilden, auf den neuen Vorschriften der §§ 192 ff. VVG zur Krankenversicherung aufbauen und diese in wesentlichen Punkten wieder erheblich ändern, sollen die Neuregelungen des VVG 2008 zur Krankenversicherung vorab kurz dargestellt werden.

II. Die wesentlichen Neuregelungen des Rechts der Krankenversicherung im Besonderen Teil des VVG

1. Modifiziert anzuwendende Vorschriften des Allgemeinen Teils des VVG

a) Eigene Anspruchsberechtigung der versicherten Person. Im Rahmen der VVG-Reform 2008 wurde die Versicherung für fremde Rechnung in den §§ 193 Abs. 1 Satz 2, 194 Abs. 4 i.V.m. §§ 43 ff. VVG neu geregelt.[3] Der häufigste Anwendungsfall ist die Mitversicherung des Ehegat-

---

[1] Vgl. zur Vertiefung *Marlow/Spuhl* S. 43 ff.; *Grote/Schneider* BB 2007, 2689; *Fricke* VersR 2007, 1614; *Reusch* VersR 2007, 1313.
[2] Vgl. zur Vertiefung *Marlow/Spuhl/Marko* S. 285 ff.
[3] Vgl. auch *Marlow/Spuhl* S. 277 f.

A. NeuReg. des PKV-Rechts i.R.d. VVG-Reform 2008

ten.[4] Nach bisheriger Rechtslage war die Anwendung der §§ 74 bis 80 VVG a. F. durch § 178a Abs. 2 VVG a. F. ausgeschlossen. Die Mitversicherung des Ehepartners des VN wurde ohne besondere AVB-Bestimmung als eine Versicherung für fremde Rechnung angesehen. Der mitversicherte Ehepartner sei nicht bloße Gefahrperson, so dass der mitversicherte Ehegatte die Versicherungsleistung aus eigenem Recht geltend machen kann.[5]

3   Nach § 193 VVG, der inhaltlich dem § 177a Abs. 1 und 3 VVG a. F. entspricht, kann die Krankenversicherung weiterhin auf die Person eines anderen genommen werden. Neu ist aber die Regelung in § 194 Abs. 4 VVG. Das Gesetz erklärt entgegen der Rspr. des BGH die allgemeinen Vorschriften der §§ 43 bis 48 VVG mit der Maßgabe für anwendbar, dass

- ausschließlich der Versicherte die Versicherungsleistungen verlangen kann, wenn der VN ihn gegenüber dem Versicherer in Textform widerruflich oder unwiderruflich als Empfangsberechtigten benannt hat, § 194 Abs. 4 Satz 1 VVG;
- ansonsten nach § 194 Abs. 4 Satz 2 VVG nur der VN die Versicherungsleistung verlangen kann;
- es entgegen der §§ 43 ff. VVG nach § 194 Abs. 4 Satz 3 VVG keiner Vorlage des Versicherungsscheins bedarf.

4   Diese Modifikation der §§ 43 ff. VVG erfolgte deshalb, weil der Gesetzgeber befürchtete, dass die Leistungsabrechnung andernfalls unverhältnismäßig aufwendig wäre.[6] Zur Vermeidung von Doppelzahlungen bzw. zur Sicherstellung einer befreienden Zahlung müsste der Versicherer andernfalls die Vorlage des Versicherungsscheins oder die Zustimmung des Versicherten bzw. VN verlangen.[7]

5   § 194 Abs. 4 VVG ist nach § 208 VVG halbzwingend.

6   **b) Anzeigepflichtverletzung.** Nach § 194 Abs. 1 Satz 4 VVG ist die fünfjährige Ausschlussfrist des § 21 Abs. 2 VVG zur Geltendmachung der Rechte des Krankenversicherers auf drei Jahre verkürzt.

7   Eine Sonderregelung ordnet § 194 Abs. 1 Satz 3 VVG bei unverschuldeter Anzeigepflichtverletzung des VN an. In diesem Fall sind sowohl das Kündigungsrecht des Versicherers nach § 19 Abs. 3 Satz 2 VVG, als auch das Recht zur Vertragsanpassung nach § 19 Abs. 4 VVG ausgeschlossen. Mit dieser Regelung wollte der Gesetzgeber der besonderen sozialen Be-

---

[4] Vgl. zur Rechtslage nach altem VVG BGH VersR 2006, 686.
[5] Vgl. BGH VersR 2006, 686. Zur bisherigen Rspr. zur Familienversicherung vgl. Sch/B/*Brömmelmeyer* § 193 Rdn. 6.
[6] Vgl. *Lorenz* S. 167 f.; Sch/B/*Brömmelmeyer* § 193 Rdn. 7.
[7] Vgl. *Lorenz* S. 167 f.

deutung der Krankenversicherung für den VN Rechnung tragen.[8] Im Falle der vorsätzlichen Anzeigepflichtverletzung ist eine Besserstellung in der Krankenversicherung allerdings nicht gerechtfertigt, mit der Folge, dass in diesen Fällen die zehnjährige Ausschlussfrist des § 21 Abs. 3 Satz 2 VVG gilt.[9]

§ 194 Abs. 1 Satz 4 VVG ist nach § 208 VVG halbzwingend. **8**

c) **Verzug mit der Zahlung einer Folgeprämie.** Nach § 38 Abs. 1 **9** Satz 1 VVG kann der Versicherer dem VN im Fall des Verzugs mit der Zahlung einer Folgeprämie auf dessen Kosten in Textform eine Zahlungsfrist bestimmen, die mindestens zwei Wochen betragen muss. Im Rahmen von § 194 Abs. 2 VVG wurde diese Zahlungsfrist für die Krankenversicherung auf mindestens zwei Monate verlängert. Damit soll der Schutz der VN in wirtschaftlichen Notlagen in dem für Versicherer und Versichertengemeinschaft zumutbaren Rahmen verbessert werden.[10]

Als Wirksamkeitsvoraussetzung für die Fristbestimmung wurde in **10** § 194 Abs. 2 Satz 2 VVG zusätzlich zu den Regelungen des § 38 Abs. 1 Satz 2 VVG die Erteilung weiterer Hinweise durch den Versicherer aufgenommen.[11] Der Versicherer hat danach den VN zusätzlich darauf hinzuweisen, dass:

– die Möglichkeit von Gesundheitsprüfung, Leistungsausschluss sowie höherer Prämie bei einem Neuabschluss nach einer Kündigung durch den Versicherer besteht, § 194 Abs. 2 Satz 2 Nr. 1 VVG;
– Bezieher von Arbeitslosengeld II unter den Voraussetzungen des § 26 Abs. 2 SGB II einen Beitragszuschuss erhalten können, § 194 Abs. 2 Satz 2 Nr. 2 VVG;
– Der Sozialhilfeträger unter den Voraussetzungen des § 32 Abs. 2 und 3 SGB XII Beiträge übernehmen kann.

§ 194 Abs. 2 VVG ist nach § 208 VVG halbzwingend. **11**

2. Einführung eines gesetzlichen Übermaßverbots

In § 192 Abs. 2 VVG wurde erstmals ein gesetzliches Übermaßverbot **12** eingeführt. Der Versicherer ist danach zur Leistung nach § 192 Abs. 1 VVG insoweit nicht verpflichtet, als die Aufwendungen für die Heilbe-

---

[8] Vgl. BT-Drucks. 16/3945 S. 111.
[9] Vgl. BT-Drucks. 16/3945 S. 111; Sch/B/*Brömmelmeyer* § 194 Rdn. 4.
[10] Vgl. BT-Drucks. 16/3945 S. 111.
[11] Diese Regelung wurde i.R.d. GKV-WSG wieder gestrichen, vgl. Teil B Rdn. 123 und 133.

handlung in einem auffälligen Missverhältnis zu den erbrachten Leistungen stehen.[12] Diese Neuregelung erfolgte im Zuge einer grundlegenden Änderung der Rspr. des BGH im sog. „Alphaklinik"-Urteil zu Inhalt und Reichweite des § 178b Abs. 1 VVG a.F., dem der neue § 192 Abs. 1 VVG inhaltlich entspricht, sowie des § 5 Abs. 2 MB/KK a.F.[13] Der BGH hatte in dieser Entscheidung klagestellt, dass Kostengesichtspunkte bei der Auslegung des in § 1 Abs. 2 MB/KK verwendeten Begriffs der medizinischen Notwendigkeit keine Rolle spielen und sich aus § 5 Abs. 2 MB/KK kein Verbot der Übermaßvergütung ableiten lässt.[14]

13 Mit der Neuregelung wird nunmehr ausweislich der Regierungsbegründung klargestellt, dass die gesetzlich definierte Leistungspflicht in der Krankheitskostenversicherung Übermaßvergütungen ausschließt.[15] Teilweise wir in der Literatur vertreten, ein auffälliges Missverhältnis zwischen den Aufwendungen für die Heilbehandlung oder sonstigen Leistungen einerseits und den erbrachten Leistungen andererseits sei dann anzunehmen, wenn zwei medizinisch gleichwertige Behandlungen kostenmäßig um ein Vielfaches auseinander liegen.[16] In der Praxis würde das aber dazu führen, dass die Vorschrift letztendlich ohne praktische Bedeutung bliebe, da insbesondere im Bereich der Abrechnungen von Privatkliniken ein derartiger Nachweis im Einzelfall kaum zu führen sein dürfte. Hier besteht generell schon die Schwierigkeit, dass es, anders als im Anwendungsbereich des Krankenhausentgeltgesetzes und der Bundespflegesatzverordnung, keine einheitlichen gesetzlich geregelten Entgeltsätze gibt und ein Preis-/Leistungsvergleich in vielen Fällen durch die unterschiedliche Abrechnungssystematik kaum möglich ist. Es überzeugt daher die Auffassung, wonach als Maßstab die Auslegung des Wuchertatbestands des § 138 Abs. 2 BGB dienen kann. Danach ist von einem auffälligen Verhältnis zwischen Leistung und Gegenleistung bei einer Differenz zwischen Leistung und Gegenleistung von mehr als 100% auszugehen.[17] Anders als beim Wuchertatbestand des § 138 Abs. 2 BGB, in dem dieser Begriff gleichfalls auftaucht, kommt es jedenfalls nicht auf ein sub-

---

[12] Vgl. hierzu MünchKommVVG/*Kalis* § 192 Rdn. 76; RHSch/*Rogler* § 192 Rdn. 23 ff.
[13] Vgl. BGH VersR 2003, 581.
[14] Zust. *Rogler* VersR 2009, 573, 574; *Marlow/Spuhl* VersR 2006, 1334, 1336 f.; krit. *Kalis* VersR 2004, 456; *Hütt* VersR 2003, 982.
[15] Vgl. BT-Drucks. 16/3945 S. 110; *Marlow/Spuhl* S. 275; RHSch/*Rogler* § 192 Rdn. 17 ff; *Rogler* VersR 2009, 573, 576.
[16] Vgl. *Meixner/Steinbeck* § 10 Rdn. 6; *Boetius* VersR 2008, 1431; *Höra* r+s 2008 89. Zum Maßstab des auffälligen Missverhältnisses vgl. Sch/B/*Brömmelmeyer* § 192 Rdn. 53; *Höra* r+s 2008, 85, 95.
[17] Vgl. RHSch/*Rogler* § 192 Rdn. 25; *Rogler* VersR 2009, 573, 577.

II. Besonderer Teil des VVG

jektives Fehlverhalten des Leistungserbringers an.[18] Im Ergebnis wird i.R.d. Beurteilung dieser Frage auf die Rechtslage vor Erlass des „Alphaklinik"-Urteil des BGH abzustellen sein.[19] Dies entspricht auch der erklärten Absicht des Gesetzgebers im Zuge der Einführung der Vorschrift.[20]

3. Vereinbarung zusätzlicher Dienstleistungen

Nach § 192 Abs. 3 VVG können als Inhalt der Krankenversicherung künftig auch zusätzliche Dienstleistungen, die in unmittelbarem Zusammenhang mit Leistungen nach § 192 Abs. 1 VVG stehen, vereinbart werden. Der Gesetzgeber hat infolge der mit der Ausgabenentwicklung in der PKV einhergehenden Beitragssteigerungen das praktische Bedürfnis erkannt, der PKV rechtliche Möglichkeiten an die Hand zu geben, um die Kostenentwicklung wirksamer steuern zu können. Das Leitbild der PKV könne zukünftig nicht nur auf die reine Kostenerstattung begrenzt werden, sondern müsse den Rahmen für neue Formen und Methoden zur wirksamen Kostensteuerung bei gleichzeitigem Erhalt bzw. Steigerung der medizinischen Behandlungsqualität öffnen.[21] **14**

Das Gesetz führt insbesondere folgende Dienstleistungen an: **15**

– Die Beratung über Leistungen nach § 192 Abs. 1 VVG sowie über die Anbieter solcher Leistungen, § 192 Abs. 3 Nr. 1 VVG;
– Die Beratung über die Berechtigung von Entgeltansprüchen der Erbringer von Leistungen nach §§ 192 Abs. 1 und Abs. 3 Nr. 2 VVG;
– Die Abwehr unberechtigter Entgeltansprüche der Erbringer von Leistungen nach §§ 192 Abs. 1 und Abs. 3 Nr. 3 VVG;
– Die Unterstützung der versicherten Person bei der Durchsetzung von Ansprüchen wegen fehlerhafter Erbringung von Leistungen nach § 192 Abs. 1 VVG und der sich hieraus ergebenden Folgen, § 192 Abs. 3 Nr. 4 VVG;
– Die unmittelbare Abrechnung der Leistungen nach § 192 Abs. 1 VVG mit deren Erbringern, § 192 Abs. 3 Nr. 5 VVG.[22]

Die gesetzliche Aufzählung ist nicht abschließend. Die vorstehend genannten zusätzlichen Dienstleistungen wurden auch bislang teilweise von **16**

---

[18] So auch Sch/B/*Brömmelmeyer* § 192 Rdn. 53; B/M/*Kalis* § 5 MB/KK Rdn. 38.
[19] Vgl. *Marlow/Spuhl* S. 276 m.w.N. zur Rechtslage vor dem „Alphaklinik"-Urteil; *Franz* VersR 2008, 298, 310.
[20] Vgl. BT-Drucks. 16/3945 S. 110.
[21] Vgl. BT-Drucks. 16/3945 S. 55.
[22] Vgl. zur gesetzlichen Neuregelung der Direktabrechnung mit Leistungserbringern im Basistarif ab 1.1.2009 i.R.d. GKV-WSG die untenstehenden Ausführungen in Teil B Rdn. 89 ff.

A. NeuReg. des PKV-Rechts i.R.d. VVG-Reform 2008

Versicherern erbracht.²³ Auf Basis der bisherigen Gesetzeslage war dies aber nur i.R.v. unentgeltlichen Serviceleistungen möglich. Im Gegensatz zur bisherigen Rechtslage können die genannten Dienstleistungen künftig aber auch als Gegenstand der tariflichen Leistungen im Vertrag vereinbart und daher auch kalkulatorisch berücksichtigt werden. Dabei sind allerdings die Grenzen anderer Rechtsgebiete zu beachten, insbesondere des GWB, RBerG und UWG sowie die Grenzen des Gebührenrechts nach GOÄ/GOZ.²⁴

17 Mit der Vorschrift ist keine Einführung des Sachleistungsprinzips verbunden.²⁵ Dieses ist nicht Gegenstand der Vorschrift.²⁶

4. Gesetzlicher Forderungsübergang bei Rückzahlungsanspruch gegen Leistungserbringer

18 Neu eingeführt wurde in § 194 Abs. 3 VVG die Regelung, wonach § 86 Abs. 1 und 2 VVG, die inhaltlich dem § 67 VVG a.f. entsprechen, auf die Krankenversicherung Anwendung findet, soweit es sich nicht um eine Summenversicherung handelt. Das gilt nach § 194 Abs. 3 VVG für den Fall, dass dem VN oder einer versicherten Person ein Bereicherungsanspruch gegen den Erbringer von Leistungen für zu unrecht bezahlte Entgelte zusteht, für die der Versicherer Erstattungsleistungen erbracht hat. Da § 86 VVG auf den Bereicherungsanspruch auf Rückzahlung überhöhter Entgelte nicht anwendbar ist²⁷, bedurfte es insoweit einer ausdrücklichen gesetzlichen Spezialregelung für die Krankenversicherung.²⁸ Infolgedessen besteht künftig ein gesetzlicher Forderungsübergang entsprechender bereicherungsrechtlicher Ansprüche des VN gegen den Leistungserbringer auf den Versicherer. Daraus folgt allerdings keine Verpflichtung, vorrangig andere Verpflichtete in Anspruch zu nehmen.²⁹

---

²³ Vgl. BT-Drucks. 16/3945 S. 110; RHSch/*Rogler* § 192 Rdn. 30; MünchKommVVG/*Kalis* § 192 Rdn. 80 ff.
²⁴ Vgl. vertiefend auch MünchKommVVG/*Kalis* § 192 Rdn. 80 ff.; B/M/*Kalis* § 192 VVG Rdn. 15 ff.; RHSch/*Rogler* § 192 Rdn. 28 ff.
²⁵ So aber *Langheid* NJW 2007, 3745, 3750.
²⁶ Vgl. *Marlow/Spuhl* S. 277.
²⁷ Vgl. Sch/B/*Brömmelmeyer* § 194 Rdn. 7.
²⁸ Vgl. BT-Drucks. 16/3945 S. 111; B/M/*Kalis* § 194 VVG Rdn. 9 ff.
²⁹ Vgl. *Marlow/Spuhl* S. 281.

II. Besonderer Teil des VVG

5. Erweiterung des Bereicherungsverbots gegen mehrere Erstattungsverpflichtete

In § 200 VVG wurde ein neues Bereicherungsverbot eingeführt. Die Gesamterstattung darf die Gesamtaufwendungen nicht übersteigen, wenn die versicherte Person wegen desselben Versicherungsfalles einen Anspruch gegen mehrere Erstattungsverpflichtete hat. Eine bestimmte Rangfolge der Leistungsverpflichtungen wird durch die Vorschrift nicht begründet. Sie wurde unverändert in § 5 Abs. 4 MB/KK übernommen. Das Bereicherungsverbot bezieht sich nur auf Krankenversicherungen, die Schadensversicherungen sind und nicht auf Summenversicherungen.[30]

Die häufigsten praktischen Anwendungsfälle der Vorschrift sind das Zusammentreffen der privaten Krankenversicherung mit anderen Kostenträgern wie z. B. bei Beihilfeversicherten oder Fälle von freiwillig gesetzlich Krankenversicherten, die bei ihrer gesetzlichen Krankenkasse Kostenerstattung gewählt haben und einen entsprechenden Ergänzungstarif bei einer privaten Krankenversicherung abgeschlossen haben.[31]

19

20

6. Ausnahmsweise Möglichkeit der Befristung der substitutiven Krankenversicherung

§ 195 VVG fasst unter weitgehender Übernahme des § 178a Abs. 4 VVG a. F. und dessen Erweiterung die wichtigsten Vorschriften zur Krankenversicherung zusammen.[32]

Grundsätzlich ist die substitutive Krankheitskostenversicherung nach § 195 Abs. 1 VVG weiterhin unbefristet. Dieses Prinzip wird in § 195 Abs. 1 Satz 2 VVG auf die nicht substitutive Krankenversicherung erstreckt, sofern diese nach Art der Lebensversicherung betrieben wird. Abweichend davon sieht das Gesetz die Zulässigkeit der Vereinbarung von Vertragslaufzeiten in folgenden Fällen vor:

21

22

– i. R. d. Krankentagegeldversicherung, die bis zum Erreichen des 65. Lebensjahres mit einer Verlängerungsoption bis mindestens zur Vollendung des 70. Lebensjahres befristet werden kann, § 196 Abs. 1 Satz 1 VVG. Da vor allem selbständig und freiberuflich Beschäftigte den Beginn des Ruhestands nicht fest planen können, begründet Satz 2 einen Anspruch des VN auf Abschluss einer unmittelbar anschließenden Krankentagegeldversicherung, die bis zur Vollendung des 70. Lebens-

---

[30] Vgl. BT-Drucks. 16/3945 S. 113.
[31] Zur Vertiefung vgl. Sch/B/*Brömmelmeyer* § 200 Rdn. 5; MünchKommVVG/*Hütt* § 200 Rdn. 13; B/M/*Kalis* § 5 MB/KK Rdn. 43 ff..
[32] Vgl. BT-Drucks. 16/3945 S. 111.

jahres befristet sein kann. Nach Satz 4 muss der Versicherer bei fristgerechter Antragstellung die erneute Krankentagegeldversicherung ohne – erneute oder erstmalige – Gesundheitsprüfung und ohne Wartezeiten abschließen. Im Fall des erstmaligen Endes der befristeten Krankentagegeldversicherung ist der Versicherer nach Satz 3 verpflichtet, den VN auf den bevorstehenden Ablauf der Versicherung hinzuweisen, weil diesem die Tatsache der Befristung nach Ablauf von möglicherweise 30 und mehr Jahren seit Vertragsschluss nicht mehr bewusst ist[33]. Nach § 196 Abs. 4 VVG können die Vertragsparteien an ein späteres Lebensjahr anknüpfen um der sich abzeichnenden Entwicklung zu einem höheren Renteneintrittsalter Rechnung zu tragen.[34];
- bei der Ausbildungs-, Auslands-, Reise- und Restschuldkrankenversicherung, § 195 Abs. 2 VVG. Die Vorschrift übernimmt den § 178a Abs. 4 VVG a. F. und erweitert die Befristungsmöglichkeit auf die Restschuldkrankenversicherung, die wegen ihrer Bindung an die Laufzeit des zugrundeliegenden Darlehens ihrer Natur nach nicht unbefristet vereinbart werden kann[35];
- bei Personen mit befristeter Aufenthaltserlaubnis für das Inland, § 195 Abs. 3 VVG. Damit diese Vorschrift nicht zur Umgehung missbraucht wird, begrenzt Satz 1 die Höchstdauer auf fünf Jahre, wobei nach Satz 2 die Versicherungszeiten mehrerer aufeinanderfolgender Verträge zusammengerechnet werden[36];
- bei Beihilfeversicherten i.R.d. Beendigungsmöglichkeit nach § 199 Abs. 1 VVG.

23 Alle genannten Regelungen sind nach § 208 VVG halbzwingend.

7. Neuregelungen im Rahmen des Versicherungsschutzes bei Beihilfeberechtigten

24 Bei der Krankheitskostenversicherung von Beihilfeberechtigten kann nach § 199 Abs. 1 VVG vereinbart werden, dass die Versicherung mit der Versetzung der versicherten Person in den Ruhestand im Umfang der Erhöhung des Beihilfebemessungssatzes endet. Die Vorschrift ist neu. Sie stellt klar, dass diejenigen Beihilfeversicherungen, die nur für die Dauer der aktiven Dienstzeit benötigt werden, im Umfang der Erhöhung des Beihilfebemessungssatzes von vornherein als mit dem Eintritt in den Ruhestand endend und damit befristet abgeschlossen werden können.[37]

---

[33] Vgl. BT-Drucks. 16/3945 S. 112.
[34] Vgl. BT-Drucks. 16/3945 S. 112.
[35] Vgl. BT-Drucks. 16/3945 S. 112.
[36] Vgl. BT-Drucks. 16/3945 S. 112.
[37] Vgl. BT-Drucks. 16/3945 S. 112.

II. Besonderer Teil des VVG

§ 199 Abs. 2 VVG räumt – wie auch § 178e VVG a.f. – Beihilfeberechtigten einen Anspruch gegen den Versicherer auf Anpassung des bestehenden Versicherungsschutzes für den Fall des Wegfalls oder der Einschränkung des Beihilfeanspruchs ein. § 199 Abs. 2 VVG verlängert die bisherige Frist, in der der Anspruch ohne Risikoprüfung oder Wartezeiten zu gewähren ist, von zwei Monaten auf sechs Monate. Zudem wird klargestellt, dass es auch dann keiner Risikoprüfung bedarf, wenn eine solche zu einem früheren Zeitpunkt nicht stattgefunden hat. 25

§ 199 VVG ist nach § 208 VVG halbzwingend. 26

8. Neuregelungen bei Wohnsitzverlegung innerhalb der EU

In § 207 Abs. 3 VVG wurde die bisher unverbindliche Empfehlung des § 15 Abs. 3 MB/KK zur Vereinbarung der Fortgeltung des Versicherungsschutzes bei Wohnsitzverlegung in einen anderen EU/EWR-Staat gesetzlich verankert. Die Vorschrift ordnet nunmehr die Fortsetzung des Versicherungsverhältnisses an. Der Abschluss einer entsprechenden Vereinbarung ist nicht mehr erforderlich. Die Erstattungspflicht ist auf die im Inland zu erbringende Leistung begrenzt. 27

§ 207 VVG ist nach § 208 VVG halbzwingend. 28

9. Neuregelungen beim Kündigungsrecht des Versicherers

In § 206 Abs. 1 VVG, der dem § 178i VVG a.F. entspricht, wurde das Verbot der ordentlichen Kündigung einer substitutiven Krankheitskosten-, Krankentagegeld- oder Pflegekrankenversicherung beibehalten und in Satz 1 ausdrücklich klargestellt, dass sich das Verbot auf die substitutive Krankenversicherung bezieht.[38] 29

In § 206 Abs. 2 VVG wurde die aufsichtsrechtliche Vorschrift des § 12 Abs. 5 i.V.m. Abs. 1 Nr. 3 VAG wegen des übereinstimmenden Schutzzwecks in das VVG übernommen. Danach ist auch die ordentliche Kündigung einer nicht substitutiven Krankenversicherung, die nach Art der Lebensversicherung betrieben wird, ausgeschlossen. Bislang musste das ordentliche Kündigungsrecht in diesen Fällen infolge der aufsichtsrechtlichen Vorgaben vertraglich ausgeschlossen werden.[39] 30

Neu eingeführt wurde auch die Regelung des Fortsetzungsrechts der versicherten Personen im Falle der Kündigung einer Krankheitskosten- oder einer Pflegekrankenversicherung: Nach § 206 Abs. 4 VVG können künftig die versicherten Personen bei Kündigung des Vertrags durch den 31

---

[38] Vgl. BT-Drucks. 16/3945 S. 114; *Meixner/Steinbeck* § 10 Rdn. 21.
[39] Vgl. BT-Drucks. 16/3945 S. 114.

A. NeuReg. des PKV-Rechts i.R.d. VVG-Reform 2008

Versicherer wegen Zahlungsverzugs des VN die Fortsetzung des Vertrags unter Benennung des künftigen VN verlangen.[40] Die Prämie ist ab Fortsetzung des Versicherungsverhältnisses zu leisten, § 204 Abs. 4 Satz 1 VVG. Die versicherten Personen sind vom Versicherer über die Kündigung und das Recht zur Fortsetzung des Vertrags in Textform zu informieren, § 206 Abs. 4 Satz 2 VVG. Das Recht endet nach § 206 Abs. 4 Satz 3 VVG zwei Monate nach dem Zeitpunkt, zu dem die versicherte Person Kenntnis von diesem Recht erlangt hat.

32 § 206 Abs. 5 VVG ergänzt die Regelung des § 178i VVG a.F. über die Kündigung eines Gruppenversicherungsvertrags um die Informations- und Ausschlussfrist nach § 206 Abs. 4 Sätze 2 und 3 VVG.[41]

33 Alle genannten Regelungen sind nach § 208 VVG halbzwingend.

10. Neuregelungen beim Kündigungsrecht des Versicherungsnehmers

34 Das Kündigungsrecht des VN ist durch die VVG-Reform 2008 nicht wesentlich angetastet worden. In § 205 Abs. 2 VVG wurden lediglich einige Modifikationen beim außerordentlichen Kündigungsrecht wegen Eintritts der gesetzlichen Versicherungspflicht geregelt:

– Das Kündigungsrecht soll sich künftig auch auf die Anwartschaftsversicherung erstrecken, § 205 Abs. 2 Satz 2 VVG;
– Der Nachweis des Eintritts der Versicherungspflicht ist künftig nach Aufforderung durch den Versicherer zu erbringen. Die Aufforderung durch den Versicherer hat in Textform zu erfolgen, § 205 Abs. 2 Satz 2 VVG;
– Die Frist für die Erklärung der rückwirkenden Kündigung wurde von zwei auf drei Monate verlängert, § 205 Abs. 2 Satz 1 VVG.

35 Wie auch nach dem § 178n VVG a.f. ist in § 207 Abs. 2 VVG ein Fortsetzungsrecht der versicherten Personen im Falle der Kündigung durch den VN gesetzlich geregelt. Neu eingefügt wurde die Vorschrift des § 207 Abs. 2 Satz 3 VVG. Danach erstreckt sich das Fortsetzungsrecht auch auf den Fall der Kündigung eines Gruppenversicherungsvertrags ohne Benennung eines neuen VN. Auf diese Weise sollen die Interessen der versicherten Personen in dem Fall gewahrt werden, dass die Gruppenspitze einen Gruppenversicherungsvertrag beendet.[42]

36 Alle genannten Regelungen sind nach § 208 VVG halbzwingend.

---

[40] Vgl. zum Ausschluss des Kündigungsrechts des Versicherers wegen Zahlungsverzugs ab 1.1. 2009 die Ausführungen in Teil B Rdn. 123.
[41] Vgl. auch *Marlow/Spuhl* S. 283; Sch/B/*Brömmelmeyer* § 206 Rdn. 9 ff; MünchKommVVG/*Hütt* § 206 Rdn. 31 ff.
[42] Vgl. BT-Drucks. 16/3945 S. 114.

B. Die Neuregelungen des Versicherungsvertrags- und Aufsichtsrechts im Rahmen des GKV-WSG

I. Einführung einer allgemeinen Pflicht zur Versicherung

1. Allgemeines

In § 193 Abs. 3 VVG[1] wurde für die nicht der gesetzlichen Versicherungspflicht unterliegenden Personen erstmals eine allgemeine Verpflichtung zum Abschluss eines Krankenversicherungsvertrages eingeführt, der eine Grundabsicherung in der Krankheitskostenversicherung zum Gegenstand hat. Die Vorschrift wurde durch Art. 43 Nr. 1 GKV-WSG als Ergänzung zu § 178a VVG a.F. eingeführt und durch Art. 11 EGVVG mit Wirkung zum 1.1.2009 in das Gesetz zur Änderung des Versicherungsvertragsrechts integriert. Inhaltlich wird sie hinsichtlich der Ausgestaltung des Basistarifs durch § 12 Abs. 1a VAG ergänzt. Mit der Einführung einer Pflicht zur Versicherung, gekoppelt mit einer Annahmepflicht im Basistarif, der Möglichkeit der Prämienhalbierung im Basistarif bei Hilfebedürftigkeit nach § 12 Abs. 1c Satz 4 VAG sowie den modifizierten Rechtsfolgen bei Zahlungsverzug wird das Geschäftsmodell der privaten Krankenversicherung in wesentlichen Punkten an die Sozialversicherung angenähert.[2]

1

2. Zweck der Regelung

Durch die in § 193 Abs. 3 VVG erfolgte Einführung der Verpflichtung zum Abschluss eines privaten Krankheitskostenversicherungsvertrages bei gleichzeitigem Kontrahierungszwang im Basistarif seitens des Versicherers soll vermieden werden, dass sich Personen nicht oder verspätet gegen Krankheit versichern und so zum Kostenrisiko für die Allgemeinheit oder die Solidargemeinschaft der VN werden. Ziel des Gesetzgebers ist es, ei-

2

---

[1] Die in diesem Kapitel angeführten Vorschriften des VVG beziehen sich – soweit nicht anderweitig bezeichnet – auf die ab dem 1.1. 2009 geltende Fassung.
[2] Vgl. *Marlow/Spuhl/Marko* S. 297; MünchKommVVG/*Boetius* Vor § 192 Rdn. 926.

B. *NeuReg. des VV- u. AufsichtsR i.R.d. GKV-WSG*

nen Versicherungsschutz für alle in Deutschland lebenden Menschen zu bezahlbaren Konditionen herzustellen. Außerdem soll verhindert werden, dass sich jemand erst dann versichert, wenn er bereits erkrankt ist.[3] Ob die gesetzliche Regelung der Versicherungspflicht in der vorliegenden Form tatsächlich dazu geeignet ist, dieses Ziel zu erreichen ist mehr als fraglich, da i.R.d. GKV-WSG keine Nachweispflicht oder sonstige Kontrolle geschaffen wurde, ob der Versicherungspflicht im Einzelfall nachgekommen wurde.

3. Geltungsbereich

3   a) **Erfasster Personenkreis.** Die Versicherungspflicht besteht nach § 193 Abs. 3 Satz 1 VVG für alle Personen mit Wohnsitz im Inland.

4   Von der Versicherungspflicht sind auch Personen mit Anspruch auf Heilfürsorge, Beihilfeberechtigte sowie Personen mit vergleichbaren Ansprüchen erfasst. Für diesen Personenkreis ist allerdings eine die Leistungen des Beihilfeträgers ergänzende Absicherung ausreichend.[4] Die möglichen Selbstbehalte sind nach § 193 Abs. 3 Satz 1 Halbs. 2 VVG für Beihilfeversicherte entsprechend ihrem prozentualen Beihilfesatz gekürzt.

5   b) **In Betracht kommende Versicherungsunternehmen.** Die Pflicht zur Versicherung kann nur bei einem in Deutschland zum Geschäftsbetrieb zugelassenen Versicherungsunternehmen erfüllt werden, § 193 Abs. 3 Satz 1 VVG. Es ist davon auszugehen, dass diese Anforderung an das Versicherungsunternehmen nur erfüllt ist, wenn dem Unternehmen eine entsprechende Erlaubnis durch die deutsche Aufsichtsbehörde erteilt worden ist.[5] Dies ergibt sich mittelbar aus der Regelung der §§ 5 Abs. 1, 105 VAG, wonach ein Versicherungsunternehmen in Deutschland zum Geschäftsbetrieb zugelassen ist, wenn die Aufsichtsbehörde ihm die Erlaubnis zum Geschäftsbetrieb erteilt hat. Ausländische Versicherungsunternehmen benötigen zwar in Deutschland keine Zulassung zum Geschäftsbetrieb, sondern können grundsätzlich nach Maßgabe des § 110a VAG ihre Tätigkeit im gesamten freien Niederlassungs- und Dienstleistungsverkehr ausüben. Die hier vertretene einschränkende Auslegung wonach § 193 Abs. 3 Satz 1 erfordert, dass das betreffende Unternehmen auch seinen Sitz in Deutschland hat, beruht aber auf folgenden Erwägungen:

6   Die durch das GKV-WSG eingeführten neuen rechtlichen Rahmenbedingungen der privaten Krankenversicherung, insbesondere die Pflicht

---

[3] Vgl. BT-Drucks. 16/4247 S. 66.
[4] Vgl. BT-Drucks. 16/4247 S. 67.
[5] Vgl. *Boetius* VersR 2007, 431.

I. Einführung einer allgemeinen VersPfl

zum Angebot des Basistarifs nach § 12 Abs. 1a und 1b VAG beziehen sich ausdrücklich auf Versicherungen mit Sitz im *Inland*. Eine entsprechende Verpflichtung für Versicherungen mit Sitz im Ausland sieht das Gesetz zwar nicht vor. In der Folge würde aber VN, die ihren Versicherungsvertrag bei einem in Deutschland auf Basis des § 110a VAG tätigen Versicherungsunternehmen mit Sitz im *Ausland* abgeschlossen haben, faktisch eine andere Rechtsstellung eingeräumt, da das Gesetz die mit dem Basistarif zusammenhängenden Rechte und Pflichten eben nicht an die Durchführung des Geschäftsbetriebs in Deutschland sondern auf den Unternehmenssitz in Deutschland knüpft.[6] Praktische Probleme bei der Durchführung des Versicherungsvertragsverhältnisses nach Maßgabe der einschlägigen Vorschriften des VVG würden insbesondere im Zusammenhang mit der Regelung zu den Rechtsfolgen bei Beitragsverzug des § 193 Abs. 6 Satz 9 VVG entstehen, der im Lichte des Kündigungsverbots der Versicherers in § 206 Abs. 1 Satz 1 VVG besondere praktische Bedeutung hat.[7] Diese Probleme würden dann nicht bestehen, wenn der Gesetzgeber ausländische Versicherungen in den Adressatenkreis der genannten gesetzlichen Verpflichtungen im Zusammenhang mit dem Basistarif einbezieht. Bislang hat er das allerdings nicht getan. Vielmehr unterliegen ausländische Versicherungsunternehmen der deutschen Versicherungsaufsicht nur nach Maßgabe des § 110 Abs. 4 VAG. Dieser enthält allerdings keinen Hinweis auf die Vorschriften zum Basistarif in den §§ 12 Abs. 1a bis 1c und 12g VAG.[8]

4. Verhältnis zur Versicherungspflicht in der gesetzlichen Krankenversicherung

Der von der Pflicht zur Versicherung erfasste Personenkreis ist im Zusammenhang mit der in § 5 Abs. 1 Nr. 13 SGB V geregelten Versicherungspflicht in der gesetzlichen Krankenversicherung zu sehen. Die Pflicht zur Versicherung in der PKV ist nachrangig zur Versicherungspflicht in der gesetzlichen Krankenversicherung.[9] Danach sind grundsätzlich alle Einwohner, die bisher nicht von der Versicherungspflicht in der GKV erfasst sind und dort auch nicht freiwillig versichert sind, und die auch keine andere Absicherung im Krankheitsfall haben, in die Versiche-

7

---

[6] Vgl. so im Ergebnis auch *Boetius* VersR 2007, 431.
[7] Vgl. hierzu auch die Ausführungen in Rdn. 93 und 133.
[8] Vgl. *Boetius* VersR 2007, 431 mit weiteren Ausführungen, warum eine Einbeziehung ausländischer Versicherungsunternehmen an der Regelungskompetenz des deutschen Gesetzgebers scheitern würde.
[9] Vgl. BT-Drucks. 16/4247 S. 67; *Marlow/Spuhl/Marko* S. 298.

13

B. NeuReg. des VV- u. AufsichtsR i.R.d. GKV-WSG

rungspflicht der GKV einbezogen, wenn sie dort zuletzt versichert waren.[10] Der privaten Krankenversicherung zuzuordnen sind daher Personen, die nicht in der gesetzlichen Krankenversicherung versicherungspflichtig sind.

8   Der von der Pflicht zur Versicherung in der PKV erfasste Personenkreis wurde allerdings i.R.d. Gesetzes zur Weiterentwicklung der Organisationsstrukturen in der gesetzlichen Krankenversicherung vom 15.12.2008 (BGBl. I S. 2426) für bestimmte Personenkreise erweitert, indem ursprünglich im Gesetz vorgesehene Beschränkungen aufgehoben wurden. Durch das Gesetz wurde in § 6 Abs. 3 Satz 1 SGB V der Verweis auf § 5 Abs. 1 Nr. 1 oder 5 bis 12 SGB V durch die Angabe „§ 5 Abs. 1 Nr. 1 oder Nr. 5 bis 13" ersetzt. Von dieser Neuregelung sind insbesondere Arbeitnehmer betroffen, die nach § 6 Abs. 1 Nr. 1 SGB V nicht der Versicherungspflicht in der gesetzlichen Krankenkasse unterliegen sowie Beamte. Selbständige werden von dieser Änderung allerdings nicht erfasst. Die Neuregelung wurde damit begründet, dass es zum 1.1.2009 für die in § 6 Abs. 1 genannten Personenkreise der Versicherungspflicht in der gesetzlichen Krankenversicherung nicht mehr bedarf, da ab diesem Zeitpunkt nach Maßgabe des § 193 Abs. 3 VVG eine allgemeine Pflicht zur Versicherung besteht.[11]

9   Die Nachrangigkeit der Pflicht zur Versicherung in der PKV gegenüber der Versicherungspflicht in der GKV wurde insoweit aufgeweicht. Treffender ist es vielmehr von einer *negativen Abgrenzung* zu sprechen.[12]

5. Ausnahmen

10 Ausgenommen von der Pflicht zur Versicherung sind nur die in § 193 Abs. 3 Satz 2 Nr. 1 bis 4 VVG genannten Personenkreise. Darunter fallen:
– alle in der gesetzlichen Krankenversicherung versicherten oder versicherungspflichtigen Personen, § 193 Abs. 3 Satz 2 Nr. 1 VVG;
– alle Personen, die Anspruch auf freie Heilfürsorge haben, beihilfeberechtigt sind oder vergleichbare Ansprüche haben im Umfang der jeweiligen Berechtigung, § 193 Abs. 3 Satz 2 Nr. 2 VVG;
– alle Personen, die Ansprüchen nach dem AsylbLG, § 193 Abs. 3 Satz 2 Nr. 3 VVG sowie
– alle Personen, die Empfänger laufender Leistungen nach dem Dritten, Vierten, Sechsten und Siebten Kapitel des SGB XII sind, für die Dauer dieses Leistungsbezugs und während Zeiten einer Unterbrechung des

---

[10] Vgl. BT-Drucks. 16/4247 S. 67.
[11] Vgl. BT-Drucks. 16/10609 S. 63.
[12] Vgl. MünchKommVVG/*Kalis* § 193 Rdn. 17.

I. Einführung einer allgemeinen VersPfl

Leistungsbezugs von weniger als einem Monat, wenn der Leistungsbezug vor dem 1.1. 2009 begonnen hat.

Diese Ausnahmen begründen sich damit, dass für die in § 193 Abs. 3 Satz 2 Nr. 1 bis 4 VVG genannten Personenkreise keine Absicherungslücke besteht, da sie vorrangig Leistungen des Sozialhilfeträgers erhalten. Das gilt analog den Regelungen in § 5 Abs. 5a SGB V auch bei einer kurzen Unterbrechung des Leistungsbezugs.[13]   11

Die Vorschrift des § 193 Abs. 3 Nr. 3 VVG wurde durch das Gesetz zur Änderung arzneimittelrechtlicher und anderer Vorschriften vom 17.7. 2009 (BGBl. I S. 2013) geringfügig geändert. Bislang galt der Ausschluss von der Pflicht zur Versicherung nur für Empfänger von Leistungen nach § 2 AsylbLG. Diese Vorschrift sieht für diejenigen Leistungsberechtigten Sozialhilfeleistungen entsprechend dem SGB XII vor, die über die Dauer von insgesamt 48 Monaten Grundleistungen nach § 4 AsylbLG erhalten haben und die Dauer des Aufenthalts nicht rechtsmissbräuchlich selbst beeinflusst haben. Das bedeutet, dass Asylbewerber, deren Asylverfahren unverschuldet länger als vier Jahre dauert, Leistungen auf Sozialhilfeniveau erhalten. Ausgehend davon, dass die Mehrzahl der Asylverfahren innerhalb von vier Jahren abgeschlossen ist, führte die bisherige Regelung, die auf den Leistungsbezug nach § 2 AsylbLG abstellte, dazu, dass der überwiegende Anteil der Asylbewerber der Pflicht zur Versicherung nach § 193 Abs. 3 Satz 1 VVG unterlagen. Für eine Personengruppe, für deren Mitglieder nicht absehbar ist, ob sie in Deutschland dauerhaft verbleiben, war es sachlich nicht zu rechtfertigen, sie der Pflicht zur Versicherung in der PKV zu unterwerfen. Die bisherige Regelung kollidierte auch mit § 5 Abs. 11 Satz 3 SGB V. Danach liegt bei Leistungsberechtigten nach dem AsylbLG eine Absicherung im Krankheitsfall bereits dann vor, wenn ein Anspruch auf Leistungen bei Krankheit, Schwangerschaft und Geburt nach § 4 AsylbLG bereits dem Grunde nach besteht. Demgemäß ist in der Gesetzesbegründung auch ausgeführt, dass die Ausnahmeregelung zur Pflicht zur Versicherung auf alle nach dem AsylbLG Anspruchsberechtigten ausgeweitet wird, um die vom AsylbLG eigenständig getroffene Entscheidung zur Regelung der Leistungen bei Krankheit beizubehalten.[14]   12

Offen ist, ob die Ausnahme von der Versicherungspflicht für in der gesetzlichen Krankenversicherung nach § 193 Abs. 3 Satz 2 Nr. 1 VVG versicherte Personen nur dann gilt, wenn die Versicherung bei einer gesetzlichen Krankenkasse in Deutschland besteht. Diese Frage stellt sich insbesondere bei Personen, die ihren Wohnsitz im Inland haben, aber im   13

---

[13] Vgl. BT-Drucks. 16/4247 S. 67.
[14] Vgl. BT-Drucks. 16/13428 S. 133.

B. NeuReg. des VV- u. AufsichtsR i.R.d. GKV-WSG

Ausland arbeiten (sog. „Grenzgänger") und infolge einer dort bestehenden Sozialversicherungspflicht in einer gesetzlichen Krankenversicherung versichert sind. Überträgt man die Gesetzesbegründung für die Ausnahmeregelungen auf diesen Sachverhalt, so kommt man eindeutig zu dem Ergebnis, dass auch solche Personen von der Versicherungspflicht ausgenommen sein müssen, die bei einer ausländischen gesetzlichen Krankenversicherung versicherungspflichtig sind. Anderenfalls würde man diesem Personenkreis in unbilliger Weise eine Doppelversicherung zumuten.

6. Sonderregelung für alte Verträge

14 Vor dem 1.4.2007 vereinbarte Krankheitskostenversicherungsverträge genügen nach § 193 Abs. 3 Satz 3 VVG der Pflicht zur Versicherung, auch wenn sie die o.g. Voraussetzungen nicht erfüllen. Der Gesetzgeber wollte auf diese Weise den Bestandsschutz für vor dem Stichtag abgeschlossene Verträge gewährleisten.[15] Es stellt sich die Frage nach der Reichweite dieser Bestandsschutzregelung. Das Tatbestandsmerkmal „vereinbart" ist hier i.S.v. § 192 Abs. 1 Satz 1 VVG zu verstehen und beschreibt den tariflich vereinbarten Umfang der Krankheitskostenversicherung. Daher beeinträchtigt beispielsweise eine Hinzunahme oder der Wegfall eines Rabatts aus einem Gruppenversicherungsvertrag ohne Tarifänderung den Bestandsschutz grundsätzlich nicht.[16] Entsprechendes gilt beim bloßen Wegfall von Erschwernissen, wie z.B. Risikozuschlägen oder Leistungsausschlüssen. Der Bestandsschutz wird ferner auch dann nicht berührt, wenn bei einzelnen tariflichen Bausteinen, die nicht von den Mindestanforderungen von § 193 Abs. 3 VVG erfasst werden, wie z.B. Wegfall oder Erhöhung eines Krankentagegeldes, Änderungen vorgenommen werden sowie bei rein technischen Änderungen, wie z.B. Anpassung von persönlichen Daten oder Umbündelungen.

15 In der Praxis gibt es häufig Fälle von Versicherten, die nur einen Krankheitskostenversicherungsvertrag für ambulante oder stationäre Leistungen abgeschlossen haben. Vielfach besteht auch nur eine Absicherung für Zahnbehandlung und Zahnersatz oder anderweitige reine Zusatzversicherungsverträge. Im Schrifttum wird die Auffassung vertreten, nur solche Altverträge könnten die Fiktion des Erfüllens der Versicherungspflicht gemäß § 193 Abs. 3 Satz 3 VVG erfüllen, die im Grundsatz Aufwendungen für medizinisch notwendige ambulante und stationäre Heilbehandlung er-

---

[15] Vgl. BT-Drucks. 16/4247 S. 67.
[16] Anders aber, sofern damit gleichzeitig ein Tarifwechsel verbunden ist, vgl. Rdn. 21.

I. Einführung einer allgemeinen VersPfl

fassen. Ein anderes Verständnis würde der Versicherungspflicht widersprechen und diese zumindest teilweise leerlaufen lassen.[17] Reine Zusatzversicherungen, die von vornherein nur eine Teildeckung gewähren, genügten nicht. Diese Auffassung findet allerdings keine hinreichende Grundlage im Gesetz. Zweifelsohne handelt es sich auch bei einem auf stationäre oder ambulante Versorgung beschränkten Tarif per Definition um einen Krankheitskostenversicherungsvertrag.

Die vorstehend erwähnte strengere Auslegung, wonach ein Mindestmaß an ambulantem *und* stationärem Versicherungsschutz gewährleistet sein muss, wirft erhebliche Abgrenzungsschwierigkeiten auf, wann diese Mindestanforderung im Einzelfall tatsächlich erfüllt ist. Das Gesetz gibt diesbezüglich keinerlei Anhaltspunkte. Darüber hinaus würde diese einschränkende Auslegung in den Fällen, in denen infolge zwischenzeitlicher Vorerkrankung des Versicherten der Versicherer nicht bereit ist, dem Versicherten einen ergänzenden Versicherungsschutz aus dem Angebot seiner Normaltarife zum bestehenden Ambulant- oder Stationärtarif anzubieten, dazu führen, dass der bestehende Tarif aufgegeben werden muss und eine komplette Absicherung im Basistarif zu erfolgen hat. Der Basistarif ist nämlich als Kompakttarif und nicht als Bausteintarif konzipiert.[18] Eine isolierte Absicherung der ambulanten oder stationären Heilbehandlung ist im Basistarif daher nicht möglich. Der faktische Zwang zur Erfüllung der Pflicht zur Versicherung einen Tarifwechsel in den Basistarif zu beantragen, wäre infolge des schlechteren Preis-Leistungsverhältnisses zumeist mit erheblichen wirtschaftlichen Nachteilen für den betroffenen Personenkreis verbunden. 16

Besonders unbillig wäre dieses Ergebnis bei Beihilfeberechtigten. Hier gibt es zahlreiche Fälle, von Versicherten, die beispielsweise nur eine die Beihilfe ergänzende Absicherung der stationären Heilbehandlung vorgenommen haben. Vor dem Hintergrund der erheblichen Beihilfeansprüche von bis zu 80% erscheint die Gefahr eines Leerlaufens der Versicherungspflicht hier vernachlässigbar, da die nicht versicherte Deckungslücke angesichts des hohen Beihilfeanspruchs nur sehr gering ist und in keinem Verhältnis zu den wirtschaftlichen Nachteilen und Leistungseinschränkungen steht, die in einem diesen Fällen oftmals erzwungenen Wechsel in die Beihilfevariante des Basistarifs entstünden. Das wirtschaftliche Risiko, dass die Versicherten mit dieser selektiven Ergänzung ihres Beihilfeanspruchs eingegangen sind, ist überschaubar. 17

Im Ergebnis ist daher der Auslegung der Vorzug zu geben, wonach es bei Altverträgen, die vor dem 1.4.2007 abgeschlossen wurden, ausreicht, 18

---

[17] Vgl. *Marlow/Spuhl* VersR 2009, 593, 595.
[18] Vgl. die in **Anh. IV** abgedruckten **MB/BT 2009**.

wenn lediglich einen Teilbereich des in § 193 Abs. 3 VVG beschriebenen Mindestversicherungsschutzes abgedeckt ist. In der Praxis sind das zumeist nur Verträge, die entweder die ambulante oder die stationäre Heilbehandlung umfassen.[19] Ein bloßer Zahntarif genügt den Anforderungen allerdings nicht, da er keine Leistungen absichert, die von der Pflicht zur Versicherung umfasst sind.[20]

19 Das Gesetz regelt nicht ausdrücklich, ob sich dieser Bestandschutz auch auf zukünftige Tarifwechsel erstreckt. Es stellt sich somit die Frage, ob das Tarifwechselrecht eines VN der seinen Vertrag vor dem 1.4. 2007 abgeschlossen hat, auf solche Zieltarife beschränkt ist, die der Pflicht zur Versicherung nach § 193 Abs. 3 Satz 3 VVG genügen.

20 Für eine Erstreckung des Bestandsschutzes auf zukünftige Tarifwechsel spricht folgende Überlegung: Der Tarifwechsel stellt keinen Abschluss eines neuen Versicherungsvertrags ab. Vielmehr wird der bisherige Vertrag nach Maßgabe des neuen Tarifs fortgesetzt.[21] Überträgt man diesen Grundsatz auf die vorliegende Frage, liegt das Ergebnis nahe, dass sich der Charakter des „Altvertrags" durch den Tarifwechsel nicht verändert.

21 Gegen die Erstreckung des Bestandsschutzes auf zukünftige Tarifwechsel spricht aber der Wortlaut des § 193 Abs. 3 Satz 3 VVG, der nicht auf den Zeitpunkt des *Vertragsschlusses*, sondern auf den Zeitpunkt der *Vereinbarung* des Vertrags abstellt. Im Rahmen eines Tarifwechsels wird zwar kein neuer Vertrag abgeschlossen. Es wird aber eine neue Vereinbarung hinsichtlich des Umfangs des Versicherungsschutzes nach Maßgabe des Zieltarifs getroffen. Somit ist davon auszugehen, dass im Zuge eines Tarifwechsels der Bestandsschutz für vor dem 1.4. 2007 abgeschlossene PKV-Altverträge verloren geht.

22 PKV-Altkunden, die künftig in Tarife wechseln, die der Versicherungspflicht nicht mehr genügen, verletzten daher ihre Pflicht aus § 193 Abs. 3 VVG. Einen Ausschluss des Tarifwechselrechts in diese Tarife sieht das Gesetz allerdings nicht ausdrücklich vor.

---

[19] Zwischenzeitlich hat auch das BMI seine „Allgemeinen Verwaltungsvorschriften" zu § 10 Abs. 2 BhV in Punkt 10.2.1 dahingehend konkretisiert, dass zur Erfüllung der Pflicht zur Versicherung ein Vertrag über entweder ambulante oder stationäre Leistungen ausreichend ist. Damit wird der vorstehend vertretenen Auslegung der Altbestandsregelung des § 193 Abs. 3 Satz 2 VVG auch bei der Beihilfe Bund Rechnung getragen, vgl. auch das Rundschreiben v. 24.4. 2009, Az. D 6-213 100-69/2, an die obersten Bundesbehörden.

[20] Zum Umfang der Pflicht zur Versicherung vgl. Rdn. 23 ff.

[21] Vgl. BVerwG VersR 1999, 743.

I. Einführung einer allgemeinen VersPfl

7. Umfang der Pflicht zur Versicherung

a) Grundsätzliche Anforderungen. Ein der Pflicht zur Versicherung genügender Versicherungsschutz muss nach § 193 Abs. 3 Satz 1 VVG mindestens die Kostenerstattung für ambulante und stationäre Heilbehandlung umfassen. Das sind klassische Leistungsbereiche der PKV, deren genauer Leistungsumfang im Tarif festgelegt wird.[22] Maßstab für die inhaltliche Ausgestaltung des der Pflicht zur Versicherung genügenden Versicherungsschutzes ist nicht der Leistungsumfang des Basistarifs.[23] Dieser enthält im Gegensatz zum Leistungsversprechen in der privaten Krankenversicherung auch Leistungen für medizinisch nicht notwendige Heilbehandlungen sowie für versicherungsfremde Leistungen.[24] Der absolute und prozentuale Selbstbehalt ist nach dem Gesetzeswortlaut bei tariflich vorgesehenen Leistungen für ambulante und stationäre Heilbehandlung für jede zu versichernde Person kalenderjährlich auf 5000 EUR begrenzt. Leistungen für Zahnbehandlung und Zahnersatz sowie Krankentagegeld werden von der Pflicht zur Versicherung somit nicht erfasst.[25]

Es stellt sich die Frage nach der Reichweite dieser Begrenzung:

Nach dem Wortlaut der Vorschrift bezieht sich die Einschränkung des absoluten und prozentualen Selbstbehalts nur auf *tariflich vorgesehene* Leistungen.

Vereinzelt wird die Auffassung vertreten, dass eine Beteiligung des VN an den medizinisch notwendigen Kosten in sämtlichen ambulanten und stationären Leistungsbereichen eines Tarifs insgesamt den Betrag von 5000 EUR pro Jahr nicht überschreiten darf. Das wird damit begründet, dass die VN ohne eine für sämtliche Leistungsbereiche geltende betragsmäßige Beschränkung durch die Vereinbarung von Selbstbehalten eine prämiengünstige Versicherung erhalten könnten, bei der jedoch wiederum die Gefahr bestünde, dass die VN die im konkreten Fall selbst zu tragenden Kosten nicht aufbringen könnten, so dass wiederum der Sozialstaat leistungspflichtig würde. Danach fielen unter den Begriff des „Selbstbehalts" auch primäre Leistungseinschränkungen für die medizinisch notwendige Heilbehandlungen (etwa im Arznei- oder Hilfsmittelbereich), weil eine solche Leistungsbegrenzung faktisch zu einer Eigenleistung des VN führe.[26]

---

[22] Vgl. § 12 Abs. 1 Satz 1 Nr. 1 und 2 KalV; BT-Drucks. 16/4247 S. 67.
[23] Vgl. zum Inhalt des Versicherungsschutzes im Basistarif Rdn. 69 ff. sowie die in **Anh. IV** abgedruckten **MB/BT 2009.**
[24] So auch *Marlow/Spuhl* VersR 2009, 593, 596.
[25] So auch *Marlow/Spuhl* VersR 2009, 593, 596; MünchKommVVG/*Kalis* § 193 Rdn. 18; *Grote/Bronkars* VersR 2008, 580, 581.
[26] Vgl. *Grote/Bronkars* VersR 2008, 580, 581 und *Marlow/Spuhl* VersR 2009, 593, 596, die diese Einschränkung der Belastungen des VN auf höchstens 5000 EUR pro Jahr auf alle Leistungsbereiche des Basistarifs beziehen; *Langheid* NJW 2007, 3745, 3749.

B. NeuReg. des VV- u. AufsichtsR i.R.d. GKV-WSG

27 Gegen eine derart weitreichende Auslegung des Gesetzes spricht der klare Wortlaut der Vorschrift sowie der Gesetzeszweck. Der Gesetzeswortlaut stellt keinerlei Bezug zum Leistungskatalog des Basistarifs her. Auch in der Gesetzesbegründung findet sich kein Hinweis auf einen Zusammenhang zwischen der Pflicht zur Versicherung und dem Basistarif. Der Begriff des Selbstbehalts ist ein feststehender Begriff. Er wird im Zusammenhang mit der privaten Krankenversicherung, um die es hier ausschließlich geht, regelmäßig als eine Begrenzung in Form von betragsmäßig oder prozentual festgelegten Beträgen verwendet. Würde man den Begriff des Selbstbehalts in der oben beschriebenen Weise weitreichend auslegen, wären künftig auch Tarife nicht mehr zulässig, die eine Beschränkung der erstattungsfähigen Gebührensätze – z.b. auf den 1,8-fachen oder sogar den 2,3-fachen Regelsatz der GOÄ – vorsehen.

28 In der Folge würde diese Auslegung im Übrigen dem Versicherer nahezu jeglichen Spielraum für die Tarifgestaltung entziehen. Auch nach dem Willen des Gesetzgebers soll aber die Möglichkeit erhalten bleiben, der Versicherungspflicht genügende Tarife durch das Angebot klassischer PKV-Leistungen hinsichtlich des Leistungsumfangs oder durch eine Begrenzung der erstattungsfähigen Aufwendungen in Bezug auf den Beitrag attraktiv zu gestalten. Die Gesetzesbegründung führt hierzu aus:

29 *„[...] Die Begriffe ambulante und stationäre Heilbehandlung benennen klassische Leistungsbereiche der PKV (vgl. § 12 Abs. 1 Satz 1 Nr. 1 und 2 KalV), der jeweilige genaue Leistungsinhalt und umfang aus diesen – und möglichen anderen – Leistungsbereichen wird, wie in der PKV üblich, im Tarif festgelegt.*[27] *Anderenfalls wäre der Wettbewerb zwischen den PKV-Unternehmen behindert. Die Einführung der absoluten und prozentualen Selbstbehaltgrenze soll lediglich dazu dienen, dass der Mindestumfang der Versicherung nicht unterlaufen wird".*[28]

30 Gegen eine weite Auslegung des Gesetzes im vorstehend beschriebenen Sinne spricht auch der Umstand, dass i.R.d. Leistungskatalogs des *Basistarifs* nach § 12 Abs. 1a VAG, der im wesentlichen dem Umfang des Leistungskatalogs der gesetzlichen Krankenversicherung entspricht, im Einzelfall i.r. einer medizinisch notwendigen Heilbehandlung Eigenbeteiligungen des VN denkbar sind, die über der Grenze von 5000 EUR liegen, z.B. i.R.d. Hilfsmittelversorgung. Darüber hinaus sind auch im Basistarif die erstattungsfähigen Gebührensätze auf den 1,8-fachen Satz GOÄ (Abschnitt A. Nr. 1 Abs. 2 Tarifbedingungen) bzw. 2,0-fachen Satz GOZ begrenzt.[29]

31 Auch aus dem Umstand, dass der Gesetzgeber die Selbstbehaltgrenze in § 193 Abs. 3 Satz 1 VVG auf immerhin 5000 EUR festgelegt hat, ergibt

---

[27] Vgl. BT-Drucks. 16/4247 S. 67.
[28] Vgl. BT-Drucks. 16/4247 S. 67.
[29] Zu den übrigen Erstattungsgrenzen vgl. *Marlow/Spuhl* VersR 2009, 593, 597.

I. Einführung einer allgemeinen VersPfl

sich, dass Mindestmaßstab für die Erfüllung der Pflicht zur Versicherung nicht der Leistungsumfang des Basistarifs ist. Nach § 12 Abs. 1a Satz 3 VAG sieht der Basistarif nämlich lediglich Selbstbehaltvarianten von 300, 600, 900 oder 1200 EUR vor.[30] Der Gesetzgeber ist somit nicht von der Identität des Leistungsumfangs des Basistarifs mit dem Mindestumfang der Pflicht zur Versicherung nach § 193 Abs. 3 Satz 1 VVG ausgegangen. Es kann folglich angenommen werden, dass nach wie vor Tarifgestaltungen seitens der privaten Krankenversicherungsunternehmen möglich sind, die einzelne tarifliche Leistungen ausschließen und in einzelnen Leistungsarten unterhalb des Leistungsspektrums des Basistarifs bleiben und auch schon bislang i.R.d. Tarifgestaltung unüblich waren (z.B. Tarife ohne Leistungen für Kuren oder Haushaltshilfe). Für die Beurteilung der Frage, ob derartige Tarifgestaltungen der Pflicht zur Versicherung genügen, bleibt es vielmehr – wie bislang – beim Maßstab des § 12 Abs. 1 VAG. Die Krankenversicherungstarife müssen auch künftig geeignet sein, die gesetzliche Krankenversicherung ganz *oder teilweise* zu ersetzen (substitutive Krankenversicherung). Das Gesetz beschränkt die Forderung auf Vergleichbarkeit der Leistungen mit den Leistungen der gesetzlichen Krankenversicherung nach dem Dritten Kapitel des SGB V in § 12 Abs. 1a VAG ausdrücklich nur auf den Basistarif.

Im Ergebnis spricht somit viel für eine enge Auslegung des Begriffs des **32** Selbstbehalts wonach nur Begrenzungen in Form von betragsmäßig oder prozentual festgelegten Beträgen erfasst werden.[31]

b) Darstellung der Auswirkungen der Mindestanforderungen des **33** **Versicherungsschutzes anhand konkreter Beispiele.** Die Auswirkungen der Klärung dieser Frage soll anhand folgender Beispiele aktuell im Markt angebotener Tarifgestaltungen deutlich gemacht werden:

Beispiel 1: Prozentualer Selbstbehalt mit Höchstbeitrag **34**

„Der Selbstbehalt beträgt für alle Tarifleistungen pro versicherte Person und Kalenderjahr 25%, insgesamt höchstens 1000 EUR."

Lösung:
Bei der Formulierung in Beispiel 1 handelt es sich bereits dem Wortlaut nach um einen klaren Selbstbehalt i.S.v. § 193 Abs. 3 Satz 1 VVG.

Beispiel 2: Absoluter Selbstbehalt **35**

„Der Selbstbehalt beträgt für alle Tarifleistungen pro versicherte Person und Kalenderjahr 4000 EUR."

---

[30] Vgl. zur Ausgestaltung des Basistarifs im Einzelnen Rdn. 69 ff.
[31] Vgl. auch *Marlow/Spuhl/Marko* S. 306; Lehmann r+s 2009, 89, 97.

B. NeuReg. des VV- u. AufsichtsR i.R.d. GKV-WSG

Lösung:

Für Beispiel 2 gelten die Ausführungen zu Beispiel 1 entsprechend. Derartige Selbstbehalte in Tarifbedingungen sind betragsmäßig künftig auf 5000 EUR zu begrenzen.

36 **Beispiel 3: Preisleistungslisten**

„Leistungen, die nicht im Heilmittelverzeichnis enthalten sind, oder Beträge, soweit sie über den genannten liegen, sind nicht erstattungsfähig (Anlage Heilmittelverzeichnis)".

Problemstellung:

Fraglich ist, ob die Formulierung in Beispiel 3 einen Selbstbehalt gemäß § 193 Abs. 3 Satz 1 VVG enthält. Schließt man sich der Auffassung an, wonach Tarifbedingungen künftig nicht mehr die Mindestanforderungen für die Pflicht zur Versicherung erfüllen, sofern sie für den VN i.R.v. medizinisch notwendigen Heilbehandlungen zu Zuzahlungen in Höhe von insgesamt 5000 EUR pro Versicherungsjahr führen können, würden Krankheitskostenversicherungstarife mit derartige Klauseln künftig nicht mehr den gesetzlichen Anforderungen des § 193 Abs. 3 Satz 1 VVG genügen. Wenngleich im Bereich der Heilmittel Aufwendungen von mehr als 5000 EUR pro Kalenderjahr eher die Ausnahme bilden dürften, lässt sich auf Basis der Formulierung in Beispiel 3 nicht mit Sicherheit ausschließen, dass sich im Einzelfall beim VN Auswirkungen von über 5000 EUR pro Kalenderjahr ergeben.

37 **Beispiel 4: Begrenzung bei Steigerungsfaktor**

„Aufwendungen für ärztliche […] Leistungen sind bis zum 2,3-fachen Satz der GOÄ […] erstattungsfähig, […]".

Problemstellung:

Auch bei Beispiel 4 sind im Einzelfall Auswirkungen von über 5000 EUR pro Versicherungsjahr denkbar. In Fällen eines begründeten höheren Abrechnungsfaktors, der in der Praxis sehr oft vorkommt, bedeuten derartige Tarifbedingungen faktisch eine Einschränkung der Kostenerstattung für ambulante und stationäre Kosten.

38 **Beispiel 5: Prozentuale Leistungsversprechen**

„85% der Aufwendungen für Beatmungsgeräte, Absauggeräte, […]".

Problemstellung:

Auch bei Beispiel 5 kann im Einzelfall eine Belastung des VN mit von ihm selbst zu tragenden Kosten in Höhe von mehr als 5000 EUR pro Kalenderjahr entstehen.

Besonders deutlich wird die Problematik der Beispiele 3 bis 5, wenn eine entsprechende Tarifbedingung in Kombination mit einem Selbstbehalt nach den Beispielen 1 oder 2 Verwendung findet. Ist der Selbstbehalt infolge anderweitiger Leistungen bereits ausgeschöpft, kann bereits bei der ersten Inanspruchnahme einer der in den Beispielen 3 bis 5 genannten

I. Einführung einer allgemeinen VersPfl

Leistungen der vom VN zu tragende Eigenanteil der Kosten einer ambulanten Behandlung den Betrag von 5000 EUR überschreiten. In der Praxis können derartige Fälle z. b. bei chronisch Kranken (z. B. HIV-Patienten) auftreten, die regelmäßig sehr teure Medikamente einnehmen müssen.

Lösungsvorschlag für die Beispiele 3 bis 5: 39

Die in den Beispielen 3 bis 5 genannten Formulierungen von Tarifbedingungen sind durchweg Bestandteile einer tarifspezifischen Ausgestaltung der klassischen PKV-Leistungen. Diese im Markt bislang weit verbreiteten Formulierungen sind wesentliche Elemente des Wettbewerbs zwischen den PKV-Unternehmen. Sie enthalten eine Präzisierung des tariflich vereinbarten Leistungsversprechens und geben dem VN die Möglichkeit, ein auf seine individuellen Bedürfnisse zugeschnittenes Produkt zu wählen, ohne auf den vom Gesetzgeber geforderten Mindestversicherungsschutz verzichten zu müssen. Zudem stellen sie wichtige Steuerungselemente für kostenbewusstes Verhalten der VN dar. Sowohl die gesetzliche Krankenversicherung, als auch der Basistarif enthalten derartige Steuerungselemente bzw. Leistungsbeschränkungen. Bei der tariflichen Regelung in Beispiel 5 wird der geforderte Mindestschutz nicht unterlaufen, da die Kosten zumindest in gewissem Umfang erstattet werden. Es wird lediglich der tarifliche Leistungsumfang konkretisiert.

Es gibt im Ergebnis keinerlei Anhaltspunkte dafür, dass der Gesetzgeber die Gestaltungsfreiheit der Versicherer hinsichtlich der in den Beispielen 3 bis 5 genannten tariflichen Regelungen einschränken wollte.

c) Mindestversicherungsschutz und individuelle Leistungsaus- 40
schlüsse. Es stellt sich des Weiteren die Frage, ob und ggf. welche Auswirkungen die Begrenzung der absoluten und prozentualen Selbstbehalte in § 193 Abs. 3 Satz 1 VVG auf die Zulässigkeit individueller Leistungsausschlüsse nach § 203 Abs. 1 Satz 2 VVG hat. Letztere können nämlich im Einzelfall durchaus dazu führen, dass sich die Belastungen für den VN pro Kalenderjahr auf mehr als 5000 EUR summieren.

Ein individueller Leistungsausschluss nach § 203 Abs. 1 Satz 2 VVG 41
fällt schon nach seinem Wortlaut nicht unter die in § 193 Abs. 3 Satz 1 VVG geregelte Formulierung „für tariflich vorgesehene Leistungen vereinbarte absolute oder prozentuale Selbstbehalte". Leistungsausschlüsse und Leistungsbeschränkungen gehören nicht zu den tariflich vorgesehenen Leistungen. Gegen einen Vorrang des § 193 Abs. 3 Satz 1 VVG vor der Regelung in § 203 Abs. 1 Satz 2 VVG spricht im Übrigen der Umstand, dass der Gesetzgeber die nach § 203 Abs. 1 Satz 2 bestehende Möglichkeit zur Vereinbarung eines Risikozuschlags oder eines Leistungsausschlusses lediglich dahingehend modifiziert hat, dass in § 203 Abs. 1 Satz 2 VVG nur der Basistarif von dieser Möglichkeit ausgenommen wurde. Daraus lässt sich im Umkehrschluss folgern, dass er Leistungsausschlüsse für Pflichtversicherungen i. S. v. § 193 Abs. 3 VVG weder verbieten, noch der Höhe nach auf 5000 EUR beschränken wollte.

42 Es spricht folglich viel dafür, dass die Zulässigkeit individueller Leistungsausschlüsse nach § 203 Abs. 1 Satz 2 VVG durch die Mindestanforderungen an die Pflicht zur Versicherung gemäß § 193 Abs. 3 Satz 1 VVG nicht berührt wird.

II. Sanktionen bei Verstoß gegen die Pflicht zur Versicherung

1. Allgemeines

43 § 193 Abs. 4 VVG regelt die Sanktionen für versicherungspflichtige Personen, die ihrer Pflicht zur Versicherung nicht rechtzeitig nachkommen. Mit der Vorschrift wird bezweckt, die materiellen Vorteile bei Personen zu begrenzen, die sich, um Prämie zu sparen, nicht bereits mit Eintritt der Pflicht zur Versicherung, sondern erst später versichern.[32] Die in § 193 Abs. 4 VVG geregelten Sanktionen sind in § 8 Abs. 3 MB/KK[33] inhaltsgleich umgesetzt worden. Sie sind allerdings zu schwach, um nicht versicherte Personen, die die neue Rechtslage ausnutzen wollen und erst bei Eintritt schwerer oder kostspieliger Erkrankungen Versicherungsschutz suchen, dazu zu bewegen tatsächlich mit Inkrafttreten des § 193 Abs. 3 VVG ihrer Versicherungspflicht nachzukommen. Für Personen, die der Pflicht zur Versicherung überhaupt nicht nachkommen, sind keinerlei Sanktionen vorgesehen.

2. Prämienzuschlag

44 Kommen die von der Pflicht zur Versicherung erfassten Personen später als einen Monat nach Eintritt der Versicherungspflicht ihrer Verpflichtung zum Abschluss einer Krankheitskostenversicherung nach, wird nach § 193 Abs. 4 Satz 1 VVG ein einmaliger Prämienzuschlag verlangt. Die Höhe beträgt nach § 193 Abs. 4 Satz 2 Halbs. 1 VVG einen Monatsbeitrag für jeden weiteren angefangenen Monat der Nichtversicherung. Ab dem sechsten Monat der Nichtversicherung ist nach § 193 Abs. 4 Satz 2 Halbs. 2 VVG der Zuschlag auf ein Sechstel eines Monatsbeitrags reduziert. Kann die Dauer der Nichtversicherung nicht ermittelt werden, greift nach § 193 Abs. 4 Satz 3 VVG die Fiktion einer fünfjährigen Nichtversicherungsdauer. Das wirtschaftliche Risiko für Personen, die der Pflicht zur Versicherung nicht rechtzeitig nachkommen, ist folglich rechnerisch in

---

[32] Vgl. BT-Drucks. 16/4247 S. 67.
[33] Die **MB/KK 2009** sind in **Anh. I** abgedruckt. Verweise auf die MB/KK beziehen sich durchweg auf diese Fassung.

II. Sanktionen bei Verstoß gegen die VersPfl

Summe auf 13,17 Monatsbeiträge begrenzt.[34] Theoretisch sind zwar bei nachgewiesener längerer Dauer der Nichtversicherung auch höhere Summen denkbar, da das Gesetz für diesen Fall keine generelle Obergrenze vorsieht. In der Praxis dürfte es dem Versicherer jedoch ohne Mitwirkung des Antragstellers nur selten möglich sein, eine längere Dauer der Nichtversicherung nachzuweisen. Nach § 193 Abs. 4 Satz 4 VVG ist der Prämienzuschlag einmalig zusätzlich zur laufenden Prämie zu entrichten. Eine der Vorschrift des § 186 Abs. 11 Satz 3 SGB V entsprechende Regelung zum rückwirkenden Beginn des Versicherungsschutzes und entsprechender *Pflicht* zur rückwirkenden Beitragszahlung sieht das Gesetz nicht vor.

Es stellt sich aber die Frage, ob der *Prämienzuschlag* nach § 193 Abs. 4 **45** Satz 1 VVG eine rückwirkende Versicherung für die Zeit der Nichtversicherung herbeiführt. Für eine solche Annahme spricht der Umstand, dass der Gesetzgeber offenbar die Zeit der Nichtversicherung so kurz wie möglich halten wollte. Gegen eine solche Annahme sprechen aber folgende Erwägungen:

In § 193 Abs. 4 Satz 4 VVG ist ausdrücklich geregelt, dass der Prämi- **46** enzuschlag einmalig neben der laufenden Prämie geschuldet ist. Die Annahme der Herbeiführung einer rückwirkenden Versicherung für die Zeit der Nichtversicherung durch die Begleichung des Prämienzuschlags würde diesem Grundsatz widersprechen, da der Prämienzuschlag auf diese Weise den Charakter einer Prämienzahlung erhielte. Die Annahme, dass der Prämienzuschlag zu einer rückwirkenden Versicherung mit einem entsprechenden Leistungsanspruch führt, stünde in Widerspruch zu dem vom Gesetzgeber gewollten Sanktionscharakter des Zuschlags und würde das Risiko von Versicherten, die – um Prämien zu sparen – der Pflicht zur Versicherung solange sie gesund sind nicht nachkommen, weiter minimieren. Sie könnten mit zunehmender Dauer der Nichtversicherung und der damit einhergehenden Erhöhung des Prämienzuschlags gleichzeitig für eine entsprechend zunehmende Zeit in der Vergangenheit rückwirkend Versicherungsschutz erlangen. Die Missbrauchsgefahr würde dadurch wesentlich erhöht. Der einmalige Prämienzuschlag wurde nach dem Willen des Gesetzgebers auch als Ausgleich für den Schaden eingeführt, der der Versichertengemeinschaft dadurch entsteht, dass sich Versicherungspflichtige erst dann versichern, wenn sie krank werden und Leistungen aus der Versicherung in Anspruch nehmen wollen.[35]

Eine weitere praxisrelevante Frage ist, ob der Versicherer, wenn er gro- **47** ßes Interesse an einem Vertragsschluss mit einer bisher nicht versicherten

---

[34] Zur korrekten Berechnung vgl. *Marlow/Spuhl* VersR 2009, 593, 599, Fn. 48. Die noch in der ersten Auflage ermittelte Zahl von 14,17 Monatsbeiträgen ist insoweit zu korrigieren, als bei der ursprünglichen Berechnung fälschlicherweise der erste Monat mitgezählt wurde, vgl. *Marko* Vorauflage Teil B Rdn. 33.
[35] Vgl. BT-Drucks. 16/4247 S. 67.

B. NeuReg. des VV- u. AufsichtsR i.R.d. GKV-WSG

Person hat, zur Erhöhung der Attraktivität seines Angebots freiwillig auf die Erhebung des Prämienzuschlags verzichten darf. Für einen solchen Verzicht spricht, dass er lediglich ein Abweichen zu Gunsten des Versicherten darstellt und dass die Vorschrift des § 193 VVG nicht im Katalog der halbzwingenden Vorschriften des § 208 VVG enthalten ist. Gegen eine Verzichtsmöglichkeit spricht allerdings der Umstand, dass er in der Praxis vermutlich nur gegenüber gesunden VN ausgesprochen würde. Bei Antragstellern mit risikoerheblichen Vorerkrankungen würde vermutlich der Zuschlag in der Regel erhoben. Ein solcher Verzicht ist folglich im Ergebnis abzulehnen, da er mit hoher Wahrscheinlichkeit in der Praxis zu einen Verstoß gegen das aufsichtsrechtliche Gleichbehandlungsgebot sowie das Verbot von Sondervergünstigungen in der substitutiven Krankenversicherung nach §§ 11 Abs. 2, 12 Abs. 4 VAG führen würde.[36]

3. Stundungsmöglichkeit und Ratenzahlung

48   Der VN kann nach § 193 Abs. 4 Satz 5 VVG vom Versicherer die Stundung der Zahlung des Prämienzuschlags und Ratenzahlung verlangen, wenn ihn die sofortige Zahlung der vollen Summe ungewöhnlich hart treffen würde und den Interessen des Versicherers durch die Vereinbarung einer angemessenen Ratenzahlung Rechnung getragen werden kann. Eine ungewöhnliche Härte ist nach der Gesetzesbegründung dann anzunehmen, wenn die Zahlung des Zuschlags den VN seiner wirtschaftlichen Existenz berauben würde.[37] Voraussetzung für die Stundung ist ferner, dass der VN bei Antragstellung glaubhaft macht, dass er sich in einer vorübergehenden finanziellen Notlage befindet, die sich in nächster Zeit beheben wird. Es ist dem VN allerdings zuzumuten, einen Kredit aufzunehmen, um den Prämienzuschlag in einer Summe zu tilgen.[38] Der gestundete Betrag ist nach § 193 Abs. 6 Satz 6 VVG zu verzinsen.[39]

III. Kontrahierungszwang der Versicherer im Basistarif

1. Allgemeines

49   Der in § 193 Abs. 5 VVG geregelte Kontrahierungszwang des Versicherers im Basistarif stellt das Gegenstück zur Versicherungspflicht der VN

---

[36] Vgl. zum Gleichbehandlungsgebot auch *Wandt* Rdn. 111 m.w.N.
[37] Vgl. BT-Drucks. 16/4247 S. 67 f.
[38] Vgl. BT-Drucks. 16/4247 S. 67 f.
[39] Vgl. zu den Rechtsfolgen der verspäteten Zahlung des Prämienzuschlags im Übrigen Rdn. 136 f.

III. Kontrahierungszwang der VR im Basistarif

nach § 193 Abs. 3 Satz 1 VVG dar. Ohne ihn würde die Pflicht zur Versicherung leer laufen, da zahlreiche Personen aufgrund ihres Gesundheitszustandes nicht oder nicht zu bezahlbaren Konditionen Versicherungsschutz in normalen Krankheitskostenvollversicherungstarifen von privaten Versicherern finden. Der Basistarif erfüllt seinerseits die Mindestanforderungen an die Grundabsicherung i.R.d. Versicherungspflicht.[40] Eine Sonderregelung bestand für eine Übergangsphase vom 1.7.2007 bis zum 31.12.2008 für bislang nicht krankenversicherte Personen.[41] 50

Der Kontrahierungszwang unterliegt keiner zeitlichen Beschränkung. 51
Das wirtschaftliche Risiko für gesunde Nichtversicherte, die der Pflicht zur Versicherung nicht nachkommen, ist somit auf die Sanktionen des § 193 Abs. 4 VVG beschränkt.

Der Kontrahierungszwang ist nach der Entscheidung des BVerfG zur 52
Verfassungsbeschwerde von PKV-Unternehmen gegen die Gesundheitsreform verfassungsrechtlich nicht zu beanstanden.[42] Allerdings ist er bei kleineren VVaG auf Antragsteller begrenzt, die zu ihrem satzungsmäßigen Mitgliederkreis gehören.[43] Würde der Kontrahierungszwang im Basistarif auch für kleinere VVaG einfachrechtlich gelten, begründete das VAG eine widersprüchliche Rechtslage. Der kleinere VVaG ist auf einen sachlich, örtlich oder dem Personenkreis nach eng begrenzten Wirkungskreis gesetzlich beschränkt; diese Beschränkung setzt sich in der ihm erteilten Erlaubnis fort.[44] Im der Verfassungsbeschwerde zugrundeliegenden Fall war die geschäftsplanmäßige Erlaubnis zum Betreiben des Versicherungsgeschäfts nur zur Versicherung von Priestern und diesen gleichgestellten Personen erteilt. Damit hätte die Gefahr bestanden, dass der Kontrahierungszwang des § 193 Abs. 5 VVG zu einer Verletzung der satzungsrechtlichen Vorgaben geführt hätte, die Grundlage für die behördliche Genehmigung waren. Dies wäre eine Ordnungswidrigkeit nach § 144 Abs. 1 Satz 1 Nr. 4 VAG.

Das Bundesverfassungsgericht hat die Regelung des allgemeinen Kon- 53
trahierungszwangs gemäß § 193 Abs. 5 VVG mit dem Grundrecht der Vereinigungsfreiheit aus Art. 9 Abs. 1 GG kleinerer Versicherungsvereine für unvereinbar erklärt. Zur Vermeidung eines Verfassungsverstoßes hat das Bundesverfassungsgericht im Falle von kleineren Versicherungsvereinen eine verfassungskonforme Auslegung des § 193 Abs. 5 VVG i.S.d. vorstehend genannten Einschränkung auf den satzungsmäßigen Mitgliederkreis vorgegeben.[45]

---

[40] So auch *Marlow/Spuhl* VersR 2009, 593, 595.
[41] Vgl. im Einzelnen die Ausführungen in Teil C Rdn. 1 ff.
[42] Vgl. BVerfG VersR 2009, 1057; 2009, 957.
[43] Vgl. BVerfG VersR 2009, 1057.
[44] Vgl. BVerfG VersR 2009, 1060.
[45] Vgl. BVerfG VersR 2009, 1057.

2. Reichweite des Kontrahierungszwangs

54 **a) Sachlicher Anwendungsbereich.** Der Kontrahierungszwang besteht nach dem Wortlaut des Gesetzes nur bei Antrag auf Versicherung im Basistarif. Der Versicherer ist nach § 193 Abs. 5 Satz 1 VVG verpflichtet, ohne Rücksicht auf den Gesundheitszustand des Antragstellers und ohne die Möglichkeit individuelle Risikozuschläge zu vereinbaren, den in § 193 Abs. 5 Satz 1 VVG genannten Personengruppen im Basistarif Versicherungsschutz zu gewähren.

55 **b) Risikoprüfung und Anzeigepflicht.** Im Basistarif ist nach § 203 Abs. 1 Satz 3 VVG eine Risikoprüfung nur insoweit zulässig, als sie für Zwecke des Risikoausgleichs nach § 12g VAG oder für spätere Tarifwechsel erforderlich ist. Im Übrigen ist in § 203 Abs. 1 Satz 2 VVG die ansonsten bestehende Möglichkeit der Vereinbarung eines angemessenen Risikozuschlags oder eines Leistungsausschlusses ausdrücklich ausgeschlossen.[46]

56 Es stellt sich die Frage, wer die Kosten für die bei Vertragsschluss im Basistarif durchgeführte Risikoprüfung zu tragen hat. Hierzu findet sich bislang weder eine gesetzliche Regelung, noch Rspr. oder Literaturmeinungen. Das verwundert auch nicht, da in der Praxis der Versicherer dieser Frage vor Einführung des Kontrahierungszwangs im Basistarif nach § 193 Abs. 5 VVG keine besondere Relevanz zukam. Je größer das Interesse des Versicherers am Zustandekommen des Vertrags mit dem Antragsteller war, desto geringer war bislang die Wahrscheinlichkeit, dass der Versicherer das Zustandekommen des Vertrags von der Übernahme der Kosten der Risikoprüfung abhängig machte. Es ist jedoch zu erwarten, dass infolge des unattraktiven Preis-/Leistungsverhältnisses im Basistarif und in Ermangelung einer allgemeinen Überwachung des Folgeleistens der Pflicht zu Versicherung überwiegend schlechte Risiken, d.h. VN mit erheblichen, kostenträchtigen Vorerkrankungen Aufnahme in den Basistarif begehren werden und damit weit überdurchschnittliche Risikoprüfungskosten durch Einschaltung von Beratungsärzten entstehen werden.

57 Es kann davon ausgegangen werden, dass die Kosten der Risikoprüfung gleichwohl grundsätzlich vom Versicherer zu tragen sind. Bei der Risikoprüfung handelt es sich um eine Obliegenheit des Versicherers, die eige-

---

[46] Zur Frage, ob der VN im Falle eines späteren Tarifwechsels die Erhebung der für diesen Fall bei Vertragsschluss im Basistarif ermittelten Risikozuschläge nach § 204 Abs. 1 Nr. 1 VVG durch Vereinbarung eines Leistungsausschlusses abwenden kann, vgl. die Ausführungen zum Tarifwechselrecht in Rdn. 178. Zur Frage, wie mit bestehenden Leistungsausschlüssen im Zuge eines Tarifwechsels aus einem Normaltarif in den Basistarif zu verfahren ist, vgl. Rdn. 194 ff.

III. Kontrahierungszwang der VR im Basistarif

nen Interessen wahrzunehmen.[47] Eine entsprechende Interessenlage liegt der Vorschrift der §§ 85 VVG und 202 Satz 3 VVG zugrunde.[48] Diese Vorschrift regelt die Kostentragungspflicht im Zuge der Leistungsprüfung durch den Versicherer. Danach ist der Versicherer verpflichtet, dem VN die Kosten zu erstatten, die dadurch entstanden sind, dass der VN im Zuge der Prüfung der Leistungspflicht des Versicherers auf Verlangen des Versicherers ein Gutachten oder eine Stellungnahme eingeholt hat. Dieser Vorschrift kann die Wertung des Gesetzgebers entnommen werden, dass Kosten, die dem Versicherten im Zusammenhang mit der Erfüllung von eigenen Obliegenheiten des Versicherers entstehen, grundsätzlich vom Versicherer zu tragen sind. Man wird daher davon ausgehen müssen, dass Kosten, die dem Versicherer selbst in diesem Zusammenhang entstehen, auch von ihm selbst zu tragen sind.

Im Rahmen des Kontrahierungszwangs im Basistarif bestehen keine gesetzlichen Sonderregelungen hinsichtlich der Anzeigepflicht. Es gelten somit die allgemeinen Regelungen der §§ 19 ff. VVG sowohl hinsichtlich des Umfangs der Verpflichtung des Antragstellers zur Anzeige bekannter Gefahrumstände, als auch hinsichtlich der Rechtsfolgen bei Verletzung der Anzeigepflicht. Es ist folglich davon auszugehen, dass der Versicherer auch bei Vertragsschluss im Basistarif nach Maßgabe des § 19 VVG berechtigt ist, im Falle der Anzeigepflichtverletzung des VN im Zusammenhang mit der Risikoprüfung vom Vertrag zurückzutreten. Er ist dann im Nachgang zum Rücktritt hinsichtlich dieses VN bei einem künftigen Folgeantrag nicht mehr kontrahierungspflichtig.[49] 58

Nach anderer Auffassung findet § 19 VVG auf den Vertragsschluss im Basistarif keine Anwendung, weil sich nach dem Wortlaut der Vorschrift die Anzeigepflicht des VN nur auf Gefahrumstände bezieht, die für den Entschluss des Versicherers, den Vertrag mit dem vereinbarten Inhalt zu schließen, erheblich sind. Solche Umstände könne es im Zusammenhang mit dem Basistarif nicht geben, weil der Versicherer zur Annahme verpflichtet sei.[50] 59

Diese Auffassung überzeugt nicht. § 19 VVG stellt nicht nur auf die Entscheidung des Versicherers den Vertrag überhaupt abzuschließen, sondern auch auf darauf ab, dass der Vertrag auf Basis der Abgaben des VN mit dem vereinbarten Inhalt zustande gekommen ist. Da nach § 204 Abs. 1 Satz 1 Nr. 1 Halbs. 4 VVG die Aktivierung des bisherigen fiktiven Risikozuschlags oder Leistungsausschlusses nicht von einer weiteren vertragli- 60

---

[47] Vgl. BGH VersR 1995, 80 ff.
[48] Zu Reichweite und Regelungsgehalt dieser Vorschriften vgl. MünchKommVVG/*Hütt* § 202 Rn. 13 ff.
[49] Vgl. Rdn. 64.
[50] Vgl. *Marlow/Spuhl* VersR 2009, 593, 600.

chen Vereinbarung abhängig ist, kann er nur dann Bestandteil des Versicherungsvertrags sein, wenn dies bereits während der Versicherung im Basistarif der Fall war.[51] Auch ein fiktiver Risikozuschlag oder ein Leistungsausschluss bestimmt den Inhalt des Vertrags und ist für den Versicherer ein wesentlicher Bestandteil für dessen inhaltliche Ausgestaltung, der seine Wirkung nach § 203 Abs. 1 Satz 3 VVG erst beim Tarifwechsel entfaltet. Die von den Vertretern der Gegenmeinung bevorzugte Lösung einer nachträglichen Risikoprüfung entsprechend § 203 Abs. 1 Satz 3 VVG[52] findet im Gesetz keinerlei Grundlage. Sie wirft darüber hinaus die Frage auf, welches der maßgebliche Zeitpunkt ist, auf den i.R.d. Prüfung des Gesundheitszustands abgestellt werden soll. Ein Abstellen auf den Gesundheitszustand bei Vertragsschluss wirft mit zunehmender Versicherungsdauer wachsende praktische Probleme auf. Das Abstellen auf den Gesundheitszustand bei Beantragung des Tarifwechsels kann im Einzelfall aber dann zu unbilligen Ergebnissen für den VN führen, wenn sich sein Gesundheitszustand während der Vertragsdauer erheblich verschlechtert hat.

61 Bei Antragstellern, die eine Aufnahme in den Basistarif begehren, wird die Bereitschaft zur Beantwortung der Gesundheitsfragen bei Antragstellung im Zuge der Risikoprüfung nach § 203 Abs. 1 Satz 3 VVG, insbesondere bei Vorliegen von Vorerkrankungen, zumeist sehr gering ausgeprägt sein, zumal der Gesundheitszustand infolge der Kontrahierungspflicht des Versicherers gemäß § 193 Abs. 5 VVG für eine Aufnahme in den Basistarif unerheblich ist. Es stellt sich in diesem Zusammenhang die Frage, welche Handhabe der Versicherer hat, wenn der Antragsteller sich weigert, die Gesundheitsfragen zu beantworten. Dabei ist zu beachten, dass eine Risikoprüfung nach § 203 Abs. 1 Satz 3 VVG nur bis zum Zeitpunkt des Vertragsschlusses statthaft ist. Wäre der Versicherer verpflichtet, den Antrag auf Abschluss der Versicherung im Basistarif bereits zu einem Zeitpunkt anzunehmen, in dem die Risikoprüfung noch nicht abgeschlossen ist, wäre er dauerhaft von der Ausübung seines Rechts ausgeschlossen. Eine interessengerechte Lösung kann dadurch erreicht werden, dass man dem Versicherer auf Grundlage von § 242 BGB eine Einrede gegen den Anspruch des Antragstellers auf Vertragsschluss aus § 193 Abs. 5 VVG zugesteht. Die hierfür erforderliche Sonderverbindung liegt vor, da bereits das Stadium der Vertragsanbahnung als ein Schuldverhältnis i.S.v. § 311 Abs. 2 BGB angesehen werden kann.[53] Der Annahmezwang des § 193 Abs. 5

---

[51] MünchKommVVG/*Boetius* § 204 Rdn. 261, wonach ein fiktiver Risikozuschlag/Leistungsausschluss zum Basistarif eine negative Vertragsposition aus dem Versicherungsverhältnis ist, die bei Vertragsschluss anzurechnen ist.
[52] Vgl. *Marlow/Spuhl* VersR 2009, 593, 601.
[53] Vgl. Palandt/*Grüneberg* § 311 BGB Rdn. 23.

III. Kontrahierungszwang der VR im Basistarif

VVG steht einer solchen Einrede nicht entgegen. Auf Grundlage des § 204 Abs. 1 Nr. 1 Halbs. 2 VVG besteht im Zuge des Tarifwechsels eine erneute Anzeigepflicht im Hinblick auf in Aussicht genommene Mehrleistungen des Zieltarifs sowie insoweit eine damit korrespondierende Berechtigung des Versicherers zu einer erneuten Risikoprüfung.[54] Diese ist Voraussetzung für den Anspruch auf einen höheren oder umfassenderen Versicherungsschutz.[55]

Es ist davon auszugehen, dass § 193 Abs. 5 Satz 1 VVG als spezielle Regelung dem § 204 Abs. 1 Satz 1 Nr. 1 VVG vorgeht und dass i.R.d. Risikoprüfung auch ein späterer Tarifwechsel in die normalen Krankheitskostentarife ausgeschlossen werden kann.[56] **62**

c) **Berechtigter Personenkreis.** Das Zugangsrecht zum Basistarif ist in § 193 Abs. 5 VVG äußerst komplex geregelt.[57] Der Kontrahierungszwang im Basistarif besteht für folgende Personenkreise: **63**

– gegenüber allen freiwillig in der gesetzlichen Krankenversicherung versicherten VN. Er ist allerdings für diesen Personenkreis zeitlich befristet und besteht nach § 193 Abs. 5 Satz 1 Nr. 1 Buchst. a VVG nur innerhalb von sechs Monaten nach Einführung des Basistarifs und gemäß § 193 Abs. 5 Satz 1 Nr. 1 Buchst. b VVG nur innerhalb von sechs Monaten nach Beginn der im SGB V geregelten Wechselmöglichkeit;
– ferner gegenüber allen Personen mit Wohnsitz in Deutschland, die in der gesetzlichen Krankenversicherung weder pflicht- noch freiwillig versichert sind und auch nicht bereits eine private Krankheitskostenversicherung bei einem in Deutschland zum Geschäftsbetrieb zugelassenen Versicherer abgeschlossen haben und die der privaten Krankenversicherung zuzuordnen sind (§ 193 Abs. 5 Satz 1 Nr. 2 VVG);
– gegenüber Personen, die beihilfeberechtigt sind oder vergleichbare Ansprüche haben. Dies gilt allerdings nur, soweit sie zur Erfüllung ihrer Pflicht zur Versicherung nach § 193 Abs. 3 Satz 1 VVG ergänzenden Versicherungsschutz benötigen (§ 193 Abs. 5 Satz 1 Nr. 3 VVG);
– nach § 193 Abs. 5 Satz 1 Nr. 4 VVG auch gegenüber Personen mit Wohnsitz in Deutschland, die nach dem 31.12.2008 eine private Krankheitskostenversicherung mit einem in Deutschland zum Geschäftsbetrieb zugelassenen Versicherungsunternehmen abgeschlossen haben sowie

---

[54] Vgl. *Kirsten* S. 153; *Wriede* VersR 1996, 271; P/M/*Prölss* § 178f Rdn. 11; MünchKommVVG/*Boetius* § 204 Rdn. 333; *Wandt* Rdn. 1360.
[55] Vgl. BK/*Hohlfeld* § 178f Rdn. 10.
[56] Vgl. zur Begründung Rdn. 176; a.A. *Marlow/Spuhl* VersR 2009, 593, 604.
[57] Vgl. *Sodan* S. 76 f.; *ders.* NJW 2007, 1313, 1319 f.

B. *NeuReg. des VV- u. AufsichtsR i.R.d. GKV-WSG*

– zeitlich beschränkt gegenüber PKV-Altkunden, die ihren Versicherungsvertrag vor dem 1.1. 2009 abgeschlossen haben: Sie konnten nach § 193 Abs. 5 Satz 2 VVG nur dann in den Basistarif des eigenen oder eines anderen Unternehmens wechseln, wenn der Wechsel bis zum 30.6. 2009 beantragt wurde. Ausreichend war somit die Abgabe der erforderlichen Erklärungen und Anträge innerhalb der gesetzlichen Frist.[58] Seit Ablauf dieser Frist richtet sich das Wechselrecht für PKV-Altkunden in den Basistarif des eigenen Unternehmens nach § 204 Abs. 1 Satz 1 Nr. 1b VVG.[59]

64 **d) Ausnahmen vom Kontrahierungszwang.** Kein Kontrahierungszwang besteht u.a. nach § 193 Abs. 5 Satz 1 Nr. 2 VVG i.V.m. § 193 Abs. 3 Nr. 3 und Nr. 4 VVG gegenüber Personen mit Leistungen nach dem AsylbLG und gegenüber Empfängern laufender Leistungen nach dem Dritten, Vierten, Sechsten und Siebten Kapitel des SGB XII. Ausnahmen bestehen nach § 193 Abs. 5 Satz 4 VVG ferner für den früheren Versicherer des Antragstellers, wenn sich der Antragsteller i.␣r. eines früheren Versicherungsvertragsverhältnisses nicht vertragstreu verhalten hat.[60] Dies ist nach § 193 Abs. 5 Satz 4 Nr. 1 VVG der Fall bei vorausgegangener Anfechtung des Versicherungsvertrags wegen Drohung oder arglistiger Täuschung oder nach § 193 Abs. 5 Satz 4 Nr. 2 VVG bei vorausgegangenem Rücktritt wegen vorsätzlicher Verletzung der vorvertraglichen Anzeigepflicht. In derartigen Fällen ist dem Versicherer nicht zumutbar, erneut ein Vertragsverhältnis einzugehen. Es besteht hierfür auch kein praktisches Bedürfnis, zumal der Antragsteller jederzeit Aufnahme in den Basistarif eines anderen Versicherers verlangen kann.

65 Eine Ausnahme vom Kontrahierungszwang muss ferner auch dann bestehen, wenn der Versicherer zuvor den Versicherungsvertrag aus wichtigem Grund außerordentlich gekündigt hat. Eine solche außerordentliche Kündigung ist nach der hier vertretenen Auffassung in Fällen schwerster Vertragsverletzung durch den VN entgegen dem Wortlaut des § 206 Abs. 1 Satz 1 VVG möglich.[61] Teilt man diese Auffassung, so muss in derartigen Fällen erst recht eine Ausnahme vom Kontrahierungszwang angenommen werden, da insbesondere der Ausnahmetatbestand der vorherigen Verletzung der vertraglichen Anzeigepflicht nach § 193 Abs. 5 Satz 2 Nr. 2 VVG eine vergleichsweise mildere Verfehlung darstellt als beispielsweise ein nach der hier vertretenen Auffassung nach wie vor zur außerordentli-

---

[58] Vgl. BT-Drucks. 16/4247 S. 68.
[59] Vgl. im Einzelnen die Ausführungen in Rdn. 189.
[60] Vgl. BT-Drucks. 16/4247 S. 68.
[61] Vgl. hierzu die Ausführungen in Rdn. 127 ff.

III. Kontrahierungszwang der VR im Basistarif

chen Kündigung berechtigender Tatbestand, wie z.b. systematischer Abrechnungsbetrug oder eine Bedrohung von Leib und Leben eines Mitarbeiters des Versicherers.

e) Unabhängigkeit der Kontrahierungspflicht vom Zeitpunkt des Wirksamwerdens der Kündigung der Vorversicherung. Der Versicherer muss nach § 193 Abs. 5 Satz 3 VVG den Antrag bereits dann annehmen, wenn die Kündigung des Vertrags bei einem anderen Versicherer noch nicht wirksam geworden ist. Das wird bei VN, die vor dem 1.1. 2009 bereits einen Krankheitskostenversicherungsvertrag abgeschlossen haben und die von ihrem zeitlich befristeten Wechselrecht zu einem anderen Versicherer im ersten Halbjahr 2009 Gebrauch gemacht haben, infolge der Regelung des § 205 Abs. 1 Satz 1 VVG regelmäßig der Fall gewesen sein. § 193 Abs. 5 Satz 3 VVG ist deshalb von erheblicher praktischer Bedeutung. Die Vorschrift steht im Zusammenhang mit der Regelung des § 204 Abs. 1 Satz 1 Nr. 2 Buchst. b VVG, der PKV-Altkunden nur bei Kündigung und gleichzeitigem Neuabschuss eines Krankheitskostenversicherungsvertrages im Basistarif bei einem anderen Versicherer die Mitnahme von Teilen der Alterungsrückstellung zum neuen Versicherer ermöglicht. Ohne die Verpflichtung zur Annahme des Antrags unabhängig vom Zeitpunkt des materiellen Wirksamwerdens der Kündigung des Versicherungsvertrags beim bisherigen Versicherer wäre PKV-Altkunden die Möglichkeit verwehrt, die Voraussetzungen des § 204 Abs. 1 Satz 1 Nr. 2 Buchst. b VVG für die Mitgabe der Alterungsrückstellungen zu erfüllen.

Ist die Kündigung der Vorversicherung aber überhaupt nicht wirksam erklärt worden, greift § 193 Abs. 5 Satz 3 VVG dagegen nicht.

3. Inhaltliche Ausgestaltung des Versicherungsschutzes und Prämienhöhe im Rahmen des Basistarifs

a) Brancheneinheitlichkeit der Ausgestaltung des Versicherungsschutzes. Der Umfang des Versicherungsschutzes im Basistarif ist branchenweit einheitlich geregelt.[62] Alle Versicherer mit Sitz im Inland, die eine substitutive Krankenversicherung anbieten, müssen nach § 12 Abs. 1a VAG den branchenweit einheitlichen Basistarif anbieten. Die Vertragsleistungen müssen nach § 12 Abs. 1a Satz 1 VAG in Art, Umfang und Höhe den Leistungen nach dem Dritten Kapitel des SGB V entsprechen. Sie sind nach § 12 Abs. 1d VAG vom Verband der privaten Krankenversicherer als Beliehenem festzulegen. Die Fachaufsicht übt dabei das Bun-

---

[62] Vgl. auch zum Leistungsumfang des Basistarifs *Sodan* S. 75 f; *ders.* NJW 2007, 1313, 1319.

B. *NeuReg. des VV- u. AufsichtsR i.R.d. GKV-WSG*

desministerium der Finanzen aus. Auf diese Weise soll verhindert werden, dass die Ausgestaltung des Basistarifs von interessenpolitischen Erwägungen dominiert wird.[63]

70 Die Allgemeinen Versicherungsbedingungen für den Basistarif (MB/BT) sind auf Basis der MB/KK erstellt.[64] Die Neuregelungen in den MB/BT umfassen die Aufnahme einer Präambel und eines Teils A. Darin sind die Aufnahme- und Versicherungsfähigkeit sowie die grundsätzlichen Rahmenbedingungen des Basistarifs geregelt. Ferner werden die Regelungen zur gesetzlichen Krankenversicherung sowie weitere Besonderheiten des Basistarifs in die MB/BT integriert.

71 Ändern sich die leistungsbezogenen Vorschriften des SGB V, ist der Versicherer nach § 18 Abs. 3 MB/BT berechtigt, die Leistungen des Basistarifs mit Wirkung für bestehende Versicherungsverhältnisse, auch für den noch nicht abgelaufenen Teil des Versicherungsschutzes, nach den Vorgaben des insoweit nach § 12 Abs. 4b VAG beliehenen Verbandes der privaten Krankenversicherung, entsprechend anzupassen. Dabei können auch im Basistarif genannte betraglich festgelegte Zuzahlungen der versicherten Person, betraglich festgelegte Zuschüsse des Versicherers und erstattungsfähige Höchstbeträge bei Anhebung und bei Absenkung der entsprechenden Leistungsgrenzen der gesetzlichen Krankenversicherung angeglichen werden.

72 Der Abschluss ergänzender Krankheitskostenzusatztarife zum Basistarif ist, anders als im Standardtarif, in § 12 Abs. 1a Satz 4 VAG ausdrücklich zugelassen.

73 **b) Behandlung vorvertraglicher Versicherungsfälle.** Das Gesetz lässt offen, ob bislang nicht Versicherte ab Vertragsbeginn auch für vorvertragliche Versicherungsfälle Versicherungsschutz haben. Aufgrund des Ziels des Gesetzgebers, allen Einwohnern in Deutschland Versicherungsschutz zu gewähren[65] und wegen des in § 12 Abs. 1a VAG vorgeschriebenen, mit der gesetzlichen Krankenversicherung vergleichbaren Versicherungsschutzes, ist vertretbar anzunehmen, dass bislang nicht Versicherte, die infolge der Versicherungspflicht in den Basistarif einer privaten Krankenversicherung aufgenommen werden, ab Vertragsbeginn auch für vorvertragliche Versicherungsfälle Versicherungsschutz haben.[66] Dagegen spricht aber, dass eine solche Auslegung keine konkrete Ausgestaltung im Gesetz gefunden hat und in diametralem Gegensatz zu den Grundprinzipien eines privaten Versicherungsvertrages steht, wonach nur der unge-

---

[63] Vgl. BT-Drucks. 16/4247 S. 69.
[64] Die **MB/BT 2009** sind in **Anh. IV** abgedruckt.
[65] Vgl. BT-Drucks. 16/3100 S. 1.
[66] Vgl. *Marlow/Spuhl/Marko* S. 313.

III. Kontrahierungszwang der VR im Basistarif

wisse Eintritt eines in der Zukunft liegenden Risikos versichert werden kann.[67]
Die MB/BT haben diese Frage in § 2 Abs. 1 Satz 2 dahingehend gelöst, dass ein Leistungsanspruch grundsätzlich auch für vorvertragliche Versicherungsfälle besteht. Allerdings sind nach § 2 Abs. 1 Satz 3 MB/BT vor und nach Abschluss des Versicherungsvertrags eingetretene Versicherungsfälle für den Teil von der Leistungspflicht ausgeschlossen, der in die Zeit vor Versicherungsbeginn fällt.

74

c) Prämienhöhe des Basistarifs. Die Prämie für den Basistarif wird einheitlich für alle beteiligten privaten Krankenversicherungsunternehmen auf der Basis gemeinsamer Kalkulationsgrundlagen (ohne Berücksichtigung der Kosten für den Versicherungsbetrieb) ermittelt (§ 12 Abs. 1b VAG). Sie darf den jährlich zu ermittelnden Höchstbeitrag der gesetzlichen Krankenversicherung nicht übersteigen. Auf diese Weise soll die Bezahlbarkeit der Prämie im Basistarif sichergestellt werden.[68] Bei der Prämienkalkulation dürfen nach § 5 Abs. 2 KalV außer den Sterbewahrscheinlichkeiten und dem Abgang zur gesetzlichen Krankenversicherung keine weiteren Abgangswahrscheinlichkeiten berücksichtigt werden, da der Basistarif so ausgestaltet ist, dass die Alterungsrückstellung bei Wechsel zu einem anderen Unternehmen (teilweise) in Höhe des Übertragungswerts übertragen wird.[69] Die Prämie vermindert sich ggf. auf die Hälfte, wenn allein durch die Zahlung der Prämie Hilfsbedürftigkeit i.S.d. SGB II oder SGB XII entsteht (§ 12 Abs. 1c Satz 4 VAG) oder wenn unabhängig von der Höhe des zu zahlenden Beitrags Hilfebedürftigkeit i.S.d. SGB II oder SGB XII besteht (§ 12 Abs. 1c Satz 6 VAG).

75

Der Zeitpunkt des Nachweises der Hilfebedürftigkeit durch den VN ist für den Zeitpunkt des Eintritts der Rechtsfolge der Prämienhalbierung unerheblich. Ein verspäteter Nachweis der Hilfebedürftigkeit kann zwar beim Versicherer im Einzelfall einen großen verwaltungstechnischen Aufwand hervorrufen, wenn beispielsweise bei notleidenden Verträgen infolge des Zahlungsverzugs in Unkenntnis der zwischenzeitlich eingetretenen Hilfebedürftigkeit zunächst das Ruhen der Leistungen festgestellt wurde und entsprechend reduzierte Leistungen erstattet wurden. Das kann zu umständlichen Nacherstattungsvorgängen führen. Das Gesetz ordnet aber unmissverständlich mit Eintritt und nicht erst mit Nachweis der Hilfebedürftigkeit die Reduzierung des Beitrags an. Das ist auch sachgerecht,

76

---

[67] A.A. *Marlow/Spuhl* VersR 2009, 593, 601.
[68] Vgl. BT-Drucks. 16/3100 S. 207.
[69] Vgl. BT-Drucks. 16/3100 S. 208. Zur Mitgabe des Übertragungswerts beim Wechsel zu einem anderen privaten Krankenversicherer vgl. die Ausführungen in Rdn. 199 ff.

B. NeuReg. des VV- u. AufsichtsR i.R.d. GKV-WSG

da der VN unmittelbar mit Eintritt der Hilfebedürftigkeit schutzbedürftig wird. Auch in der Gesetzesbegründung wird ausdrücklich auf das Entstehen oder vorliegen der Hilfebedürftigkeit abgestellt.[70]

77 Das Gesetz lässt offen, ob die Bemessungsgrundlage für die Prämienhalbierung der Höchstbeitrag der gesetzlichen Krankenversicherung oder der tatsächliche Zahlbeitrag des im Basistarif versicherten VN ist. § 8a Abs. 6 MB/BT enthält eine Klarstellung, dass Berechnungsgrundlage der vom VN zu zahlende Beitrag ist.

78 Bei vorliegender Hilfebedürftigkeit hat der VN bzw. die versicherte Person i.R.d. Hilfe zum Lebensunterhalt einen Anspruch auf Übernahme von Aufwendungen für eine private Krankenversicherung, soweit diese angemessen sind (§ 32 Abs. 5 SGB XII).

79 **d) Risikoausgleich zwischen den Versicherungsunternehmen.** Zwischen den Versicherungsunternehmen, die einen Basistarif anbieten, hat ein Risikoausgleich zu erfolgen (§ 12g VAG). Es zeichnet sich ab, dass der Basistarif unter diesen Voraussetzungen nicht ausfinanziert ist, zumal auch im Basistarif, mit Ausnahme der Tarife für Kinder und Jugendliche nach § 12 Abs. 1a Satz 1 Nr. 1 VAG, Alterungsrückstellungen zu bilden sind. Der für die Ausfinanzierung erforderliche Fehlbeitrag kann als Zuschlag nach § 8 Abs. 1 Nr. 6 und 7 KalV in die Prämien aller Vollversicherten, auch der im Basistarif Versicherten einberechnet werden. § 8 KalV wurde speziell zu diesem Zweck geändert.[71]

80 **e) Selbstbehalte im Basistarif.** Im Basistarif können Selbstbehalte von 300, 600, 900 oder 1200 EUR vereinbart werden, § 12 Abs. 1a Satz 2 VAG. Es steht zu erwarten, dass von der Möglichkeit der Vereinbarung von Selbstbehalten wegen der damit verbundenen Prämienersparnis überwiegend gesunde VN Gebrauch machen.[72]

81 **f) Varianten des Basistarifs für Beihilfeberechtigte.** Der Basistarif muss auch Varianten für Beihilfeberechtigte und deren Angehörige vorsehen, § 12 Abs. 1a Satz 1 Nr. 2 VAG. Nach § 199 Abs. 3 VVG ist der Anspruch von Beihilfeberechtigten aus § 199 Abs. 2 VVG auf Anpassung ihres Versicherungsschutzes im Falle der Änderung des Beihilfebemessungssatzes oder des Entfallens des Beihilfeanspruchs an die geänderten Rahmenbedingungen ausgeschlossen. Die Vorschrift wurde durch Art. 43 Nr. 3 GKV-WSG im Zuge der gesetzlichen Regelung des Anspruchs auf

---

[70] Vgl. BT-Drucks. 16/4247 S. 69.
[71] Vgl. BT-Drucks. 16/3100 S. 208.
[72] Zur Mindestbindungsfrist im Falle der Vereinbarung eines Selbstbehalts vgl. die Ausführungen in Rdn. 83 ff.

III. Kontrahierungszwang der VR im Basistarif

Mitgabe von Alterungsrückstellungen nach § 204 Abs. 1 Satz 1 Nr. 1 VVG eingeführt. Die Einfügung des § 199 Abs. 3 VVG resultiert aus dem Umstand, dass Beihilfetarife nach bisherigem Recht nicht die Anforderungen erfüllen, die für die Portabilität von Alterungsrückstellungen nach § 204 Abs. 1 Satz 1 Nr. 2 VVG erfüllt sein müssen.[73] Ihr Leistungsumfang entspricht nicht dem im gesetzlichen Sozialversicherungssystem vorgesehenen Krankenversicherungsschutz. Vielmehr wird der Leistungsumfang mittelbar durch die Beihilfebestimmungen des Bundes und der Länder bestimmt.

Die vorstehend genannten Beihilfevarianten des Basistarifs bilden im 82 Gegensatz zu herkömmlichen Beihilfetarifen nicht spiegelbildlich den Leistungskatalog der Beihilfe wider, sondern entsprechen im Leistungsumfang dem normalen Basistarif, gekürzt um den entsprechenden prozentualen Beihilfesatz. Bei Änderungen der erstattungsfähigen Leistungen der Beihilfe besteht somit kein Anspruch und zur Erfüllung der Voraussetzungen der Versicherungspflicht auch kein Anlass zur Anpassung des Versicherungsschutzes i.R.d. Beihilfevarianten des Basistarifs.[74]

4. Vertragliche Mindestbindungsfrist bei Verträgen mit Selbstbehalt

a) Allgemeines. In Anlehnung an die Vorschrift des § 53 SGB V be- 83 treffend die Wahltarife in der Gesetzlichen Krankenversicherung sieht das Gesetz bei Verträgen im Basistarif mit Selbstbehalt eine vertragliche Mindestbindungsfrist vor. Diese beträgt nach § 12 Abs. 1a Satz 4 VAG drei Jahre.

b) Reichweite der Mindestbindungsfrist. Es stellt sich die Frage 84 nach der Reichweite dieser vertraglichen Mindestbindungsfrist.[75] Sinn und Zweck dieser Regelung ist die Begrenzung der mit der Vereinbarung von Selbstbehalten einhergehenden Risikoselektion.[76] Wie auch im Bereich der gesetzlichen Krankenversicherung ist bei den Selbstbehaltstufen im Basistarif mit Ausnutzungseffekten dergestalt zu rechnen, dass VN zunächst zum Zwecke der Beitragsminimierung einen hohen Selbstbehalt wählen und erst im Falle des Eintritts von Erkrankungen in eine niedrigere Selbstbehaltstufe oder in einen Basistarif ohne Selbstbehaltstufe wechseln. Da nach § 204 VVG auch bei einem Wechsel aus dem Basistarif in einen Normaltarif eine Risikoprüfung für die regelmäßig anzunehmende

---

[73] Vgl. BT-Drucks. 16/3100 S. 206.
[74] Vgl. BT-Drucks. 16/3100 S. 206.
[75] Vgl. auch dazu die Ausführungen in *Marlow/Spuhl/Marko* S. 308 f.
[76] Vgl. BT-Drucks. 16/3100 S. 207.

B. NeuReg. des VV- u. AufsichtsR i.R.d. GKV-WSG

Mehrleistung möglich ist, besteht insoweit ein ausreichender Schutzmechanismus gegen derartige Trittbrettfahrer. Diese müssen ggf. mit Leistungsausschlüssen oder hohen Risikozuschlägen rechnen, wenn sie erst nach Eintritt von Erkrankung in einen Normaltarif wechseln wollen.

85 Es ist daher davon auszugehen, dass die Mindestbindungsfrist nur beim Wechsel von einer Basistarifvariante in eine andere Basistarifvariante desselben Versicherers oder auch i.R.d. für Neukunden ab 1.1. 2009 möglichen Wechsels in eine andere Basistarifvariante eines anderen Versicherers gilt.

86 **c) Verhältnis der Mindestbindungsfrist zum Sonderkündigungsrecht nach § 205 Abs. 4 VVG.** Es stellt sich ferner die Frage nach dem Verhältnis der Mindestbindungsfrist zum Recht des VN, im Falle der Prämienerhöhung oder Verminderung der Leistung den Vertrag nach § 205 Abs. 4 VVG zu kündigen. Durch das Sonderkündigungsrecht des § 205 Abs. 4 VVG soll dem VN ermöglicht werden, unabhängig von vertraglichen Kündigungsfristen kurzfristig den Versicherer zu wechseln, wenn sich die Grundlagen der Prämienkalkulation ändern.[77] Bei der Versicherung im Basistarif bestehen aber diesbezüglich Besonderheiten, die für einen Vorrang der Mindestbindungsfrist vor dem Sonderkündigungsrecht sprechen:

87 Beim Basistarif handelt es sich um einen hinsichtlich Leistungsumfang und Tarifbedingungen brancheneinheitlichen Tarif. Infolge der oben beschriebenen[78] brancheneinheitlichen Kalkulation mit Risikoausgleich nach § 12g VAG wird es beim Basistarif keine nennenswerten Preisunterschiede und keinerlei Leistungsunterschiede zwischen den verschiedenen Anbietern geben. Änderungen der Grundlagen der Prämienkalkulation treffen somit alle im PKV-Markt angebotenen Basistarife gleichermaßen. Es besteht folglich bei Prämienerhöhungen und Leistungseinschränkungen im Basistarif eine im Vergleich zu Normaltarifen völlig unterschiedliche Ausgangslage für den VN. Hinzu kommt, dass der Basistarif hinsichtlich des Preises und der Leistungsmerkmale eng an das Leitbild der gesetzlichen Krankenversicherung gekoppelt ist. Dort ist gemäß § 53 Abs. 8 Satz 2 SGB V während der Bindungszeit von drei Jahren eine Kündigung trotz erfolgter Beitragserhöhung ausdrücklich gesetzlich ausgeschlossen. Außerdem ist zu bedenken, dass im Bereich der privaten Krankenversicherung die Zyklen der Änderung der Grundlagen für die Prämienkalkulation verhältnismäßig kurz sind. Es ist daher davon auszugehen, dass die Wahrscheinlichkeit einer Prämienanpassung im Basistarif

---

[77] Vgl. P/M/*Prölss* § 178h Rdn. 11.
[78] Vgl. Rdn. 75.

III. Kontrahierungszwang der VR im Basistarif

innerhalb der Bindungsfrist sehr groß ist. Die Bindungsfrist würde somit im Falle der Einräumung des Sonderkündigungsrechts mit überwiegender Wahrscheinlichkeit in den meisten Fällen leerlaufen. Das kann aber nicht i.S.d. gesetzlichen Regelung des § 12 Abs. 1a Satz 4 VAG sein.

Nach alldem ist es sachgerecht anzunehmen, dass die Mindestbindungsfrist des § 12 Abs. 1a Satz 4 VAG als „lex specialis" dem Sonderkündigungsrecht des § 205 Abs. 4 VVG vorgeht.

88

5. Direktabrechnung der Leistungserbringer und gesamtschuldnerische Haftung von Versicherer und Versicherungsnehmer im Basistarif

Im Rahmen der Art. 2 Nr. 8a, Art. 48 Abs. 9 GKV-WSG (§ 75 Abs. 3a SGB V) wurde die Verpflichtung für Ärzte eingeführt, Patienten, die im Basistarif versichert sind, zu denselben Konditionen zu behandeln, wie GKV-Versicherte. Als Gegenstück zu dieser Angleichung an die Erstattungssätze der gesetzlichen Krankenversicherung wurde in § 192 Abs. 7 Satz 1 VVG dem Leistungserbringer die Möglichkeit zur Direktabrechnung mit dem Versicherer eingeräumt. Nach § 192 Abs. 7 Satz 2 VVG haften Versicherer und VN dem Leistungserbringer gesamtschuldnerisch.

89

Sowohl die Befugnis zur Direktabrechnung, als auch die gesamtschuldnerische Haftung beschränken sich auf die Krankheitskostenversicherung im Basistarif und auf die jeweilige tarifliche Leistungspflicht des Versicherers. Das bedeutet insbesondere, dass der Versicherer gegenüber der Forderung des Leistungserbringers etwaige tarifliche Selbstbehalte des VN einwenden kann, soweit diese noch nicht aufgebraucht sind. Ebenso kann der Versicherer dem Leistungserbringer die Einschränkung der Leistungspflicht im Falle des Ruhens der Leistungen nach § 193 Abs. 6 VVG entgegenhalten.[79]

90

Wirtschaftlich bedeutet § 192 Abs. 7 VVG die Verlagerung des Inkassorisikos vom Arzt auf den Versicherer, wenn der VN die Rechnung des Leistungserbringers beim Versicherer einreicht und die erhaltene Versicherungsleistung nicht an den Leistungserbringer weiterreicht. Die Zahlung des Versicherers an den VN stellt im Verhältnis zum Leistungserbringer keine Erfüllung i.S.d. § 362 BGB dar. Der Versicherer läuft bei Erstattung der Rechnung an den VN somit grundsätzlich Gefahr, dass er vom Leistungserbringer zusätzlich noch in Anspruch genommen wird und somit die Rechnung doppelt begleichen muss.

91

---

[79] So auch *Marlow/Spuhl* VersR 2009, 593, 598. Zu den Rechtsfolgen des Ruhens der Leistungen vgl. Rdn. 139 ff.

92 § 192 Abs. 7 VVG ist allerdings nach § 208 VVG dispositiv.[80] Zulässig sind daher zur Vermeidung des Inkassorisikos Vertragsgestaltungen, die dem Versicherer grundsätzlich das Recht zur Direkterstattung einer vom VN eingereichten Rechnung an den Leistungserbringer einräumt, sofern der VN nicht nachweist, dass er die Rechnung des Leistungserbringers bereits selbst beglichen hat. In § 6 Abs. 3 MB/BT wurde folgerichtig eine entsprechende Regelung aufgenommen.

IV. Einschränkung des Kündigungsrechts des Versicherungsnehmers

1. Allgemeines

93 Das ordentliche Kündigungsrecht des VN einer Krankheitskostenversicherung, die der Versicherungspflicht nach § 193 Abs. 3 Satz 1 VVG erfüllt, ist in § 205 Abs. 6 VVG eingeschränkt. Die Vorschrift soll sicherstellen, dass der VN im Falle der Kündigung seiner Versicherung über einen nahtlosen Versicherungsschutz verfügt.[81] Die Vorschrift findet keine Anwendung auf Vertragskündigungen wegen Eintritts der Versicherungspflicht bei der GKV. Hier gilt die Sonderregelung des § 205 Abs. 2 VVG. Zu Recht wird in der Literatur unter Berufung auf die Gesetzesbegründung nach Sinn und Zweck der Regelung eine entsprechende Anwendung der Vorschrift auch auf die außerordentliche Kündigung des VN nach § 314 BGB vertreten.[82] Anderenfalls wäre der vom Gesetzgeber gewünschte lückenlose Versicherungsschutz nicht gewährleistet.

2. Voraussetzungen einer wirksamen Kündigung

94 Voraussetzung für das Kündigungsrecht ist nach § 205 Abs. 6 Satz 1 VVG der Abschluss einer neuen Versicherung nach § 193 Abs. 3 Satz 1 VVG. Die Kündigung wird nach § 205 Abs. 6 Satz 2 VVG erst wirksam, wenn der VN nachweist, dass die versicherte Person bei einem neuen Versicherer ohne Unterbrechung versichert ist. Bis zum Nachweis der Folgeversicherung ist die Kündigung somit schwebend unwirksam.

95 Das Gesetz enthält keine Frist zur Vorlage der Nachversicherungsbescheinigung beim alten Versicherer. Dieser hat aber, nicht zuletzt wegen

---

[80] A.A. *Marlow/Spuhl* VersR 2009, 593, 602.
[81] Vgl. BT-Drucks. 16/4247 S. 68.
[82] Vgl. MünchKommVVG/*Hütt* § 205 Rdn. 62.

IV. Einschränkung des KündigungsR des VN

der damit verbundenen Frage des Fortbestands der wechselseitigen Pflichten aus dem Vertrag sowie der damit verbundenen Fragen der ordnungsgemäßen Bilanzierung, ein grundlegendes Interesse daran, möglichst zeitnah zur Kündigung des VN Klarheit über die Frage der Wirksamkeit der Kündigung zu erhalten.

Demgemäß enthalten die MB/KK-2009 in § 13 Abs. 7 Satz 2 MB/KK eine Regelung, wonach die Kündigung erst wirksam wird, wenn der VN innerhalb der Kündigungsfrist nachweist, dass die versicherte Person bei einem neuen Versicherer ohne Unterbrechung versichert ist. Eine entsprechende Regelung findet sich voraussichtlich auch in § 13 Abs. 6 der MB/BT. Die fristgerechte Vorlage der Nachversicherungsbescheinigung wird damit zur Voraussetzung für eine wirksame Kündigungserklärung.   96

Zur Erläuterung sollen die folgenden Beispiele dienen:

Beispiel 1:   97

Der VN erklärt am 12.7. die ordentliche Kündigung seines Vertrags zum 31.12. desselben Jahres. Er legt die Nachversicherungsbescheinigung erst im Januar des Folgejahres vor.

Lösung:

Erklärt der VN am 12.7. die ordentliche Kündigung seines Vertrags zum 31.12. desselben Jahres, ist die Nachversicherungsbescheinigung bis zum 31.12. desselben Jahres vorzulegen. Kommt der VN dieser Verpflichtung, wie im vorliegenden Beispiel nicht nach, so ist die Kündigung unwirksam.

Beispiel 2:   98

Der Versicherer teilt dem VN am 12.2. mit, dass mit Wirkung zum 1.6. die Prämien seiner Versicherung erhöht werden. Der VN kündigt seine Versicherung am 28.2. mit Wirkung zum 1.6. Er legt die Nachversicherungsbescheinigung am 15.5. vor.

Lösung:

Die Kündigung ist wirksam. Der VN kann nach § 205 Abs. 4 VVG seinen Vertrag innerhalb eines Monats nach Zugang dieser Mitteilung zu dem Zeitpunkt kündigen, zu dem die Prämienerhöhung wirksam werden soll, also zum 1.6. desselben Jahres. In diesem Fall ist die Nachversicherungsbescheinigung bis zum 1.6. desselben Jahres vorzulegen. Die Vorlage zum 15.5. im vorliegenden Beispiel war somit fristgemäß.

3. Sonderfall: Kündigung eines Gruppenversicherungsvertrags durch den Versicherungsnehmer

Das Gesetz sieht für den Fall der Kündigung eines Gruppenversicherungsvertrags durch den VN keine spezielle Regelung vor. Lediglich der Fall der Kündigung des Versicherers ist in § 206 Abs. 4 VVG ausdrücklich   99 geregelt worden. Erfüllt ein Gruppenversicherungsvertrag die Pflicht zur Versicherung nach § 193 Abs. 3 Satz 1 VVG gilt auch hier prinzipiell die Regelung des § 205 Abs. 6 VVG, wonach der VN den Vertrag nur dann kündigen kann, wenn er bei einem anderen Versicherer für die versicherte Person einen neuen Vertrag abschließt, der diese Pflicht genügt und wonach die Kündigung erst dann wirksam wird, wenn der VN nachweist, dass die versicherte Person bei einem neuen Versicherer ohne Unterbrechung versichert ist.

100 Dies wirft in der Praxis bei einem großen Teil der PKV-Unternehmen und ihren Gruppenversicherungspartnern erhebliche Probleme auf. Sehr häufig ist nämlich in Gruppenversicherungsverträgen eine Regelung enthalten. wonach der Gruppenversicherungspartner VN ist. Die i.R. eines Gruppenversicherungsvertrags versicherten Einzelverträge gewähren den Versicherten lediglich den Status einer „versicherten Person". Vielfach sind auf diese Weise mehrere tausend versicherte Personen in einem Gruppenversicherungsvertrag versichert. Ein Teil, aber bei weitem nicht alle im Markt gebräuchlichen Versicherungsbedingungen sehen im Falle der Kündigung des zugrundeliegenden Gruppenversicherungsvertrags eine automatische Fortsetzung der Versicherung der versicherten Personen in einer Einzelversicherung vor. In diesen Fällen ist der Nachweis der Folgeversicherung unproblematisch.

101 Die praktische Hürde für eine Kündigung ist allerdings in den Fällen, in denen eine automatische Fortsetzung der Gruppenversicherung in einer Einzelversicherung nicht vorgesehen ist, extrem hoch und vor diesem Hintergrund vielfach ein aussichtsloses Unterfangen. Es ist davon auszugehen, dass der Gesetzgeber die Kündigung eines Gruppenversicherungsvertrags durch den VN im Zuge der Neuregelung des Rechts der privaten Krankenversicherung i.R.d. GKV-WSG schlichtweg nicht bedacht hat.

102 Zur Lösung der Problematik bieten sich folgende Ansätze an:

103 Vertretbar erscheint es, im Falle der Kündigung eines Gruppenversicherungsvertrags durch den VN, die Wirksamkeit der Kündigung ausnahmsweise nicht vom Nachweis einer Folgeversicherung abhängig zu machen. Stattdessen könnte § 206 Abs. 4 Satz 2 VVG entsprechend Anwendung finden, mit der Folge, dass die versicherten Personen vom Versicherer über die Kündigung und das Recht zur Fortsetzung der Versicherung in Textform zu informieren sind. Durch geeignete Kündigungsfristen im Gruppenversicherungsvertrag und entsprechenden Hinweisen in den Kundenbenachrichtigungsschreiben kann grundsätzlich ein durchgängiger Versicherungsschutz für die Versicherten gewährleistet werden. Als Argument für diese Auffassung kann der Umstand angeführt werden, dass es sich bei einem Gruppenversicherungsvertrag regelmäßig nur um eine organisatorische Zwischenschaltung eines Gruppenversicherungspartners

IV. Einschränkung des KündigungsR des VN

zum Zwecke der Gewährung von Sonderkonditionen für die versicherten Personen handelt. Vorzugswürdig i.S.d. Erlangens von Rechtssicherheit erscheint in der Praxis aber eine Vorgehensweise, bei der im Wege des juristischen Treuhänderverfahrens nach § 203 Abs. 3 VVG in die Vertragsbedingungen von Gruppenversicherungsverträgen, die keine automatische Fortsetzung der Verträge der versicherten Personen in der Einzelversicherung vorsehen, eine entsprechende Regelung nachträglich eingeführt wird. Die Neuregelung des Kündigungsrechts in § 205 Abs. 6 VVG i.R.d. GKV-WSG stellt zweifelsohne eine nicht nur vorübergehende Änderung der Verhältnisse des Gesundheitswesens i.S.v. § 203 Abs. 3 Satz 1 VVG dar. Die Änderung wäre aus den vorstehend beschriebenen Gründen auch zur Wahrung der Belange des Gruppenversicherungsvertragspartners als VN erforderlich und angemessen du würde dem Ziel des Gesetzgebers, eine durchgängigen Versicherungsschutz im Zuge der Kündigung des Versicherungsvertrags durch den VN zu gewährleisten, entsprechen. **104**

4. Verhältnis des § 205 Abs. 6 Satz 2 VVG zu § 8 Abs. 1 Satz 1 VVG

a) **Problemstellung.** Der Gesetzgeber verfolgte, wie oben ausgeführt, mit der Einführung der Pflicht zur Versicherung die Intention zu verhindern, dass Personen ohne Krankheitskostenversicherungsschutz zum Kostenrisiko für die Allgemeinheit oder die Sozialgemeinschaft der VN werden. Mit der Vorschrift des § 205 Abs. 6 Satz 2 VVG beabsichtigte er die Sicherstellung eines nahtlosen Versicherungsschutzes.[83] Es stellt sich die Frage, ob vor diesem Hintergrund der VN nach Vorlage der Versicherungsbescheinigung des Nachversicherers beim bisherigen Versicherer seinen neuen Vertrag noch nach § 8 Abs. 1 Satz 1 VVG widerrufen kann, welche Rechtswirkungen der Widerruf des neuen Vertragsverhältnisses auf den bisherigen Vertrag hat und welchen Voraussetzungen der Widerruf des neuen Vertrags im Lichte des Willens des Gesetzgebers ggf. unterworfen werden muss. **105**

b) **Keine Annahme der Verwirkung.** In Betracht kommt grundsätzlich die Annahme der Verwirkung des Widerrufsrechts durch die Vorlage der Versicherungsbescheinigung des Folgeversicherers. Begrifflich ist ein Recht dann verwirkt, wenn der Berechtigte es längere Zeit hindurch nicht geltend gemacht hat und der Verpflichtete sich darauf eingerichtet hat und sich nach dem gesamten Verhalten des Berechtigten auch darauf einrichten durfte, dass dieser das Recht in Zukunft auch nicht geltend machen **106**

---

[83] Vgl. BT-Drucks. 16/4247 S. 68.

B. NeuReg. des VV- u. AufsichtsR i.R.d. GKV-WSG

werde.[84] Vorliegend scheitert die Annahme einer Verwirkung schon daran, dass Adressat der Vorlage der Versicherungsbescheinigung (bisheriger Versicherer) und des Widerrufs (neuer Versicherer) nicht identisch sind. Da der neue Versicherer in der Regel weder von der Tatsache, noch vom Zeitpunk der Vorlage der von ihm ausgestellten Versicherungsbescheinigung Kenntnis erhält, kann insoweit auch kein Vertrauenstatbestand geschaffen werden.

107 **c) Keine Annahme der unzulässigen Rechtsausübung.** Denkbar ist ferner der Einwand der unzulässigen Rechtsausübung. Die Rechtsausübung kann nach § 242 BGB unzulässig sein, wenn dem Berechtigten eine Verletzung eigener Pflichten zur Last fällt.[85]

108 Zur Diskussion steht vorliegend die Verletzung der Pflicht zur Versicherung durch den VN nach § 193 Abs. 3 VVG, da nicht auszuschließen ist, dass der VN infolge des Widerrufs zumindest zeitweise ohne Versicherungsschutz ist. Dabei ist aber zu berücksichtigen, dass dies nicht zwangsläufig die Folge sein muss. Übt der VN sein Widerrufsrecht gegenüber dem neuen Versicherer aus, so verletzt er damit nicht zwangsläufig seine Pflicht zur Versicherung aus § 193 Abs. 3 VVG. Eine solche Verletzung kommt jedenfalls dann nicht in Betracht, wenn der Widerruf innerhalb der Kündigungsfrist seines alten Versicherungsvertrags erfolgt. Dann hat der VN ja bis zum Ende der Kündigungsfrist Zeit, Versicherungsschutz i.S.d. § 193 Abs. 3 VVG bei einem dritten Versicherer zu erhalten.

109 Würde man alleine in der Geltendmachung des Widerrufsrechts eine unzulässige Rechtsausübung sehen, würde jedenfalls im Bereich der Krankheitskostenvollversicherung das Widerrufsrecht, das ja gerade bei unzureichender Information des VN nach § 8 Abs. 2 VVG im Einzelfall sehr lange bestehen kann, faktisch abgeschafft. Häufig erkennt der VN aber erst lange Zeit nach Vorlage der Versicherungsbescheinigung eine unzureichende Übermittlung der Informationen nach § 8 Abs. 2 VVG.

110 Im Ergebnis ist daher davon auszugehen, dass das Widerrufsrecht des VN nach § 8 Abs. 1 Satz 1 VVG infolge der Vorlage der Versicherungsbescheinigung des Nachversicherers beim ursprünglichen Versicherer nicht eingeschränkt ist.

111 **d) Auswirkungen des Widerrufs des Vertrags beim neuen Versicherer auf den Versicherungsschutz beim bisherigen Versicherer.**
Vor dem Hintergrund des Zwecks der Sicherstellung eines nahtlosen Versicherungsschutzes, den der Gesetzgeber mit der Vorschrift des § 205

---

[84] Vgl. Palandt/*Grüneberg* § 242 Rdn. 87; BGH NJW 2006, 219.
[85] Vgl. Palandt/*Grüneberg* § 242 Rdn. 46.

IV. Einschränkung des KündigungsR des VN

Abs. 6 Satz 2 VVG verfolgt hat,[86] stellt sich die Frage, ob die Ausübung des Widerrufsrechts durch den VN gegenüber dem neuen Versicherer Auswirkungen auf die Wirksamkeit der Kündigungserklärung gegenüber dem bisherigen Versicherer hat, sofern der VN im Zuge des Widerrufs *keinen neuen Vertrag* bei einem anderen Versicherer über eine der Pflicht zur Versicherung genügende Krankheitskostenversicherung abgeschlossen hat. Dies soll anhand der folgenden Beispiele näher untersucht werden:

Beispiel 1: 112

Der VN schließt am 2.8. einen Vertrag beim neuen Versicherer ab und erhält zusammen mit der Police am 15.8. vom neuen Versicherer eine Versicherungsbescheinigung zur Vorlage beim bisherigen Versicherer. Am 30.8. kündigt er seinen Vertrag beim bisherigen Versicherer zum 31.12. Am 10.9. geht der Widerruf des Vertrags durch den VN beim neuen Versicherer ein. Am 17.9. legt der VN die Versicherungsbescheinigung des neuen Versicherers dem bisherigen Versicherer vor.

Lösung:

Erfolgt die Vorlage der Versicherungsbescheinigung wie im Beispiel 1 erst nach Zugang des Widerrufs beim neuen Versicherer, ist diese nicht geeignet, den Nachweis einer nahtlosen Folgeversicherung zu erbringen. Eine Versicherungsbescheinigung kann nur dann als hinreichender Nachweis angesehen werden, wenn sie inhaltlich richtig ist. In diesem Fall ist die Kündigung beim alten Versicherer nach wie vor schwebend unwirksam.

Beispiel 2: 113

Der VN schließt am 2.8. einen Vertrag beim neuen Versicherer ab und erhält zusammen mit der Police am 15.8. vom neuen Versicherer eine Versicherungsbescheinigung zur Vorlage beim bisherigen Versicherer. Am 30.8. kündigt er seinen Vertrag beim bisherigen Versicherer zum 31.12. Abweichend von Beispiel 1 legt der VN bereits am 3.9. dem bisherigen Versicherer die Versicherungsbescheinigung des neuen Versicherers zu. Wie in Beispiel 1 geht der Widerruf des Vertrags durch den VN dem neuen Versicherer am 10.9. zu.

Lösung:

In Beispiel 2 war die Versicherungsbescheinigung zum Zeitpunkt der Vorlage beim neuen Versicherer inhaltlich korrekt mit der Folge, dass die am 30.8. erklärte Kündigung nach § 205 Abs. 6 Satz 2 VVG wirksam wurde. Anders als nach h.M.[87] bei Verträgen im Policenmodell, sind nämlich nach der Konstruktion des § 9 VVG widerrufliche Erklärungen schwebend wirksam.[88]

---

[86] Vgl. BT-Drucks. 16/4247 S. 68.
[87] Vgl. zum Meinungsstand P/M/*Prölss* § 5a Rdn. 9 f. m.w.N.
[88] Vgl. *Marlow/Spuhl* S. 34 f.

B. NeuReg. des VV- u. AufsichtsR i.R.d. GKV-WSG

114 Es stellt sich aber die Frage, ob mit Zugang des Widerrufs beim neuen Versicherer, der Versicherungsschutz beim bisherigen Versicherer dadurch wieder aufgelebt ist, dass die aufschiebende Bedingung i.S.d. § 205 Abs. 6 Satz 2 VVG nachträglich weggefallen ist.

115 Für die Annahme eines Wiederauflebens könnte der Wortlaut des § 205 Abs. 6 Satz 2 VVG herangezogen werden, der den Nachweis erfordert, dass die versicherte Person bei einem neuen Versicherer *ohne Unterbrechung* versichert ist.

116 Gegen eine solche Annahme sprechen jedoch nachfolgende sowohl rechtliche, als auch praktische Erwägungen:

117 Wie oben bereits ausgeführt wurde, sind nach § 8 Abs. 2 VVG Versicherungsverträge im Falle der unvollständigen Informationserteilung bei Vertragsschluss u.U. sehr lange widerruflich. Würde man annehmen, dass im Falle des Widerrufs des Vertrags beim neuen Versicherer der zunächst wirksam gekündigte Versicherungsvertrag beim bisherigen Versicherer wieder auflebt, hätte dies möglicherweise die Folge, dass der VN sich Prämiennachzahlungsansprüchen des bisherigen Versicherers für einen mehrjährigen Zeitraum ausgesetzt sehen würde. Hat der VN in der Zwischenzeit Leistungen des neuen Versicherers in Anspruch genommen, so hat er keinen Anspruch auf Rückzahlung der Prämien, § 9 Satz 2 Halbs. 1 VVG. Ein auf das erste Versicherungsjahr begrenzter Anspruch auf Rückzahlung der Prämien besteht allenfalls dann, wenn keine ausreichende Belehrung i.S.d. § 9 Satz 1 VVG erfolgt ist.[89] Je länger folglich der Zeitraum bis zur Erklärung des Widerrufs durch den VN ist, desto einschneidender wären die wirtschaftlichen Folgen des Widerrufs im Falle des Wiederauflebens des Vertrags beim bisherigen Versicherer. Zwar kommen grundsätzlich gegen den neuen Versicherer Schadenersatzansprüche des VN aus § 6 Abs. 5 VVG wegen der Verletzung der Aufklärungspflicht in Betracht. Der Schaden würde in der Prämiennachzahlungspflicht beim früheren Versicherer im Zuge eines Wiederauflebens des alten Versicherungsschutzes bestehen. Allerdings ist dies insbesondere dem durchschnittlichen, rechtsunkundigen VN häufig nicht bekannt. Selbst wenn der VN hierüber aufgeklärt wird, so ist die Geltendmachung entsprechender Ersatzansprüche mühsam und möglicherweise mit einem nicht unerheblichen Prozesskostenrisiko verbunden. Das Widerrufsrecht des VN würde wegen der drohenden wirtschaftlichen Folgen mit zunehmender Vertragsdauer praktisch ausgehöhlt.

118 Im Übrigen würde diese Rechtsauffassung zu erheblichen praktischen Umsetzungsschwierigkeiten und damit verbundenen rechtlichen Unsicherheiten für den bisherigen Versicherer führen. Der bisherige Versiche-

---

[89] Zu den Rechtsfolgen des Widerrufs vgl. *Marlow/Spuhl* S. 35 f.

IV. Einschränkung des KündigungsR des VN

rer wäre davon abhängig, dass er entweder vom VN oder vom neuen Versicherer vom Widerruf in Kenntnis gesetzt würde, ohne dass hierzu eine gesetzliche Verpflichtung besteht. Er müsste dann auch den Anspruch auf Rückübertragung des Übertragungswerts geltend machen. Liegt die Übertragung mehrere Jahre zurück, kann dies u. U. erhebliche Schwierigkeiten i. R. d. Bilanzierung der Vorjahre verursachen. Hinzu kommt, dass der VN sich bewusst für eine Beendigung des Vertrags mit dem bisherigen Versicherer entschieden hat und, dass das Wiederaufleben des ursprünglichen Vertrags auch nicht in seinem Sinne ist. Sein Versicherungsschutz ist nämlich dem Grunde nach wegen des Kontrahierungszwangs im Basistarif gemäß § 193 Abs. 5 VVG auch nicht gefährdet, selbst wenn sich sein Gesundheitszustand zwischenzeitlich verändert hat und er keinen Versicherungsschutz mehr in einem normalen Krankheitskostentarif findet. Die Bereitschaft des VN zur Nachzahlung von Prämien beim bisherigen Versicherer dürfte regelmäßig eher gering ausgeprägt und damit Konflikte vorprogrammiert sein.

Im Ergebnis ist somit davon auszugehen, dass der Widerruf nach § 8 Abs. 2 VVG ohne Auswirkungen auf die Wirksamkeit der Kündigung beim bisherigen Versicherer ist.[90] Damit besteht eine insoweit eine Gesetzeslücke, als durch Ausübung des Widerrufsrechts beim neuen Versicherer die Pflicht zur Versicherung und der vom Gesetzgeber beabsichtigte nahtlose Versicherungsschutz umgangen werden kann. Damit stellt sich die Frage, wie diese Lücke sinnvoll geschlossen werden kann. **119**

e) **Analoge Anwendbarkeit des § 205 Abs. 6 Satz 2 VVG auf den Widerruf.** Zur Schließung dieser geschilderten Regelungslücke bietet sich eine analoge Anwendung der Vorschrift des § 205 Abs. 6 Satz 2 VVG auf den Widerruf nach § 8 Abs. 2 VVG an. Folge einer solchen Analogie wäre, dass der Widerruf bis zum Nachweis eines nahtlosen Versicherungsschutzes bei einem anderen Versicherer schwebend unwirksam wäre. Auf diese Weise könnte eine Umgehungsmöglichkeit der Pflicht zur Versicherung ausgeschlossen werden. Ferner würden die dargestellten, mit der Frage eines Wiederauflebens des ursprünglichen Versicherungsverhältnisses verbundenen rechtlichen Probleme und faktischen Hemmnisse in der Praxis nicht relevant. **120**

Hat sich der Gesundheitszustand des VN seit Vertragsschluss verschlechtert, so kann er ggf. nach § 6 Abs. 5 VVG von seinen Versicherer Schadenersatz verlangen, soweit er infolgedessen nur noch im Basistarif oder nur noch zu schlechten Konditionen in einem Normaltarif eines anderen Versicherers Versicherungsschutz erlangen kann. **121**

---

[90] So auch *Marlow/Spuhl* VersR 2009, 593, 598.

B. *NeuReg. des VV- u. AufsichtsR i.R.d. GKV-WSG*

122 Eine analoge Anwendung des § 205 Abs. 6 Satz 2 VVG auf den Widerruf nach § 8 Abs. 2 VVG ist im Ergebnis somit die überlegene Lösung zur Schließung der Gesetzeslücke und zur Umsetzung des gesetzgeberischen Willens, einen nahtlosen Versicherungsschutz für der Pflicht zur Versicherung in der privaten Krankenversicherung unterliegenden Personen zu gewährleisten.[91]

V. Verbot der Kündigung durch den Versicherer

1. Allgemeines

123 § 206 Abs. 1 Satz 1 VVG enthält das bereits in § 178i Abs. 1 Satz 1 VVG a.F. geregelte Verbot der ordentlichen Kündigung einer substitutiven Krankheitskosten-, Krankentagegeld- und einer Pflegekrankenversicherung. Zweck der Vorschrift ist die dauerhafte Aufrechterhaltung des Versicherungsschutzes. Es soll ausgeschlossen werden, dass ein VN seinen Versicherungsschutz und damit auch seine angesparten Altersrückstellungen verliert, nur weil er mit einer Folgeprämie in Verzug ist.[92] Der Gesetzgeber erachtet es als ausreichenden Schutz für den Versicherer, dass gemäß § 193 Abs. 6 VVG während des Prämienverzugs Säumniszuschläge geltend gemacht werden können und der Leistungsanspruch stark eingeschränkt ist.[93]

2. Reichweite des Kündigungsverbots

124 **a) Wortlaut der Vorschrift.** Nach dem Wortlaut des § 206 Abs. 1 Satz 1 VVG ist bei der Krankheitskostenversicherung, die eine Pflicht nach § 193 Abs. 3 Satz 1 VVG erfüllt, das Kündigungsrecht des Versicherers abgeschafft worden. Diese Regelung ist verfassungsgemäß. Die Freiheit der Berufsausübung des Versicherers wird durch § 206 Abs. 1 Satz 1 VVG nicht unverhältnismäßig beeinträchtigt.[94] Angesichts der Tatsache, dass es sich bei der Krankenversicherung um ein nicht personifiziertes Massengeschäft handelt, ist es nicht sachwidrig und zumutbar, dass der Gesetzgeber auf eine Kündigungsregelung wegen anderer Vertragsverletzungen, die nur relativ selten vorkommen, verzichtet hat.[95]

---

[91] So auch *Marlow/Spuhl* VersR 2009, 593, 598.
[92] Vgl. BT-Drucks. 16/4247 S. 68.
[93] Vgl. BT-Drucks. 16/4247 S. 68.
[94] Vgl. BVerfG VersR 2009, 957, 964.
[95] Vgl. BVerfG VersR 2009, 957, 964.

V. Verbot der Kündigung durch den VR

Die Reichweite der Vorschrift ist auf die Krankheitskostenvollversicherung beschränkt. Dies ergibt sich aus dem Bezug in § 206 Abs. 1 Satz 1 VVG zur Pflicht zur Versicherung nach § 193 Abs. 3 Satz 1 VVG. Das Kündigungsrecht bei der Krankheitskostenzusatzversicherung wird folglich durch § 206 Abs. 1 Satz 1 VVG nicht berührt. Damit können auch bei Bausteintarifen einzelne Zusatzversicherungsbausteine, deren Leistungsumfang über den in § 193 Abs. 3 Satz 1 VVG beschriebenen gesetzlichen Mindestversicherungsschutz hinausgeht, separat gekündigt werden. **125**

Der Anwendungsbereich der Regelung erstreckt sich auf die überwiegende Mehrzahl der bestehenden privaten Krankheitskostenvollversicherungsverträge, da nach § 193 Abs. 3 Satz 3 VVG alle vor dem 1.4. 2007 abgeschlossenen Krankheitskostenversicherungsverträge unter die Definition der Pflichtversicherung fallen.[96] **126**

b) Teleologische Reduktion des Kündigungsverbots. Es stellt sich die Frage, ob mit der vorstehend zitierten[97] Feststellung des BVerfG zur Zumutbarkeit und damit Verfassungsmäßigkeit des generellen Kündigungsverbots dem Versicherer in jedem Fall das Recht zur Kündigung abgeschnitten ist, oder ob das Kündigungsverbot in § 206 VVG nicht aus Gründen der Verhältnismäßigkeit jedenfalls in gravierenden Fällen einschränkend auszulegen ist. Gegen den vom Wortlaut erfassten Ausschluss jeglicher Kündigung durch den Versicherer spricht nämlich die Gesetzesbegründung, die ausschließlich auf den Fall des Folgeprämienverzugs abstellt.[98] Dagegen spricht auch folgende Regelung im Gesetz: **127**

§ 19 Abs. 4 VVG räumt im Falle der Anzeigepflichtverletzung dem Versicherer unter bestimmten, sehr engen Voraussetzungen ein Kündigungsrecht ein. Die Vorschrift gilt im Umkehrschluss zum Wortlaut des § 194 Abs. 1 Satz 3 VVG auch für die Krankenversicherung, wenn der VN die Verletzung der Anzeigepflicht zu vertreten hat. Diese gesetzliche Regelung würde leer laufen und daher keinen Sinn machen, wenn das Kündigungsrecht des Versicherers durch § 206 Abs. 1 Satz 1 VVG generell ausgeschlossen wäre.[99] In diesem Fall käme auch § 206 Abs. 1 Satz 2 VVG, der das ordentliche Kündigungsrecht bei der substitutiven Krankenversicherung ausschließt, kein eigenständiger Regelungsgehalt zu. **128**

---

[96] Vgl. auch *Marlow/Spuhl/Marko* S. 321 f.
[97] Vgl. Rdn. 124.
[98] Vgl. BT-Drucks. 16/4247 S. 68.
[99] Vgl. auch *Marlow/Spuhl/Marko* S. 322; a.A. *Boetius* VersR 2007, 431, 436; *Langheid* NJW 2007, 3745, 3749; *Grote/Bronkars* VersR 2008, 580, 584, wonach § 206 Abs. 1 Satz 1 VVG trotz der Regelung des § 194 Abs. 1 Satz 3 VVG als spezielle Vorschrift dem § 19 Abs. 4 VVG vorgeht.

B. NeuReg. des VV- u. AufsichtsR i.R.d. GKV-WSG

129 Ein genereller Ausschluss des außerordentlichen Kündigungsrechts bei schwersten Vertragsverletzungen wäre auch als Verstoß gegen das in Art. 12 Abs. 1 GG enthaltene Äquivalenzprinzip zu werten.[100] Im Übrigen besteht auch keinerlei Veranlassung, einen VN, der durch sein Verhalten den Versicherer vorsätzlich schädigt, vor einer Kündigung des Vertragsverhältnisses zu schützen. Ein Schutzbedürfnis des VN scheidet in derartigen Fällen schon deshalb aus, weil er im Zuge der Versicherungspflicht nach den §§ 12 Abs. 1b Satz 1 VAG i.V.m. § 193 Abs. 5 VVG bei jedem anderen in Deutschland zum Geschäftsbetrieb zugelassenen Versicherungsunternehmen wieder die Aufnahme in den Basistarif verlangen kann.

130 Aus diesem Grund ist auch die in der Literatur vertretene Lösung abzulehnen, wonach der Versicherer in derartigen Fällen berechtigt sei, die Fortsetzung im Basistarif anzuordnen.[101] Diese Lösung wird u.a. damit begründet, dass auf diese Weise der Verlust von Alterungsrückstellungen verhindert werde. Dieses Ziel ließe sich aber auch dadurch erreichen, dass man im Falle einer ausnahmsweise Kündigung durch den Versicherer dem Versicherten einen Anspruch auf Mitgabe des Übertragungswerts zugesteht und zwar auch dann, wenn es sich um einen sog. „Altkunden" handelt, dessen Vertrag vor dem 1.1.2009 abgeschlossen wurde. Eine Anordnung der Fortsetzung des Vertrags im Basistarif könnte durch den Versicherten durch unverzügliche Geltendmachung seines Tarifwechselrechts nach § 204 VVG wieder rückgängig gemacht werden und wirft in der Praxis entsprechende Folgeprobleme auf.

131 Eine Kündigung durch den Versicherer ist daher – entgegen dem Wortlaut des § 206 Abs. 1 Satz 1 VVG – jedenfalls in Fällen der gravierenden Vertragsstörung durch den Versicherten durch die Vorschrift nicht ausgeschlossen.[102] Dem steht nach der hier vertretenen Auffassung auch nicht die Feststellung des BVerfG[103] zur Verfassungsmäßigkeit der Vorschrift entgegen. Der Entscheidung des BVerfG lag gerade nicht eine Fallgestaltung der gravierenden Vertragsstörung durch den Versicherten zugrunde. Sie schließt nicht aus, dass man in gravierenden Einzelfällen ausnahmsweise zu einem Kündigungsrecht kommt. Allerdings ist durch die Entscheidung des BVerfG einer generellen Beschränkung des Regelungsgehalts der Vorschrift im Wege der teleologischen Reduktion auf den Fall des Folgeprämienverzugs eine Absage erteilt worden.[104]

---

[100] Vgl. *Boetius* VersR 2007, 431.
[101] Vgl. *Marlow/Spuhl* VersR 2009, 593, 604.
[102] So im Ergebnis auch *Wandt* Rdn. 1366; MünchKommVVG/*Hütt* § 206 Rdn. 53.
[103] Vgl. BVerfG VersR 2009, 957, 964.
[104] Diese noch in der Vorauflage vertretene Rechtsauffassung kann so daher nicht mehr aufrecht erhalten werden; vgl. auch *Marlow/Spuhl/Marko* S. 322.

VI. Ruhen der Leistungen bei Zahlungsverzug

c) **Verhältnis zum gesetzlichen Rücktrittsrecht bei Anzeigepflichtverletzung und Verzug mit der Zahlung der Erstprämie.** Die Abschaffung des Kündigungsrechts berührt nicht das Recht des Versicherers im Falle der Anzeigepflichtverletzung nach § 19 Abs. 2 VVG oder des Verzugs mit der Zahlung der Erstprämie nach § 37 Abs. 1 VVG vom Vertrag zurückzutreten. Der Wortlaut des § 206 VVG schließt lediglich das Recht des Versicherers zur Kündigung und nicht das gesetzliche Rücktrittsrecht aus § 19 Abs. 2 VVG aus. Zu beachten ist allerdings die Regelung in § 8 Abs. 7 MB/KK. Danach kann *bei anderen*, als den in § 8 Abs. 6 MB/KK genannten (der Erfüllung der Pflicht zur Versicherung dienenden) Versicherungen die nicht rechtzeitige Zahlung des Erstbeitrags oder eines Folgebeitrags zum Verlust des Versicherungsschutzes führen. Bei Versicherungen, die der Pflicht zur Versicherung gemäß § 193 Abs. 3 VVG genügen, ist im Umkehrschluss zur Regelung des § 8 Abs. 7 MB/KK sowohl das Kündigungsrecht, als auch das Rücktrittsrecht nach § 37 Abs. 1 VVG ausgeschlossen. Insoweit weichen die MB/KK zugunsten der Versicherten von der gesetzlichen Regelung ab.

132

VI. Ruhen der Leistungen bei Zahlungsverzug

1. Allgemeines

Das Ausbleiben der Prämienzahlung durch den VN hat künftig bei einer der Pflicht zur Versicherung nach § 193 Abs. 3 VVG genügenden Krankheitskostenversicherung zunächst lediglich das Ruhen der Leistungen zu Folge, § 193 Abs. 6 Satz 2 VVG. Diese Regelung gilt für *alle* Pflichtversicherungen nach § 193 Abs. 3 VVG, also nicht nur für den Basistarif. Aus dem ausdrücklichen Hinweis im Gesetz auf die Pflichtversicherung nach § 193 Abs. 3 VVG ist ersichtlich, dass § 193 Abs. 6 VVG nicht auf das Ruhen von Zusatzversicherungen nach § 193 Abs. 7 VVG Anwendung findet. § 193 Abs. 6 VVG regelt die Rechtsfolgen beim Zahlungsverzug abschließend. Im Zuge der Einführung des in § 206 enthaltenen Verbots der Kündigung wegen Zahlungsverzugs[105] wurde die gerade erst eingeführte[106] Vorschrift des § 194 Abs. 2 VVG ersatzlos gestrichen. Der bisher in § 194 Abs. 2 VVG enthaltene Hinweis auf die Anwendbarkeit des § 38

133

---

[105] Vgl. zur Reichweite des Kündigungsverbots in § 206 VVG die Ausführungen in Rdn. 123 ff.
[106] Vgl. Teil A Rdn. 10.

B. NeuReg. des VV- u. AufsichtsR i.R.d. GKV-WSG

VVG, der den Zahlungsverzug mit einer Folgeprämie regelt, war infolge der in § 38 Abs. 3 VVG enthaltenen – in Widerspruch zum Kündigungs*verbot* des § 206 VVG stehenden – Kündigungsmöglichkeit zu streichen.

2. Voraussetzungen für das Ruhen der Leistungen

134 Voraussetzung für das Ruhen der Leistungen nach § 193 Abs. 6 VVG sind:

– der Rückstand des VN mit zwei Monatsprämien, § 193 Abs. 6 Satz 1 VVG

sowie

– eine Mahnung und der Hinweis auf das drohende Ruhen der Leistungen durch den Versicherer, § 193 Abs. 6 Satz 1 VVG

sowie

– ein fortdauernder Rückstand des VN zwei Wochen nach Zugang der Mahnung in Höhe von mehr als eine Monatsprämie, § 193 Abs. 6 Satz 2 VVG

sowie

– die Mitteilung des Ruhens der Leistungen an den VN, § 193 Abs. 6 Satz 2 VVG.

135 Anders als bei der Verzugsregelung des § 286 Abs. 4 BGB tritt das Ruhen der Leistungen nach § 193 Abs. 6 Satz 2 VVG verschuldensunabhängig ein.[107]

136 Es stellt sich die Frage, ob diese Rechtsfolge auch bei Ausbleiben der Zahlung des einmaligen Prämienzuschlags nach § 193 Abs. 4 Satz 1 VVG durch den VN eintritt. Dafür spricht, der Wortlaut des § 193 Abs. 4 Satz 1 VVG. Der Begriff „Prämie" ist regelmäßig mit „Beitrag" gleichzusetzen. Gegen eine uneingeschränkte Gleichstellung des Ausbleibens der Zahlung des Prämienzuschlags nach § 193 Abs. 4 Satz 1 VVG mit dem Ausbleiben der Prämienzahlung i.S.v. § 193 Abs. 6 Satz 2 VVG kann allerdings die Stundungsmöglichkeit des § 193 Abs. 4 Satz 4 VVG angeführt werden.[108] Rechtsfolge einer wirksamen Stundungsvereinbarung ist das Hinausschieben der Fälligkeit des Beitragszuschlags.[109] Es spricht daher viel für folgende, differenzierte Betrachtungsweise:

---

[107] A.A. *Marlow/Spuhl* VersR 2009, 593, 603.
[108] Zu den Einzelheiten dieser Regelung vgl. Rdn. 48.
[109] Vgl. Palandt/*Grüneberg* § 271 Rdn. 12.

VI. Ruhen der Leistungen bei Zahlungsverzug

Ohne Vorliegen einer wirksamen Stundungsvereinbarung nach § 193 Abs. 4 Satz 5 VVG ist das Ausbleiben der Zahlung des Prämienzuschlags mit dem Ausbleiben der Prämienzahlung nach § 193 Abs. 6 Satz 2 VVG gleichzustellen. Das Ruhen der Leistungen tritt dann unter den Voraussetzungen des § 193 Abs. 6 VVG wie beim Ausbleiben der monatlichen Prämienzahlung ein.[110] Liegt dagegen eine wirksame Stundungsvereinbarung zwischen VN und Versicherer vor und hält der VN die in der Stundungsvereinbarung getroffenen Abreden (z. B. Ratenzahlung) ein, tritt das Ruhen der Leistungen nach § 193 Abs. 6 Satz 2 VVG nicht ein. **137**

Im Gegensatz zur Regelung des § 16 Abs. 3a SGB V[111] enthält das VVG keine Besonderheit der Behandlung von mitversicherten Personen innerhalb eines Versicherungsmantels. Liegen beim VN die Voraussetzungen des § 193 Abs. 6 VVG für das Ruhen der Leistungen vor, tritt somit diese Rechtsfolge des Ruhens für alle im Mantel mitversicherten Personen ein. Dies ergibt sich mittelbar aus der Vorschrift des § 193 Abs. 6 Satz 5 VVG. **138**

3. Rechtsfolgen bei Ruhen des Leistungsanspruchs

a) Auswirkungen auf den Leistungsanspruch. Nach § 193 Abs. 6 Satz 6 VVG haftet der Versicherer während der Ruhenszeit ausschließlich für Aufwendungen, die zur Behandlung akuter Erkrankungen und Schmerzzuständen sowie bei Schwangerschaft und Mutterschaft erforderlich sind. Die Gesetzesbegründung geht davon aus, dass in diesem Falle nur für Notfallbehandlungen in Anlehnung an die Regelung des § 4 Abs. 1 AsylbLG, der insoweit eine identische Formulierung enthält, geleistet werden müsse.[112] **139**

Die Rspr. zu § 4 AsylbLG ist hinsichtlich des Umfangs des Leistungsanspruchs nicht einheitlich. Insbesondere bestehen unterschiedliche Auffassungen der Gerichte, ob die gesetzlichen Merkmale „akute Erkrankungen" und „Schmerzzustände" kumulativ oder alternativ vorliegen müssen. Beispielhaft können aus der Rspr. zu § 4 Abs. 1 AsylbLG folgende Fälle angeführt werden, in denen ein Leistungsanspruch *zugesprochen* wurde: **140**

---

[110] So im Ergebnis auch *Marlow/Spuhl* VersR 2009, 593, 602.
[111] Diese Vorschrift wurde durch das Gesetz zur Änderung arzneimittelrechtlicher und anderer Vorschriften v. 17.7.2009 (BGBl. I S. 1990) mit Wirkung zum 23.7.2009 eingeführt. Die Leistungsbeschränkungen der GKV bei Zahlungsverzug auf Akutfälle gilt nach der Neuregelung im Gegensatz zur früheren Rechtslage ausschließlich für das Mitglied und nicht für familienversicherte Angehörige.
[112] Vgl. BT-Drucks. 16/4247 S. 68; *Marlow/Spuhl/Marko* S. 323 f.

B. NeuReg. des VV- u. AufsichtsR i.R.d. GKV-WSG

- Bei multiple Sklerose wurde ein Leistungsanspruch in einem Fall bejaht, in dem aufgrund der Schwere der Erkrankung eine fortwährende, akute Behandlungsbedürftigkeit vorliegt;[113]
- Maßnahmen i.R. einer chronischen Erkrankung, die zur Linderung des Schmerzzustandes dienen (orthopädischer Schuh oder Schuheinlagen), müssen geleistet werden;[114]
- depressive Leidenszustände (Psychotherapie) sind in der Regel mindestens ebenso quälend und beeinträchtigend wie erhebliche körperliche Schmerzen und daher als Schmerzzustand zu qualifizieren.[115]

141 In folgenden Fällen wurde dagegen ein Leistungsanspruch nach § 4 AsylbLG *verneint*:

- bei der In-Vitro-Fertilisation handelt es sich weder um eine Akutbehandlung noch um eine Leistung für werdende Mütter;[116]
- der Einsatz eines künstlichen Hüftgelenks bei schwerer Hüftgelenksnekrose wurde verneint, mit dem Argument, dass alternativ zur Operation die Gabe von Opiaten erfolgen könne;[117]
- eine Nierentransplantation ist keine unaufschiebbare Behandlung;[118]
- kein Leistungsanspruch besteht auch bei einer Lebertransplantation aufgrund einer durch chronische Hepatitis bedingten Leberzirrhose, da es sich bei Hepatitis um eine chronische und nicht um eine akute Erkrankung handelt;[119]
- ein stationärer Aufenthalt in einem rheumatologischen Zentrum wegen Synovitis war unter dem Blickwinkel eines Schmerzzustandes nicht medizinisch indiziert oder unaufschiebbar, da das Bestehen von kostengünstigeren Behandlungsmethoden nicht ausgeschlossen werden konnte;[120]
- Hörgeräte sind nicht erstattungsfähig, da die Hörbehinderung keine akute Erkrankung oder ein Schmerzzustand ist.[121]

---

[113] Vgl. VG Mainz v. 27.10. 1999, Az. 1 L 1062/99.MZ.
[114] Vgl. VG Osnabrück v. 22.11. 1999, Az. 6 B 61/99; VGH Mannheim v. 4.5. 1998, Az. 7 S 920/98.
[115] Vgl. VG Braunschweig v. 13.4. 2000, Az. 3 B 67/00; OVG Lüneburg v. 22.9. 1999, Az. 4 M 3551/99, BeckRS 1999, 23074.
[116] Vgl. VG Stade v. 14.3. 2002, Az. 4 A 917/01.
[117] Vgl. VG Gera v. 7.8. 2003, Az. 6 K 1849/01.
[118] Vgl. OVG Greifswald NVwZ-RR 2004, 902.
[119] Vgl. VG Frankfurt/M. v. 9.4. 1997, Az. 8 G 638/97.
[120] Vgl. LSG Baden-Württemberg v. 11.1. 2007, Az. L 7 AY 6025/06, BeckRS 2007, 41208.
[121] Vgl. OVG Münster v. 28.6. 1994, Az. 24 B 1290/94.

VI. Ruhen der Leistungen bei Zahlungsverzug

Wie die vorstehenden Beispiele belegen, bietet die Rspr. zum Leistungsanspruch nach § 4 AsylbLG kein einheitliches Bild hinsichtlich der Kriterien für die Auslegung der unbestimmten Rechtsbegriffe „akute Erkrankung" und „Schmerzzustände". Letztlich handelt es sich durchweg um Einzelfallentscheidungen. Insbesondere die beispielhaft aufgeführten Fälle aus der Rspr. zum Asylrecht, in denen ein Leistungsanspruch bejaht wurde, zeigen, dass die asylrechtliche Rspr. zu keiner einheitlichen und teilweise sehr weiten Auslegung des Begriffs der „Notfallbehandlung" neigt. Dies verwundert nicht, vor dem Hintergrund, dass Asylbewerber wegen ihrer sehr eingeschränkten Erwerbsmöglichkeiten in besonderem Maße auf Sozialleistungen angewiesen sind. Der Grad an sozialem Schutzbedürfnis von säumigen Privatversicherten, bei denen das Ruhen der Leistungen eingetreten ist, stellt sich dagegen ganz anders dar. Diese sind jedenfalls nicht hilfebedürftig im sozialversicherungsrechtlichen Sinne. Wie unten noch näher dargelegt wird (vgl. Rdn. 117), endet das Ruhen der Leistungen mit Eintritt der Hilfebedürftigkeit im sozialversicherungsrechtlichen Sinne und der Leistungsanspruch lebt dann in voller Höhe wieder auf. Würde man die weitreichende Rspr. zu § 4 AsylbLG uneingeschränkt zum Maßstab für die i.R.d. Ruhens der Leistungen zu erbringende Notfallbehandlung machen, käme dem Ruhen allenfalls noch ein sehr eingeschränkter Sanktionscharakter zu, der dem mangels Hilfebedürftigkeit nur sehr eingeschränkten sozialen Schutzbedürfnis der säumigen Beitragszahler nicht entsprechen würde.

142

I.R.d. § 193 Abs. 6 Satz 6 VVG ist daher von einer engen Auslegung der Begrifflichkeit „akute Erkrankungen" und „Schmerzstände" i.S. einer reinen Notfallbehandlung auszugehen.[122] Die Rspr. zu § 4 AsylbLG kann insbesondere bei chronischen Erkrankungen allenfalls insoweit als Maßstab dienen, als sie die Vorschrift restriktiv auslegt.[123] In § 8 Abs. 4 MB/KK wurde demgemäß die Erstattungspflicht präzisiert und auf nach Grund und Höhe ausreichende und zweckmäßige Leistungen beschränkt. Zudem erfolgte eine Klarstellung, dass die Notleistungen ungeachtet des

143

---

[122] So im Ergebnis auch *Marlow/Spuhl* VersR 2009, 593, 603. Danach besteht Leistungspflicht immer dann, wenn die konkret vorgenommene Heilbehandlung unabweisbar und unaufschiebbar war, wobei der VN sich grundsätzlich auch auf provisorische Maßnahmen verweisen lassen müsse, wenn diese keine Verschlechterung des Leidens mit sich bringen. A.A. *Grote/Bronkars* VersR 2008, 580, 584, die von einer weiten Auslegung des Begriffs der „akuten" Erkrankung ausgehen und daher im Ergebnis dazu kommen, dass die Beschränkung der Leistungspflicht im Ergebnis kaum zu einer Entlastung des Versicherers führen wird; *Boetius* VersR 2007, 431, 436.

[123] Vgl. VG Frankfurt/M. v. 9.4. 1997, Az. 8 G 638/97.

B. NeuReg. des VV- u. AufsichtsR i.R.d. GKV-WSG

versicherten Tarifs erbracht werden. Die Auswirkungen dieser Regelung können an folgenden Beispielen verdeutlicht werden:

144 Beispiel 1:

Ein VN hat beim Versicherer lediglich einen der Pflicht zur Versicherung genügenden Tarif abgeschlossen. Auf den Abschluss eines Tarifs für Zahnbehandlung und Zahnersatz hat der Kunde verzichtet. Infolge Zahlungsverzugs ist nach § 193 Abs. 6 VVG das Ruhen der Leistungen eingetreten und dem VN wurde dies vom Versicherer mitgeteilt. Der VN begibt sich während des Ruhens der Leistungen wegen akuter Zahnschmerzen in ärztliche Behandlung.

Lösung:

Der Kunde hat i.R.d. Notfallbehandlung keinen Anspruch auf Erstattung von Leistungen für Zahnbehandlung infolge seiner akuten Zahnschmerzen, da die Zahnbehandlung nicht zum tariflichen Leistungsspektrum seines versicherten Tarifs gehört.

Die Leistungspflicht kann somit nie über den Umfang der i.r.d. Versicherungspflicht abgeschlossenen Versicherung hinausgehen.[124]

145 Beispiel 2:

Der vom VN in obigem Beispiel abgeschlossene Tarif sieht eine Selbstbeteiligung i.R.d. ambulanten Heilbehandlung in Höhe von 3000 EUR vor. Der VN begibt sich wegen akuter Magenschmerzen in ärztliche Behandlung. Er reicht die diesbezügliche Arztrechnung in Höhe von 150 EUR beim Versicherer zur Erstattung ein. Er hat im laufenden Versicherungsjahr noch keine Leistungen in Anspruch genommen.

Lösung:

Der VN hat keinen Anspruch auf Erstattung der Arztrechnung. Zwar ist die ambulante Heilbehandlung von seinem tariflichen Versicherungsschutz grundsätzlich erfasst. Es besteht aber kein Anlass, den VN während des Ruhens der Leistungen besser zu stellen, als bei vertragstreuer Beitragszahlung. Da der VN im laufenden Versicherungsjahr noch keine tariflichen Leistungen in Anspruch genommen hat, ist sein Selbstbehalt noch nicht ausgeschöpft. Der Versicherer kann die eingereichte Arztrechnung mit dem Selbstbehalt verrechnen. Einen Erstattungsanspruch während des Ruhens der Leistungen kann der VN nur insoweit geltend machen, als der tarifliche Selbstbehalt im Versicherungsjahr überschritten wird. Das ist im vorliegenden Beispiel nicht der Fall.

Diese Beispiele belegen, dass es im Ergebnis immer auf eine genaue Abwägung im Einzelfall ankommt.[125]

---

[124] So auch *Marlow/Spuhl* VersR 2009, 593, 603.
[125] So auch MünchKommVVG/*Kalis* § 193 Rdn. 36.

VI. Ruhen der Leistungen bei Zahlungsverzug

Es stellt sich ferner die Frage, ob die Leistungspflicht des Versicherers im Falle des Ruhens der Versicherung auch der Höhe nach begrenzt ist. Für eine Begrenzung spricht die Erwägung, dass auch die Erstattungspflicht i.r. einer Notfallbehandlung nicht weiter gehen kann, als die Versicherungspflicht. So wir in der Literatur bereits die Meinung vertreten, dass Steigerungssätze unabhängig vom versicherten Tarif nur in Höhe des Basistarifs zu erstatten sind.[126] Vor dem Hintergrund, dass es einem privatwirtschaftlichen Versicherungsvertragsverhältnis wesensfremd ist, wenn der Versicherte überhaupt einen Leistungsanspruch erhält, wenn er seinerseits seinen Zahlungsverpflichtungen aus dem Vertragsverhältnis nicht nachkommt, spricht viel für eine entsprechende Einschränkung. Allerdings besteht die Gefahr, dass durch eine Bejahung der Einschränkung der Leistungspflicht der Höhe nach auf die erstattungsfähigen Höchstsätze des Basistarifs dem VN medizinisch notwendige Leistungen i.R.d. Notfallbehandlung faktisch vorenthalten werden, sofern der behandelnde Arzt sich nicht mit der Abrechnung auf Basis von gekürzten Honorarsätzen einverstanden erklärt und beispielsweise i.r. einer Folgebehandlung zunächst auf der vollständigen Begleichung der Differenz besteht. Eine gesetzliche Verpflichtung des Arztes, Patienten außerhalb des Basistarifs zu den Höchstsätzen des Basistarifs zu behandeln ist nicht ersichtlich.

b) Auswirkungen auf die Pflicht zur Beitragszahlung. Das Gesetz enthält keine ausdrückliche Regelung zur Frage, ob und inwieweit der VN während des Ruhens der Leistungen von der Pflicht zur Zahlung der Beiträge befreit ist. Wegen des Sanktionscharakters der Vorschrift ist davon auszugehen, dass der VN während des Ruhens der Leistungen von seiner vertraglichen Hauptleistungspflicht zur Zahlung des vollen Beitrags nicht befreit ist.[127] Soweit der VN dieser Zahlungspflicht nachkommt ist der Versicherer zum uneingeschränkten Aufbau der Alterungsrückstellung während des Ruhens verpflichtet. 146

c) Säumniszuschlag. Nach § 193 Abs. 6 Satz 8 VVG hat der VN für jeden angefangenen Monat des Rückstandes anstelle von Verzugszinsen einen Säumniszuschlag von 1 vom 100 des Beitragsrückstandes zu entrichten. 147

d) Fortsetzung des Vertrags im Basistarif. Sind die ausstehenden Beitragsrückstände, Säumniszuschläge und Beitreibungskosten nicht innerhalb eines Jahres nach Beginn des Ruhens beglichen, wird die Versicherung im Basistarif fortgesetzt, § 193 Abs. 6 Satz 9 VVG. Es stellt sich die Frage, ob der VN dann im Basistarif zunächst wieder den vollen Leis- 148

---

[126] Vgl. *Marlow/Spuhl* VersR 2009, 593, 603.
[127] So auch *Marlow/Spuhl* VersR 2009, 593, 603 unter Hinweis auf § 193 Abs. 6 Satz 5 VVG, wonach ein Ende des Ruhens auch voraussetzt, dass „die auf die Zeit des Ruhens entfallenden Beitragsanteile gezahlt sind".

tungsanspruch hat. Aus der Verweisung in § 193 Abs. 6 Satz 9 VVG auf Satz 6 ergibt sich, dass auch im Basistarif das Ruhen der Leistungen mit den in Satz 6 genannten Rechtsfolgen eintreten kann.

149 Das Gesetz gibt keinen Anhaltspunkt dafür, dass i.R.d. Fortsetzung der Versicherung im Basistarif der Leistungsanspruch zunächst wieder voll auflebt. Gegen ein Wiederaufleben des vollen Leistungsanspruchs spricht auch folgende Erwägung: Faktisch stellt die Fortsetzung des Vertrages im Basistarif einen „erzwungenen Tarifwechsel" dar. Bei einem Tarifwechsel wird kein neuer Versicherungsvertrag abgeschlossen, sondern der bisherige Vertrag nach Maßgabe des neuen Tarifs fortgesetzt[128]. Unter dieser Prämisse ist es sachgerecht den vollen Leistungsanspruch im Basistarif erst nach Begleichung der ausstehenden Beiträge aus dem Vertragsverhältnis zu gewähren. Anderenfalls wäre das Risiko säumiger Zahler künftig begrenzt und es würde infolgedessen zum Missbrauch förmlich eingeladen.[129] Folgerichtig wurde in § 8 Abs. 4 MB/KK eine Klarstellung dahingehend aufgenommen, dass das Ruhen der Versicherung im Basistarif fortgesetzt wird.

150 Offen ist auch, wie sich der zwischenzeitliche Eintritt und wieder Entfall von Hilfebedürftigkeit auf die Berechnung der Umstellungsfrist in den Basistarif nach § 193 Abs. 6 Satz 9 VVG auswirkt.[130] Es stellt ich die Frage, ob dann durch die Beendigung des Ruhens der Leistungen nach § 193 Abs. 6 Satz 5 VVG und den Wiedereintritt des Ruhens der Leistungen infolge des zwischenzeitlichen Wegfalls der Hilfebedürftigkeit die Jahresfrist des § 193 Abs. 6 Satz 9 VVG wieder von vorne zu laufen beginnt.

151 Gegen diese Annahme spricht der Umstand, dass das Gesetz in § 193 Abs. 6 Satz 9 VVG lediglich auf den Beginn des Ruhens abstellt. Ein dauerhaftes Ruhen der Leistungen ist keine tatbestandsmäßige Voraussetzung für die Zwangsumstellung. Das Gesetz stellt vielmehr ausschließlich darauf ab, dass der Verzug ein Jahr nach Ruhensbeginn noch fortbesteht. Eine andere Auslegung wäre auch nicht sachgerecht, da ansonsten die Versicherung einer Person, bei der das Ruhen der Leistungen beispielsweise durch vorübergehenden Eintritt und Entfall der Hilfebedürftigkeit vor Jahresablauf unterbrochen wurde, nicht auf den Basistarif umgestellt werden könnte. Es ist kein Grund ersichtlich, warum für diesen nur vorübergehend hilfebedürftigen Personenkreis nach Entfall der Hilfebedürftigkeit eine Besserstellung gegenüber Schuldnern erfolgen soll, die zwischenzeitlich nicht hilfebedürftig waren.

---

[128] Vgl. BVerwG VersR 1999, 743, 744.
[129] Vgl. *Marlow/Spuhl/Marko* S. 325; im Ergebnis *auch* Marlow/Spuhl VersR 2009, 593, 603.
[130] Zu den Rechtsfolgen des Eintritts von Hilfebedürftigkeit in Form der Beendigung des Ruhens der Leistungen nach § 193 Abs. 6 Satz 5 VVG vgl. Rdn. 154.

VI. *Ruhen der Leistungen bei Zahlungsverzug*

4. Ende des Ruhens der Leistungen

a) Begleichung aller rückständigen Beitragsanteile. Nach § 193 Abs. 6 Satz 5 Halbs. 1 VVG endet das Ruhen der Leistungen automatisch, wenn alle rückständigen und auf die Zeit des Ruhens entfallenden Beitragsanteile gezahlt sind. Das Gesetz macht für das Ende des Ruhens die Begleichung der rückständigen Säumniszuschläge und Betreibungskosten nicht ausdrücklich zur Voraussetzung. Der VN kann daher zunächst durch alleinige Begleichung der ausstehenden Beitragsrückstände das Wiederaufleben des vollen Leistungsanspruchs herbeiführen. Allerdings läuft er, wie oben dargestellt, trotz Begleichung der Beitragsrückstände Gefahr, dass der Vertrag im Basistarif fortgesetzt wird, wenn er nicht innerhalb der Frist des § 193 Abs. 6 Satz 9 VVG die ausstehenden Säumniszuschläge und Beitreibungskosten bezahlt. **152**

Für die Zeit des Ruhens bleibt der Versicherer aber auch nach der Zahlung der rückständigen Beiträge von der Leistungspflicht befreit. **153**

b) Eintritt von Hilfebedürftigkeit. Das Ruhen der Leistungen endet ferner nach § 193 Abs. 6 Satz 5 VVG, wenn der VN oder die versicherte Person hilfebedürftig i.S.d. SGB II oder SGB XII wird. Die Beitragsforderung des Versicherers wird durch die Hilfebedürftigkeit nicht berührt. Lediglich bei einer Versicherung im Basistarif besteht ein Anspruch auf Beitragsreduzierung.[131] Nachweispflichtig für den Eintritt der Hilfebedürftigkeit ist der VN.[132] Die Hilfebedürftigkeit ist auf Antrag des Berechtigten vom zuständigen Sozialversicherungsträger zu bescheinigen. **154**

Diese Regelung kann praktische Schwierigkeiten hervorrufen, wenn die Hilfebedürftigkeit innerhalb eines Versicherungsmantels mit mehreren Personen nicht beim VN sondern bei einer mitversicherten Person eintritt. Es stellt sich dann die Frage, ob das Ruhen auch für den VN und alle anderen mitversicherten Personen endet oder nur für die jeweilige mitversicherte Person, die tatsächlich hilfebedürftig wird. **155**

Der Gesetzgeber geht offenbar davon aus, dass die PKV grundsätzlich nur Personen in einem Versicherungsmantel versichert, die miteinander eng verwandt sind und sich die Prüfung der Hilfebedürftigkeit i.S.d. im SGB II verwendeten Begriffs der Bedarfsgemeinschaft zumindest mittelbar auf alle in einem Versicherungsmantel versicherte Personen erstreckt. Das ist aber bei der PKV, anders als bei der in § 10 SGB V geregelten beitragsfreien Mitversicherung von Familienangehörigen in der gesetzlichen Krankenversicherung, nicht zwangsläufig der Fall. Sinn und Zweck der Regelung ist der Schutz von VN, die infolge ihrer Hilfebedürftigkeit die **156**

---
[131] Vgl. Rdn. 75.
[132] Vgl. BT-Drucks. 16/4247 S. 68.

Beiträge nicht mehr bezahlen können. Sie sollen dann unabhängig davon, ob die ausstehenden Beiträge beglichen worden sind, wieder vollen Versicherungsschutz erhalten.[133] Dieser Zweck gebietet in keiner Weise, dass das Ende des Ruhens auch auf den VN und andere in einem Versicherungsmantel mitversicherte Personen ausgedehnt wird, bei denen keine Hilfebedürftigkeit festgestellt wurde.

157 Die Vorschrift ist daher dahingehend auszulegen, dass das Ruhen nur für die mitversicherte Person endet, die tatsächlich hilfebedürftig geworden ist.

158 **c) Sonderproblem: Aufrechnung von Prämienrückständen mit Leistungsansprüchen nach Eintritt von Hilfebedürftigkeit.** Es stellt sich die Frage, ob der Versicherer nach Eintritt der Hilfebedürftigkeit Prämienrückstände mit Leistungsansprüchen nach § 35 VVG aufrechnen kann. Ein ausdrücklicher gesetzlicher Aufrechnungsausschluss findet sich im Gesetz nicht. Aus der Wertung des Gesetzes, das in § 193 Abs. 6 Satz 5 VVG bei Hilfebedürftigkeit dem VN ungeachtet etwaiger Beitragsrückstände den vollentariflichen Leistungsanspruch zubilligt und nicht nur eine den Ruhensleistungen entsprechende Notfallversorgung, lässt sich die Schlussfolgerung ziehen, dass in diesen Fällen grundsätzlich eine Aufrechnung nach § 35 VVG ausgeschlossen ist. Lediglich in eng begrenzten Ausnahmefällen der missbräuchlichen Inspruchnahme von Leistungen des Basistarifs oder wenn die Hilfebedürftigkeit des VN zu Unrecht festgestellt wurde, kommt mangels Schutzbedürftigkeit des VN eine Aufrechnung in Betracht.

5. Ruhen von Zusatzversicherungen zum Basistarif bei Halbierung des Beitrags im Basistarif

159 Im Rahmen einer Versicherung im Basistarif kann der Versicherer nach § 193 Abs. 7 VVG verlangen, dass Zusatzversicherungen ruhen, wenn und solange ein VN hilfebedürftig i.S.d. SGB II oder SGB XII wird und somit auf eine Halbierung des Beitrags nach § 12 Abs. 1c VAG angewiesen ist. Damit soll ein Missbrauch der in § 12 Abs. 1c VAG vorgesehenen Beitrag senkenden Instrumente verhindert werden.[134] Es stellt sich die Frage, welche Rechtsfolgen an ein „Ruhen" einer Zusatzversicherung i.r.d. § 193 Abs. 7 VVG geknüpft sind. Das Gesetz gibt hier anders als in § 193 Abs. 6 VVG im Zusammenhang mit der Pflichtversicherung nach § 193 Abs. 3 VVG keine Rechtsfolgen an.

160 Als Auslegungshilfe bietet sich ein Blick auf die Rspr. zum Arbeitsrecht an, wo sich der Begriff des „Ruhens" des Vertragsverhältnisses etabliert

---

[133] Vgl. BT-Drucks. 16/4247 S. 68.
[134] Vgl. MünchKommVVG/*Kalis* § 193 Rdn. 38.

VII. Neuregelung des TarifR

hat. Danach wird das Ruhen als Fortbestand des Vertragsverhältnisses ohne die vertraglichen Hauptleistungspflichten zur Arbeitsleistung und Vergütung definiert.[135] Auf die Vorschrift des § 193 Abs. 7 VVG übertragen bedeutet diese Auslegung des Begriffs, dass während der Ruhenszeit kein Anspruch des VN auf Versicherungsleistungen und kein Anspruch des Versicherers auf Zahlung des Beitrags besteht.

VII. Neuregelung des Tarifwechselrechts und Mitgabe des Übertragungswerts

1. Allgemeines

a) Grundsätzliche Beibehaltung des Tarifwechselrechts. Durch das GKV-WSG wurde das gesetzliche Tarifwechselrecht des VN nach § 204 Abs. 1 Satz 1 Nr. 1 VVG grundsätzlich im bisherigen Umfang beibehalten. Dies gilt grundsätzlich auch für Tarifwechsel aus dem Basistarif in Normaltarife.[136] Eine Besonderheit hinsichtlich der Wahl des Zieltarifs ergibt sich für sog. „Altkunden", die ihren Vertrag *vor* dem 1.1.2009 abgeschlossen haben, aus der im Zuge der Umsetzung des GKV-WSG geschaffenen neuen Generation von Tarifen mit Übertragungswert. 161

b) Einführung eines Übertragungswerts. Eine Neuregelung enthält das Gesetz, indem es das Tarifwechselrecht in § 204 Abs. 1 Satz 1 Nr. 2 VVG um die Möglichkeit der Mitnahme eines „Übertragungswerts" bei Wechsel des Versicherers ergänzt. 162

Der Übertragungswert ist in § 13a KalV definiert. Er berechnet sich als Summe aus der Alterungsrückstellung, die aus dem Beitragszuschlag nach § 12 Abs. 4a VAG entstanden ist, und der Alterungsrückstellung für die gekündigten Tarife, höchstens jedoch der Alterungsrückstellung, die sich ergeben hätte, wenn der Versicherte von Beginn an im Basistarif versichert gewesen wäre (fiktive Alterungsrückstellung), § 13a Abs. 1 KalV. Für Versicherte, die nicht im Basistarif versichert sind, handelt es sich folglich um einen fiktiven Wert. Bei Tarifen bzw. Tarifkombinationen mit einer niedrigeren Alterungsrückstellung stellt die tatsächliche kalkulatorische Alterungsrückstellung den Übertragungswert dar.[137] 163

---

[135] Vgl. Palandt/*Weidenkaff* Vor § 620 Rdn. 1.
[136] Zu möglichen Einschränkungen des Tarifwechselrechts aus dem Basistarif vgl. die Ausführungen in Rdn. 173 ff.
[137] Vgl. BT-Drucks. 16/3100 S. 209.

164 Von dieser Möglichkeit werden alle substitutiven Krankheitskostentarife mit Vertragsschluss ab dem 1.1. 2009 erfasst.[138] Eine Beschränkung auf den Basistarif sieht das Gesetz nicht vor. Dies stellt durch die damit einhergehende Erleichterung des Wechsels des Versicherungsunternehmens eine völlige Neuerung im Bereich der privaten Krankenversicherung dar.

165 **c) Gesetzeszweck.** Zweck der vorgenommenen Änderungen der Vorschrift ist die Verstärkung des Wettbewerbs der privaten Versicherungsunternehmen, der bislang im Wesentlichen nur auf gesunde Neukunden beschränkt war. Ältere VN konnten bislang nur dann zu Konkurrenzunternehmen wechseln, wenn sie keine gravierenden Vorerkrankungen hatten.[139] Das für die Prämienkalkulation relevante höhere Lebensalter sowie ggf. zu bezahlende Risikozuschläge machten einen Unternehmenswechsel mit zunehmender Vorversicherungsdauer und fortgeschrittenem Lebensalter faktisch unmöglich oder zumeist wirtschaftlich unattraktiv. Der Gesetzgeber erachtete als praktikable Lösung des Problems die Einführung eines Basistarifs mit einheitlicher Leistungsbeschreibung, für die eine Mitgabe der Alterungsrückstellung möglich sein soll, verbunden mit einem Kontrahierungszwang sowie einem Risikoausgleich zwischen den Versicherungsunternehmen.[140]

166 **d) Praktische Auswirkungen der gesetzlichen Neuregelung.** Ob die konkrete Ausgestaltung der unternehmensübergreifenden Wechselmöglichkeit unter Mitgabe von Alterungsrückstellungen das Ziel der Verstärkung des Wettbewerbs unter den privaten Krankenversicherungsunternehmen tatsächlich fördert und gleichzeitig den Verbraucherinteressen ausreichend Rechnung trägt, darf bezweifelt werden.[141] Kranke VN werden durch die Neuregelung benachteiligt. Bei Neuabschluss privater Krankenversicherungsverträge außerhalb des Basistarifs ist privaten Krankenversicherungsunternehmen nach wie vor freigestellt, Versicherungsanträge auf Grundlage einer Risikoprüfung nicht oder nur mit teilweise erheblichen Risikozuschlägen anzunehmen, § 203 Abs. 1 Satz 2 VVG. Faktisch können somit nur gesunde VN den Vertrag kündigen und gleichzeitig bei einem anderen Unternehmen einen ihrem bestehenden Versicherungsschutz entsprechenden neuen Krankheitskostenvollversicherungsvertrag abschließen.[142]

---

[138] Zu den Einzelheiten der Mitgabe der Alterungsrückstellung vgl. die Ausführungen in Rdn. 199 ff.
[139] Vgl. BT-Drucks. 16/3100 S. 206.
[140] Vgl. BT-Drucks. 16/3100 S. 206.
[141] So auch MünchKommVVG/*Boetius* § 204 Rdn. 420 ff.
[142] Zu den Auswirkungen der negativen Risikoselektion vgl. auch *Lehmann* r+s 2009, 89, 97; *Bürger* ZfV 2007, 669; *Grote/Bronkars* VersR 2008, 580, 585; *Boetius*

VII. Neuregelung des TarifR

Die in § 204 Abs. 1 Satz 1 Nr. 2 Buchst. b VVG geregelte Möglichkeit **167** für Kunden, die ihren Versicherungsvertrag vor dem 1.1.2009 abgeschlossen haben, in den Basistarif eines Konkurrenzunternehmens unter teilweiser Mitgabe der Alterungsrückstellung zu wechseln, stellte in der Praxis in erster Linie nur ein Mittel zur Mitnahme von Alterungsrückstellungen für gesunde Vollversicherte dar, die im gesetzlichen Wechselzeitraum des § 204 Abs. 1 Satz 1 Nr. 2 Buchst b VVG zwischen dem 1.1.2009 und dem 31.7.2009 nach § 204 VVG in andere Vollversicherungstarife des neuen Anbieters wechselten. Das Preis- Leistungsverhältnis des Basistarifs ist nämlich infolge des Kontrahierungszwangs und der damit einhergehenden schlechteren Risikostruktur im Vergleich zu herkömmlichen Vollversicherungstarifen unattraktiv.

Auf Basis der ursprünglichen gesetzlichen Regelung i.R.d. GKV-WSG, **168** die dem wechselwilligen VN die Möglichkeit offen ließ, unverzüglich aus dem Basistarif des neuen Unternehmens unter Anrechnung seines mitgebrachten Übertragungswerts in einen Normaltarif zu wechseln,[143] bestand die Gefahr von negativen Risikoselektionen und infolgedessen Preissteigerungen bei Tarifen im Markt, die in ihrem Bestand mehr Abgänge von VN, als Zugänge zu verzeichnen haben.[144] Davon wären die ohnehin schon im Marktvergleich eher teureren Tarife betroffen gewesen, da bei diesen ein entsprechender wirtschaftlicher Anreiz für einen Wechsel zu einem günstigeren Anbieter besteht. Infolge der daraus resultierenden Preissteigerungen für den jeweiligen Ausgangstarif des alten Unternehmens bestand die Gefahr, dass noch mehr „gute Risiken" zu einem Wechsel veranlasst worden wären.[145] Kranken VN, die sich die deshalb vorprogrammierten Preissteigerungen nicht mehr leisten können oder wollen und die wegen der Risikoprüfung keinen günstigeren Versicherungsschutz in einem herkömmlichen Krankheitskostenvollversicherungstarif bei einem anderen Anbieter erhalten können, wäre dann nur der Wechsel in den Basistarif des eigenen oder eines anderen Unternehmens nach Maßgabe des § 204 Abs. 1 Satz 1 Nr. 1 Buchst. a bis c bzw. Abs. 1 Satz 1 Nr. 2 Buchst. b VVG geblieben. Zwischen den Angeboten im Markt auf Abschluss des Basistarifs gibt es aber infolge der in § 12 Abs. 1a VAG i.V.m. § 12g VAG

VersR 2007, 431, 436 f.; *Sodan* NJW 2006, 1016, 1025; MünchKommVVG/*Boetius* § 204 Rdn. 415 ff.

[143] Vgl. hierzu die Ausführungen in Rdn. 199 ff.
[144] Vgl. *Marlow/Spuhl/Marko* S. 320; MünchKommVVG/*Boetius* § 204 Rdn. 415 ff.
[145] Vgl. *Bürger* VW 2004, 1253; *Kalis* VersR 2001, 11, 14; *Meier/Baumann/Werding* S. 21; Gutachten der Unabhängigen Expertenkommission zur Untersuchung der Problematik steigender Beiträge im Alter, BT-Drucks. 13/1945 S. 43; MünchKommVVG/*Boetius* § 204 Rdn. 417.

B. NeuReg. des VV- u. AufsichtsR i.R.d. GKV-WSG

geregelten Brancheneinheitlichkeit mit Risikoausgleich nach § 12g VAG voraussichtlich auch in Zukunft keine großen Preisunterschiede.[146]

169 Da Prämienanpassungen nach § 203 Abs. 2 VVG nur zeitlich verzögert durchgeführt werden können, hätte sich diese Abwärtsspirale auch sehr nachteilig auf die Liquiditätsausstattung der PKV-Unternehmen auswirken und, je nach Risikostruktur und Kapitalausstattung, sogar Existenz bedrohenden Charakter annehmen können. Damit wäre das Geschäftsmodell der privaten Krankenversicherung grundsätzlich in Frage gestellt worden.

170 Aus der Begründung zu § 12g VAG-Regierungsentwurf ergibt sich, dass der Gesetzgeber die Schutzbedürftigkeit des Altbestandes durchaus gesehen und zunächst die bloße zeitliche Befristung des Wechselrechts als ausreichenden Schutz für den Altbestand erachtet hat.[147] In engem zeitlichen Zusammenhang mit der Annahme der Verfassungsbeschwerden von PKV-Unternehmen gegen u.a. auch diese Regelung des GKV-WSG durch das BVerfG besserte der Gesetzgeber noch einmal nach und schuf i.r.d. GKV-OrgWG vom 15.12. 2008 (BGBl. I S. 2426, 2644) in § 12c Abs. 1 Satz 1 Nr. 2b VAG mit Wirkung zum 1.1. 2009 eine Ermächtigung zu einer näheren Ausgestaltung des Wechselrechts in den Basistarif und des Folgewechsels aus dem Basistarif. Auf dieser Basis wurde die Kalkulationsverordnung nachträglich nochmals geändert. Die wichtigsten Neuerungen sind die Regelung einer Mindestverweildauer von 18 Monaten nach einem Wechsel in den Basistarif eines Unternehmens gemäß § 204 Abs. 1 Satz 1 Nr. 2 Buchst. b VVG, § 13 Abs. 1a Satz 1 KalV sowie die Klarstellung, dass nach Ablauf der Mindestverweildauer nicht nur die Möglichkeit besteht, in einen Vollversicherungstarif des neuen Krankenversicherungsunternehmens zu wechseln, sondern auch unter Mitnahme des Übertragungswerts in den Basistarif eines anderen, dritten Unternehmens. Weitere Wechselmöglichkeiten unter Mitnahme des Übertragungswerts bestehen dann aber nicht mehr, § 13 Abs. 1a Satz 2 KalV i.V.m. § 13a Abs. 5 Satz 2 KalV.[148]

171 Diese Änderung der Kalkulationsverordnung führte angesichts des unattraktiven Preisgefüges des Basistarifs dazu, dass für die die überwiegende Mehrzahl der PKV-Altkunden ein Wechsel zu einem anderen Unternehmen im Wechselhalbjahr 2009 wirtschaftlich uninteressant und damit unattraktiv wurde.[149]

---

[146] Vgl. auch die Ausführungen in *Marlow/Spuhl/Marko* S. 319.
[147] Vgl. BT-Drucks. 16/3100 S. 208.
[148] Vgl. hierzu auch B/M/*Kalis* § 204 Rdn. 22.
[149] Vgl. auch die Stimmen in Financial Times Deutschland v. 14.7. 2008: „PKV-Verband wehrt mehr Wettbewerb ab".

VII. Neuregelung des TarifR

2. Tarifwechsel aus dem Basistarif in normale Krankheitskostentarife

a) Zulässigkeit des Tarifwechsels aus dem Basistarif in einen Normaltarif. Der Wortlaut des Gesetzes schränkt das Tarifwechselrecht aus dem Basistarif in die normale Tarifwelt der Krankheitskostenversicherungen desselben Unternehmens nicht speziell ein. Ein Tarifwechsel aus dem Basistarif in die Normaltarifwelt ist somit grundsätzlich möglich.

172

b) Verhältnis des auf den Basistarif begrenzten Annahmezwangs zum Tarifwechselrecht. Nach § 204 Abs. 1 Satz 1 Nr. 1 VVG kann der Versicherer bei einem Tarifwechsel aus dem Basistarif in einen anderen Tarif lediglich den bei Aufnahme in den Basistarif festgestellten Risikozuschlag verlangen. Leistungsausschlüsse oder gar die Ablehnung des Tarifwechsels durch den Versicherer erwähnt das Gesetz in diesem Zusammenhang nicht. Warum das Gesetz die Statthaftigkeit der Erhebung von Leistungsausschlüssen nicht ausdrücklich erwähnt erschließt sich nicht und wird in der Literatur auch als redaktionelles Versehen bezeichnet.[150] Jedenfalls gebietet der Sinn und Zweck der Zulassung der Risikoprüfung auch ein Zulassen der Aktivierung von im Zuge der Risikoprüfung bei Vertragsschluss ermittelten Leistungsausschlüssen, da anderenfalls VN einen falschen Anreiz erhalten würden, sich auf dem Umweg über den Basistarif einen Versicherungsschutz in einem Normaltarif ohne Leistungsausschlüsse zu erschleichen.[151]

173

Soweit das Gesetz nicht ausdrücklich die Möglichkeit erwähnt, im Zuge der Risikoprüfung bei Eintritt in den Basistarif die Nichtversicherbarkeit in einem Normaltarif des Versicherers festzustellen und damit den Tarifwechsel in einen Normaltarif auszuschließen, steht es in Widerspruch zur Regelung des § 193 Abs. 5 VVG, der die Kontrahierungspflicht des Versicherers ausdrücklich nur auf den Basistarif begrenzt. Diese Begrenzung greift aber faktisch nicht, wenn der Tarifwechsel aus dem Basistarif in andere Krankheitskostenvollversicherungstarife uneingeschränkt zugelassen wird. Die Folge wäre, dass der Versicherer entgegen dem Wortlaut des § 193 Abs. 5 VVG nicht nur im Basistarif, sondern über das Tarifwechselrecht nach § 204 Abs. 1 Satz 1 Nr. 1 VVG mittelbar auch in allen anderen Krankheitskostentarifen versicherungspflichtig wäre. Auch in diesem Zusammenhang wäre der oben geschilderten missbräuchlichen Gestaltung durch den VN Tür und Tor geöffnet.

174

Es stellt sich in diesem Zusammenhang daher speziell die Frage, ob i.R.d. nach § 203 Abs. 1 Satz 3 VVG zulässigen Risikoprüfung bei Aufnahme in den Basistarif auch die Nichtversicherbarkeit in einem normalen

175

---

[150] Vgl. MünchKommVVG/*Boetius* § 204 Rdn. 372.
[151] So auch MünchKommVVG/*Boetius* § 204 Rdn. 373; vgl. auch Rdn. 180.

B. NeuReg. des VV- u. AufsichtsR i.R.d. GKV-WSG

Krankheitskostenvollversicherungstarif des Versicherers festgestellt und damit das Recht ausgeschlossen werden kann, später nach § 204 Abs. 1 Satz 1 Nr. 1 VVG in einen Normaltarif zu wechseln. Der Umstand, dass der Gesetzgeber die Kontrahierungspflicht in § 193 Abs. 5 VVG explizit auf den Basistarif begrenzt hat, spricht dafür, dass i.R.d. Risikoprüfung bei Aufnahme in den Basistarif auch ein späterer Tarifwechsel in die normalen Krankheitskostenvollversicherungstarife des Versicherers ausgeschlossen werden kann.[152] Für eine solche Lesart des Gesetzes sprechen auch praktische Erwägungen: Würde man dem Versicherer das Recht zur Feststellung der Nichtversicherbarkeit in den Normaltarifen bei Antragstellung verwehren, bestünde die Gefahr, dass der Basistarif für PKV-Neukunden[153] als bloße Durchlaufstation für einen sofortigen Wechsel in einen Normaltarif des Versicherers missbraucht werden könnte, sofern der Versicherer zunächst die Aufnahme des Antragstellers in einen Normaltarif, z.b. aus Gründen mangelnder Bonität des Antragstellers, ablehnt.

176 Für die Rangfolge der Vorschriften bedeutet diese Auslegung, dass § 193 Abs. 5 Satz 1 VVG, der den Kontrahierungszwang des Versicherers ausdrücklich auf den Basistarif beschränkt, insoweit als spezielle Regelung dem Tarifwechselrecht des § 204 Abs. 1 Satz 1 Nr. 1 VVG vorgeht. § 204 Abs. 1 Satz 1 Nr. 1 VVG, der die Möglichkeit der Erhebung von Risikozuschlägen bei Wechsel aus dem Basistarif in andere Tarife vorsieht, greift nach dieser Lesart folglich nur in den Fällen, in denen der Versicherer bei Aufnahme in den Basistarif oder die Versicherbarkeit in anderen Tarifen nicht ausdrücklich ausgeschlossen hat.

177 In der Praxis dürfte diese Frage aber zumeist nur theoretischer Natur sein. Bei schweren chronischen Erkrankungen wird ein nach § 204 Abs. 1 Satz 1 Nr. 1 VVG angemessener Risikozuschlag nämlich zumeist so hoch ausfallen, dass allein dessen vom Versicherer festgestellte Höhe für den Antragsteller einen Wechsel in einen Normaltarif wirtschaftlich unattraktiv macht.

178 **c) Auswirkungen der Begrenzung des Kontrahierungszwangs auf den Basistarif auf das Recht des Versicherungsnehmers, im Rahmen des Tarifwechsels zur Vermeidung von Risikozuschlägen Leistungsausschlüsse zu vereinbaren.** Es stellt sich ferner die Frage, ob der VN beim Wechsel aus dem Basistarif in einen Normaltarif die Erhebung der i.R.d. Risikoprüfung bei Vertragsschluss ermittelten Risikozuschläge dadurch verhindern kann, dass er nach § 204 Abs. 1 Satz 1 Nr. 1 Halbs. 3 VVG einen Leistungsausschluss vereinbart.

---

[152] Vgl. *Marlow/Spuhl/Marko* S. 316 f.; a.A. *Marlow/Spuhl* VersR 2009, 593, 604.
[153] Zur Situation bei PKV-Altkunden vgl. Rdn. 189 ff.

VII. Neuregelung des TarifR

Für eine solche Möglichkeit spricht zunächst der Umstand, dass das Gesetz dies nicht ausdrücklich ausschließt. 179

Gegen die Vereinbarung eines Leistungsausschlusses zur Abwehr von Risikozuschlägen, die bei Aufnahme in den Basistarif ermittelt wurden und im Zuge des Tarifwechsels aus dem Basistarif in einen Normaltarif erhoben werden, spricht aber der Umstand, dass der Gesetzgeber, wie oben ausgeführt,[154] den Kontrahierungszwang ausdrücklich auf den Basistarif beschränkt hat. Würde man dem VN die Möglichkeit der Vermeidung der tatsächlichen Erhebung der bei Vertragsschluss ermittelten Risikozuschläge durch Vereinbarung von Leistungsausschlüssen hinsichtlich der Mehrleistung geben, so würde dies faktisch zu einer Aufweichung der Begrenzung des Kontrahierungszwangs führen. Denkbar wären auch Strategien zur generellen Umgehung von Risikozuschlägen i.R.v. Neuabschlüssen. So könnte die Vereinbarung eines Risikozuschlags bei Vertragsbeginn dadurch vermieden werden, dass der VN zunächst den Vertrag im Basistarif abschließt und dann unter Inkaufnahme der Vereinbarung eines Leistungsausschlusses nach § 204 Abs. 1 Satz 1 Nr. 1 VVG in einen Normaltarif wechselt. 180

Eine solche Vorgehensweise könnte ferner die einheitliche Kalkulation des Zieltarifs gefährden, da sich – in Abhängigkeit von der Anzahl an Tarifwechslern aus dem Basistarif mit entsprechenden Leistungsausschlüssen – möglicherweise innerhalb des Zieltarifs ein eigenes Kollektiv mit einem nur eingeschränkten Leistungsanspruch und einer entsprechend schlechteren Risikostruktur bilden kann. 181

Das rechtfertigt es, die Möglichkeit der Vereinbarung von Leistungsausschlüssen nur auf solche Risikozuschläge zu begrenzen, die sich erstmals im Zuge der Risikoprüfung hinsichtlich der Mehrleistung des Zieltarifs ergeben haben. Eine solche Begrenzung des Rechts zur Vereinbarung eines Leistungsausschlusses nach § 204 Abs. 1 Satz 1 Nr. 1 Halbs. 3 VVG würde in diesen Fällen auch das mildere Mittel im Vergleich zur oben dargestellten Möglichkeit der Feststellung der Nichtversicherbarkeit in einem Normaltarif bei Aufnahme in den Basistarif darstellen.[155] 182

d) Zulässigkeit einer ergänzenden Risikoprüfung für Mehrleistungen des Zieltarifs. Das Gesetz regelt nicht ausdrücklich, ob und ggf. in welchem Umfang bei Kunden, die aus dem Basistarif in einen Normaltarif desselben Versicherers wechseln wollen, im Zuge des Tarifwechsels für Mehrleistungen des Zieltarifs eine ergänzende Risikoprüfung zulässig ist und welche Folgen daran geknüpft sind. Aus der Formulierung des § 204 183

---

[154] Vgl. Rdn. 54.
[155] Vgl. Rdn. 175 f.

B. *NeuReg. des VV- u. AufsichtsR i.R.d. GKV-WSG*

Abs. 1 Satz 1 Nr. 1 Halbs. 3 VVG, wonach der Versicherer bei einem Wechsel aus dem Basistarif berechtigt ist, auch den bei Vertragsschluss ermittelten Risikozuschlag zu verlangen, ist ersichtlich, dass dieses Recht ergänzend zum in § 204 Abs. 1 Satz 1 Nr. 1 Halbs. 2 VVG geregelten Grundsatz gelten soll, wonach generell bei Tarifwechsel hinsichtlich von Mehrleistungen die Vereinbarung von Risikozuschlägen, Wartezeiten und Leistungsausschlüssen und damit auch eine Risikoprüfung zulässig ist.

184 **e) Tarifwechsel aus dem Basistarif in den ursprünglichen Tarif nach vorheriger Überführung wegen Nichtzahlung der Beiträge.** Für den Fall des Rückwechsels in den ursprünglichen Tarif nach vorheriger Überführung in den Basistarif wegen Rückstand mit der Prämienzahlung nach § 193 Abs. 6 Satz 9 VVG sieht das Gesetz keine Privilegierung des säumigen Zahlers vor. Da, infolge des durch § 206 Abs. 1 Satz 1 VVG angeordneten Wegfalls der Möglichkeit des Versicherers, den Vertrag wegen Zahlungsverzugs zu kündigen, die Überführung des säumigen Prämienzahlers in den Basistarif nach Maßgabe des § 193 Abs. 6 Satz 9 VVG die einzige Sanktion ist, die der VN zu fürchten hat, besteht insoweit auch keinerlei praktisches Bedürfnis nach einer Privilegierung. Immerhin bleibt dem VN der seine Prämien nicht bezahlt durch die neue Gesetzeslage zumindest der Grundschutz des Basistarifs erhalten.

185 Für Rückwechselwillige gilt in diesem Fall folglich, dass sie sich im Zuge eines Rückwechsels in ihren Ursprungstarif oder einen anderen Krankheitskostentarif des Versicherers entsprechend der allgemeinen Vorschrift des § 204 Abs. 1 Satz 1 Nr. 1 Halbs. 2 VVG einer neuen Risikoprüfung hinsichtlich der Mehrleistung unterziehen müssen.[156]

3. Tarifwechsel in den Basistarif

186 **a) Allgemeines.** Für den Zugang zum Basistarif unterscheidet das Gesetz zwischen Kunden nach § 204 Abs. 1 Satz 1 Nr. 1 Buchst. a VVG, deren bestehende Krankheitskostenversicherung *nach* dem 1.1. 2009 abgeschlossen wurde[157] und VN nach § 204 Abs. 1 Satz 1 Nr. 1 Buchst. c VVG, deren bestehende Krankheitskostenversicherung *vor* dem 1.1. 2009 abgeschlossen wurde.[158] Die sich theoretisch ergebende Regelungslücke für Vertragsabschlüsse *am* 1.1. 2009 beruht offenbar auf einem redaktionellen Versehen des Gesetzgebers und dürfte in der Praxis nicht relevant sein, da

---

[156] So auch *Marlow/Spuhl* VersR 2009, 593, 603. Zur Frage des Umgangs mit Risikozuschlägen beim Tarifwechsel bzw. der Zwangsumstellung in den Basistarif vgl. Rdn. 194 ff.
[157] Im Folgenden auch „PKV-Neukunden" genannt.
[158] Im Folgenden auch „PKV-Altkunden" genannt.

VII. Neuregelung des TarifR

der 1. Januar in Deutschland ein gesetzlicher Feiertag ist. Wie sich aus der korrespondierenden Regelung der §§ 12 Abs. 1b Satz 1 Nr. 4 VAG, 193 Abs. 5 Satz 1 Nr. 4 VVG herleiten lässt, ist ein Vertragsschluss nach dem 31.12. 2008 gemeint.

Ein unternehmensübergreifendes Tarifwechselrecht in den Basistarif sieht das Gesetz nicht vor. Faktisch besteht ein solches aber durch die Kündigungsmöglichkeit, die Regelung der Mitgabe des Übertragungswerts in § 204 Abs. 1 Satz 1 Nr. 2 VVG sowie durch den Annahmezwang im Basistarif nach § 193 Abs. 5 Nr. 1 Buchst. a VVG. PKV-Altkunden stand diese Möglichkeit aber nur im ersten Halbjahr 2009 und unter Inkaufnahme einer Mindestverweildauer im Basistarif offen.[159] Allerdings werden in diesen Fällen Alterungsrückstellungen nur teilweise mitgegeben.[160] 187

b) Wechselmöglichkeit für PKV-Neukunden. PKV-Neukunden können nach § 204 Abs. 1 Satz 1 Nr. 1 Buchst. a VVG unabhängig vom erreichten Lebensalter zeitlich unbefristet in den Basistarif desselben Versicherers wechseln. Für die Alterungsrückstellungen gelten insoweit keine Besonderheiten im Vergleich zum herkömmlichen Tarifwechsel, d.h. diese werden nach § 204 Abs. 1 Satz 1 Nr. 1 VVG voll angerechnet. Das Wechselrecht wird in den neuen Tarifen ab Januar 2009 als eigenständige Wechselleistung tariflich festgeschrieben und kalkulatorisch berücksichtigt. 188

c) Wechselmöglichkeit für PKV-Altkunden. PKV-Altkunden können unter den in § 204 Abs. 1 Satz 1 Nr. 1 VVG genannten Voraussetzungen in den Basistarif des bestehenden Versicherers wechseln.[161] Für diesen Personenkreis gibt es eine allgemeine Regelung nach § 204 Abs. 1 Satz 1 Nr. 1 Buchst. b VVG sowie eine davon unabhängige, besondere Regelung nach § 204 Abs. 1 Satz 1 Nr. 1 Buchst. c VVG zum Wechsel in den Basistarif innerhalb eines eng begrenzten zeitlichen Wechselfensters im ersten Halbjahr 2009. 189

§ 204 Abs. 1 Satz 1 Nr. 1 Buchst. b VVG räumt PKV-Altkunden die Möglichkeit eines Wechsels in den Basistarif des bestehenden Versicherers dann ein, wenn: 190

– der VN das 55. Lebensjahrs vollendet hat

oder

– der VN die Voraussetzungen für den Anspruch auf eine Rente der gesetzlichen Rentenversicherung erfüllt und er diese Rente beantragt hat

---

[159] Vgl. Rdn. 170.
[160] Vgl. Rdn. 199 ff.
[161] Zur Wechselmöglichkeit von PKV-Altkunden nach dem 1.1. 2009 in den Standardtarif vgl. die Ausführungen in Teil C Rdn. 14 ff.

B. *NeuReg. des VV- u. AufsichtsR i.R.d. GKV-WSG*

oder
- wenn der VN ein Ruhegehalt nach beamtenrechtlichen oder vergleichbaren Vorschriften bezieht

oder
- wenn der VN hilfebedürftig nach dem Zweiten oder Zwölften Buch Sozialgesetzbuch ist.

191 Ruhegehaltsempfänger nach vergleichbaren Vorschriften sind insbesondere Dienstordnungsangestellte. Das sind Beschäftige von Berufsgenossenschaften oder Krankenkassen, die zwar in einem privatrechtlichen Angestelltenverhältnis stehen, für die aber beamtenrechtliche Grundsätze gelten.[162]

192 § 204 Abs. 1 Satz 1 Nr. 1 Buchst. c VVG räumt PKV-Altkunden ferner ein bis einschließlich 30.6. 2009 befristetes *generelles,* von den Voraussetzungen des § 204 Abs. 1 Satz 1 Nr. 1 Buchst. b VVG unabhängiges Wechselrecht in den Basistarif des bestehenden Versicherers ein. Dieses Wechselrecht ist vor allem für PKV-Altkunden interessant, die sich ihren bestehenden Krankheitskostenversicherungsschutz nicht mehr leisten können oder wollen und für die ein Wechsel in den Standardtarif mangels Erfüllung der Voraussetzungen des § 257 Abs. 2a SGB V nicht in Betracht kommt.

193 Der Antrag auf Versicherung im Basistarif darf vom Versicherer nur aus den in § 193 Abs. 5 Satz 4 VVG genannten Gründen abgelehnt werden.

4. Umgang mit Risikozuschlägen und Leistungsausschlüssen beim Tarifwechsel und bei der Zwangsumstellung in den Basistarif

194 a) **Problemstellung.** Im Zusammenhang mit Tarifwechselvorgängen aus Normaltarifen in den Basistarif stellt sich die Frage, wie mit Risikozuschlägen und Leistungsausschlüssen, die bei Vertragsschluss vereinbart wurden, zu verfahren ist. Nach § 203 Abs. 1 Satz 2 VVG ist die Möglichkeit, Risikozuschläge und Leistungsausschlüsse zu vereinbaren, auf Verträge beschränkt, die nicht im Basistarif abgeschlossen sind.[163] Bedeutsam ist in diesem Zusammenhang auch die Regelung des § 203 Abs. 1 Satz 3 VVG, wonach im Basistarif eine Risikoprüfung nur zulässig ist, soweit sie zum Zwecke des Risikoausgleichs nach § 12g VAG oder für spätere Tarifwechsel erforderlich ist. Diese Vorschrift ist allerdings unmittelbar nur auf Neuabschlüsse im Basistarif und nicht auf Tarifwechselvorgänge anwend-

---

[162] Zur Vertiefung vgl. *Hauck/Noftz/Gerlach* § 6 Rdn. 76.
[163] Vgl. hierzu die Ausführungen in Rdn. 55.

VII. Neuregelung des TarifR

bar. Die für Tarifwechsel maßgebliche Vorschrift des § 204 Abs. 1 Satz 1 Nr. 1 Halbs. 2 VVG beschränkt beim Tarifwechsel die Möglichkeit der Erhebung von Risikozuschlägen und der Vereinbarung von Leistungsausschlüssen nur auf die Mehrleistung des Zieltarifs. Ergänzend räumt § 204 Abs. 1 Satz 1 Nr. 1 Halbs. 4 VVG dem Versicherer auch ausdrücklich die Möglichkeit ein, bei einem Wechsel aus dem Basistarif in Normaltarife die auf diese Weise ermittelten Risikozuschläge zu erheben. Leistungsausschlüsse werden in diesem Zusammenhang allerdings nicht erwähnt.

b) **Sonderfall: Zwangsumstellung in den Basistarif.** Die vorstehend aufgeworfene Frage ist in der Praxis insbesondere in Fällen relevant, in denen im Nachgang zu einer Zwangsumstellung in den Basistarif wegen Zahlungsverzugs nach § 193 Abs. 6 VVG wieder ein Tarifwechsel in einen Normaltarif erfolgt. Denkbar sind aber auch Fälle, in denen ein VN zunächst freiwillig in den Basistarif wechselt und dann wieder in einen Normaltarif zurückwechseln möchte. In diesen Konstellationen ist fraglich, wie mit bei Vertragsschluss vereinbarten Leistungsausschlüssen zu verfahren ist. Den Fall des Wechsels aus einem Normaltarif in den Basistarif und wieder zurück regelt der Gesetzgeber nicht ausdrücklich. Insoweit ist das Gesetz lückenhaft. Es ist davon auszugehen, dass es sich nicht um eine planmäßige Lücke handelt, da es keinen ersichtlichen Grund gibt, warum in derartigen Fällen eine andere Interessenlage als beim Neuabschluss von Verträgen im Basistarif bestehen soll. Fraglich ist, wie diese Lücke geschlossen werden kann. 195

c) **Lösungsvorschlag.** Zur Beantwortung dieser Frage hilft ein Blick auf die vorstehend erläuterte Vorschrift des § 203 Abs. 1 Satz 3 VVG. Fraglich ist, ob die Vorschrift auf Tarifwechselvorgänge unmittelbar anwendbar ist oder sich lediglich auf Neuverträge bezieht, die im Basistarif abgeschlossen werden. Ihrem Regelungsgehalt kann aber die Wertung des Gesetzgebers entnommen werden, wonach der Versicherer infolge des Kontrahierungszwangs im Basistarif und der Beschränkung hinsichtlich der Vereinbarung von Risikozuschlägen und Leistungsausschlüssen im Basistarif ein Schutzbedürfnis zur Bewahrung der Äquivalenz von Leistung und Gegenleistung bei späteren Tarifwechseln in Normaltarife hat. 196

Zweifelsohne wird der Versicherer angesichts des eindeutigen Wortlauts des § 203 Abs. 1 Satz 2 VVG auch VN, die aus einem Normaltarif in den Basistarif wechseln, im Basistarif einen Versicherungsschutz ohne Risikozuschläge und Leistungsausschlüsse gewähren müssen. Die zentrale Rechtsfrage in diesem Zusammenhang ist aber, ob sich der VN bei einem späteren Rückwechsel in einen Normaltarif darauf berufen kann, dass § 203 Abs. 1 Satz 2 VVG ein erworbenes Recht i.S.d. § 204 Abs. 1 Satz 1 Nr. 1 Halbs. 1 VVG darstellt und er – soweit das Leistungsspektrum des 197

Zieltarifs mit dem des Basistarifs identisch ist – ohne Risikozuschläge und Leistungsausschlüsse zurück in einen Normaltarif wechseln kann. Besonders anschaulich lässt sich die Problematik am Beispiel eines Versicherungsschutzes erläutern, der aus mehreren Bausteintarifen besteht.

198 **Beispielsfall:**

Ein VN hat einen Krankheitskostenversicherungsvertrag mit den Tarifbausteinen „ambulant", „stationär" und „Krankentagegeld" abgeschlossen. Er gerät in Zahlungsverzug. Infolgedessen kündigt der Versicherer die Krankentagegeldversicherung. Hinsichtlich der beiden übrigen Bausteine stellt der Versicherer zunächst das Ruhen der Leistungen nach § 193 Abs. 6 Satz 2 VVG und anschließend nach § 193 Abs. 6 Satz 9 VVG die Fortsetzung des Vertrags im Basistarif fest. Der VN begleicht nach einiger Zeit alle rückständigen Beitragsanteile und macht einen Tarifwechsel zurück in einen Normaltarif geltend, der auch eine Krankentagegeldabsicherung in Höhe des ursprünglich versicherten Tagessatzes vorsieht. Dabei stützt er sich auf die Vorschrift des § 204 Abs. Satz 1 Nr. 1 Halbs. 1 VVG. Er ist nur bereit für Mehrleistungen des Zieltarifs im Vergleich zum Basistarif Risikozuschläge oder Leistungsausschlüsse zu akzeptieren.

Lösungsvorschlag:

Gegen die Rechtsposition des VN im Beispielsfall spricht die vorstehend beschriebene, in § 203 Abs. 1 Satz 3 VVG zum Ausdruck kommende Wertung des Gesetzgebers. Anderenfalls bestünde die Gefahr, dass VN den Basistarif als Durchlauftarif missbrauchen würden, um einen dauerhaften Versicherungsschutz ohne Risikozuschläge und Leistungsausschlüsse zu erhalten.

Sachgerecht ist vielmehr folgendes Ergebnis: Im Zeitpunkt der Umstellung des Versicherungsschutzes in den Basistarif kann der Versicherer eine neue Risikoprüfung vornehmen. Das Ergebnis kann dann bei einem späteren Rückwechsel in einen Normaltarif aktiviert werden. Im Zuge des Wechsels aus einem Normaltarif in den Basistarif stellt der Versicherer ggf. das Ruhen von bereits im ursprünglichen Normaltarif vereinbarten Risikozuschlägen und Leistungsausschlüssen fest. Die auf diese Weise inaktivierten Risikozuschläge und Leistungsausschlüsse sowie die im Zuge der Risikoprüfung zum Zeitpunkt der Umstellung des Versicherungsschutzes in den Basistarif ermittelten Risikozuschläge und Leistungsausschlüsse können im Falle eines Rückwechsels in einen Normaltarif nach § 204 Abs. 1 Satz 1 Nr. 1 Halbs. 2 VVG erhoben werden. Soweit der VN im Beispielsfall wieder eine KT-Absicherung gelten macht, kann er das nur auf Basis der bei Zwangsumstellung in den Basistarif durchgeführten Risikoprüfung.

VII. Neuregelung des TarifR

5. Mitgabe eines Teils der kalkulierten Alterungsrückstellungen beim Wechsel des Versicherers

a) **Allgemeines.** Der Versicherer ist nach § 12 Abs. 1 Nr. 5 VAG verpflichtet, bei Versicherungsverträgen, die nach dem 1.1. 2009 abgeschlossen werden, i.R.d. Wechsels des VN zu einem anderen Versicherer als Wechselleistung die Mitgabe des Übertragungswerts des Teils der Versicherung vorzusehen, dessen Leistungen dem Basistarif i.S.d. § 12 Abs. 1a VAG entsprechen.[164] Diese Verpflichtung gilt nach § 12 Abs. 1 Satz 1 VAG nur für die substitutive Krankenversicherung. In der Praxis bedeutet das, dass der Versicherer alle für das Neugeschäft geöffneten substitutiven Krankheitskostenversicherungstarife zu verdoppeln, d.h. zu den bestehenden Tarifen jeweils eine Variante mit Übertragungswert anzubieten hat.[165] Mit dieser aufsichtsrechtlichen Verpflichtung korrespondieren entsprechende Ansprüche des VN i.R.d. Neufassung des § 204 VVG. Auf diese Rechte kann der VN nach § 204 Abs. 1 Satz 3 VVG nicht verzichten. 199

Wie auch beim Wechselrecht in den Basistarif nach § 204 Abs. 1 Satz 1 Nr. 1 VVG unterscheidet § 204 Abs. 1 Satz 1 Nr. 2 VVG hinsichtlich der Mitgabe der kalkulierten Alterungsrückstellung beim Wechsel des Versicherers zwischen Versicherungen, die vor dem 1.1. 2009 abgeschlossen wurden[166] und Vertragsabschlüssen nach dem 1.1. 2009.[167] § 204 Abs. 1 Satz 1 Nr. 2 Buchst. a VVG sieht daher i.R.d. Kündigung eines nach dem 1.1. 2009 abgeschlossenen Vertrags die Möglichkeit der teilweisen Mitgabe der kalkulierten Alterungsrückstellung vor. Eine zeitlich befristete Sonderregelung zur Mitgabe von Alterungsrückstellungen bei Verträgen, die vor dem 1.1. 2009 abgeschlossen wurden, findet sich in § 204 Abs. 1 Satz 1 Nr. 2 Buchst. b VVG. 200

Damit ist eine in bestehenden Krankheitskostenversicherungsverträgen bislang nicht vorgesehene Wechselleistung gesetzlich verankert worden. Bislang kamen im Falle einer Kündigung des Versicherungsvertrags die Alterungsrückstellungen im Wege der sog. „Vererbung" beitragsmindernd den Bestandsversicherten zugute.[168] Die auf diese Weise erzielten Stornogewinne fallen künftig deutlich geringer aus.[169] 201

---

[164] Im Folgenden auch „Übertragungswert" genannt.
[165] Zum Umfang der zu verdoppelnden Tarife vgl. Rdn. 211 ff.
[166] Im Folgenden auch „PKV-Altverträge" genannt.
[167] Im Folgenden auch „PKV-Neuverträge" genannt.
[168] Vgl. Zur Vererbung auch MünchKommVVG/*Boetius* § 203 Rdn. 209.
[169] Vgl. *Marlow/Spuhl/Marko* S. 318.

B. NeuReg. des VV- u. AufsichtsR i.R.d. GKV-WSG

202 **b) Voraussetzungen des Anspruchs auf Mitgabe des Übertragungswerts.** Voraussetzung für die Mitgabe des Übertragungswerts ist nach § 204 Abs. 1 Satz 1 Nr. 2 VVG die Kündigung des alten Vertrages und der gleichzeitige Abschluss eines neuen Vertrages, der ganz oder teilweise den im gesetzlichen Sozialversicherungssystem vorgesehenen Krankenversicherungsschutz ersetzen kann, bei einem anderen Anbieter. Die Übertragung der anteiligen Alterungsrückstellung erfolgt nach § 12 Abs. 1 Nr. 5 VAG, § 204 Abs. 1 Satz 1 Nr. 2 VVG nur bei einem Wechsel zwischen zwei PKV-Unternehmen und nicht bei einem Wechsel zur gesetzlichen Krankenversicherung. Ein Anspruch auf Mitgabe eines Übertragungswerts besteht nach § 204 Abs. 3 VVG auch nicht bei befristeten Versicherungsverhältnissen.

203 Es stellt sich die Frage, welche Anforderungen an das Erfordernis der Gleichzeitigkeit des Abschluss eines neuen Vertrages zu stellen sind. In der Praxis war diese Frage bereits in den wenigen Fällen relevant, in denen PKV-Altkunden i.r. ihres Wechselrechts nach § 204 Abs. 1 Satz 1 Nr. 2 Buchst. b VVG im ersten Halbjahr 2009 unter Mitnahme der Alterungsrückstellungen zu einem anderen Versicherer gewechselt sind.[170] Sie wird in Zukunft an Bedeutung zunehmen, wenn die VN, die ihren Vertrag nach dem 1.1. 2009 abgeschlossen haben, von ihrem Recht aus § 204 Abs. 1 Satz 1 Nr. 2 Buchst. a VVG Gebrauch machen.

204 Nach wörtlicher Auslegung müsste der Neuabschluss des Vertrages „uno actu", d.h. im gleichen Zuge mit der Kündigung erfolgen. Das wäre allerdings faktisch nicht umsetzbar und daher realitätsfremd. Als weitere Möglichkeit kommt eine Auslegung in Betracht, wonach das Merkmal der Gleichzeitigkeit dann erfüllt ist, wenn der neue Vertrag *spätestens* zum Zeitpunkt der Kündigung abgeschlossen worden ist. Gegen diese Auslegung spricht allerdings, dass das Gesetz von „gleichzeitig" und nicht von „spätestens gleichzeitig" spricht. Im Übrigen hätte diese Lesart dazu geführt, dass das Zeitfenster im ersten Halbjahr 2009, das für die Entscheidung zur Verfügung stand, ob PKV-Altversicherte unter Mitnahme der Alterungsrückstellungen das Unternehmen wechseln wollten oder nicht, entgegen der gesetzlichen Regelung faktisch erheblich verkürzt worden wäre und für den VN nicht mehr hinreichend konkret bestimmt gewesen wäre. Der VN hätten die Vertragsanbahnung bei einem neuen Versicherer so rechtzeitig vornehmen müssen, dass es mit Sicherheit noch vor dem 30.6. 2009 zu einem festen Vertragsschluss gekommen wäre. Auf die Geschwindigkeit der Arbeitsabläufe beim neuen Versicherer im Zusammenhang mit der Risikoprüfung und Angebotserstellung hat der VN aber re-

---

[170] Zu den Einzelheiten vgl. Rdn. 167 ff. und 199 ff.

VII. Neuregelung des TarifR

gelmäßig keinen Einfluss. Eine solche Auslegung hätte zu für den VN nicht hinnehmbaren Unwägbarkeiten geführt.

Zur Klärung der aufgeworfenen Frage bietet sich ein Blick auf die Regelung des § 205 Abs. 6 Satz 2 VVG an. Nach dieser Vorschrift wird die Kündigung einer Versicherung nach § 203 Abs. 3 Satz 1 VVG erst mit dem Nachweis wirksam dass die versicherte Person bei einem neuen Versicherer ohne Unterbrechung versichert ist. Eine wirksame Kündigung einer Versicherung nach § 193 Abs. 3 Satz 1 VVG ohne Abschluss und Nachweis eines entsprechenden Vertrages bei einem neuen Anbieter ist rechtlich somit überhaupt nicht möglich. Es besteht somit eine unmittelbare Verknüpfung und „Gleichzeitigkeit" im übertragenen Sinne zwischen Kündigung des alten und Abschluss des neuen Vertrags. Daher ist der Auslegung der Vorzug zu geben, wonach das Merkmal der „Gleichzeitigkeit des Abschlusses" im übertragenen Sinne zu verstehen ist. Es ist folglich auch dann erfüllt, wenn der Zeitpunkt des materiellen Beginns des Versicherungsschutzes im neuen Vertrag lückenlos an den Zeitpunkt des Wirksamwerdens der Kündigung des Altvertrages anknüpft. **205**

Zu beachten ist allerdings die Vorschrift des § 193 Abs. 5 Satz 2 VVG. Danach konnte bei PKV-Altverträgen mit Vertragsschluss vor dem 1.1. 2009 der Abschluss eines Vertrags im Basistarif bei einem anderen Versicherer unter Mitnahme des Übertragungswerts nur bis zum 30.6. 2009 verlangt werden. PKV-Altkunden mussten danach also beim neuen Versicherer einen Antrag auf Versicherung im Basistarif vor dem 30.6. 2009 gestellt haben. Die Annahmeerklärung des neuen Versicherers und damit das wirksame Zustandekommen des Vertrags konnte, wie vorstehend ausgeführt, zu einem späteren Zeitpunkt erfolgen. **206**

c) Mitgabe des Übertragungswerts bei PKV-Neukunden. Das Recht auf Mitgabe der kalkulierten Alterungsrückstellung des Teils der Versicherung, dessen Leistungen dem Basistarif entsprechen, steht nach § 204 Abs. 1 Satz 1 Nr. 2 Buchst. a VVG allen Kunden mit PKV-Neuverträgen ab dem 1.1. 2009 zu. Diesen Kunden dürfen nach § 12 Abs. 1 Nr. 5 VAG dann nur noch Tarife angeboten werden, die eine Wechselleistung in Form der anteiligen Mitgabe der Alterungsrückstellung vorsehen. Bei allen späteren Wechseln des Versicherers können daher die bis dahin angesparten Alterungsrückstellungen des Teils der Versicherung mitgenommen werden, der dem Basistarif entspricht. Das setzt allerdings in der Praxis voraus, dass die Versicherungszeit beim bisherigen Versicherer ausreichend lang ist, damit unter Berücksichtigung der Zillmerung der Abschlusskosten überhaupt eine nennenswerte Alterungsrückstellung aufgebaut werden konnte.[171] **207**

---

[171] Zur Zillmerung vgl. MünchKommVVG/*Boetius* § 203 Rdn. 236 f.

B. NeuReg. des VV- u. AufsichtsR i.R.d. GKV-WSG

208 Auf dieses Recht kann nach § 204 Abs. 1 Satz 3 VVG nicht verzichtet werden.

209 **d) Mitgabe des Übertragungswerts bei PKV-Altkunden.** Der Gesetzgeber hat auch für VN mit PKV-Altverträgen in § 204 Abs. 1 Satz 1 Nr. 2 Buchst. b VVG die Möglichkeit eingeräumt, die kalkulierte Alterungsrückstellung des Teils der Versicherung, dessen Leistungen dem Basistarif entsprechen, an den neuen Versicherer übertragen zu lassen, sofern sie den alten Vertrag gegenüber dem bisherigen Versicherer vor dem 1.7.2009 gekündigt haben. Anders als bei PKV-Neuverträgen bestand nach dem Wortlaut der Vorschrift der Anspruch auf Übertragung der kalkulierten Alterungsrückstellung aber nur bei Abschluss eines Vertrags im Basistarif des neuen Versicherers. VN, die in einen Krankheitskostennormaltarif eines anderen Versicherers wechseln wollen, mussten daher zunächst den Umweg über den Basistarif des neuen Versicherers gehen und erst anschließend nach § 204 Abs. 1 Satz 1 VVG in den Normaltarif wechseln, sofern sie im Zuge des Wechsels den Anspruch auf Übertragung von Alterungsrückstellungen geltend machen wollen. Wie oben ausgeführt wurde[172], ist zwischenzeitlich die Kalkulationsverordnung dahingehend geändert worden, dass der Übertragungswert bei einem Weiterwechseln in einen Normaltarif aus dem Basistarif im Basistarif verbleibt, sofern der wechselwillige VN vor dem Tarifwechsel nicht mindestens 18 Monate im Basistarif verweilt, § 13 Abs. 1a Satz 1 KalV.

210 Die noch in der Vorauflage ausführlich diskutierten Fragen, welchen Nachweis des Abschlusses im Basistarif des aufnehmenden Unternehmens das abgebende Unternehmen von einem wechselwilligen Kunden als Voraussetzung für die Mitgabe des Übertragungswertes verlangen konnte und ob PKV-Altkunden, die im ersten Halbjahr 2009 zu einem anderen PKV-Versicherer gewechselt sind, einen Neuvertrag i.S.d. § 204 Abs. 1 Satz 1 Nr. 2 Buchst. a VVG abgeschlossen und damit ein dauerhaftes Recht zur Mitgabe des Übertragungswerts erworben haben, wurden durch die Neuregelung in § 13 Abs. 1a KalV i.V.m. § 13a Abs. 3 Satz 3 KalV durch den Gesetzgeber geklärt und in § 13 Abs. 8 MB/KK geregelt.[173]

211 **e) Reichweite des Anspruchs auf Mitgabe des Übertragungswerts.** Die Frage nach der Reichweite des Anspruchs ist gleichermaßen für Versicherer, PKV-Neukunden sowie für PKV-Altkunden relevant:

212 Die Relevanz für PKV-Neukunden und Versicherer ergibt sich daraus, dass sie den Umfang der Tarife bestimmt, die im Zuge der Einführung des

---

[172] Vgl. Rdn. 170.
[173] Zur Frage der Mitnahme des Übertragungswerts bei weiteren Folgewechseln des Versicherers durch den VN vgl. Rdn. 170.

VII. Neuregelung des TarifR

Anspruchs auf Mitgabe des Übertragungswerts vom Versicherer für die „neue Welt" verdoppelt, d. h. künftig sowohl mit Übertragungswert für die Neukunden, als auch ohne Übertragungswert für die Altkunden bereitgestellt werden müssen.

Für PKV-Altkunden und Versicherer ist die Reichweite des Anspruchs für die Frage von Bedeutung, aus welchen Tarifbausteinen im Zuge des Anspruchs von PKV-Altkunden nach § 204 Abs. 1 Satz 1 Nr. 2 Buchst. b VVG der Übertragungswert herauszulösen ist. 213

Besondere Relevanz kommt ihr auch bei sog. Bausteintarifen zu, bei denen der substitutive Krankenversicherungsschutz in einem Bündel von Einzeltarifen für jede versicherte Leistungsart besteht. 214

Für die Kombination von Krankheitskosten und Pflegepflichtversicherung hat der Gesetzgeber im durch das Gesetz zur strukturellen Weiterentwicklung der Pflegeversicherung vom 28.5.2008 (BGBl. I S. 874) eingefügten neuen § 204 Abs. 2 VVG ausdrücklich separat die Portabilität der gesamten Alterungsrückstellung geregelt. Ein Bausteinprinzip besteht aber regelmäßig auch bei der Kombination von Krankheitskosten- und Krankentagegeldversicherung. Denkbar sind zudem Tarifkombinationen von ambulantem, stationärem- und Versicherungsschutz für Zahnersatz. 215

Aus der Beschreibung des Übertragungswertes in §§ 12 Abs. 1 Nr. 5 VAG, 204 Abs. 1 Nr. 2 VVG als der Teil, dessen Leistungen dem Basistarif entsprechen, ist ersichtlich, dass eine Mitgabe von Alterungsrückstellungen grundsätzlich nur bei Wechsel aus einem Krankheitskosten*voll*versicherungsvertrag in einen anderen Krankheitskosten*voll*versicherungsvertrag bei einem neuen Anbieters erfolgt. Beim Wechsel aus einer *Zusatzversicherung* in eine Vollversicherung oder eine andere Zusatzversicherung werden *keine* Alterungsrückstellungen mitgegeben. Damit kommt ein Anspruch auf Mitgabe eines Übertragungswertes aus einer Zusatzversicherung überhaupt nur dann in Betracht, wenn die jeweilige Zusatzversicherung Bestandteil eines im Wege des Bausteinprinzips aus mehreren Einzeltarifen gebildeten substitutiven Krankheitskostenversicherungsschutzes i. S. d. § 12 Abs. 1 KalV ist und auch dann nur insoweit, als der durch die Zusatzversicherung abgedeckte Leistungsrahmen auch im Basistarif enthalten ist. Das bedeutet, dass z. B. bei einem marktüblichen stationären Zusatzversicherungstarif kein Übertragungswert zu bilden ist, da die damit abgesicherten Wahlärztlichen- und Unterkunftsleistungen nicht Gegenstand des Leistungsrahmens des Basistarifs sind. 216

Der Formulierung in § 12 Abs. 1 Nr. 5 VAG i. V. m. § 10 Abs. 1a KalV, lässt sich entnehmen, dass der Gesetzgeber bei Schaffung dieser Regelung offenbar von einer vertragsbezogenen Sichtweise ausgegangen ist: Die Vorschrift verpflichtet den Versicherer nämlich „*in dem Versicherungsvertrag*", die Mitgabe des Übertragungswerts des Teils der Versicherung vorzusehen, dessen Leistungen dem Basistarif entsprechen. Eine Aufteilung 217 oder Beschränkung der Mitgabe des Übertragungswerts auf einzelne Bausteine, z. b. soweit sie der Erfüllung der Versicherungspflicht dienen, ist dem Wortlaut dagegen nicht zu entnehmen.

218 Für die oben aufgeworfene Frage nach einem Anspruch auf Mitgabe eines Übertragungswertes aus der Krankentagegeldversicherung beim Wechsel von PKV-Altkunden zu einem anderen Versicherer gilt danach folgendes:

219 Ein Anspruch auf Mitgabe eines Übertragungswertes kommt grundsätzlich nur bei substitutiven Krankentagegeldversicherungen in Betracht, die nicht befristet sind. Ob eine Befristung vorliegt oder nicht, ist im Einzelfall anhand der konkreten Vertragsbedingungen zu prüfen. Die im Markt noch weit verbreitete Formulierung der MB/KT zum Ende des Versicherungsschutzes sieht in § 15 Abs. 1 Buchst. c MB/KT eine Beendigung spätestens mit Erreichen des 65. Lebensjahres vor. Auf dieser Basis abgeschlossene Krankentagegeldversicherungen sind eindeutig befristet. Ein Anspruch auf Mitgabe eines Übertragungswerts scheidet nach § 204 Abs. 3 VVG somit bei auf Basis der MB/KT abgeschlossenen Krankentagegeldversicherungen regelmäßig aus. Der Übertragungswert ist in diesen Fällen für die betroffenen PKV-Altkunden wegen der vertragsbezogenen Sichtweise aus den anderen Tarifbausteinen (ambulant und stationär) herauszulösen.

220 Bei Krankentagegeldversicherungen, die diese klare Befristung aus § 15 Abs. 1 Buchst. c MB/KT nicht enthalten, besteht unzweifelhaft insoweit kein Anspruch auf Mitgabe des Übertragungswerts, als der in dem bestehenden Krankentagegeldtarif versicherte Tagessatz den im Basistarif vorgesehenen Tagessatz überschreitet. Aus der vertragsbezogenen Sichtweise lässt sich aber auch ableiten, dass jedenfalls dann kein Anspruch auf Mitgabe eines Übertragungswerts aus der Krankentagegeldversicherung besteht, wenn die Alterungsrückstellung des Krankheitskostenversicherungstarifs ausreicht, um den Übertragungswert zu finanzieren.

221 **f) Folgen für die Tariflandschaft des Versicherers.** Die Verpflichtung des Versicherers aus § 12 Abs. 1 Nr. 5 VAG bei substitutiven Versicherungsverträgen, die nach dem 1.1. 2009 abgeschlossen werden, einen Übertragungswert für den späteren Fall eines Versichererwechsels vorzusehen, führte dazu, dass der Versicherer alle für den Verkauf geöffneten Krankheitskostenversicherungsverträge verdoppeln musste: Seit dem 1.1. 2009 gibt es weiterhin für Bestandskunden eine „alte Tarifwelt" ohne Wechselleistung und für Neukunden eine „neue Tarifwelt" mit Wechselleistung.

222 Unklar ist, wie mit substitutiven Krankheitskostenversicherungstarifen zu verfahren war, die seit dem 1.1. 2009 für das Neugeschäft vom Versicherer nicht mehr angeboten werden und daher vom Versicherer in keiner

VII. Neuregelung des TarifR

Variante mit Übertragungswert vorgehalten werden. Der Versicherer wird häufig aus wirtschaftlichen Gründen diese Tarife nicht verdoppelt haben und nicht jeweils eine Variante mit Übertragungswert anbieten. Sofern diese Tarife im Neugeschäft nicht mehr angeboten werden, bestehen dagegen grundsätzlich auch keine Bedenken, da sich die Verpflichtung einen Übertragungswert vorzusehen ja nur auf das *Neugeschäft* seit dem 1.1. 2009 bezieht.

223 Probleme können sich diesbezüglich aber seit dem 1. Januar 2009 im Falle der Geltendmachung des Anspruchs aus § 198 Abs. 1 VVG auf Nachversicherung von Kindern ergeben. Zwar ist dem Wortlaut der Vorschrift kein Anspruch auf Nachversicherung in demselben Tarif der Eltern zu entnehmen, so dass grundsätzlich eine Nachversicherung der Kinder auch in einem anderen Tarif erfolgen kann, der einen Übertragungswert vorsieht. In der Praxis weichen allerdings neue Tarifgenerationen häufig vom Leistungsspektrum der alten, geschlossenen Tarifgenerationen nach oben wie auch nach unten ab. Speziell bei einer Leistungseinschränkung des neuen Tarifs könnten dann Probleme entstehen, wenn der versicherte Elternteil auf einer Versicherung zu exakt denselben, uneingeschränkten Konditionen ihres jeweiligen Tarifs besteht. Es stellt sich dann die Frage, ob aus dem Anspruch aus § 198 Abs. 1 VVG auch ein Anspruch auf Vorhalten des konkreten, vom Elternteil des nachzuversichernden Kindes abgeschlossenen Tarifs in einer Variante mit Übertragungswert für das nachzuversichernde Kind abgeleitet werden kann.

224 Gegen eine Verpflichtung zur Vorhaltung einer dem Tarif des Elternteils entsprechenden Variante sprechen folgende Überlegungen:

225 Bei Kindernachversicherungen handelt es sich um nur vereinzelt vorkommende Geschäftsvorfälle. Ein konkreter Bedarf an einer Tarifvariante mit Übertragungswert entsteht bei Kindern regelmäßig frühestens erst nach Erreichen des 21. Lebensjahres. Erst dann sieht die Kalkulationsverordnung in § 10 Abs. 3 die Verpflichtung zur Bildung von Alterungsrückstellungen und damit auch eines Übertragungswerts vor. Nach Erreichen des 21. Lebensjahres befinden sich die Mehrzahl der VN entweder in der Ausbildung, mit der Folge, dass auch dann in der Praxis die nach § 10 Abs. 3 KalV gleichfalls statthaften kostengünstigen Ausbildungstarife ohne Alterungsrückstellungen für den VN die erste Wahl darstellen würden, oder aber der VN befindet sich in einem sozialversicherungspflichtigen Arbeitsverhältnis, in dem er einkommensunabhängig nach § 53 Abs. 8 SGB V zunächst einmal für mindestens drei Jahre in der gesetzlichen Krankenversicherung versicherungspflichtig ist. Es kann daher allenfalls in Einzelfällen vorkommen, dass ein nach § 198 Abs. 1 VVG nachversichertes Kind nach Erreichen des 21. Lebensjahres (z.B. i.R. einer Existenzgründung als Selbständiger) sich weder in Ausbildung befindet noch der gesetzlichen Versicherungspflicht unterliegt und damit ein Bedarf nach einem Krankheitskostentarif mit Alterungsrückstellungen und Übertragungswert besteht.

226 Angesichts des Ausnahmecharakters dieser Konstellation und dem vergleichsweise großen kalkulatorischen und verwaltungstechnischen Aufwand, der mit einer Tarifverdoppelung verbunden ist, scheidet ein aus § 198 Abs. 1 VVG abgeleiteter Anspruch des VN auf Vorhalten einer Tarifvariante mit Übertragungswert bei für das Neugeschäft geschlossenen Tarifen aus. Praktisch kann in Fällen, in denen der VN auf Nachversicherung des Kindes in dem Tarif der Eltern besteht, dem VN eine Nachversicherung des Kindes im Tarif des Elternteils angeboten werden und gleichzeitig im Wege der Sondervereinbarung für den Bedarfsfall ein Tarifwechsel in einen anderen Tarif mit Übertragungswert nach Erreichendes 21. Lebensjahres vereinbart werden.

227 **g) Besonderheiten bei der Anwartschaftsversicherung.** Bei der Anwartschaftsversicherung ergeben sich aus den gesetzlichen Neuregelungen folgende Fragestellungen:

– Es stellt sich einerseits die Frage, ob auch VN, die lediglich eine Anwartschaftsversicherung abgeschlossen haben, unter den Voraussetzungen des § 204 Abs. 1 Satz 1 Nr. 2 VVG einen Anspruch gegen ihren bisherigen Versicherer auf Mitgabe von Alterungsrückstellungen haben. Die Anwartschaftsversicherung stellt nämlich bereits eine Krankheitskostenversicherung i.S.d. Abs. 1 dar, die lediglich die Besonderheit aufweist, dass noch kein Leistungsanspruch besteht.
– Auf der anderen Seite ist zu prüfen, ob VN, die vor dem 1.1. 2009 eine Anwartschaftsversicherung abgeschlossen haben und nach dem 1.1. 2009 ihren Versicherungsschutz aktivieren wollen, ein Wahlrecht haben, ob sie ihren Versicherungsschutz in der „alten Tarifwelt", oder in der „neuen Tarifwelt" aktivieren.

228 Die Anwartschaftsversicherung ist ein Versicherungsvertrag, in dessen Rahmen der VN im Versicherungsfall keine Leistungsansprüche gegen den Versicherer hat. Es ist zwischen einer „kleinen" Anwartschaftsversicherung und einer „großen" Anwartschaftsversicherung zu unterscheiden: Während bei der kleinen Anwartschaftsversicherung lediglich das Eintrittsalter und der Gesundheitszustand des VN bei Vertragsschluss für den Fall eines Wechsels in eine Krankheitskostenvollversicherung festgeschrieben werden, erfolgt bei der großen Anwartschaftsversicherung bereits zusätzlich der Aufbau einer Alterungsrückstellung. Die Frage ob bei Kündigung des Vertrages und gleichzeitigem Neuabschluss eines neuen Vertrages bei einem anderen Versicherer nach § 204 Abs. 1 Satz 1 Nr. 2 VVG Alterungsrückstellungen mitgegeben werden müssen oder nicht stellt sich somit in jedem Fall bei der großen Anwartschaftsversicherung.

VII. Neuregelung des TarifR

Bei der kleinen Anwartschaftsversicherung ist dagegen wie folgt zu differenzieren: VN, die die kleine Anwartschaftsversicherung zu Beginn des Vertragsverhältnisses mit dem Versicherer abgeschlossen haben und diese zum Zeitpunkt des Wechsels zu keiner Zeit aktiviert hatten, haben bis dato keine Alterungsrückstellungen aufgebaut. In der Praxis kommt aber auch häufig der Fall vor, dass der VN, etwa infolge eines vorübergehenden Auslandsaufenthalts oder infolge der vorübergehenden Aufnahme einer versicherungspflichtigen Beschäftigung, seinen aktiven Krankheitskostenversicherungsvertrag nur zeitweise auf eine kleine Anwartschaftsversicherung umstellt. In diesen Fällen hat der VN aus der Zeit vor Umstellung des Versicherungsschutzes auf die Anwartschaftsversicherung Alterungsrückstellungen aufgebaut, die ihm allein durch die vorübergehende Umstellung auf die Anwartschaftsversicherung nicht verloren gehen. Aktiviert der VN seinen Krankheitskostenversicherungsschutz wieder, so bleiben ihm in dieser Konstellation die aufgebauten Alterungsrückstellungen aus der Vergangenheit erhalten. 229

Für die Frage eines Anspruchs auf Mitgabe eines Übertragungswerts nach § 204 Abs. 1 Satz 1 Nr. 2 VVG bei beabsichtigtem Wechsel des Versicherers gilt folgendes: 230

Zunächst ist nach den vorstehenden Grundsätzen zunächst einmal zu prüfen, ob überhaupt eine mitgabefähige Alterungsrückstellung i.R.d. Versicherungsverhältnisses aufgebaut wurde. Ist das der Fall, spricht der Wortlaut des § 204 Abs. 1 Satz 1 Nr. 2 VVG, der als Voraussetzung für die Mitgabe der Alterungsrückstellung den Abschluss eines neuen Vertrages fordert, der ganz oder teilweise den im gesetzlichen Sozialversicherungssystem vorgesehenen Krankenversicherungsschutz ersetzen kann, für folgende differenzierte Betrachtung: Schließt der VN beim neuen Versicherer lediglich erneut eine Anwartschaftsversicherung ab, besteht kein Anspruch gegen den bisherigen Versicherer auf Mitgabe der Alterungsrückstellung, da eine Anwartschaftsversicherung keine Leistungsansprüche gewährt und daher nicht substitutiv i.S.d. § 204 Abs. 1 Satz 1 Nr. 2 VVG ist. Im Falle des Abschlusses einer Krankheitskostenvollversicherung bei einem anderen Versicherer besteht dagegen ein Anspruch gegen den bisherigen Versicherer auf Mitgabe der i.R.d. Anwartschaftsversicherung aufgebauten Alterungsrückstellung. 231

Im Rahmen der Beantwortung der Frage, ob ein VN, der seine Anwartschaftsversicherung vor dem 1.1.2009 abgeschlossen hat, diese nach dem 1.1.2009 noch in der „alten Welt" aktivieren kann oder ob er auf die „neue Tarifwelt" beschränkt ist, spricht viel für folgende Lösung: 232

Die Verpflichtung des Versicherers nach § 12 Abs. 1 Nr. 5 VAG, in dem Versicherungsvertrag für den Fall des Wechsels des VN zu einem anderen privaten Krankenversicherungsunternehmen die Mitgabe des Übertragungswerts des Teils der Versicherung vorzusehen, dessen Leistungen 233 dem Basistarif entsprechen, bezieht sich nach dem Wortlaut des Gesetzes ausdrücklich nicht auf vor dem 1. Januar abgeschlossene *Verträge*. Folgerichtig stellt der Gesetzgeber in § 204 Abs. 1 Satz 1 Nr. 1 Buchst. a und Nr. 2 Buchst. a VVG auch auf den Zeitpunkt des Vertragsschlusses ab. Nachdem es sich bei der Anwartschaftsversicherung, wie vorstehend beschrieben um einen wirksamen Versicherungsvertrag handelt, bezieht sich die Verpflichtung aus § 12 Abs. 1 Nr. 5 VAG nicht auf vor dem 1.1.2009 abgeschlossene Anwartschaftsversicherungen, bei denen der Versicherungsschutz nach dem 1.1.2009 aktiviert wird. Die Aktivierung einer vor dem 1.1.2009 abgeschlossenen Anwartschaftsversicherung kann somit unabhängig davon, ob es sich um eine sog. „kleine" oder um eine sog. „große" Anwartschaftsversicherung handelt, in der „alten Welt" erfolgen.

234 **h) Besonderheiten im Rahmen der Geltendmachung des Beihilfeergänzungsanspruchs.** Im Rahmen der regelmäßig zu erwartenden Neuordnungen des Beihilferechts wird es im Falle von Leistungskürzungen der Beihilfe für Beihilfeversicherte ein Bedürfnis auf Ergänzung ihres privaten Versicherungsschutzes geben. Es stellt sich die Frage, ob mit der Geltendmachung des Beihilfeergänzungsanspruchs für die betroffenen Beihilfeversicherten gesetzlich vor dem Hintergrund der Vorschrift des § 12 Abs. 1 Nr. 5 VAG zwingend ein Wechsel in die „neue Vertragswelt" mit Wechselleistung verbunden ist.

235 Der Anspruch des beihilfeberechtigten Versicherten auf Anpassung seines Versicherungsschutzes, soweit sich der Beihilfebemessungssatz ändert oder sein Beihilfeanspruch entfällt, ergibt sich aus § 199 Abs. 2 VVG. Die Anpassung des Versicherungsschutzes auf Grundlage dieser Vorschrift stellt nach Rspr. und Literatur lediglich eine Vertragsanpassung und keinen Abschluss eines neuen Versicherungsvertrags dar.[174] Nach diesen Grundsätzen ist mit der Geltendmachung des Beihilfeergänzungsanspruchs nicht zwingend ein Wechsel in die „neue Welt" verbunden.

236 **i) Besonderheiten im Rahmen der Wiederinkraftsetzung von Verträgen.** Die gesetzlichen Neuregelungen werfen auch im Fall der Wiederinkraftsetzung von Verträgen Fragen hinsichtlich der praktischen Umsetzung auf. Ein in der Praxis immer wieder vorkommender Fall ist die Wiederinkraftsetzung von Verträgen nach § 5 Abs. 9 SGB V. Danach können Arbeiter und Angestellte, die im Hinblick auf eine Versicherung bei der GKV ihren Versicherungsvertrag bei der PKV gekündigt haben, unter

---

[174] Vgl. BGH, VersR 2007, 196; OLG München, VersR 2000, 575; *Präve* VersR 1998, 397.

VII. Neuregelung des TarifR

bestimmten Voraussetzungen gegenüber ihrem früheren PKV-Unternehmen den erneuten Abschluss eines Vertrags ohne Risikoprüfung und zu den gleichen Tarifbedingungen und unter Zuschreibung der zuvor erworbenen Alterungsrückstellung verlangen. Das ist dann der Fall, wenn eine Versicherung in der GKV nicht zustande kommt oder vor Erfüllung der Vorversicherungszeit nach § 9 SGB V endet. Voraussetzung ist allein, dass der frühere Vertrag mindestens fünf Jahre ununterbrochen bestanden hat.[175]

Es stellt sich die Frage, wie seit dem 1.1.2009 bei Altverträgen zu verfahren ist, in denen der ursprüngliche Vertragsschluss vor dem 1.1.2009 erfolgte. Rein formal es sich bei einer Wiederinkraftsetzung gemäß § 5 Abs. 9 SGB V um einen neuen Vertragsschluss, so dass an sich die Wiedereinsetzung in einem Tarif mit Übertragungswert zu erfolgen hätte, § 204 Abs. 1 Satz Nr. 2 VVG. Eine solche Verfahrensweise stünde aber in Widerspruch zu Sinn und Zweck des § 5 Abs. 9 SGB V. Danach soll der Betroffene so gestellt werden, als ob die Versicherung nicht unterbrochen worden wäre und zwar zu den gleichen „Tarifbedingungen". Es ist daher davon auszugehen, dass eine Wiedereinsetzung nach § 5 Abs. 9 SGB V bei Altverträgen in der „alten Welt", d.h. im bisherigen Tarif ohne Übertragungswert erfolgt. **237**

Bei den in der Praxis gleichfalls häufig vorkommenden Fällen der Wiederinkraftsetzung von Verträgen wegen unwirksamer Kündigungserklärung (z.B. wegen Geschäftsunfähigkeit oder wirksamer Anfechtung) liegt schon keine wirksame Kündigung und damit auch kein neuer Vertragsschluss vor. Dies gilt auch für den Fall der einvernehmlichen Rücknahme einer zuvor erklärten Kündigung, da dies keinen neuen Vertragsschluss darstellt, sondern der zuvor durch Kündigung beendete Vertrag wieder auflebt.[176] **238**

j) Zulässigkeit der Aufrechnung durch den Versicherer wegen Beitragsrückständen des Versicherungsnehmers. Von großer praktischer Bedeutung ist die Frage, ob der Versicherer gegenüber dem Anspruch des VN aus § 204 Abs. 1 Satz 1 Nr. 2 VVG auf Übertragung des Übertragungswerts an den neuen Versicherer das Gestaltungsrecht der Aufrechnung nach § 387 BGB oder ein Zurückbehaltungsrecht nach § 273 BGB geltend machen kann. **239**

Die Tatbestandsvoraussetzungen der Aufrechnung nach § 387 BGB sind vorliegend erfüllt. Es handelt sich bei dem Anspruch auf Beitragszahlung und dem Anspruch auf Übertragung des Übertragungswerts an den **240**

---

[175] Vgl. *Becker/Kingreen/Just* § 5 Rdn. 76.
[176] Vgl. BGH VersR 1988, 1013; RHSch/*Muschner* § 11 Rdn. 31 f.

B. NeuReg. des VV- u. AufsichtsR i.R.d. GKV-WSG

neuen Versicherer um gegenseitige, fällige Ansprüche, die als Geldforderungen auch gleichartig sind.[177] Es ist aber zu prüfen, ob ein Anspruch auf Aufrechnung nicht nach den Grundsätzen von Treu und Glauben ausgeschlossen ist. Das wäre dann der Fall, wenn die Eigenart des Schuldverhältnisses oder der Zweck der geschuldeten Leistung die Aufrechnung als mit Treu und Glauben unvereinbar erscheinen lässt.[178] Dafür spricht auf den ersten Blick die starke Stellung, die der Gesetzgeber dem Anspruch auf Übertragung des Übertragungswerts in dem Verzichtsverbot in § 204 Abs. 1 Satz 3 VVG eingeräumt hat. Daraus könnte abgeleitet werden, dass es sich bei dem Anspruch auf Mitgabe des Übertragungswerts um eine dem VN unentziehbare Rechtsposition handelt.

241 Es stellt sich daher die Frage nach dem Sinn und Zweck des Verzichtsverbots:

242 Die rechtliche Einordnung des Verzichts i.s.d. § 204 Abs. 1 Satz 3 VVG gestaltet sich nicht ganz einfach. Dem deutschen Vertragsrecht ist materiellrechtlich ein einseitiger Verzicht fremd.[179] Ein nach deutschem Vertragsrecht wirksamer „Verzicht" i.s.d. Vorschrift kann folglich nur im Wege einer vertraglichen Abrede mit dem Versicherer erfolgen.

243 Der Gesetzgeber wollte mit diesem Verbot einer negativen Risikoentmischung vorbeugen.[180] Eine negative Risikoentmischung ist aber praktisch nur im Falle eines Verzichts des VN auf den Anspruch nach § 204 Abs. 1 Satz 1 Nr. 2 Buchst. a VVG auf Mitgabe des Übertragungswerts denkbar. Wirtschaftlich wäre ein Verzicht nur im Zuge der Tarifwahl durch den VN bei Vertragsschluss oder im Zuge eines späteren Tarifwechsels sinnvoll, da Tarife mit Übertragungswert nach § 204 Abs. 1 Satz 1 Nr. 2 Buchst. a VVG wegen der einkalkulierten Wechselleistung deutlich teurer sind als Tarife der „alten Welt" ohne Wechselleistung. Ließe man den PKV-Neukunden die freie Auswahl zwischen einem Tarif mit Übertragungswert oder in einen billigeren Tarif ohne Übertragungswert, bestünde die Gefahr, dass Tarife mit Übertragungswert nur für gesunde VN attraktiv sind, die ohne weiteres Versicherungsschutz bei einem anderen Versicherer erlangen können und sich diese Option dauerhaft bewahren wollen. VN, deren Gesundheitszustand dagegen einen Wechsel zu einem anderen Versicherer nicht oder nur zu unattraktiven Konditionen zulässt, profitieren dagegen von dem Anspruch aus § 204 Abs. 1 Satz 1 Nr. 2 Buchst. a VVG praktisch nicht. Sie finanzieren die Wechselleistung des Tarifs für gesunde VN mit, ohne jemals eine Aussicht auf eine entsprechende Gegenleistung zu ha-

---

[177] Vgl. Palandt/*Grüneberg* § 387 Rdn. 9.
[178] Vgl. Palandt/*Grüneberg* § 387 Rdn. 15; BGH NJW 1978, 1807; 1985, 2820; 1991, 839.
[179] Vgl. Palandt/*Grüneberg* § 397 Rdn. 4.
[180] Vgl. BT-Drucks. 16/3100 S. 207.

VII. Neuregelung des TarifR

ben. Ließe man einen Verzicht auf diesen Anspruch auf die Wechselleistung zu, würden Tarife ohne Übertragungswert daher schnell zum Sammelbecken schlechter Risiken, für die es dann wirtschaftlich sinnvoll wäre, im Falle der nachhaltigen Verschlechterung ihres Gesundheitszustands in Tarife ohne Wechselleistung zu wechseln.[181]

Eine Aufrechnung durch den Versicherer mit dem Anspruch auf Mitgabe des Übertragungswerts ist ohne jeglichen Einfluss auf die Entscheidung des VN ob er seinen Vertrag kündigt und seinen Anspruch nach § 204 Abs. 1 Satz 1 Nr. 2 Buchst. a oder Nr. 2 Buchst. b VVG geltend macht. Dieser Anspruch entsteht nämlich erst im Falle der Kündigung des Vertrags durch den VN. Erst nach der Kündigung ist somit eine Aufrechnung überhaupt möglich. Eine Risikoentmischung wird durch die Möglichkeit der Aufrechnung daher weder gefördert, noch verhindert. Sie ist insofern neutral. Daher besteht kein Anlass für einen Ausschluss des Aufrechnungsrechts des Versicherers nach Treu und Glauben. 244

Im Ergebnis ist daher davon auszugehen, dass der Versicherer gegenüber dem Anspruch des VN auf Übertragung des Übertragungswerts nach § 204 Abs. 1 Satz 1 Nr. 2 Buchst. a oder Nr. 2 Buchst. b VVG an den neuen Versicherer grundsätzlich aufrechnen kann.[182] 245

k) Zulässigkeit der Geltendmachung eines Zurückbehaltungsrechts durch den Versicherer wegen Beitragsrückständen des Versicherungsnehmers. Nach § 273 BGB besteht ein Zurückbehaltungsrecht unter der Voraussetzung, dass der Schuldner aus demselben rechtlichen Verhältnis einen fälligen Gegenanspruch gegen den Gläubiger hat. Es ist nicht erforderlich, dass es sich um denselben Vertrag handelt. Vielmehr ist ausreichend, dass den Ansprüchen des Schuldners und des Gläubigers ein einheitliches Lebensverhältnis zugrunde liegt.[183] 246

Die Fälligkeit der Forderungen vorausgesetzt, sind diese Tatbestandsvoraussetzungen vorliegend erfüllt. Bei den Ansprüchen des VN auf Mitgabe des Übertragungswerts nach § 204 Abs. 1 Satz 1 Nr. 2 Buchst. a oder Nr. 2 Buchst. b VVG sowie des Versicherers auf Beitragszahlung handelt es sich um gegenseitige Ansprüche aus demselben Rechtsverhältnis in Form eines Vertrags über eine Krankheitskostenversicherung. 247

Es stellt sich aber auch an dieser Stelle die Frage, ob die Geltendmachung eines Zurückbehaltungsrechts durch den Versicherer gemäß § 242 BGB einer Einschränkung unterliegt. Es ist anerkannt, dass die Natur des 248

---

[181] Zur Frage der Auswirkung des § 204 Abs. 1 Satz 3 VVG auf das Tarifwechselrecht von Tarifen der „neuen Welt" in Tarife der „alten Welt" vgl. Rdn. 279.
[182] Zur Rechtslage bei auf den MB/KK sowie den MB/BT basierenden Tarifen vgl. die Ausführungen in Rdn. 253.
[183] Vgl. Palandt/*Grüneberg* § 273 Rdn. 9.

B. NeuReg. des VV- u. AufsichtsR i.R.d. GKV-WSG

Gläubigeranspruchs nach Treu und Glauben das Zurückbehaltungsrecht ausschließen kann.[184] Das Zurückbehaltungsrecht könnte nach dem Grundsatz von Treu und Glauben dann ausgeschlossen sein, wenn der VN wegen seiner schlechten Vermögenslage die Rückstände nicht begleichen kann und dies für den Versicherer erkennbar ist. Das Zurückbehaltungsrecht wäre dann nämlich voraussichtlich von Dauer, mit der Folge, dass der neue Versicherer den Übertragungswert auf unabsehbare Zeit nicht erhielte. Infolgedessen müsste der VN beim neuen Versicherer höhere Beiträge entrichten. Dies würde sich zusätzlich nachteilig auf die wirtschaftliche Lage des VN auswirken.

249 Für die Annahme eines Ausschlusses des Zurückbehaltungsrechts in derartigen Fällen kann auch hier die in dem Verzichtsverbot des § 204 Abs. 1 Satz 3 VVG zum Ausdruck kommende starke Stellung der Ansprüche aus § 204 Abs. 1 Sätze 1 und 2 VVG herangezogen werden.

250 Letztendlich ist ein Ausschluss des Zurückbehaltungsrechts in derartigen Fällen aber zu verneinen. Es gelten hier dieselben Argumente, die im Zusammenhang mit der Verneinung der Frage eines Ausschlusses der Aufrechnung nach dem Grundsatz von Treu und Glauben bereits dargelegt worden sind.[185]

251 Allerdings ist ein Zurückbehaltungsrecht nach § 242 BGB dann ausgeschlossen, wenn der Schuldner wegen einer unverhältnismäßig geringen Forderung die ganze Leistung zurückbehält.[186]

252 Im Ergebnis ist daher festzuhalten, dass der Versicherer gegenüber dem Anspruch des VN auf Mitgabe des Übertragungswerts grundsätzlich ein Zurückbehaltungsrecht wegen offener Beitragsforderungen geltend machen kann.

253 Demgemäß sehen sowohl die MB/KK in § 13 Abs. 9, als auch die MB/BT in § 13 Abs. 8 diese Möglichkeit für den Versicherer ausdrücklich vor. Dem Umstand, dass § 13 Abs. 9 MB/KK sowie § 13 Abs. 8 MB/BT die nach der hier vertretenen Auffassung zusätzlich gegebene Möglichkeit der Aufrechnung nicht erwähnen, sondern sich auf die Geltendmachung eines Zurückbehaltungsrechts beschränken, kann ein konkludenter Verzicht des Versicherers auf eine Aufrechnung beigemessen werden.

254 **l) Verbleib der vor dem 1. Januar von PKV-Altkunden aufgebauten Alterungsrückstellungen bei sonstiger Beendigung des Vertrags.**
Die bereits in der Vorauflage dieses Werkes diskutierte nach dem Schicksal der Alterungsrückstellungen bei einer nicht durch eine Kündigung bedingten Beendigung des Vertrags beim neuen Versicherer hat durch die

---

[184] Vgl. die Beispiele in Palandt/*Grüneberg* § 273 Rdn. 16 f.
[185] Vgl. Rdn. 239 ff.
[186] Vgl. OLG Köln VRS 1985, 243; Palandt/*Grüneberg* § 273 Rdn. 17.

VII. Neuregelung des TarifR

Neuregelung des § 13 Abs. 1a KalV[187] und die mutmaßlich branchenweit geringen zahlen von PKV-Altkunden, die von ihrem Wechselrecht aus § 204 Abs. 1 Satz 1 Nr. 2a VVG Gebrauch gemacht haben, ein Stück weit an praktischer Relevanz verloren. Dennoch kann sich die Frage im Einzelfall bei mehrfachem Versichererwechsel stellen. Sie soll deshalb auf Basis eines im Vergleich zur Vorauflage leicht modifizierten Fallbeispiels erörtert werden.

Beispiel: 255
Der VN hat seinen Vertrag bei Versicherer 1 am 1.11. 1997 abgeschlossen. Er kündigt im Wechselhalbjahr 2009 seinen Vertrag und schließt bei Versicherer 2 zum 1.1. 2010 einen neuen Vertrag ab. Versicherer 1 überträgt den Übertragungswert an Versicherer 2. Am 30.8. 2010 widerruft der VN seinen Vertrag nach § 8 Abs. 1 VVG. Die Widerrufsfrist ist eingehalten, da Versicherer 2 den VN nicht entsprechend § 8 Abs. 2 Nr. 2 VVG belehrt hat. Der VN schließt daraufhin bei Versicherer 3 einen neuen Vertrag ab und verlangt von Versicherer 2 die Überweisung seines Übertragungswerts an Versicherer 3. Er möchte ferner von Versicherer 3 eine Bestätigung erlangen, wonach er auch bei einem etwaigen weiteren Versicherungswechsel seinen Übertragungswert noch ein letztes Mal geltend machen kann.

Lösungsvorschlag:
Dieser Fall ist gesetzlich nicht geregelt. Wie oben ausgeführt wurde,[188] ist nach § 13 Abs. 1a Satz 3 KalV für PKV-Altkunden der vor dem 1.1. 2009 aufgebaute Übertragungswert bei einem Folgewechsel des Versicherers nur noch ein weiteres Mal nach § 204 Abs. 1 Satz 1 Nr. 2 Buchst. b VVG portabel. Es stellt sich somit die Frage, ob Versicherer 3 durch den Widerruf des Vertrags bei Versicherer 2 rechtlich zu Versicherer 2 i.S.d. § 13 Abs. 1a Satz 3 KalV geworden ist, d.h. ob der Vertragsschluss bei Versicherer 2 mitzählt oder durch den Widerruf als nicht existent zu gelten hat. Die Besonderheit des vorliegenden Falles liegt jedoch darin, dass die Beendigung des Vertrags bei Versicherer 2 nicht durch eine Kündigung des VN sondern in sonstiger Weise durch Rücktritt erfolgte. Damit ist § 204 Abs. 1 Satz 1 Nr. 2 VVG bereits vom Wortlaut her nicht anwendbar. Der Widerruf nach § 8 Abs. 1 VVG wirkt ex tunc, d.h. der Vertrag gilt als von Anfang an nicht wirksam abgeschlossen. Der VN hat also einen Anspruch auf Übertragung des Übertragungswerts von Versicherer 2 auf Versicherer 3 und auch – im Falle der Kündigung seines Vertrags bei Versicherer 3 und eines Wechsels zu Versicherer 4 – einen weiteren. Anspruch auf letztmalige Mitgabe des Übertragungswerts durch Versicherer 3 an Versicherer 4.

---

[187] Zu den Einzelheiten vgl. Rdn. 170.
[188] Vgl. dazu die Ausführungen in Rdn. 170.

B. NeuReg. des VV- u. AufsichtsR i.R.d. GKV-WSG

256 Nach der hier vertretenen Auffassung, wonach infolge des Widerrufs das alte Versicherungsverhältnis zwischen dem VN und Versicherer 1 nicht wieder auflebt,[189] scheidet ein Anspruch von Versicherer 1 gegen Versicherer 2 auf Rückzahlung des Übertragungswerts aus. Dem VN ist folglich der Anspruch gegen Versicherer 2 auf Übertragung des Übertragungswerts an Versicherer 3 zuzubilligen. Würde man diesen Anspruch verwehren, würden PKV-Altkunden in der Ausübung ihres gesetzlichen Widerrufsrechts im Zuge eines Versichererwechsels in unbilliger Weise behindert.

257 Geht man vom Willen des Gesetzgebers aus, PKV-Altkunden ein zweimaliges Recht auf Mitnahme des Übertragungswerts bei Wechsel des Versicherers zu gewähren, so ist es auch folgerichtig anzunehmen, dass dem VN im vorliegenden Beispiel, im Falle eines erneuten Wechsels des Versicherers, zudem einen Anspruch auf Übertragung des Übertragungswerts von Versicherer 3 an Versicherer 4 zusteht. Es ist nicht ersichtlich warum die Versicherten im Falle des Widerrufs nach § 8 Abs. 1 VVG oder des Rücktritts des Versicherers nach § 37 Abs. 1 oder § 19 Abs. 2 VVG eine im Gesetz nicht vorgesehene zusätzliche Sanktion in Form des Verlustes der Möglichkeit, die Mitgabe des Übertragungswerts ein zweites Mal geltend zu machen, unterworfen werden sollten.

6. Anspruch auf Vereinbarung eines Zusatztarifs beim Wechsel in den Basistarif

258 **a) Allgemeines.** § 204 Abs. 1 Satz 2 VVG räumt dem VN im Zuge der Kündigung und des Neuabschlusses eines Vertrages *im Basistarif* eines anderen Versicherers das Recht auf Abschluss eines Zusatzversicherungstarifs ein, in dem die über den Basistarif hinausgehende Alterungsrückstellung anzurechnen ist. Das Recht gilt sowohl beim unternehmensinternen Tarifwechsel, als auch beim Wechsel des Versicherers.[190] Sinn und Zweck der Regelung ist die Vermeidung des teilweisen Verlustes von Alterungsrückstellungen beim Wechsel in den Basistarif. Eine, allgemeine Ausdehnung des Anspruchs auf andere Tarifwechselvorgänge, als in den Basistarif, sieht das Gesetz nicht vor.[191] Dies ergibt sich aus dem Umstand, dass der Gesetzgeber das Leistungsspektrum des Basistarifs als Maßstab für die Berechnung der überschießenden Alterungsrückstellung, die in einem Zusatztarif eingebracht werden kann, genommen hat.

---

[189] Vgl. dazu die Ausführungen in Rdn. 111 ff.
[190] Vgl. auch MünchKommVVG/*Boetius* § 204 Rdn. 501.
[191] Vgl. auch MünchKommVVG/*Boetius* § 204 Rdn. 510.

VII. Neuregelung des TarifR

Praktisch wird diese Regelung nur für wechselwillige VN von Interesse sein, die in den Basistarif des eigenen oder eines anderen Unternehmens wechseln und dort dauerhaft verbleiben wollen oder – infolge ihres Gesundheitszustandes – auf Dauer verbleiben müssen. Gesunde VN werden zumindest beim Wechsel in den Basistarif eines anderen Unternehmens regelmäßig nach Ablauf der Mindestverweildauer vom 18 Monaten gemäß § 13 Abs. 1a Satz 1 KalV in einen preiswerteren, höherwertigen Vollversicherungstarif wechseln und daher keinen Bedarf an einem Zusatztarif beim alten Anbieter haben.[192]

259

b) Rechtsnatur und Reichweite des Anspruchs. Es ist davon auszugehen, dass die Geltendmachung und der Vollzug dieses Anspruchs vom Gesetzgeber als eine spezielle Ausgestaltung des Tarifwechselrechts angesehen wurde. Dafür spricht sowohl die Platzierung des Anspruchs in der das Tarifwechselrecht regelnden Vorschrift des § 204 VVG, als auch die im Zuge des GKV-WSG erfolgte Neuregelung in § 12 Abs. 4 KalV. Da grundsätzlich das Tarifwechselrecht des § 204 Abs. 1 Satz 1 Nr. 1 VVG auf Tarife mit gleichartigem Versicherungsschutz beschränkt ist, bedurfte es einer Klarstellung, dass Zusatzversicherungstarife, welche Leistungen abdecken, die im bisherigen Versicherungsschutz, nicht jedoch im Basistarif enthalten sind, und für die der VN versicherungsfähig ist, als Tarife mit gleichartigem Versicherungsschutz anzusehen sind.[193] Das Tarifwechselrecht wurde für diesen speziellen Fall folglich ausgeweitet. Gleichzeitig geht mit der Regelung des § 12 Abs. 4 KalV aber auch eine Einschränkung hinsichtlich der Wahl der zur Verfügung stehenden Zusatztarife einher. Neben der in § 12 Abs. 4 KalV ausdrücklich genannten Voraussetzung, dass der VN im Zieltarif versicherungsfähig sein muss, lässt sich im Umkehrschluss folgern, dass Zusatzversicherungen, die Leistungsbereiche abdecken, die nicht im bisherigen Versicherungsschutz enthalten sind, als Zieltarife ausscheiden.

260

Eine Verpflichtung für den Versicherer, einen „passgenauen" Zusatztarif anzubieten, der die Leistungsdifferenz des herkömmlichen Krankheitskostenvollversicherungstarifs, aus dem der VN wechselt, zum Basistarif ausgleicht, kann weder dem Gesetz, noch der Gesetzesbegründung entnommen werden. Der Anspruch ist also unzweifelhaft auf das Spektrum an bestehenden Zusatzversicherungen des Versicherers beschränkt, in denen der Wechselwillige versicherungsfähig i.S.d. Tarifbedingungen ist. Damit stellt sich die Frage, ob der VN insoweit eine uneingeschränkt Auswahl aus dem Spektrum an Zusatztarifen hat oder ob der Versicherer sein

261

---

[192] Zur Mindestverweildauer vgl. Rdn. 170.
[193] Vgl. BT-Drucks. 16/4247 S. 69.

B. *NeuReg. des VV- u. AufsichtsR i.R.d. GKV-WSG*

Angebot an den VN auf einen oder einzelne Zusatztarife beschränken kann. Der Gesetzeswortlaut spricht dafür, dass der Versicherer sich auf das Angebot *lediglich eines* Zusatztarifs beschränken kann.

262 Für den Fall, dass der angebotene Zusatztarif Mehrleistungen enthält, bestehen keine Besonderheiten. Insoweit ist eine Risikoprüfung durch den Versicherer zulässig. Der Versicherer kann nach § 204 Abs. 1 Satz 1 Nr. 1 VVG für die Mehrleistung einen Leistungsausschluss oder einen angemessenen Risikozuschlag und insoweit auch eine Wartezeit verlangen.

263 **c) Zeitlicher Rahmen zur Geltendmachung des Anspruchs.** Es stellt sich die Frage, innerhalb welchen zeitlichen Rahmens der VN das Recht aus § 204 Abs. 1 Satz 2 VVG geltend machen kann. Das Gesetz enthält keine ausdrückliche Frist zur Geltendmachung. Allerdings besteht auf Seiten des Versicherers ein schützenswertes Interesse, in angemessenem zeitlichen Rahmen Rechtsklarheit darüber zu erlangen, ob der Anspruch aus § 204 Abs. 1 Satz 2 VVG vom VN geltend gemacht wird oder nicht. Diese Frage muss nicht zuletzt aus Gründen der ordnungsgemäßen Bilanzierung der Rückstellungen des Versicherers zeitnah entschieden werden.

264 Es spricht viel dafür, dass der Anspruch innerhalb der Kündigungsfrist des Vertrags beim alten Versicherer geltend gemacht werden muss. Dafür spricht der Umstand, dass es sich um einen aus dem Tarifwechselrecht abgeleiteten Anspruch handelt. Das Tarifwechselrecht kann aber begrifflich nur i. R. eines bestehenden Vertragsverhältnisses geltend gemacht werden. Da mit Ablauf der Kündigungsfrist das alte Vertragsverhältnis erlischt, erstreckt sich diese Rechtsfolge auch auf den Anspruch aus § 204 Abs. 1 Satz 2 VVG.

7. Recht auf Fortführung eines gekündigten Vertrags in Form einer Anwartschaftsversicherung

265 **a) Allgemeines.** Bislang war es dem Versicherer freigestellt, ob er im Falle der Kündigung eines Vertrags durch den VN dem Abschluss einer Anwartschaftsversicherung zustimmt oder nicht. § 204 Abs. 4 VVG räumt den VN nunmehr das Recht ein, eine gekündigte Krankenversicherung, soweit diese nach Art der Lebensversicherung betrieben wird, in Form einer Anwartschaftsversicherung fortzuführen. Dabei werden die aus dem Vertrag erworbenen Rechte und die Alterungsrückstellung angerechnet, sofern der Abschluss der Anwartschaftsversicherung im unmittelbaren Anschluss an die Kündigung erfolgt. Der Gesetzgeber geht in der Gesetzesbegründung davon aus, dass eine derartige Anwartschaftsversicherung zur Erhaltung des niedrigeren Eintrittsalters auch rückwirkend abgeschlossen werden kann. In diesem Fall muss aber der Verlust der Alte-

VII. Neuregelung des TarifR

rungsrückstellung in Kauf genommen werden, da die Alterungsrückstellung nach der Kündigung des Vertrages zu Gunsten des verbleibenden Versicherungsnehmerkollektivs aufgelöst wurde.[194]

b) Reichweite des Anspruchs. Da in § 204 Abs. 4 VVG nicht zwischen Krankheitskosten und Krankentagegeldversicherung unterschieden wird, erstreckt sich der Anspruch auch auf den Bereich der Krankentagegeldversicherung. Demgemäß wurde in § 15 Abs. 2 MB/KT[195] eine entsprechende Regelung aufgenommen. 266

Von § 204 Abs. 4 VVG erfasst werden auch Zusatzversicherungstarife, sofern diese nach Art der Lebensversicherung betrieben werden. 267

Fraglich ist, ob § 204 Abs. 4 VVG dem VN im Falle der Kündigung seines Vertrags – unabhängig vom Vorliegen eines zwingenden Anlasses – ein uneingeschränktes Recht auf Abschluss einer Anwartschaftsversicherung einräumen möchte. Dafür spricht auf den ersten Blick der weitreichende Wortlaut der Vorschrift. 268

Es stellt sich die Frage, ob der Anspruch auf Abschluss einer Anwartschaftsversicherung im Falle der Kündigung nicht im Wege der teleologischen Reduktion eingeschränkt werden muss. Würde man den Anwendungsbereich der Vorschrift auch auf Anlässe beziehen, für die kein zwingender Grund vorliegt, bestünde nämlich wegen der Erstreckung des Anwendungsbereichs auf die Zusatzversicherung eine erhebliche Missbrauchsgefahr, die anhand des folgenden Beispiels erläutert werden soll: 269

Beispiel: 270

Ein in der gesetzlichen Krankenkasse pflichtversicherter VN hat bei einem privaten Krankenversicherungsunternehmen eine stationäre Zusatzversicherung abgeschlossen, die nach Art der Lebensversicherung kalkuliert ist. Anlässlich einer Beitragsanpassung kündigt er – um Beiträge zu sparen – seinen Vertrag und verlangt im Zuge dessen den Abschluss einer entsprechenden Anwartschaftsversicherung, die im Vergleich zur aktiven Versicherung erheblich günstigere Beiträge aufweist. Er beabsichtigt diese erst im Leistungsfall zu aktivieren.

Lösungsvorschlag:

Das vorliegende Beispiel zeigt, dass im Bereich von Zusatzversicherungen eine große Missbrauchsgefahr besteht, die das Kalkulationsgefüge der betroffenen Tarife völlig „ad absurdum" führt. Es ist daher geboten, § 204 Abs. 4 VVG im Wege der teleologischen Reduktion dahingehend einzuschränken, dass der Anspruch auf Abschluss einer Anwartschaftsversiche-

---

[194] Vgl. BT-Drucks. 16/3100 S. 207.
[195] Die **MB/KT 2009** sind in **Anh. II** abgedruckt. Verweise auf die MB/KT beziehen sich durchweg auf diese Fassung.

rung bei einer Kündigung nur im Falle des Vorliegens eines zwingenden Grundes besteht. Die bloße Absicht sich Prämien zu sparen reicht als Grund keinesfalls aus.

271 Für eine derartige teleologische Reduktion spricht auch die Intention des Gesetzgebers bei Einführung der Vorschrift:

272 Ausweislich der Gesetzesbegründung bezweckte der Gesetzgeber mit der Einführung der Vorschrift primär eine Verbesserung der Rechtsstellung von Personen, die nur *vorübergehend* die Leistungen aus dem Krankheitskostenversicherungsvertrag nicht in Anspruch nehmen *können*, z.b. infolge eines vorübergehenden Auslandsaufenthalts.[196] Weitere Beispiele wären der vorübergehende Eintritt der Versicherungspflicht wegen temporärem Unterschreiten der Verdienstgrenze für die Versicherungspflicht oder das Überschreiten der sozialversicherungsrechtlichen Zuverdienstgrenze für Studenten.

273 Im vorliegenden Beispiel hat der VN daher keinen Anspruch auf Abschluss einer Anwartschaftsversicherung.

274 Offen ist, ob § 204 Abs. 3 VVG den Anspruch auf Abschluss einer sog. „großen Anwartschaftsversicherung" begründet, bei der während der Dauer der Anwartschaftsversicherung auch zusätzliche Alterungsrückstellungen aufgebaut werden oder ob der Anspruch auf eine sog. „kleine Anwartschaftsversicherung" begrenzt ist, bei der lediglich bestehende Alterungsrückstellungen konserviert werden. Wegen des damit verbundenen Eingriffs in die Privatautonomie ist § 204 Abs. 3 VVG restriktiv auszulegen. Dem Sinn und Zweck der Vorschrift, VN im Falle der vorübergehenden Verhinderung der Fortführung ihrer Versicherung vor dem Verlust ihrer Alterungsrückstellungen und das jüngere Eintrittsalter zu bewahren, wird durch eine kleine Anwartschaftsversicherung hinreichend Rechnung getragen. Es besteht somit kein praktisches Bedürfnis einer extensiven Auslegung der Vorschrift i.S. eines Anspruchs auf Abschluss einer großen Anwartschaftsversicherung. Das schließt nicht aus, dass der Abschluss einer großen Anwartschaftsversicherung zwischen den Parteien einvernehmlich vereinbart wird. Ein entsprechender Anspruch des VN ist aber zu verneinen.

8. Ausgestaltung des Tarifwechselrechts von Versicherungsnehmern zwischen „neuer Welt" und „alter Welt"

275 **a) Allgemeines.** Das Gesetz enthält keine Regelung dazu, wie das Tarifwechselrecht zwischen Tarifen der „alten Welt" ohne Wechselleistung und Tarifen der „neuen Welt" mit Wechselleistung künftig auszugestalten

---

[196] Vgl. BT-Drucks. 16/3100 S. 207.

VII. Neuregelung des TarifR

ist. Das könnte auf den ersten Blick zu der Annahme verleiten, dass insoweit keine Besonderheiten bestehen und ein Tarifwechsel uneingeschränkt möglich ist. Auf den zweiten Blick wird jedoch sehr schnell das Spannungsverhältnis zwischen dem Tarifwechselrecht nach § 204 VVG einerseits und der Vorschrift des § 12 Abs. 1 Nr. 5 VAG andererseits deutlich.

b) Wechsel von Versicherungsnehmern aus Tarifen der „alten Welt" in Tarife der „neuen Welt". Keine Probleme bereitet ein Wechsel von VN aus Tarifen der „alten Welt" in Tarife der „neuen Welt". Hier bestehen keine Besonderheiten zu einem Tarifwechsel zwischen Tarifen der „alten Welt". Ein als Wechselleistung mitgabefähiger Übertragungswert wird allerdings erst ab dem Zeitpunkt des Wechsels in einen Tarif der „neuen Welt" aufgebaut.[197] **276**

c) Wechsel von PKV-Neukunden aus Tarifen der „neuen Welt" in Tarife der „alten Welt". Es stellt sich allerdings die Frage, ob ein Tarifwechsel aus Tarifen der „neuen Welt" in Tarife der „alten Welt" Beschränkungen unterliegt. Gegen eine uneingeschränkte Wechselmöglichkeit spricht folgende Erwägung: **277**

Wie oben bereits ausgeführt wurde, ist der Versicherer nach § 12 Abs. 1 Nr. 5 VAG verpflichtet, bei Versicherungsverträgen, die nach dem 1.1. 2009 abgeschlossen wurden, i.R.d. Wechsels des VN zu einem anderen Versicherer die Mitgabe des Übertragungswertes vorzusehen. Der Gesetzgeber wollte den Wettbewerb zwischen privaten Krankenversicherern verbessern, indem er auf diese Weise den Versichererwechsel attraktiver machte.[198] Genau dieser gesetzgeberischen Intention würde es aber zuwiderlaufen, wenn der Wechsel zwischen Tarifen der „alten Welt" und solchen der „neuen Welt" uneingeschränkt möglich wäre. Infolge der neuen, bislang nicht in der Tarifkalkulation enthaltenen Wechselleistung werden die Prämien der Tarife der „neuen Welt" voraussichtlich spürbar über den Prämien der Tarife der „alten Welt" liegen. Kunden, die sich diese Mehrkosten sparen und auf den Anspruch auf Mitgabe eines Übertragungswertes bei Wechsel des Versicherers verzichten wollen, könnten, sofern man den Wechsel aus der „neuen Welt" in die „alte Welt" zuließe, den Willen des Gesetzgebers folglich leicht über § 204 VVG umgehen. Damit würde die gewünschte Stärkung des Wettbewerbs praktisch zur Disposition des VN gestellt. Der Gesetzgeber hat aber durch die Regelung in § 204 Abs. 1 Satz 3 VVG, wonach auf die Rechte aus § 204 Abs. 1 Sätze 1 und 2 VVG nicht verzichtet werden kann, ausdrücklich das Recht auf Mitgabe des **278**

---

[197] Zur Sondersituation bei Bausteintarifen vgl. Rdn. 284 ff.
[198] Vgl. BT-Drucks. 16/3100 S. 2 und 206.

Übertragungswerts der Disposition des VN entzogen. Es spricht daher viel dafür, dass jedenfalls PKV-Neukunden, die nach dem 1.1. 2009 ihren Vertrag abgeschlossen haben, nicht in Tarife der „alten Welt" wechseln können.

279 d) **Zulässigkeit des Rückwechsels von in die „neue Welt" gewechselten PKV-Altkunden in die „alte Welt".** Zu prüfen ist aber, ob nicht PKV-Altkunden, deren Vertrag vor dem 1.1. 2009 abgeschlossen wurde, ein uneingeschränktes Wechselrecht von „alter Welt" in die „neue Welt" und auch zurück mit dem Argument gewährt werden kann, dass die Ausübung des Tarifwechselrechts nicht zum Abschluss eines neuen Versicherungsvertrags führt. Vielmehr wird der bestehende Versicherungsvertrag zu veränderten Bedingungen fortgesetzt, d.h. lediglich inhaltlich modifiziert.[199] Angesichts der klaren Trennung in der Gesetzessystematik zwischen PKV-Altkunden und PKV-Neukunden wird durch den Tarifwechsel der Status als „Altkunde" daher nicht verändert. Bei dieser Personengruppe hat der Gesetzgeber aber gerade keine Verpflichtung zum Abschluss eines Krankheitskostenversicherungsvertrages mit Übertragungswert vorgesehen. Es stellt sich somit die Frage, ob dieser Status ein „erworbenes Recht" i.S.d. § 204 Abs. 1 Satz 1 Nr. 1 VVG darstellt, das i.R.d. Tarifwechsels nach der ausdrücklichen gesetzlichen Regelung unangetastet bleibt.

280 Das Gesetz gibt auf diese Frage keine Antwort. Nach der Rspr. des BVerwG sind erworbene Rechte besondere unentziehbare Rechtspositionen, die der VN durch den Abschluss und im Verlauf des Vertrags gewinnt.[200] Der Gesetzgeber hat PKV-Altkunden an verschiedenen Stellen des VVG gegenüber PKV-Neukunden eine besondere Rechtsposition eingeräumt.[201] Das spricht dafür, dem Status als PKV-Altkunde eine unentziehbare Rechtsposition i.S.d. Definition des BVerwG beizumessen.

281 Unklar ist aber, nach welchem Tarif sich bei Mehrfachtarifwechseln wie im vorliegenden Fall das erworbene Recht bestimmt. Stellt man auf den Ursprungstarif bei Abschluss des Vertrages in der „alten Welt" ab, käme man zu dem Ergebnis, dass der Status als PKV-Altkunde auch beim Wechsel aus der „neuen Welt" anzurechnen ist und unter diesem Aspekt ein Rückwechsel möglich sein müsste. Stellt man dagegen auf den neuen Ausgangstarif der „neuen Welt" mit Übertragungswert ab[202], so käme man zu

---

[199] Vgl. *Lorenz/Wandt* VersR 2008, 7, 8; BVerwG VersR 2007, 1253, 1255; *Römer/Langheid/Römer* § 178f Rdn. 1.
[200] Vgl. BVerwG VersR 1999, 743, 744; 2007, 1253, 1255. Vgl. zu dieser Frage auch *Lorenz/Wandt* VersR 2008, 7, 9.
[201] Vgl. z.B. § 204 Abs. 1 Nr. 2 Buchst. b und § 193 Abs. 3 Satz 3 VVG.
[202] So wohl *Lorenz/Wandt* VersR 2008, 7, 9.

VII. Neuregelung des TarifR

dem Ergebnis, dass der Status als PKV-Altkunde, der ja zunächst durch den ersten Tarifwechsel aus der „alten Welt" in die „neue Welt" aufgegeben wurde, kein erworbenes Recht mehr im Zuge eines weiteren Tarifwechsels darstellt und ein Rückwechselrecht in die „alte Welt" somit nicht mehr besteht.

Da der VN ja bewusst zunächst in einen Tarif mit Übertragungswert gewechselt ist, spricht viel für die Lösung, dass es ihm im Zuge des Tarifwechsels aus der „alten" in die „neue Welt" gerade darauf ankam, den Status als PKV-Altkunde aufzugeben und künftig in der „neuen Tarifwelt" einen Übertragungswert aufzubauen. Der VN hat sich folglich durch den Tarifwechsel insoweit gezielt seiner erworbenen Rechte begeben.

Selbst wenn man dieser Auffassung nicht folgt, gelten auch in dieser Konstellation die oben stehenden Ausführungen zum Ausschluss des Tarifwechsels von PKV-Neukunden in Tarife der „alten Welt" wegen § 204 Abs. 1 Satz 3 VVG entsprechend. Diese Vorschrift schließt aus, dass der VN auf Ansprüche aus § 204 Abs. 1 Sätze 1 und 2 VVG verzichtet. Auch wenn der Status als Altkunde als erworbenes Recht aus dem Ursprungstarif erhalten bleibt, so wird jedenfalls der Rückwechsel in einen Tarif der „alten Welt" wegen des damit verbundenen Verzichts auf den Anspruch auf Mitgabe des Übertragungswerts bei einem Wechsel des Versicherers durch die Spezialregelung des § 204 Abs. 1 Satz 3 VVG verwehrt. Ließe man einen Rückwechsel aus der „neuen Welt" in die „alte Welt" zu, so würden dadurch Risikoentmischungseffekte in den Tarifen der „neuen Welt" mit Übertragungswert gefördert, die durch die Vorschrift des § 204 Abs. 1 Satz 3 VVG ausweislich der Gesetzesbegründung ja gerade verhindert werden sollen.[203] Ein Rückwechsel wäre nämlich speziell für solche Versicherte attraktiv, die infolge ihres Gesundheitszustands nicht mehr von dem Anspruch auf Mitgabe des Übertragungswerts profitieren könnten, da sie keinen anderweitigen Versicherungsschutz bei einem anderen Versicherer mehr finden würden. Speziell für diese Zielgruppe wäre ein Rückwechsel in die Tarife der „alten Welt" mit der in Ermangelung einer Wechselleistung in Form des Übertragungswerts günstigeren Prämie vorteilhaft.

Im Ergebnis ist also ein Rückwechselrecht von PKV-Altkunden, die in Verträge der „neuen Welt" gewechselt sind, nicht mit der Intention des Gesetzgebers vereinbar und daher abzulehnen.

e) Zulässigkeit des Mischens von Tarifen der „neuen" und der „alten Welt" bei Bausteintarifen. Von großer praktischer Relevanz ist die Frage, ob bei Bausteintarifen ein Mischen von Tarifbausteinen der „alten Welt" ohne Übertragungswert mit solchen der „neuen Welt" mit Übertra-

---

[203] Vgl. BT-Drucks. 16/3100 S. 207.

B. NeuReg. des VV- u. AufsichtsR i.R.d. GKV-WSG

gungswert zulässig ist. Nach der vorstehend geschilderten[204] vertragsbezogenen Sichtweise bezieht sich die Verpflichtung zur Bildung des Übertragungswerts auf den Versicherungsvertrag. Auf Grundlage dieser Sichtweise ist es vertretbar, ein Mischen zwischen Tarifen der „alten Welt" und solchen der „neuen Welt" nicht zuzulassen. Dies hat zur Folge, dass ein PKV-Altkunde sein Tarifwechselrecht in die „neue Welt" nicht auf einzelne Bausteine beschränkt ausüben kann. Er muss sich vielmehr entscheiden, ob er mit seinem gesamten Versicherungsschutz in der „alten Welt" bleiben oder insgesamt in die „neue Welt" wechseln und ab dem Zeitpunkt des Wechsels einen Übertragungswert für den kompletten Bausteintarif aufbauen will.

285 Für diese Lösung sprechen auch praktische Erwägungen: Die Einführung der Verpflichtung einen Übertragungswert vorzusehen verfolgt den Zweck, den Wechsel von VN zu einem anderen Anbieter zu erleichtern. Das Zulassen des Mischens von Bausteinen der „neuen Welt" mit solchen der „alten Welt" würde die Komplexität der Umsetzung des Wechselrechts deutlich erhöhen. Es bestünde die Gefahr, dass die Transparenz über die Höhe des aufgebauten Übertragungswerts beeinträchtigt wird.

9. Anrechnung von Wartezeiten im Rahmen des Wechsels des Versicherers

286 **a) Allgemeines.** Nach § 197 Abs. 2 VVG werden VN, die von der durch § 204 VVG geschaffenen Möglichkeit des Wechsels zu einem anderen Versicherer unter Mitnahme von Alterungsrückstellungen Gebrauch machen, Personen gleichgestellt, die aus der gesetzlichen Krankenversicherung in die private Krankenversicherung wechseln.[205]

287 Die Vorschrift enthält keine Einschränkung des Rechts der Versicherer, Wartezeiten zu vereinbaren. Infolge der Regelung des § 197 Abs. 2 VVG wird der neue Versicherer vielmehr dazu verpflichtet, Vorversicherungszeiten beim bisherigen Versicherer auf etwa vereinbarte Wartezeiten anzurechnen. In der Praxis dürfte die Vorschrift dazu führen, dass für die meisten VN im Zuge eines Versichererwechsels keine Wartezeiten gelten.[206]

288 **b) Reichweite.** Fraglich ist, ob sich die Regelung nur auf die Krankheitskostenvollversicherung oder auch auf den Bereich der Zusatzversicherung erstreckt. Für die Ausdehnung auf den Bereich der Zusatzversicherung spricht der undifferenzierte Wortlaut der Vorschrift, der allgemein

---

[204] Vgl. Rdn. 217 ff.
[205] Vgl. BT-Drucks. 16/3100 S. 206.
[206] Vgl. BT-Drucks. 16/3100 S. 206.

VIII. Informations- u. Beratungspflichten des VR

auf die Krankheitskostenversicherung abstellt. Gegen die Erstreckung der Reichweite auf die Zusatzversicherung spricht aber der oben geschilderte Normzweck der Gleichstellung von VN, die von einem PKV-Unternehmen zum anderen wechseln, mit Wechslern von der gesetzlichen Krankenversicherung zur privaten Krankenversicherung. Personen, die aus der gesetzlichen Krankenversicherung ausscheiden, verlieren regelmäßig den Vollversicherungsschutz in der gesetzlichen Krankenversicherung. Die vom Gesetz bezweckte Gleichstellung von Personen, die von der durch § 204 VVG geschaffenen Möglichkeit Gebrauch machen, zu einem anderen Versicherer unter Mitnahme der Alterungsrückstellungen zu wechseln, mit Personen, die aus der gesetzlichen Krankenversicherung ausscheiden und zur privaten Krankenversicherung wechseln, ist mit der Begrenzung der Regelung auf die substitutive Krankheitskostenvollversicherung erreicht. Die Ausdehnung der Reichweite auch auf den Bereich der nicht substitutiven Zusatzversicherung würde daher über das erklärte Ziel des Gesetzgebers hinausgehen. Es ist daher davon auszugehen, dass sich die Vorschrift nur auf die substitutive Krankheitskostenvollversicherung bezieht.

VIII. Informations- und Beratungspflichten des Versicherers im Zusammenhang mit dem Wechselhalbjahr 2009

1. Problembeschreibung

Es stellt sich die Frage, ob und ggf. in welchem Umfang der Versicherer **289** zur Information und Beratung des VN über die Auswirkungen der Gesundheitsreform auf das Versicherungsverhältnis verpflichtet ist. Die besonders für eine etwaige Beratungs- und Informationspflicht in Betracht zu ziehenden Sachverhalte haben sich allerdings zwischenzeitlich durch Zeitablauf erledigt. Insbesondere kam eine Beratungs- und Informationspflicht darüber in Betracht, dass:

– PKV-Altkunden in der Zeit vom 1.1. 2009 bis 30.6. 2009 ein zeitlich befristetes Wechselrecht in den Basistarif des bisherigen Versicherers hatten, auch wenn die gesetzlichen Voraussetzungen für diesen Anspruch gemäß § 204 Abs. 1 Satz 1 Nr. 1 Buchst. b VVG nicht vorliegen

und

– in der Zeit vom 1.1. 2009 bis 30.6. 2009 einmalig ein Wechsel in den Basistarif eines anderen Versicherers unter Mitgabe des Übertragungswerts gemäß § 204 Abs. 1 Satz 1 Nr. 2 Buchst. b VVG möglich war.

2. Anzuwendendes Recht

290 Bei der Beantwortung der aufgeworfenen Frage ist – je nach Zeitpunkt des Vertragsschlusses – entweder das alte VVG oder das VVG 2008 zugrunde zu legen. Hinsichtlich des Geltungsbereichs der neuen Informations- und Beratungspflichten des VVG 2008 ist wie folgt zu differenzieren:

291 Für Bestandskunden, die *ab* dem 1.1.2008 ihren Versicherungsvertrag abgeschlossen haben, gilt das nach Art. 12 Abs. 1 Sätze 2 und 3 des Gesetzes zur Reform des Versicherungsvertragsrechts vom 23.11.2007 (BGBl. I S. 2631, 2678) zum 1.1.2008 in Kraft getretene VVG mit den darin enthaltenen Informations- und Beratungspflichten uneingeschränkt.

292 Für Bestandsverträge mit Vertragsschluss *vor* dem 1.1.2008 findet nach Art. 1 Abs. 1 EGVVG grundsätzlich für eine einjährige Übergangszeit bis zum 31.12.2008 noch das „alte" VVG in der bis zum 31.12.2007 geltenden Fassung Anwendung.[207] Erst ab dem 1.1.2009 gilt das neue VVG und damit die darin enthaltenen Informations- und Beratungspflichten nach § 7 Abs. 3 VVG i.V.m. § 6 Abs. 2 Satz 7 VVG-InfoV und § 6 Abs. 1 und 4 VVG während des laufenden Vertragsverhältnisses auch für diese Verträge.

293 Etwa bestehende Beratungs- und Informationspflichten über das Wechselhalbjahr 2009 betreffen das laufende Vertragsverhältnis und fallen somit unter den Anwendungsbereich des Art. 1 Abs. 1 EGVVG.[208]

3. Informationspflichten des Versicherers nach dem VVG

294 **a) Informationspflicht hinsichtlich der Möglichkeit des Wechsels in den Basistarif des bisherigen Versicherers.** Der gesetzlichen Regelung des VVG und der VVG-InfoV lässt sich keine ausdrückliche Pflicht des Versicherers entnehmen, Bestandskunden über die in § 204 Abs. 1 Satz 1 Nr. 1 Buchst. b VVG geregelte einmalige Möglichkeit der Bestandskunden im ersten Halbjahr 2009 in den Basistarif zu wechseln, zu informieren. Die Informationspflichten des Versicherers gegenüber dem VN zur Wechselmöglichkeit in den Standardtarif bzw. ab dem 1.1.2009 in den Basistarif sind in § 7 Abs. 3 VVG i.V.m. § 6 Abs. 2 Satz 7 VVG-InfoV abschließend geregelt und auf bestimmte konkret aufgeführte Anlässe begrenzt. Eine Informationspflicht besteht danach:

---

[207] Vgl. zur Anwendbarkeit des alten Rechts auch *Schneider* VersR 2008, 859.
[208] Vgl. grundlegend zur Reichweite des Art. 1 Abs. 1 EGVVG *Schneider* VersR 2008, 859, 860.

VIII. Informations- u. Beratungspflichten des VR

– wenn eine Prämienerhöhung erfolgt

oder

– gegenüber VN, die das 60. Lebensjahr vollendet haben.

Der abschließende Charakter der aufgeführten Anlässe lässt sich daraus 295 ableiten, dass der Gesetzgeber den Basistarif in § 6 Abs. 2 Satz 7 VVG-InfoV ausdrucklich erwähnt, ohne eine Sonderregelung hinsichtlich einer Informationspflicht speziell zum ersten Wechselhalbjahr 2009 in den Basistarif des Versicherers zu treffen.

Eine Informationspflicht des Versicherers nach § 7 Abs. 3 i.V.m. § 6 296 Abs. 2 Satz 7 VVG-InfoV hinsichtlich der Möglichkeit des Wechsels in den Basistarif des bisherigen Versicherers bestand somit nicht.

b) Informationspflicht hinsichtlich der Möglichkeit der Mitnahme 297 **des Übertragungswerts beim Wechsel in den Basistarif eines anderen Versicherers.** Die Informationspflicht umfasst nach § 6 Abs. 1 Nr. 2 Alt. 1 VVG-InfoV die Verpflichtung des Versicherers, den VN über Änderungen der wesentlichen Merkmale der Versicherungsleistungen zu informieren. Zu klären ist daher, ob es sich bei dem Anspruch auf Mitgabe des Übertragungswerts nach § 204 Abs. 1 Satz 1 Nr. 2 Buchst. b VVG um eine „Versicherungsleistung" in diesem Sinne handelt. Der Begriff der „Versicherungsleistung" ist nirgendwo verbindlich definiert. Als wesentliche *Merkmale* der Versicherungsleistung werden in § 1 Abs. 1 Nr. 6 Buchst. b VVG-InfoV „insbesondere Angaben über Art, Umfang und Fälligkeit der Leistungen des Versicherers" genannt.

Ausweislich der Begründung zu § 1 Abs. 1 Nr. 6 VVG-InfoV ist diese 298 Aufzählung nicht abschließend. Der Begriff „wesentliche Merkmale ist vielmehr unter Berücksichtigung des konkret angebotenen Vertrages im Einzelfall auszufüllen. Durch das Abstellen auf den Oberbegriff der „wesentlichen Merkmale" sollte eine einheitliche Behandlung aller Versicherungsverträge erreicht werden.[209] Das legt den Schluss nahe, dass zur Bestimmung der „wesentlichen Merkmale der Versicherungsleistung" i.S.d. § 1 Abs. 1 Nr. 6 VVG-InfoV auf die diesbezüglichen Regelungen des VVG zurückgegriffen werden kann.

In § 192 Abs. 1 VVG werden als vertragstypische Leistungen des Kran- 299 kenversicherers die Erstattung von Aufwendungen für medizinisch notwendige Heilbehandlung wegen Krankheit und Unfallfolgen sowie sonstige vereinbarte Leistungen definiert.

---

[209] Vgl. die Begründung zur VVG-InfoV im Internet unter: www.bmj.bund.de/files/-/2968/Begr%C3%BCndung_VVG_InfoV.pdf, S. 4 f.

B. NeuReg. des VV- u. AufsichtsR i.R.d. GKV-WSG

300 Beim Übertragungswert nach § 204 Abs. 1 Satz 1 Nr. 2 Buchst. b VVG kommt allenfalls eine Subsumtion unter den Begriff der „sonstigen vereinbarten Leistung" in Betracht. Es kommt somit maßgeblich darauf an, ob der Anspruch auf Mitgabe eines Übertragungswerts eine Grundlage in der vertraglichen Vereinbarung zwischen Versicherer und VN findet. Hier ist zwischen den Altverträgen mit Abschluss vor dem 1.1. 2009 und Neuverträgen mit Abschluss nach dem 1.1. 2009 zu unterscheiden:

301 Der Anspruch auf Mitgabe des Übertragungswerts ist nicht Gegenstand der von der Regelung des § 204 Abs. 1 Satz 1 Nr. 2 Buchst. b VVG begünstigten Versicherungsverträge, die vor dem 1.1. 2009 abgeschlossen wurden. Er wird vielmehr als einmalige, zeitlich befristete Leistung unter den Tatbestandsvoraussetzungen des § 204 Abs. 1 Satz 1 Nr. 2 Buchst. b VVG vom Gesetz angeordnet. Daher ist davon auszugehen, dass der Übertragungswert jedenfalls für PKV-Altkunden keine vertragstypische Leistung der Krankheitskostenversicherung gemäß § 192 Abs. 1 VVG und damit auch kein wesentliches Merkmal der Versicherungsleistungen i.S.d. § 1 Abs. 1 Nr. 6 VVG-InfoV darstellt. Für diese Wertung spricht auch, dass der Gesetzgeber offenbar bewusst der Regelung zur Mitgabe des Übertragungswerts für PKV-Altkunden einen Ausnahmecharakter beigemessen hat, indem er für diesen Personenkreis die Mitnahmemöglichkeit des Übertragungswerts auf das erste Halbjahr 2009 begrenzt hat. Wie oben bereits ausgeführt wurde,[210] erfolgte die zeitliche Befristung zum Schutz der Altbestände vor zu erwartenden Risikoentmischungseffekten. Würde man dem Wechselrecht den Charakter einer vertragstypische Leistung i.S.d. § 1 Abs. 1 Nr. 6 VVG-InfoV beimessen und damit im Ergebnis zu eine entsprechende Informationspflicht des Versicherers gelangen, liefe dies dem erklärten Zweck der gesetzlichen Regelung zuwider. Infolge der dann zu erwartenden höheren Wechslerwahrscheinlichkeit wären nämlich verstärke Antiselektionen in den Alttarifen zwangsläufig die Folge. Gestützt wird diese Auffassung auch durch den Umstand, dass der Gesetzgeber zwar i.R.d. GKV-WSG § 204 Abs. 1 Satz 1 Nr. 2 Buchst. b VVG als Ausnahmetatbestand für PKV-Altverträge geschaffen, jedoch i.R.d. in unmittelbarem zeitlichen Zusammenhang erfolgten Formulierung der VVG-InfoV keine speziellen Regelungen zum Wechselhalbjahr 2009 aufgenommen hat.

302 Gegen eine Verpflichtung zur aktiven Information des VN spricht auch die Vorschrift des § 6 Abs. 2 Satz 8 VVG-InfoV. Danach hat der Versicherer lediglich *auf Anfrage* dem VN den Übertragungswert gemäß § 12 Abs. 1 Nr. 5 VAG anzugeben. Würde man eine aktive Informationspflicht des Versicherers annehmen, wäre es konsequent, in diese Verpflichtung auch die Mitteilung über die Höhe des Übertragungswerts einzubeziehen.

---

[210] Vgl. Rdn. 170.

VIII. Informations- u. Beratungspflichten des VR

Der Umstand, dass der Verordnungsgeber letztere Pflicht nur als Reaktion auf eine Nachfrage des VN vorgesehen hat, spricht für die Wertung, dass er auch im Übrigen davon ausgeht, dass keine Verpflichtung des Versicherers besteht, den VN auf die zeitlich befristete Möglichkeit der Mitnahme des Übertragungswerts beim Versichererwechsel hinzuweisen.

Es ist daher davon auszugehen, dass den Versicherer keine speziellen Informationspflichten i.R.v. vor dem 1.1.2009 abgeschlossenen Versicherungsverträgen über den Anspruch auf Mitgabe des Übertragungswerts bei Kündigung und Wechsel in den Basistarif eines anderen Versicherers im Wechselhalbjahr 2009 trafen. **303**

Bei *PKV-Neukunden,* die ihren Vertrag nach dem 1.1.2009 abschließen, findet der Übertragungswert dagegen in § 13 Abs. 7 der MB/BT bzw. § 13 Abs. 8 MB/KK ausdrücklich im Vertrag Erwähnung. Da den PKV-Neukunden ab dem 1.1.2009 der Anspruch auf Mitgabe des Übertragungswerts bereits von Beginn des Vertrags an als *vertragliche* Leistung zusteht, ergibt sich die entsprechende Informationspflicht nicht aus § 7 Abs. 3 VVG-InfoV sondern aus der allgemeinen Regelung des § 1 Abs. 1 Nr. 6 Buchst. b VVG-InfoV über die vor Vertragsschluss zu erteilenden Informationen. **304**

Infolgedessen ist davon auszugehen, dass keine Informationspflicht des Versicherers gemäß § 7 Abs. 3 VVG i.V.m. § 6 Abs. 1 Nr. 2 Alt. 1 VVG-InfoV bestand, die PKV-Altkunden auf die Wechselmöglichkeit in den Basistarif eines anderen Versicherers unter Mitgabe des Übertragungswerts hinzuweisen. Infolge der Einführung einer Mindestverweildauer von 18 Monaten im Basistarif des aufnehmenden Unternehmens nach § 13 Abs. 1a Satz 1 KalV und die damit einhergehende erhebliche Beschränkung der wirtschaftlichen Attraktivität eines Wechsels des Versicherers unter Mitnahme des Übertragungswerts nach § 204 Abs. 1 Satz 1 Nr. 2 Buchst. b VVG dürfte diese Rechtsfrage in der Praxis auch nur noch von geringer Relevanz sein. **305**

4. Nachfrage- und Beratungspflichten des Versicherers nach dem VVG

a) Allgemeines. Nach § 6 Abs. 4 VVG erstreckt sich die Beratungspflicht des Versicherers aus § 6 Abs. 1 VVG auch nach Vertragsschluss auf die Dauer des Versicherungsverhältnisses soweit für den Versicherer ein Anlass für eine Nachfrage und Beratung des VN erkennbar ist. In Abgrenzung zu den vom Versicherer geschuldeten Informationen nach § 7 Abs. 3 VVG-InfoV ist die Nachfrage- und Beratungspflicht auf den *Einzelfall und den konkreten Anlass* bezogen.[211] Bedeutsam ist, dass der Ge- **306**

---

[211] Vgl. *Marlow/Spuhl* S. 24; *Werber* VersR 2007, 1154.

setzgeber eine Nachfragepflicht und keine Nachforschungstätigkeit oder allgemeine Datenanalyse vorsieht.[212] Es soll vielmehr eine angabenorientierte Beratung des Versicherten sichergestellt werden.[213]

307 Eine Beratungspflicht des Versicherers nach § 6 Abs. 4 VVG scheidet gemäß § 6 Abs. 6 VVG dann aus, wenn der Vertrag mit dem VN von einem Makler vermittelt worden ist.

308 Die Gesetzesbegründung zu § 6 Abs. 4 VVG stellt fest, dass für den VN unter Umständen ein erhebliches Interesse daran bestehen kann, während der Vertragslaufzeit auf Umstände hingewiesen zu werden, die Anlass zu einer Vertragsänderung bzw. zum Abschluss eines neuen Versicherungsvertrages sein können.[214] Ob im Einzelfall ein solches Interesse zu bejahen ist, lässt sich nur anhand von objektiven und subjektiven Kriterien beurteilen.[215] In Anlehnung an die EU-Vermittlerrichtlinie[216] stellt der Gesetzgeber bei der Beurteilung auf die Komplexität des Vertrags sowie auf den Preis ab. Im Rahmen der Abwägung spielt auch die Zumutbarkeit einer Beratung für den Versicherer eine Rolle, die anhand des Verhältnisses des Beratungsaufwands und der zu zahlenden Prämie zu beurteilen ist.[217]

309 Die Komplexität beurteilt sich sowohl nach objektiven, wie nach subjektiven Kriterien.[218] Als objektiver Anlass für eine Beratung kommen tatsächliche oder rechtliche Veränderungen, wie z. b. eine Änderung der für bestimmte Versicherungsverträge geltenden rechtlichen Rahmenbedingungen in Betracht.[219] Bei den subjektiven Kriterien ist auf die Person des VN und auf seine Person abzustellen.[220]

310 **b) Nachfrage- und Beratungspflicht hinsichtlich der Möglichkeit des Wechsels in den Basistarif des bisherigen Versicherers.** Fraglich ist, ob die zeitlich befristete Möglichkeit, gemäß § 204 Abs. 1 Satz 1 Nr. 1 Buchst. b VVG in den Basistarif des eigenen Unternehmens zu wechseln, nach den vorstehend beschriebenen Grundsätzen einen solchen Anlass für eine Beratung darstellte.

311 Bei der Krankheitskostenversicherung handelt es sich um ein für den Laien nicht ganz einfach zu beurteilendes Produkt das auch im Verhältnis

---

[212] Vgl. *Franz* VersR 2008, 298, 299; *Reiff* VersR 2007, 717, 725; BT-Drucks. 16/1935 S. 24.
[213] Vgl. BT-Drucks. 16/1935 S. 24.
[214] Vgl. BT-Drucks. 16/3945 S. 58 f.
[215] Vgl. BT-Drucks. 16/3945 S. 130.
[216] Richtlinie 2002/92/EG Abl. Nr. L 9 S. 3.
[217] Vgl. BT-Drucks. 16/3945 S. 130.
[218] Vgl. BT-Drucks. 16/3945 S. 130.
[219] Vgl. BT-Drucks. 16/3945 S. 59.
[220] Vgl. *Franz* VersR 2008, 298.

VIII. Informations- u. Beratungspflichten des VR

zu sonstigen Privatversicherungsverträgen verhältnismäßig teuer ist. Die geänderten rechtlichen Rahmenbedingungen der privaten Krankenversicherung und speziell die Möglichkeit, nach § 204 Abs. 1 Satz 1 Nr. 1 Buchst. b VVG in den Basistarif des eigenen Versicherers zu wechseln, stellen einen objektiven Anlass für eine Beratung dar. Die gesetzlichen Neuerungen des VVG i.R.d. GKV-WSG sind sehr umfassend und die neuen rechtlichen Rahmenbedingungen für den Laien nur schwer zu verstehen.

Allerdings dürfte ein Wechsel in den unternehmenseigenen Basistarif nur für eine verhältnismäßig kleine Teilmenge der Bestandsversicherten überhaupt interessant sein: Die Leistungen des Basistarifs liegen größtenteils erheblich unter dem Leistungsniveau herkömmlicher Krankheitskostenvollversicherungstarife. Zudem weist der Basistarif infolge des Annahmezwangs des Versicherers nach § 193 Abs. 5 VVG eine erheblich schlechtere Risikostruktur und infolgedessen ein im Vergleich zu Normaltarifen unattraktives Prämien- Leistungsverhältnis auf. 312

Nach diesen Grundsätzen spricht viel für die Annahme einer *Nachfragepflicht* des Versicherers gegenüber den Bestandskunden, ob im Einzelfall ein Beratungsbedarf hinsichtlich der Wechselmöglichkeit nach § 204 Abs. 1 Satz 1 Nr. 1 Buchst. b VVG besteht. 313

Eine *Beratungspflicht* im Hinblick auf die Rechte aus § 204 Abs. 1 Satz 1 Nr. 1 Buchst. b VVG kann somit nur im Einzelfall entstehen, z.B. wenn ein VN infolge seiner individuellen Situation durch einen Wechsel in den Basistarif ausnahmsweise besser stellen würde oder sich beim Versicherer aktiv nach Möglichkeiten zur Beitragsreduzierung erkundigt, allgemeine Informationen zu nach Tarifwechselmöglichkeiten erfragt oder einen Tarifwechsel beantragt. 314

In der Praxis dürfte es genügen, wenn der Versicherer, z.B. im Zuge der Versendung der durch das GKV-WSG erforderlichen Änderungen der AVB, auf die zeitlich befristete Wechselmöglichkeit in den Basistarif des eigenen Unternehmens hingewiesen und eine entsprechende Beratung allgemein angeboten hat. 315

c) Nachfrage- und Beratungspflicht hinsichtlich der Möglichkeit der Mitnahme des Übertragungswerts beim Wechsel in den Basistarif eines anderen Versicherers. Es stellt sich die Frage, ob sich hinsichtlich der in § 204 Abs. 1 Satz 1 Nr. 2 Buchst. b VVG enthaltenen zeitlich befristeten Möglichkeit der Mitnahme des Übertragungswerts in den Basistarif eines anderen Versicherers eine abweichende Beurteilung der Frage einer Nachfrage- und Beratungspflicht des Versicherers ergeben hat. 316

Auch hier gilt, dass nicht davon ausgegangen werden kann, dass die allgemeine Möglichkeit der Mitnahme eines Übertragungswerts bei Kündigung des bestehenden Vertrags und gleichzeitigem Neuabschluss eines 317

Vertrags im Basistarif bei einem anderen Versicherer für alle VN gleichermaßen von Interesse war. Maßgebliche Kriterien, die bei der Entscheidung des Wechsels des Versicherers eine Rolle spielen sind insbesondere der individuelle Gesundheitszustand (nur Gesunde erhalten bei einem neuen Versicherer ein Angebot zu attraktiven Konditionen), die Höhe der aktuell zu bezahlenden Prämie, die Dauer der Versicherung beim bisherigen Versicherer sowie das konkrete Leistungsspektrum des aktuellen Tarifs im Vergleich zu einem möglichen Zieltarif eines anderen Unternehmens. Auch in diesem Zusammenhang ist zu berücksichtigen, dass durch die nachträgliche Einführung der Mindestverweildauer von 18 Monaten im Basistarif in § 13 Abs. 1a Satz 1 KalV ein Versichererwechsel für die überwiegende Mehrzahl der Versicherten wirtschaftlich unattraktiv wurde.

318 In Betracht kommt also grundsätzlich auch im Zusammenhang mit dieser Frage zunächst einmal nur eine allgemeine Nachfragepflicht. Bei der Beantwortung der Frage, ob eine solche Nachfragepflicht im Zusammenhang mit dem Recht aus § 204 Abs. 1 Satz 1 Nr. 2 Buchst. b VVG bestand, sind aber auch die schützenswerten Interessen des Versicherers zu berücksichtigen. Der Versicherer kann nicht zu einer Nachfrage und Beratung über Umstände verpflichtet werden, die als Konsequenz den Kern seiner Wettbewerbsfähigkeit und damit seine Existenz gefährden. Kein Versicherer kann dazu verpflichtet werden, seine Kunden zu fragen, ob sie nicht von dem Recht, unter Mitnahme des Übertragungswerts zu einem Konkurrenten zu wechseln, Gebrauch machen wollen. Dies hätte im Übrigen auch fatale Auswirkungen für die im Bestand verbleibenden VN, die entweder nicht wechseln wollen oder infolge ihres Gesundheitszustandes bei einem anderen Versicherer keinen Versicherungsschutz erlangen können. Diesem Kollektiv hätte die „Vergreisung" gedroht, d.h. die Prämien wären weit überproportional gestiegen, und es hätte die die Gefahr bestanden, dass sie für den durchschnittlichen VN unbezahlbar geworden wären. Nicht nur der Schutz der wirtschaftlichen Überlebensfähigkeit des Versicherers, sondern auch der Schutz der im Bestand verbleibenden VN geboten vielmehr, dass der Versicherer eine allgemeine Nachfrage hinsichtlich eines Beratungsbedarfs im Hinblick auf das Recht aus § 204 Abs. 1 Satz 1 Nr. 2 Buchst. b VVG unterließ.

319 Eine individuelle Nachfrage- und Beratungspflicht kann allerdings dann angenommen werden, wenn dies für den Versicherer im Einzelfall erkennbar ist. Das konnte im Zusammenhang mit dem Recht aus § 204 Abs. 1 Satz 1 Nr. 2 Buchst. b VVG beispielsweise dann angenommen werden, wenn der VN einen bereits seit mehreren Jahren bestehenden Vertrag, in dem nennenswerte Alterungsrückstellungen aufgebaut waren, offensichtlich in Unkenntnis der Möglichkeit, bei Kündigung im ersten Halbjahr 2009 den Übertragungswert mitzunehmen, kurz vor dem Wechselhalbjahr gekündigt hatte oder wenn der VN sich beim Versicherer konkret nach den

VIII. Informations- u. Beratungspflichten des VR

rechtlichen Rahmenbedingungen des Wechselhalbjahrs 2009 erkundigt hat. Ein Anlass für eine Nachfrage und ggf. Beratung durch den Versicherers kann auch dann angenommen werden, wenn sich der VN beim Versicherer nach dem Übertragungswert gemäß § 12 Abs. 1 Nr. 5 VAG erkundigt hat.

5. Informations- und Beratungspflichten nach dem alten VVG

Wie oben bereits ausgeführt wurde,[221] besteht bei Bestandskunden mit Vertragsschluss bis zum 31.12.2007 die Besonderheit, dass für eine Übergangszeit bis zum 31.12.2008 noch das alte VVG Anwendung findet. Es stellt sich die Frage, ob sich für diese Personengruppe in der Übergangszeit eine andere Rechtslage betreffend die Informations- und Beratungspflichten des Versicherers ergibt. **320**

Nach altem Recht ergaben sich die Informationspflichten des Versicherers nicht aus dem VVG, sondern beruhten auf einer aufsichtsrechtlichen Pflicht des Versicherers gemäß § 10a VAG a.F.[222] Inhaltlich wurden die dem VN während der Vertragslaufzeit nach dieser Vorschrift zu erteilenden Informationen in die VVG-InfoV übernommen, so dass im Ergebnis die obigen Ausführungen zu den Informationspflichten nach dem VVG 2008 auch nach altem Recht gelten. **321**

Das alte VVG enthielt dagegen keine Kodifizierung von Nachfrage- und Beratungspflichten des Versicherers während der Dauer des Vertrags. Grundlage für die Annahme einer diesbezüglichen Pflicht bildeten vielmehr die allgemeinen zivilrechtlichen Regelungen der positiven Vertragsverletzung sowie die diesbezügliche Rspr. Der Gesetzgeber hat sich im Zuge der Kodifizierung der Beratungspflicht an der bisherigen Rspr. orientiert.[223] Eine grundlegende Änderung der Voraussetzungen und der Anforderungen an die Beratungspflichten des Versicherers während des laufenden Vertrags ist mit der Aufnahme in das neue VVG nicht verbunden.[224] Die von der Rspr. entwickelten Kriterien, die Anlass für eine Beratungspflicht des Versicherers bilden können, umfassen den Beratungswunsch, falsche Vorstellungen des VN über das Versicherungsprodukt oder den Versicherungsbedarf, die Komplexität des Produkts oder spezielle Bedürfnisse bzw. Begebenheiten aus der Sphäre des VN.[225] **322**

---

[221] Vgl. Rdn. 292.
[222] Vgl. *Franz* VersR 2008, 298, 300.
[223] Vgl. BT-Drucks. 16/1935 S. 24; *Franz* VersR 2008, 298.
[224] Vgl. *Römer* VersR 2006, 740, 742.
[225] Vgl. BGH VersR 1951, 166; 1956, 789, 791; 1963, 768, 769; OLG Köln VersR 1994, 342, 343; OLG Hamm r+s 2001, 303, 304; OLG Frankfurt/M. VersR 2002, 1011.

B. *NeuReg. des VV- u. AufsichtsR i.R.d. GKV-WSG*

323 Im Ergebnis bestehen somit für die Beurteilung der Beratungspflicht des Versicherers gegenüber Bestandskunden mit Vertragsschluss bis zum 31.12.2007 während der Übergangszeit bis zum 31.12.2008 keine Unterschiede.

IX. Verfassungsrechtliche Aspekte der versicherungsvertrags- und aufsichtsrechtlichen Neuregelungen des VVG und VAG[222]

324 Gegen die versicherungsvertrags- und aufsichtsrechtlichen Neuregelungen des VVG und VAG sind von Seiten der privaten Krankenversicherungen und auch in der Literatur erhebliche verfassungsrechtliche Bedenken vorgebracht worden.[227]

325 Die Angriffspunkte der PKV-Unternehmen richteten sich insbesondere gegen die mit der Pflicht zur Einführung des Basistarifs nach § 12 Abs. 1a VAG verbundene Verletzung der grundrechtlich in Art. 12 Abs. 1 GG geschützten Wettbewerbs- und Kalkulationsfreiheit der Unternehmen sowie der Eigentumsfreiheit in Art. 14 Abs. 1 Satz 1 GG der Versicherer.[228] Begründet wurde der Vorwurf der Grundrechtsverletzung damit, dass die Verpflichtung zur Einführung eines Basistarifs mit Kontrahierungszwang und ohne die Möglichkeit der Erhebung individueller Risikozuschläge die Äquivalenz von Leistung und Gegenleistung entkoppelt und der Prämienkalkulation der bestehenden PKV-Tarife zuwider läuft. Infolgedessen werden die Berechnungsgrundlagen der Unternehmen im Nachhinein grundlegend verändert.[229] Im Übrigen wurde geltend gemacht, dass die Regelungen das aus Art. 20 Abs. 3 GG hergeleitete Rückwirkungsverbot zum Schutz des Vertrauens des Versicherers auf die Stabilität der Äquivalenz bei den einzelnen Versicherungsverträgen sowie auf die Globaläquivalenz seiner Einnahmen und Ausgaben verletze.[230]

---

[226] Zu den verfassungsrechtlichen Aspekten der Regelung über die Einführung von Wahltarifen in § 53 SGB V vgl. Teil C Rdn. 59 ff.

[227] Vgl. dazu z.B. *Boetius* S. 14 ff.; *ders.* VersR 2007, 431, 433 f.; *Sodan* S. 110 ff.; MünchKommVVG/*Kalis* § 193 Rdn. 39 ff.; *Marlow/Spuhl* VersR 2009, 593, 605 f.

[228] Vgl. zu den verfassungsrechtlichen Fragen auch *Wallrabenstein/Boucarde* MedR 2008, 415 ff.; MünchKommVVG/*Kalis* § 193 Rdn. 39 ff.; *Marlow/Spuhl* VersR 2009, 593, 605 f.

[229] Vgl. *Sodan* S. 80 ff.; *Boetius* S. 14; *ders.* VersR 2007, 431, 433.

[230] Vgl. *Sodan* S. 89; MünchKommVVG/*Kalis* § 193 Rdn. 39

IX. Verfassungsrechtliche Aspekte

Gerügt wurde ferner eine Ungleichbehandlung von Kindern gesetzlich Versicherter und solchen privat Versicherter infolge der auf die gesetzliche Krankenversicherung beschränkten Steuerfinanzierung der beitragsfreien Mitversicherung von Kindern nach § 221 Abs. 1 Satz 1 SGB V.[231] Dies stelle eine Verletzung des grundrechtlich in Art. 3 Abs. 1 GG verankerten allgemeinen Gleichheitssatzes dar.[232] Weder im Basistarif, noch in Normaltarifen versicherte Kinder kommen in den Genuss einer entsprechenden Steuerfinanzierung ihrer Beiträge. **326**

Insgesamt 30 PKV-Unternehmen hatten in beeindruckender Geschlossenheit Verfassungsbeschwerde gegen das GKV-WSG beim Bundesverfassungsgericht eingelegt. Die Verfassungsbeschwerden wurden allerdings in allen Angriffspunkten zurückgewiesen.[233] Das Bundesverfassungsgericht hat allerdings festgestellt, dass es grundsätzlich möglich ist, dass die Rechtsänderungen durch das GKV-WSG in ihrer Gesamtheit, insbesondere aber die Vorschriften über den Basistarif, die Portabilität der Alterungsrückstellungen und die erweiterte Versicherungspflicht in der gesetzlichen Krankenversicherung zu Prämiensteigerungen für Versicherte in den Normaltarifen und damit zu erheblichen Wechselbewegungen in den Basistarif führen können. Infolge der damit einhergehenden weiteren Preissteigerungen der Normaltarife könnte es letztendlich zu einer Auszehrung des eigentlichen Hauptgeschäfts der privaten Krankenversicherung kommen, so dass die gesetzlichen Regelungen einer erneuten Prüfung bedürfen. Infolgedessen hat das Bundesverfassungsgericht dem Gesetzgeber eine Beobachtungs- und ggf. auch Nachbesserungspflicht auferlegt.[234] **327**

---

[231] Vgl. *Sodan* S. 97 ff.; *Werhahn* NZS 2008, 304, 305.
[232] Vgl. *Sodan* S. 105.
[233] Vgl. BVerfG VersR 2009, 957; 2009, 1057.
[234] Vgl. BVerfG VersR 2009, 957, 968.

C. Die wesentlichen PKV-relevanten Änderungen des Sozialrechts im Rahmen des GKV-WSG und deren Auswirkungen auf den Wettbewerb zwischen der privaten und der gesetzlichen Krankenversicherung

I. Die Aufnahmepflicht Nichtversicherter im modifizierten Standardtarif

1. Allgemeines

Der Gesetzgeber wollte mit dem GKV-WSG kurzfristig sicherstellen, dass künftig alle Einwohner in Deutschland über eine Absicherung im Krankheitsfalle verfügen.[1] Um dieses Ziel bereits vor Inkrafttreten der neuen Regelungen zum Basistarif zu erreichen, schuf der Gesetzgeber für Personen ohne Versicherungsschutz für den Zeitraum vom 1.7. 2007 bis 31.12. 2008 eine Zugangsmöglichkeit zum Standardtarif. Zum 1.1. 2009 wurden die Verträge nach § 315 Abs. 4 SGB V in den Basistarif überführt. Eine entsprechende Regelung zur Aufnahme von Nichtversicherten in die gesetzliche Krankenversicherung ist in § 5 Abs. 1 Nr. 13 SGB V auch für Personen vorgesehen, die der gesetzlichen Krankenversicherung zuzuordnen sind.[2]

In der Praxis wurde der Standardtarif daher – zeitlich befristet bis zum 31.12. 2008 – neben der bislang schon bestehenden Variante „ST" gemäß § 257 Abs. 2a SGB V in einer zweiten Variante „mST" gemäß § 315 SGB V angeboten. Bei Verträgen im mST wurden in der Praxis regelmäßig neben den AVB für den Standardtarif i.S.d. § 257 Abs. 2a SGB V, weitere Versicherungsbedingungen in Form einer „Zusatzvereinbarung für Versicherungsverträge des modifizierten Standardtarifs gemäß § 315 SGB V" vertraglich einbezogen.[3] Der „mST" wurde nach Nr. 1.1. Zusatz-

1

2

---

[1] Vgl. BT-Drucks. 16/4247 S. 58
[2] Vgl. *Marlow/Spuhl/Marko* S. 305. Zur Zuordnung zur PKV vgl. Teil B Rdn. 7 ff. sowie BT-Drucks. 16/4247 S. 67.
[3] Die **Allgemeinen Versicherungsbedingungen für den Standardtarif im Sinne des § 257 Abs. 2a SGB V sowie § 315 SGB V** in der bis zum 31.12. 2008 geltenden Fassung sind in **Anh. III** abgedruckt.

C. PKV-relevante Änd. des SozialR i.R.d. GKV-WSG

vereinbarung „mST" in zwei Tarifstufen – d.h. auch in einer Tarifstufe für Beihilfeversicherte – angeboten.

2. Zugangsberechtigter Personenkreis

3 Der zugangsberechtigte Personenkreis konnte nach § 315 Abs. 1 Satz 1 SGB V zunächst Aufnahme in den brancheneinheitlichen „mST" eines privaten Krankenversicherungsunternehmens verlangen, sofern der Antragsteller aufgrund seiner beruflichen Tätigkeit oder aufgrund einer Vorversicherung bei einem privaten Krankenversicherungsunternehmen der privaten Krankenversicherung zuzuordnen ist[4]. Nach § 315 Abs. 4 SGB V wurden die auf diese Weise im „mST" geschlossenen Versicherungsverträge zum 1.1. 2009 auf Verträge im Basistarif nach § 12 Abs. 1a VAG umgestellt.[5] Eine entsprechende vertragliche Regelung findet sich in Nr. 7 der Zusatzvereinbarung zum mST.

4 Das zeitlich bis zum 31.12. 2008 befristete Zugangsrecht zum „mST" hatten nach § 315 Abs. 1 Personen i.V.m. Nr. 1.2 der Zusatzvereinbarung zum „mST", die weder

– in der gesetzlichen Krankenversicherung versichert oder versicherungspflichtig waren (§ 315 Abs. 1 Nr. 1 SGB V), noch
– über eine private Krankheitsvollversicherung verfügen (§ 315 Abs. 1 Nr. 2 SGB V), noch
– einen Anspruch auf freie Heilfürsorge hatten, beihilfeberechtigt waren oder vergleichbare Ansprüche hatten (§ 315 Abs. 1 Nr. 3 SGB V), noch
– Anspruch auf Leistungen nach dem Asylbewerberleistungsgesetz haben (§ 315 Abs. 1 Nr. 4 SGB V), noch
– Leistungen nach dem Dritten, Vierten, Sechsten und Siebten Kapitel des SGB XII bezogen (§ 315 Abs. 1 Nr. 5 SGB V).

5 Nach Nr. 1.2 Halbs. 2 der Zusatzvereinbarung zum „mST" gilt in den Fällen des § 315 Abs. 1 Nr. 4 und 5 bei Zeiten einer Unterbrechung des Leistungsbezugs von weniger als einem Monat der Leistungsbezug als fortbestehend.

6 Nach Nr. 1.3 der Zusatzvereinbarung zum „mST" waren abweichend von Nr. 1 Abs. 3 TB/ST beihilfeberechtigte Personen allgemein im „mST" aufnahmefähig, sofern sie ihren Wohnsitz oder gewöhnlichen Aufenthalt in der Bundesrepublik Deutschland hatten und bisher nicht über eine an-

---

[4] Vgl. zum Zugangsrecht auch *Becker/Kingreen/Rixen* § 315 Rdn. 2 f.
[5] Zum Hintergrund dieser Regelung vgl. die Ausführungen zur Ablösung des Standardtarifs durch den Basistarif in Rdn. 13 ff.

I. Aufnahmepflicht Nichtversicherter

derweitige, auf Ergänzung der Beihilfe beschränkte private Krankenversicherung verfügten und auch nicht freiwillig in der gesetzlichen Krankenversicherung versichert waren.

3. Die inhaltliche Ausgestaltung des modifizierten Standardtarifs

a) Vertragsschluss. § 315 Abs. 1 Satz 2 SGB V ordnet, ähnlich wie 7 beim Basitarif in § 193 Abs. 5 VVG einen Kontrahierungszwang für den Versicherer an. Ferner verbietet das Gesetz in § 315 Abs. 1 Satz 3 Halbs. 2 die Erhebung von Risikozuschlägen. Allerdings erfolgt bei Eintritt in den „mST" eine Risikoprüfung für den Fall eines späteren Tarifwechsels. In Nr. 2.2 der Zusatzvereinbarung zum „mST" wird § 1 Abs. 5 Satz 4 MB/ST ergänzt. Danach wird für den Fall, dass der VN die Umwandlung seiner Versicherung in einen gleichartigen Versicherungsschutz verlangt, der bei Eintritt in den Standardtarif festgelegte und dokumentierte Risikozuschlag zugrunde gelegt. Zur Frage, ob der Versicherer im Zuge der Risikoprüfung bei Vertragsschluss auch die Nichtversicherbarkeit in Tarifen mit gleichartigem Versicherungsschutz feststellen kann, gelten die vorstehenden Ausführungen zum Basistarif entsprechend.[6]

b) Regelungen zur Beitragszahlung. Die inhaltliche Ausgestaltung 8 des „mST" gleicht in vieler Hinsicht der des Basistarifs. Nach § 315 Abs. 2 SGB V darf der durchschnittliche Höchstbeitrag von nach § 315 Abs. 1 SGB V im „mST" Versicherten den durchschnittlichen Höchstbeitrag der gesetzlichen Krankenversicherung gemäß § 257 Abs. 2a Satz 1 Nr. 2 SGB V nicht überschreiten. Die dort für Ehegatten oder Lebenspartner vorgesehene besondere Beitragsbegrenzung gilt allerdings für nach § 315 Abs. 1 SGB V versicherte Personen nicht, § 315 Abs. 2 Satz 1 Halbs. 2 SGB V. Das Gesetz verweist in § 315 Abs. 2 Satz 2 ferner auf die Vorschriften des § 12 Abs. 1c Sätze 4 bis 6 VAG in der ab 1.1. 2009 geltenden Fassung. Es gelten folglich dieselben Sonderregelungen zur Beitragshöhe bei Hilfebedürftigkeit wie beim Basistarif.[7]

c) Leistungsanspruch. Der Leistungsanspruch im „mST" entspricht 9 der Höhe nach dem Leistungsanspruch des Standardtarifs. Abweichend vom *Basistarif* sehen die TB/ST in § 2 Abs. 1 Satz 2 einen Leistungsausschluss für Vorerkrankungen vor. Ferner enthält § 3 TB/ST eine allgemeine Wartezeit von drei Monaten. Insbesondere chronisch Kranke haben

---

[6] Vgl. Teil B Rdn. 173 ff.
[7] Vgl. Teil B Rdn. 75.

C. PKV-relevante Änd. des SozialR i.R.d. GKV-WSG

nach den Vertragsbedingungen i.r.d. „mST" keinen Anspruch auf Versicherungsleistungen für ihre Vorerkrankungen. In der Praxis ist diese Regelung deshalb besonders bedeutsam, weil sich in der ersten Wochen des Inkrafttretens der Aufnahmeverpflichtung in den „mST" gezeigt hat, dass fast ausschließlich Personen, die sich bereits in stationärer Behandlung befunden haben, Aufnahme im „mST" beantragt haben.[8]

10 Die TB/ST laufen insoweit einerseits der gesetzgeberischen Intention entgegen, allen Nichtversicherten kurzfristig zu einem Krankenversicherungsschutz i.r. eines Krankheitskostenvollversicherungsvertrags zu verhelfen. Andererseits sollte nach dem Willen des Gesetzgebers aber i.r.d. GKV-WSG auch verhindert werden, dass sich jemand erst dann versichert, wenn er bereits erkrankt ist.[9] Dies soll durch die Regelungen in § 2 Abs. 1 Satz 2 und § 3 TB/ST gerade verhindert werden. Insoweit fördern sie folglich auch die Umsetzung der gesetzgeberischen Intention in einem Teilaspekt.

11 Die Umsetzung der beiden vorstehend genannten gesetzgeberischen Ziele ist folglich nur lückenhaft i.r.d. GKV-WSG erfolgt. Der Gesetzgeber hat zwar ausdrücklich die Aufnahme der Nichtversicherten in den Standardtarif im Gesetz vorgesehen. Er hat es aber versäumt, eine von den TB/ST abweichende Regelung hinsichtlich der Behandlung von Vorerkrankungen bzw. der Wartezeiten in das Gesetz aufzunehmen und die allgemeine Pflicht zur Versicherung in der privaten Krankenversicherung erst zum 1.1.2009 mit Inkrafttreten der Regelungen über den Basistarif eingeführt. Den PKV-Unternehmen wäre ein isolierter Verzicht auf den Ausschluss von Vorerkrankungen sowie auf Wartezeiten ohne Vorverlegung der allgemeinen Pflicht zur Versicherung nicht zumutbar. Für gesunde Nichtversicherte bestünde dann nämlich keinerlei Veranlassung, sich im „mST" zu versichern. Dies hätte möglicherweise eine gravierende negative Risikoselektion im „mST" zur Folge.

12 Die überwiegende Mehrzahl der PKV-Unternehmen hat auf diese unbefriedigende Rechtslage reagiert indem sie einerseits an der Wartezeit festhält, sich aber andererseits freiwillig dazu bereit erklärt hat, auf den Ausschluss von Vorerkrankungen zu verzichten.[10]

---

[8] Vgl. PKV Publik 7/2007, 81.
[9] Vgl. BT-Drucks. 16/4247 S. 66.
[10] Vgl. PKV Publik 7/2007, 81.

II. Schließung des Standardtarifs

II. Die Schließung des Standardtarifs im Zuge der Einführung des Basistarifs

Nach dem Willen des Gesetzgebers soll der Standardtarif gemäß § 257 Abs. 2a SGB V bis zum 31.12. 2008 geöffnet bleiben und dann im Zuge des Inkrafttretens des neuen Basistarifs der PKV zum 1.1. 2009 geschlossen werden.[11] Da die Versicherungskonditionen des bisherigen Standardtarifs und des neuen Basistarifs nicht identisch sind, können Bestandsversicherte im Standardtarif wahlweise entweder im Standardtarif verbleiben oder nach § 314 Abs. 1 SGB V einen Antrag auf Umstellung in den Basistarif stellen.[12] Das Gesetz sieht i.r. eines Antrags nach § 314 Abs. 1 SGB V keine der Vorschrift des § 204 Abs. 1 Satz 1 Nr. 2 Buchst. b VVG entsprechende Frist vor. Es ist daher davon auszugehen, dass der Antrag nach § 314 Abs. 1 SGB V auch noch nach Ablauf des Wechselhalbjahrs 2009 gestellt werden kann.

13

Es stellt sich die Frage, ob PKV-Altkunden, die in Normaltarifen versichert sind unabhängig vom Wechselrecht in den Basistarif nach § 204 Abs. 1 Satz 1 Nr. 1 Buchst. b VVG auch noch unter den Voraussetzungen des § 257 Abs. 2a SGB V in der bis zum 31.12. 2008 geltenden Fassung die Möglichkeit des Wechsels in den Standardtarif offensteht. In der Praxis wird diese Frage für PKV-Altkunden deshalb von großer Relevanz sein, weil der Standardtarif im Vergleich zum Basistarif ein deutlich besseres Preis-Leistungsverhältnis aufweist. Der allgemeine Kontrahierungszwang ohne Möglichkeit Leistungsausschlüsse oder Risikozuschläge zu vereinbaren wirkt sich nämlich beim Basistarif Prämien erhöhend aus.

14

Der Wortlaut des § 257a SGB V in der Fassung ab 1.4. 2007 lässt die Auslegung zu, dass PKV-Altkunden nach wie vor das Recht haben, in den Standardtarif zu wechseln. Nach § 257 Abs. 2a Satz 2 i.V.m. § 257 Abs. 2a Satz 1 Nr. 3 SGB V (jeweils in der Fassung ab 1.1. 2009) müssen sich die PKV-Unternehmen zur Erlangung einer Bescheinigung nach § 257 Abs. 2a Satz 2 SGB V verpflichten, die in § 257 Abs. 2a SGB V in der Fassung bis zum 31.12. 2008 geltenden Pflichten in Bezug auf den Standardtarif einzuhalten. Das impliziert zum einen, dass der Versicherer den PKV-Altkunden, die bereits im Standardtarif versichert sind, diesen weiterhin anbieten muss und kein automatischer Tarifwechsel in den Basistarif erfolgt. Zum anderen lässt sich aber daraus ableiten, dass PKV-Altkunden, die nach § 19 MB/KK, der auf § 257 Abs. 2a SGB V in der Fassung bis zum 31.12. 2008 verweist, ein Wechselrecht in den Standardtarif haben, auch nach dem 31.12. 2008 auch noch weiterhin unter den Voraus-

15

---

[11] Vgl. BT-Drucks. 16/4247 S. 58.
[12] Vgl. BT-Drucks. 16/4247 S. 58.

C. PKV-relevante Änd. des SozialR i.R.d. GKV-WSG

setzungen des § 257 Abs. 2a SGB V in der Fassung bis 31.12.2008 in den Standardtarif wechseln können.

16 Folgerichtig wurde in § 19 MB/KK 2009 PKV-Altkunden ausdrücklich ein dauerhaftes Wechselrecht in den Standardtarif eingeräumt.

III. Die Zulassung des Angebots von Wahltarifen im Bereich der gesetzlichen Krankenkassen

1. Allgemeines

17 Eine im Hinblick auf die veränderten Rahmenbedingungen des Wettbewerbs zwischen gesetzlicher Krankenversicherung und privater Krankenversicherung zentrale Vorschrift des GKV-WSG stellt § 53 SGB V in der seit 1.4.2007 geltenden Fassung dar. Diese Vorschrift ermöglicht es gesetzlichen Krankenkassen künftig im bedeutsamen Geschäftsfeld der Zusatzversicherungen in unmittelbare Konkurrenz zur privaten Krankenversicherung zu treten. Das Gesetz unterscheidet dabei zwischen obligatorischen und fakultativen Zusatzversicherungen.[13]

2. Die Wahltarife im Einzelnen

18 Das Gesetz unterscheidet in § 53 Abs. 1 bis 7 insgesamt sieben Arten von Wahltarifen, die im Folgenden dargestellt werden sollen:

19 a) **Wahltarife mit Selbstbehalt.** In § 53 Abs. 1 SGB V sind die fakultativen Tarife mit Selbstbehalt geregelt. Danach kann die Krankenkasse in ihrer Satzung vorsehen, dass Mitglieder jeweils für ein Kalenderjahr einen Teil der von der Krankenkasse zu tragenden Kosten übernehmen können. Die Krankenkasse hat für diese Mitglieder Prämienzahlung vorzusehen. Damit wird die bisherige Regelung zu Selbstbehalttarifen auch für Pflichtversicherte geöffnet und von der Kostenerstattung entkoppelt. Dies wird mit den bisherigen Erfahrungen mit bislang freiwillig Versicherten vorbehaltenen Möglichkeit begründet, die gezeigt habe, dass auch im Sachleistungssystem Selbstbehalttarife realisierbar sind.[14]

---

[13] Vgl. *Huber/Storr* Rdn. 2 ff.; *Sodan* NJW 2007, 1313, 1315; *Klaue/Schwintowski* S. 63 ff.; *Thüsing* NZS 2008, 449; *Becker/Kingreen/Lang* § 53 Rdn. 1.
[14] Vgl. BT-Drucks. 16/3100 S. 108.

III. Zulassung von Wahltarifen in der GKV

Nach § 53 Abs. 8 SGB V darf die Prämienzahlung bis zu 20% der vom Versicherten im Kalenderjahr getragenen Beiträge betragen, maximal jedoch 600 EUR. Erhebt die Krankenkasse Zusatzbeiträge nach § 242 SGB V kann die Prämienzahlung bis zu 30% der vom Versicherten im Kalenderjahr getragenen Beiträge betragen, jedoch nicht mehr als 900 EUR, § 53 Abs. 8 Satz 4 SGB V. **20**

b) Wahltarife mit Prämien für den Fall der Nichtinanspruchnahme der Krankenkasse. § 53 Abs. 2 SGB V regelt gleichfalls fakultative Tarife, die für den Fall der Nichtinanspruchnahme von Leistungen der Krankenkasse eine Prämienzahlung vorsehen. Die Krankenkasse kann nach § 53 Abs. 2 Satz 1 SGB V in ihrer Satzung für Mitglieder, die im Kalenderjahr länger als drei Monate versichert waren, eine Prämienzahlung vorsehen, wenn sie und ihre nach § 10 SGB V mitversicherten Angehörigen keine Leistungen zu Lasten der Krankenkasse in Anspruch genommen haben. Die Prämienzahlung darf nach § 53 Abs. 2 Satz 2 SGB V ein Zwölftel der jeweils im Kalenderjahr zu zahlenden Beiträge nicht überschreiten. Sie wird innerhalb eines Jahres nach Ablauf des Kalenderjahres an das Mitglied gezahlt. Aus „Sicherheitsgründen" bleiben dabei bestimmte Leistungen unberücksichtigt, d.h. Prämienrückzahlung erfolgt auch dann, wenn außer den in § 53 Abs. 2 Satz 3 SGB V in Bezug genommenen Leistungen keine anderen in Anspruch genommen worden sind. Die Ausnahmen umfassen Vorsorgeleistungen für Mütter und Väter; Empfängnisverhütung; Schwangerschaftsabbruch und Sterilisation sowie generell Leistungen an Kinder unter 18 Jahren.[15] **21**

Diese Vorschrift übernimmt die bisherige Regelung zur Beitragsrückerstattung. Allerdings wird der Begriff der Beitragsrückerstattung nicht mehr verwendet, da die Krankenkassen keine *Beiträge* mehr erheben. In der Vergangenheit war die Regelung zur Beitragsrückerstattung bislang den freiwillig Versicherten vorbehalten. Sie wird durch § 53 Abs. 2 SGB V nunmehr auch für Pflichtversicherte geöffnet.[16] Der Umstand, dass dieser Wahltarif für chronisch Kranke praktisch nicht in Betracht kommt, wirkt sozial diskriminierend.[17] **22**

c) Wahltarife für besondere Versorgungsformen. Nach § 53 Abs. 3 Satz 1 SGB V hat die Krankenkasse obligatorisch Wahltarife für besondere Versorgungsformen nach § 63 SGB V (Modellvorhaben), § 73b SGB V (hausarztzentrierte Versorgung), § 73c SGB V (besondere ärztliche Versorgung nur durch von der Krankenkasse ausgewählte Leistungser- **23**

---

[15] Vgl. *Schlegel* jurisPR-SozR 4/2007 Anm. 4 S. 6.
[16] Vgl. BT-Drucks. 16/3100 S. 108.
[17] Vgl. *Becker/Kingreen/Lang* § 53 Rdn. 10.

C. PKV-relevante Änd. des SozialR i.R.d. GKV-WSG

bringer), § 137f SGB V (Desease Management Programme) oder § 140a SGB V (integrierte Versorgung) einzuführen. Für diese Versicherten kann die Krankenkasse nach § 53 Abs. 3 Satz 2 SGB V eine Prämienzahlung oder Zuzahlungsermäßigungen vorzusehen. Prämienberechtigt sind alle Versicherten. Allerdings ist die Kappungsgrenze je Mitglied nach § 53 Abs. 7 SGB V zu berücksichtigen.[18]

24 **d) Wahltarife für Kostenerstattung.** Eine weitere fakultative Möglichkeit zum Angebot von Wahltarifen stellt § 53 Abs. 4 Satz 1 SGB V dar. Danach kann die Krankenkasse in ihrer Satzung vorsehen, dass Mitglieder für sich und ihre nach § 10 SGB V mitversicherten Angehörigen Tarife für Kostenerstattung wählen. Sie kann nach § 53 Abs. 4 Satz 2 SGB V die Höhe der Kostenerstattung variieren und hierfür spezielle Prämienzahlungen durch die Versicherten vorsehen. Nach der Gesetzesbegründung kann die Höhe der Kostenerstattung dabei variabel gestaltet werden.[19] Dankbar ist beispielsweise dem Versicherten den 2,3-fachen Satz nach GOÄ/GOZ zu erstatten. Für die Mehrkosten, die dies gegenüber Sachleistungen bedeutet, muss die Kasse eine entsprechend kalkulierte Prämienzahlung des Versicherten verlangen. Damit wird eine Stärkung der Wettbewerbsposition der gesetzlichen Krankenkassen gegenüber der Privaten Krankenversicherung bezweckt.[20]

25 **e) Wahltarife zur Erstattung der Kosten für Arzneimittel der besonderen Therapieeinrichtungen.** § 53 Abs. 5 SGB V räumt den Krankenkassen fakultativ die Möglichkeit zur Erweiterung des gesetzlich vorgeschriebenen Leistungsumfangs ein. Danach kann die Krankenkasse in ihrer Satzung die Übernahme der Kosten für Arzneimittel der besonderen Therapieeinrichtungen regeln, die nach § 34 Abs. 1 Satz 1 SGB V von der Versorgung ausgeschlossen sind und hierfür spezielle Prämienzahlungen durch die Versicherten vorsehen.

26 **f) Wahltarife, die den gesetzlichen Leistungsumfang für bestimmte Mitgliedergruppen begrenzen.** Nach § 53 Abs. 7 SGB V kann die Krankenkasse Wahltarife für bestimmte Mitgliedergruppen anbieten, in denen sie den gesetzlich vorgeschriebenen Leistungsumfang begrenzt und die Prämie entsprechend der Begrenzung absenkt. Wie die Gesetzesbegründung zu dieser Vorschrift ausführt, konnte nach bisheriger Rechtslage die Krankenkasse einen ermäßigten Beitragssatz nicht nur bei verkürztem

---

[18] Vgl. BT-Drucks. 16/3100 S. 108.
[19] Vgl. die Beispiele bei *Becker/Kingreen/Lang* § 53 Rdn. 15; *Thüsing* NZS 2008, 449, 450.
[20] Vgl. BT-Drucks. 16/3100 S. 108.

III. Zulassung von Wahltarifen in der GKV

Krankengeldanspruch, sondern auch dann vorsehen, wenn der Umfang der sonstigen Leistungen beschränkt war. Diese Regelung habe vor allem auf Mitglieder abgezielt, die Teilkostenerstattung nach § 14 SGB V gewählt hatten. Mit der Änderung des § 243 SGB V entfalle die Möglichkeit einer Beitragssatzermäßigung. Die Krankenkassen könnten stattdessen Prämienzahlungen in einem der Leistungsbeschränkung entsprechenden Umfang vorsehen.[21]

g) **Wahltarif Krankengeld.** Nach § 53 Abs. 6 SGB V sind die Krankenkassen verpflichtet, in ihrer Satzung für die in § 44 Abs. 2 Nr. 2 und 3 SGB V sowie den in § 46 Satz 2 SGB V genannten Mitgliedern Tarife anzubieten, die einen Anspruch auf Krankengeld entsprechend § 46 Satz 1 SGB V oder zu einem späteren Zeitpunkt entstehen lassen. Darunter fallen hauptberuflich selbständig Erwerbstätige, die zunächst nach § 44 Abs. 2 Nr. 2 SGB V seit 1.1. 2009 keinen Anspruch auf Krankengeld hatten, oder Versicherte ohne Anspruch auf Lohnfortzahlung und in der Künstlersozialkasse Versicherte, die nach § 46 Satz 2 SGB V grundsätzlich erst ab der siebten Woche einer Arbeitsunfähigkeit einen Anspruch auf Krankengeld haben. Für die in § 46 Satz 2 SGB V genannten Versicherten nach dem Künstlersozialversicherungsgesetz gilt dies nach § 53 Abs. 6 Satz 1 SGB V spätestens mit Beginn der dritten Woche der Arbeitsunfähigkeit. Nach § 53 Abs. 6 Satz 2 SGB V hat die Krankenkasse hierfür entsprechend der Leistungserweiterung Prämienzahlungen des Mitglieds vorzusehen. 27

Die i.R.d. GKV-WSG getroffenen Regelungen zum Krankengeld wurden durch das Gesetz zur Änderung arzneimittelrechtlicher und anderer Vorschriften vom 17.7. 2009 (BGBl. I S. 1990) mit Wirkung zum 1.8. 2009 modifiziert. Nach § 44 Abs. 2 Nr. 2 SGB V können selbständig tätige Personen seither alternativ oder zusätzlich zur eventuellen Vereinbarung eines Wahltarifs Krankengeld wieder über eine „Wahlerklärung" mit ihrer gesetzlichen Krankenkasse das übliche Krankengeld in Höhe von bis zu 85,75 EUR vereinbaren.[22] 28

In der Gesetzesbegründung i.R.d. GKV-WSG war dazu zunächst ausgeführt, dass viele von dieser Regelung betroffenen Selbständige kein Interesse an der Leistung Krankentagegeld hätten, da z.B. ein Betrieb auch bei Arbeitsunfähigkeit des selbständigen Unternehmens als Existenzgrundlage weitergeführt werden könne. Dementsprechend habe das bisherige Recht Krankengeld nicht als Pflichtleistung der Krankenkasse vorgesehen. Die Krankenkasse habe Selbständigen zu ermäßigten oder erhöhten Bei- 29

---

[21] Vgl. BT-Drucks. 16/3100 S. 109.
[22] Vgl. BT-Drucks. 16/13428 S. 90.

C. PKV-relevante Änd. des SozialR i.R.d. GKV-WSG

tragssätzen entsprechende Angebote machen können, verbunden mit Veränderungen der Beitragshöhe. Durch den Wegfall der Satzungsregelungen in § 44 Abs. 2 SGB V werde mit der neu geschaffenen Möglichkeit über besondere Wahltarife einen individuellen Krankengeldanspruch zu erlangen, den Interessen der Selbständigen Rechnung getragen.[23] Die neuerlichen Änderungen i.R.d. Gesetzes zur Änderungen arzneimittelrechtlicher und anderer Vorschriften vom 17.7. 2009 (BGBl. I S. 1990) erfolgten zur Vermeidung von ungerechtfertigten Belastungen der Versicherten und zur Verwaltungsvereinfachung.[24] Nach § 53 Abs. 6 Satz 4 SGB V muss die Festlegung der Prämie für den Wahltarif unabhängig von Alter, Geschlecht bzw. Krankheitsrisiko erfolgen. Mehrere gesetzliche Krankenkassen können im Ergebnis einen einheitlichen Wahltarif anbieten, § 53 Abs. 6 Satz 5 SGB V. Die Beiträge dafür sind an die Krankenkasse zu bezahlen, bei der die Mitgliedschaft besteht, § 53 Abs. 6 Satz 6 SGB V. Die Wahltarife sind der Höhe nach nicht auf das übliche GKV-Krankengeld begrenzt.

30 Auch andere Personengruppen, wie zum Beispiel kurzzeitig Beschäftigte ohne Anspruch auf Entgeltfortzahlung, könnten entsprechende Wahltarife abschließen. Da viele dieser Beschäftigungen kurzfristig angenommen würden, hätten die Krankenkassen umfassende Aufklärungsarbeit zu den Zusatztarifen zu leisten. Positiver Nebeneffekt sei der Ausschluss eines Missbrauchspotenzials. Bislang hatte der betroffene Personenkreis einen sofortigen Anspruch auf Krankengeld bei Zahlung des erhöhten Beitragssatzes nach § 242 SGB V a.F. Letzterer sei durch die Neuregelung des § 53 SGB V entbehrlich.[25]

31 Die nach dem KSVG versicherten selbständigen Künstler und Publizisten konnten nach der bisherigen Rechtslage wählen können, ob sie ab der siebten Woche der Arbeitsunfähigkeit oder von einem früheren Zeitpunkt an Krankengeld beziehen wollen. In letzterem Fall hatte der Krankengeldbezug spätestens ab der dritten Woche der Arbeitunfähigkeit eingesetzt. Die damit verbundene höhere Beitragsbelastung hatten die KSVG-Versicherten allein zu tragen und gemäß § 16 Abs. 1 KSVG a.F. an die Künstlersozialkasse abzuführen. Durch die neu geschaffene Wahlmöglichkeit des § 53 SGB V wird das bisherige Verfahren ersetzt. Der KSVG Versicherte hat anstelle den sich aus § 242 SGB V a.F. ergebenden Erhöhungsbeitrag an die Künstlersozialkasse zu entrichten, künftig eine individuelle Prämie an seine Krankenkasse zu zahlen.[26]

---

[23] Vgl. BT-Drucks. 16/3100 S. 109.
[24] Vgl. BT-Drucks 16/13428 S. 111.
[25] Vgl. BT-Drucks. 16/3100 S. 109.
[26] Vgl. BT-Drucks. 16/3100 S. 109.

III. Zulassung von Wahltarifen in der GKV

3. Mindestbindungsfrist bei Abschluss von Wahltarifen

a) **Allgemeines.** Nach § 53 Abs. 8 Satz 1 SGB V beträgt die Mindestbindungsfrist für Wahltarife mit Ausnahme der Tarife für besondere Versorgungsformen nach Abs. 3 drei Jahre. Abweichend von § 175 Abs. 4 SGB V kann die Mitgliedschaft frühestens zum Ablauf der dreijährigen Mindestbindungsfrist gekündigt werden, § 53 Abs. 8 Satz 2 SGB V. Nach § 53 Abs. 3 Satz 3 SGB V hat die Satzung für Tarife ein Sonderkündigungsrecht in besonderen Härtefällen vorzusehen.

Der Gesetzgeber begründet die Einführung der Mindestbindungsfrist damit, dass diese erforderlich sei, um missbräuchliche Wechsel zwischen Tarifen je nach Erwartung der Inanspruchnahme von Leistungen zu verhindern. Dies gilt allerdings nicht für Tarife nach Abs. 3, die sich auf besondere Versorgungsformen beziehen (z.B. hausarztzentrierte Versorgung). Hier wird die Mindestbindungsfrist auf ein Jahr in den Regelungen zur Ausgestaltung des Versorgungsangebots festgelegt. Ein Sonderkündigungsrecht für Wahltarife stelle sicher, dass Versicherte in besonderen Härtefällen nicht an diesen Wahltarif gebunden seien.[27]

Für die Bindungszeit sei eine Kündigung der Kasse und damit ein Kassenwechsel ebenfalls künftig ausgeschlossen. Die Höhe der Prämienzahlung an Versicherte wird begrenzt. Dies sei erforderlich, um Missbrauchsmöglichkeiten, z.B. für Versicherte, die nur geringe Beiträge zahlen, zu verhindern. Die Begrenzung bewirke zugleich, dass Selbstbehalttarife und Tarife, die für Nichtinanspruchnahme von Leistungen Prämienzahlungen vorsehen, nur eingeschränkt möglich seien. Der Selbstbehalt müsse damit im angemessenen Verhältnis zur Prämienzahlung stehen. Insgesamt wird eine Kappungsgrenze eingeführt, die verhindere, dass Prämienzahlungen in der Kumulation außer Verhältnis zu den gezahlten Beiträgen stehen. Versicherte, deren Beiträge ganz von Dritten getragen werden (z.B. ALF II-Empfänger) können nur Wahltarife für besondere Versorgungsformen wählen. Selbstbehalttarife, Beitragsrückerstattungen usw. sind ihnen verschlossen. Angesichts niedriger in der Regel nicht kostendeckender Beiträge würden Prämienzahlungen für diesen Personenkreis deren Finanzierungsanteil nochweiter absenken. Dies wäre im Vergleich zu Versicherten, die hohe Beiträge zahlen, nicht sachgerecht.[28]

b) **Reichweite der Mindestbindungsfrist.** Es stellt sich die Frage nach der Reichweite der Mindestbindungsfrist. Der Wortlaut des § 53 Abs. 8 Satz 2 SGB V verbietet undifferenziert die *Kündigung der Mitgliedschaft* innerhalb der dreijährigen Mindestbindungsfrist. Zur Ermitt-

---

[27] Vgl. BT-Drucks. 16/3100 S. 109.
[28] Vgl. BT-Drucks. 16/3100 S. 109.

C. PKV-relevante Änd. des SozialR i.R.d. GKV-WSG

lung der Reichweite ist zunächst zu prüfen, ob der sehr weitreichende Wortlaut der Vorschrift in Einklang mit dem tatsächlichen Willen des Gesetzgebers steht.

36 Der Gesetzgeber wollte mit dieser Vorschrift missbräuchliche Wechsel verhindern.[29] Vor diesem Hintergrund dürfte unstreitig sein, dass die Mindestbindungsfrist jedenfalls auf Tarifwechsel innerhalb des Systems der gesetzlichen Krankenversicherung Anwendung findet. Danach ist innerhalb der Mindestbindungsfrist ein Tarifwechsel innerhalb der Krankenkasse ausgeschlossen. Die Mindestbindungsfrist muss aber zur Erreichung des gesetzgeberischen Ziels der Missbrauchsverhinderung auch auf einen Wechsel von einer gesetzlichen Krankenkasse zu einer anderen gesetzlichen Krankenkasse Anwendung finden. Innerhalb des Systems der gesetzlichen Krankenversicherung Versicherte haben nämlich nach § 175 SGB V grundsätzlich unabhängig vom individuellen Gesundheitszustand die Möglichkeit der freien Wahl und auch des Wechsels der Krankenkasse. Somit besteht auch im Falle eines Wechsels von einer gesetzlichen Krankenkasse zu einer anderen gesetzlichen Krankenkasse eine Missbrauchsgefahr im System der gesetzlichen Krankenversicherung.

37 Anders gestaltet sich allerdings die Situation eines Wechsels von einer gesetzlichen Krankenkasse zu einer privaten Krankenversicherung:

38 I.R.d. Vertragsschlusses bei einer privaten Krankenversicherung erfolgt regelmäßig eine Gesundheitsprüfung, die grundsätzlich dazu führt, dass eine Missbrauchsgefahr, wie sie der Gesetzgeber bei Schaffung des § 53 Abs. 8 SGB V zugrunde gelegt hat ausscheidet. Wartet ein Wechselwilliger GKV-Versicherter mit seinem Antrag auf Vertragsschluss bei einer privaten Krankenversicherung so lange, bis er Beschwerden hat, so läuft er Gefahr, im Zuge der Risikoprüfung nicht oder nur unter Inkaufnahme von Risikozuschlägen in einem Normaltarif aufgenommen zu werden. Ein Vertragsschluss im *Basistarif* ist zwar infolge des Kontrahierungszwangs nach § 193 Abs. 5 VVG immer möglich, bringt aber für einen GKV-Wechsler wegen des an die GKV angeglichenen Leistungsumfangs keinen Vorteil. Beantragt ein wechselwilliger GKV-Versicherter die Aufnahme in einen substitutiven PKV-Normaltarif erst zu einem Zeitpunkt, zu dem sich infolge zwischenzeitlicher Erkrankung ein bei seiner gesetzlichen Krankenkasse abgeschlossener Selbstbehalttarif nicht mehr für ihn rechnet, so läuft er Gefahr, dass sein Antrag nicht oder nur unter Inkaufnahme von zum Teil sehr hohen individuellen Risikozuschlägen oder Leistungsausschlüssen angenommen wird. Ihm bleibt in diesem Fall als Alternative nur der Abschluss eines Vertrags im Basistarif, der sowohl hinsichtlich des

---

[29] Vgl. BT-Drucks. 16/3100 S. 109.

III. Zulassung von Wahltarifen in der GKV

Preises, als auch hinsichtlich der Leistungen kaum einen Anreiz zum Wechsel bieten dürfte.

Die insoweit im Vergleich zu einem Wechsel innerhalb des Systems der **39** gesetzlichen Krankenversicherung völlig unterschiedliche Ausgangslage findet auch im Gesetz in § 190 Abs. 3 SGB V Berücksichtigung. Danach ist im Falle eines Erlöschens der Mitgliedschaft nach § 6 Abs. 4 SGB V offenbar keine Kündigung erforderlich. Das Gesetz geht in § 190 Abs. 3 vielmehr davon aus, dass für die Beendigung der Mitgliedschaft bei einer gesetzlichen Krankenkasse im Falle des Wegfalls der Versicherungspflicht nach § 6 Abs. 4 SGB V eine bloße Austrittserklärung und keine Kündigung erforderlich ist. Es ist daher davon auszugehen, dass § 53 Abs. 8 Satz 2 SGB V auf den Wechsel von der gesetzlichen Krankenkasse in zu eine privaten Krankenversicherung keine Anwendung findet.[30]

Selbst wenn man die Auffassung vertritt, dass entgegen dem Wortlaut **40** des § 190 Abs. 3 SGB V für eine Beendigung der Mitgliedschaft in einer gesetzlichen Krankenkasse eine Kündigungserklärung erforderlich ist, wäre der sehr weite Wortlauts des Kündigungsverbots der Mitgliedschaft innerhalb der dreijährigen Mindestbindungsfrist nach § 53 Abs. 8 Satz 2 SGB V im Wege der teleologischen Reduktion auf einen Wechsel innerhalb des Systems der gesetzlichen Krankenkassen zu beschränken.

Im Ergebnis ist folglich davon auszugehen, dass die Reichweite der **41** Mindestbindungsfrist nach § 53 Abs. 8 Satz 2 SGB V auf einen Wechsel innerhalb des Systems der gesetzlichen Krankenversicherung beschränkt ist.[31]

c) Besonderheiten durch das Gesetz zur Änderung arzneimittel- **42** **rechtlicher und anderer Vorschriften**[32]. Im Zuge der Neuregelungen des Krankengeldes in der GKV durch das Gesetz zur Änderung arzneimittelrechtlicher und anderer Vorschriften ist eine Besonderheit zu beachten. In das Gesetz wurde eine Übergangsregelung aufgenommen.[33] Wahltarife, die bis zum 31.7. 2009, d.h. vor Inkrafttreten des Gesetzes abgeschlossen wurden, endeten danach grundsätzlich am 31.7. 2009 kraft Gesetzes, § 319 Abs. 1 SGB V. Gleichzeitig entfällt für diese Verträge mangels wirksamen Bestands eines Wahltarifs die dreijährige Bindungsfrist des § 53 Abs. 8 Satz 1 SGB V an die gesetzliche Krankenkasse.

---

[30] So auch die Position des PKV-Verbandes in PKV Publik 9/2007, 100.
[31] A.A. LSG Nordrhein-Westfalen v. 23.4. 2009, Az. L 5 B 15/09 KR/09 ER. Diese Entscheidung erging allerdings im einstweiligen Rechtsschutz aufgrund einer summarischen Prüfung der Sach- und Rechtslage.
[32] Gesetz vom 17.7. 2009 (BGBl. I S. 2013).
[33] Vgl. BT-Drucks. 16/13428 S. 104.

C. PKV-relevante Änd. des SozialR i.R.d. GKV-WSG

43 Für die Wahlerklärung Krankengeld nach § 44 Abs. 2 Satz 1 Nr. 2 und 3 SGB V ordnet § 44 Abs. 2 Satz 2 SGB V ausdrücklich die Geltung der Mindestbindungsfrist des § 53 Abs. 8 Satz 1 SGB V an. Aus dem Umstand, dass dieser Verweis sich nicht auch auf § 53 Abs. 8 Satz 2 SGB V erstreckt, lässt sich schließen, dass eine Kündigung der GKV-Mitgliedschaft abweichend von der Regelung bei Abschluss eines Wahl*tarifs* Krankengeld nach § 58 Abs. 6 Satz 1 SGB V im Falle der Abgabe einer Wahlerklärung Krankengeld möglich ist. In der Gesetzesbegründung ist hierzu ausgeführt, dass ein über die Mindestbindungsfrist von drei Jahren hinausgehender Ausschluss des Kündigungsrechts nach § 175 Abs. 4 SGB V hier nicht erforderlich ist, da Versicherte nach einem Kassenwechsel ohnehin grundsätzlich 18 Monate an die Wahl ihrer Krankenkasse gebunden sind.[34]

4. Kalkulation der Wahltarife

44 Nach § 53 Abs. 9 Satz 1 SGB V müssen die Aufwendungen für jeden Wahltarif aus Einnahmen, Einsparungen und Effizienzsteigerungen, die durch diese Maßnahmen erzielt werden, finanziert werden. Die Krankenkassen haben regelmäßig, mindestens alle drei Jahre über diese Einsparungen gegenüber der zuständigen Aufsichtsbehörde Rechenschaft abzulegen, § 53 Abs. 9 Satz 2 SGB V.

45 Nach der Gesetzesbegründung dürfen Wahltarife nicht zu Quersubventionierungen durch die übrigen Versicherten führen. Daher seien Sicherungsmechanismen zu beachten. Die schon im bisherigen § 65a Abs. 4 SGB V bestehenden Regelungen einschließlich einer Berichtspflicht gegenüber der Aufsichtsbehörde würden daher übernommen. Die Anforderung, dass die Aufwendungen für Wahltarife aus Einsparungen und Effizienzleistungen finanziert werden müssen, werde stringenter gefasst. Hier werde künftig nicht mehr nur der mittelfristige Zeitraum betrachtet. Die Betrachtung müsse vielmehr zeitraumunabhängig erfolgen. Zu beachten sei, dass jeder Wahltarif für sich betrachtet diesen Anforderungen gerecht werden müsse.[35]

---

[34] Vgl. BT-Drucks. 16/12256 S. 64.
[35] Vgl. BT-Drucks. 16/3100 S. 109.

IV. Die Verlängerung der Mindestverweildauer in der gesetzlichen Krankenkasse für freiwillig Versicherte

1. Allgemeines

I. R. d. GKV-WSG wurde § 6 Abs. 1 Nr. 1 SGB V modifiziert. Nach der Neufassung sind Arbeiter und Angestellte erst dann versicherungsfrei, wenn deren regelmäßiges Jahresarbeitsentgelt die Jahresarbeitsentgeltgrenze nach den Absätzen 6 oder 7 übersteigt und in drei aufeinander folgenden Jahren überstiegen hat. Einzelheiten zur Berechnung der Drei-Jahres-Frist und zur Berechnung des relevanten Arbeitsentgelts finden sich in § 6 Abs. 4 SGB V. Damit wurde der Wechsel der Betroffenen von der gesetzlichen in die private Krankenversicherung erheblich erschwert. 46

In der Gesetzesbegründung wird dazu ausgeführt, dass in der gesetzlichen Krankenversicherung ein umfassender Solidarausgleich zwischen Gesunden und Kranken, Alten und Jungen, Versicherten mit niedrigem Einkommen und solchen mit höherem Einkommen sowie zwischen Alleinstehenden und Familien mit Kindern stattfinde. Da die zur Finanzierung eines solchen Ausgleichs erforderlichen Mittel ersichtlich nicht allein von den typischerweise Begünstigten aufgebracht werden könnten, könne der Gesetzgeber nach der Rspr. des Bundesverfassungsgerichts[36] den Kreis der Versicherungspflichtigen so abgrenzen, wie dies für die Begründung und den Erhalt einer leistungsfähigen Solidargemeinschaft erforderlich sei.[37] 47

Die bisherige Regelung, wonach ein Wechsel abhängig Beschäftigter von der gesetzlichen in die private Krankenversicherung schon dann möglich war, wenn das regelmäßige Jahresarbeitsentgelt die Jahresarbeitsentgeltgrenze überstieg, habe sich als nicht ausreichend erwiesen, die Funktionsfähigkeit des Solidarausgleichs zu gewährleisten.[38] 48

2. Übergangsregelung

Der Gesetzgeber hat in § 6 Abs. 9 SGB V eine Übergangsregelung für bestimmte Personengruppen getroffen. 49

Nach dem Willen des Gesetzgebers gilt die Neuregelung der Mindestverweildauer nicht für Arbeitnehmer, die bei Inkrafttreten der Neuregelung freiwillig gesetzlich krankenversichert sind und in diesem Zeitpunkt bereits in drei aufeinanderfolgenden Jahren die Jahresarbeitsentgeltgrenze 50

---

[36] Vgl. etwa BVerfGE 103, 197, 221; 103, 271, 287.
[37] Vgl. BT-Drucks. 16/3100 S. 95.
[38] Vgl. BT-Drucks. 16/3100 S. 95.

C. PKV-relevante Änd. des SozialR i.R.d. GKV-WSG

überschritten haben. Diese Personen können daher eine private Krankenversicherung abschließen, ohne dass ihr Arbeitsentgelt noch einmal nach dem Inkrafttreten für drei Jahre die Jahresarbeitsentgeltgrenze überschreiten muss. Wird eine versicherungsfreie Beschäftigung dagegen durch das Eintreten von Versicherungspflicht unterbrochen, bevor die Frist von drei Jahren erfüllt ist, beginnt diese Frist bei nachfolgender erneuter Versicherungsfreiheit als Beschäftigter von Neuem zu laufen. Die Regelung gilt für alle Arbeitnehmer, also auch für solche, die zuvor z.b. als Selbständige oder Freiberufler tätig waren.[39]

51 Eine gesetzliche Ausnahmevorschrift findet sich in § 6 Abs. 9 Satz 1 SGB V für Arbeiter und Angestellte, die die neuen Voraussetzungen nicht mehr erfüllen, sofern sie am 2.2. 2007[40] bereits bei einem privaten Krankenversicherungsunternehmen in einer substitutiven Krankenversicherung versichert waren oder vor diesem Tag die Mitgliedschaft bei ihrer Krankenkasse gekündigt hatten, um in ein privates Krankenversicherungsunternehmen zu wechseln. Dies gilt nach § 6 Abs. 9 Satz 2 SGB V auch für Arbeiter und Angestellte die nach § 8 Abs. 1 Nr. 1a, 2 oder 3 SGB V von der Versicherungspflicht befreit waren. Der Gesetzgeber wollte mit dieser Ausnahmeregelung den genannten Personenkreisen Bestandsschutz gewähren.[41] Zudem wird klargestellt, dass die Bestandschutzregelung nur für Arbeitnehmer gilt, die auch am Tag der dritten Lesung des Gesetzes bereits als Arbeiter oder Angestellte wegen Überschreitens der Jahresarbeitsentgeltgrenze mit ihrem Arbeitsentgelt versicherungsfrei waren. Arbeitnehmer, die am Stichtag zum Beispiel als Studenten oder Selbständige privat krankenversichert waren, sollen sich dagegen nicht auf den Bestandsschutz berufen können.[42]

52 Ferner gelten nach § 6 Abs. 9 Satz 3 SGB V Arbeiter und Angestellte, die freiwillige Mitglieder einer gesetzlichen Krankenkasse sind und nicht die Voraussetzungen nach dem neu gefassten Abs. 1 Nr. 1 erfüllen bis zum 31.3. 2007 als freiwillige Mitglieder. Hierdurch soll nach dem Willen des Gesetzgebers erreicht werden, dass Arbeitgeber und Krankenkassen diese Personen nicht rückwirkend als versicherungspflichtig einstufen müssen. Zugleich stellt die Regelung in § 175 Abs. 4 Satz 8 SGB V sicher, dass die Kündigung der Mitgliedschaft durch diese Personen unwirksam ist.[43]

---

[39] Vgl. BT-Drucks. 16/3100 S. 96.
[40] Tag der dritten Lesung des Gesetzes.
[41] Vgl. BT-Drucks. 16/3100 S. 96.
[42] Vgl. BT-Drucks. 16/4247 S. 30.
[43] Vgl. BT-Drucks. 16/4247 S. 30.

V. Die Auswirkungen der Einführung von Wahltarifen nach § 53 SGB V auf den Wettbewerb zwischen der gesetzlichen und der privaten Krankenversicherung

1. Allgemeines

Mit der Neuregelung des § 53 SGB V und der darin enthaltenen Möglichkeit i.R. v. Wahltarifen auch Leistungen anzubieten, die über den gesetzlichen Leistungskatalog hinaus gehen, hat der Gesetzgeber möglicherweise den gesetzlichen Krankenkassen das Tor zu einem Geschäftsfeld geöffnet, das bislang ausschließlich den privaten Krankenversicherungsunternehmen vorbehalten war. Insoweit stehen künftig die gesetzlichen Krankenkassen, die von den neuen Möglichkeiten des Angebots von Wahltarifen Gebrauch machen, in unmittelbarem Wettbewerb zu PKV-Unternehmen.[44] Das ist insbesondere bei den Wahltarifen nach § 53 Abs. 4 SGB V (Kostenerstattung), Abs. 5 (besondere Therapieeinrichtungen) und Abs. 6 (Krankengeld) der Fall. Diese konkurrieren künftig mit den marktüblichen PKV-Zusatzversicherungstarifen zur Ergänzung der Kostenerstattung nach § 13 SGB V 2007 sowie mit Zusatztarifen für zahnärztliche Behandlung, Zahnersatz und Zahnprophylaxe, Kurzusatzversicherungen für ambulante und stationäre Kuren, Zusatztarifen für ambulante und stationäre Heilbehandlung sowie mit den vielfältigen Krankentagegeldtarifen.[45]

53

2. Reichweite der Befugnis der gesetzlichen Krankenkassen nach § 53 SGB V zur Einführung von Wahltarifen

In der Literatur wird zu Recht die Reichweite der Befugnis der gesetzlichen Krankenkassen zum Angebot von Zusatzversicherungen z. T. sehr restriktiv ausgelegt.[46] Danach wird der Bereich der Zusatzversicherungen durch die in § 53 SGB V geregelten Wahltarife nicht berührt. Das wird u. a. damit begründet, dass der Gesetzgeber im SGB V terminologisch klar zwischen Zusatzversicherungen auf der einen Seite (§ 194 Abs. 1a SGB V) und Wahltarifen (§ 53 SGB V unterscheidet. Nach der Regelung des § 194 Abs. 1a SGB V können gesetzliche Krankenkassen in ihrer Satzung vorsehen, wonach die Krankenkasse private Zusatzversicherungen zwischen ihren Versicherten und PKV-Unternehmen vermitteln kann. Da-

54

---

[44] Zur Wettbewerbssituation vgl. ausführlich *Huber/Storr* Rdn. 15 ff.; *Thüsing* NZS 2008, 449, 451.
[45] Vgl. die systematische Darstellung in *Huber/Storr* Rdn. 14.
[46] Vgl. *Klaue/Schimikowski* S. 11 ff.

C. PKV-relevante Änd. des SozialR i.R.d. GKV-WSG

gegen beschränkt der Gesetzgeber die Befugnisse der Krankenkassen in § 53 SGB V terminologisch auf den Bereich von *Wahltarifen*. Das spricht dafür, dass durch § 53 SGB V nur insoweit der Wettbewerb zwischen gesetzlichen Krankenkassen und PKV-Unternehmen ermöglicht werden, als es um Leistungen geht, die im Leistungskatalog der gesetzlichen Krankenversicherung bereits enthalten sind.[47]

55 Ob sich diese einschränkende Auslegung des Gesetzes durchsetzt wird sich zeigen. Es spricht jedenfalls viel für die Auslegung, dass der Gesetzgeber durch die Regelung des § 53 SGB V primär den Wettbewerb zwischen den gesetzlichen Krankenkassen fördern und den Anwendungsbereich des § 53 SGB V auf die Leistungsbereiche der gesetzlichen Krankenversicherung begrenzen wollte.[48] Es zeichnet sich aber bereits jetzt ab, dass gesetzliche Krankenkassen versuchen werden auch in Leistungsbereichen Zusatzversicherungen anzubieten, die bislang ausschließlich den PKV-Unternehmen vorbehalten waren. So bietet beispielsweise die AOK Rheinland/Hamburg einen Wahltarif für stationäre Wahlleistungen, Zahnersatz und Auslandsschutz an und tritt damit insoweit in unmittelbare Konkurrenz zu PKV-Unternehmen.[49] Auch ist diese Auslegung des Gesetzes zwischenzeitlich sowohl durch eine Einzelentscheidung eines Landessozialgerichts[50], als auch durch ein Rundschreiben des Bundesversicherungsamtes infrage gestellt worden, wonach das Angebot eines Kostenerstattungstarifs für Chefarztbehandlung und Zwei-Bett-Zimmer keine Leistungsausweitung beinhaltet.[51] In Regierungskreisen wird die Auffassung vertreten, dass die Leistung lediglich eine höher vergütete Variante der GKV-Leistung „Krankenhausbehandlung" und keine Ausweitung des Leistungskatalogs der gesetzlichen Krankenversicherung darstellt.[52] Das belegt die Bestrebungen, die Definition der Leistungsbereiche der gesetzlichen Krankenversicherung weit auszulegen und damit in den Bereich der Zusatzversicherungen der privaten Krankenversicherung einzudringen.

---

[47] So auch *Klaue/Schimikowski* S. 12 ff.
[48] Vgl. die eingehende Begründung bei *Klaue/Schimikowski* S. 11 ff.
[49] Vgl. Financial Times Deutschland v. 31.7. 2007: „AOK Rheinland trumpft auf mit Zusatzpolicen"; Handelsblatt v. 23.7. 2008: „Privatkassen gönnen der AOK keine Wahltarife".
[50] Vgl. LSG Nordrhein-Westfalen v. 27.5. 2008, Az. L 11 B 6/08 KR ER.
[51] Vgl. das Schreiben an die bundesunmittelbaren Krankenkassen v. 13.3. 2007, Az. II 1 4927.6-30709/2006.
[52] So die Antwort der Bundesregierung auf eine entsprechende Anfrage des Abgeordneten Daniel Bahr v. April 2007, BT-Drucks. 16/5166 S. 30 ff.

V. Auswirkungen der Wahltarife auf den Wettbewerb

3. Wettbewerbsvorteile der gesetzlichen Krankenkassen gegenüber den PKV-Unternehmen beim Angebot von Wahltarifen

Die Tendenz zu einer weiten Auslegung der Reichweite der Befugnisse der gesetzlichen Krankenkassen nach § 53 SGB V ist vor allem deshalb bedenklich, weil die gesetzlichen Krankenkassen und die PKV-Unternehmen ungleichen Rahmenbedingungen in dem sich abzeichnenden Wettbewerb im Bereich der Zusatzversicherungen unterliegen: 56

a) Die Rahmenbedingungen der gesetzlichen Krankenkassen im Wettbewerb. Die Gesetzlichen Krankenkassen haben i.r.d. Kalkulation von Wahltarifen lediglich die Vorschrift des § 53 Abs. 9 SGB V zu beachten.[53] Eine Kontrolle findet lediglich ex post i.r.d. Rechenschaftsberichts nach § 53 Abs. 9 Satz 2 SGB V statt. Eine Kapitaldeckung ist nicht erforderlich. Geht die Kalkulation nicht auf, so haften die Krankenkassen der GKV als Körperschaften des öffentlichen Rechts auch für die Unterfinanzierung ihrer Wahltarife mit allgemeinen, aus staatlichen Mitteln finanzierten Haushaltsmitteln.[54] Hinzu kommt zumindest bislang eine weitgehende Insolvenzunfähigkeit. Zwar sieht § 171b SGB V für die Zukunft die Verpflichtung zum Aufbau eines Kapitalstocks und damit einhergehend eine Insolvenzfähigkeit vor. Diese muss allerdings erst noch durch ein Bundesgesetz geregelt werden.[55] Es steht nicht zu erwarten, dass i.r. einer solchen Regelung im Falle der Insolvenz einer gesetzlichen Krankenkasse für Kassenmitglieder der Versicherungsschutz entfällt. Vielmehr steht zu erwarten, dass dann ein Wechsel zu einer anderen gesetzlichen Krankenkasse möglich ist. Da i.r.d. Abschlusses eines Wahltarifs nach § 53 SGB V keine Risikoprüfung vorgesehen ist, trägt der Versicherte im Falle der Insolvenz auch kein Risiko, nicht mehr bei einer anderen Krankenkasse einen entsprechenden Versicherungsschutz i.r. eines Wahltarifs zu erhalten. Hinzu kommt, dass die gesetzlichen Krankenkassen sich i.r. ihres Angebots und des Vertriebs von Wahltarifen sowohl hinsichtlich des Adressbestandes, als auch hinsichtlich der Personal- und Sachmittel ihrer mit öffentlichen Mitteln finanzierten Infrastruktur bedienen können.[56] Ein weiterer Wettbewerbsvorteil gegenüber den PKV-Unternehmen ist in dem Anspruch auf den Apothekenabschlag nach den §§ 130, 130a SGB V sowie in der Möglichkeit der Verwaltungsvollstreckung nach § 66 SGB X zu sehen.[57] 57

---

[53] Vgl. dazu die Ausführungen in Rdn. 44; *Becker/Kingreen/Lang* § 5 Rdn. 25.
[54] Vgl. auch *Huber/Storr* Rdn. 43.
[55] Vgl. auch *Huber/Storr* Rdn. 44.
[56] Vgl. auch *Huber/Storr* Rdn. 41 f.
[57] Vgl. auch *Huber/Storr* Rdn. 46 f.

C. PKV-relevante Änd. des SozialR i.R.d. GKV-WSG

58 b) **Die Rahmenbedingungen von PKV-Unternehmen im Wettbewerb.** PKV-Unternehmen unterliegen i.r.d. Kalkulation von Zusatzversicherungen dagegen den strengen Vorschriften der Kalkulationsverordnung (§§ 1 ff. KalV, insbesondere § 10 Prämienberechnung; § 15 Vorlagepflichten und Fristen der Kalkulation; § 18 Ordnungswidrigkeiten) sowie der Kontrolle durch die Versicherungsaufsicht nach dem VAG. Sie sind gesetzlich nach §§ 12, 12a, 37 VAG zur Rücklagenbildung verpflichtet. Kommen die PKV-Unternehmen ihren gesetzlichen Verpflichtungen nicht nach, greifen die weitreichenden Befugnisse der Versicherungsaufsicht nach §§ 81 ff. VAG. Insbesondere kann die Aufsichtbehörde gem. § 83 VAG Befugnisse, die Organen eines Versicherungsunternehmens nach Gesetz, Satzung oder Geschäftsordnung zustehen, ganz oder teilweise auf einen Sonderbeauftragten übertragen und dem Versicherungsunternehmen im Extremfall sogar die Erlaubnis für einzelne Versicherungssparten oder den gesamten Geschäftsbetrieb widerrufen, § 87 VAG. Ferner ist nach § 88 VAG der Antrag auf Eröffnung eines Insolvenz Verfahrens der Aufsichtsbehörde vorbehalten.

VI. Verfassungs- und europarechtliche Aspekte der Möglichkeit der Einführung von Wahltarifen

59 Gegen die Regelungen des GKV-WSG zu den Wahltarifen werden erhebliche verfassungs- und unionsrechtliche Aspekte geltend gemacht.

60 Danach lassen sich die Wahltarife nach § 53 SGB V zwar wegen der derzeit noch nicht vorhandenen notwendigen Intensität bislang nicht als Eingriff in die Wettbewerbsfreiheit von Art. 12 Abs. 1 GG qualifizieren. Das GKV-WSG bewirke aber im Bereich Wahltarife eine Ungleichbehandlung der gesetzlichen Krankenkassen und der PKV-Unternehmen und beeinträchtige damit die durch Art. 12 Abs. 1 i.V.m. Art. 3 Abs. 1 GG garantierte Chancengleichheit im Wettbewerb und sei in Ermangelung sachlicher Gründe dafür insoweit verfassungswidrig.[58]

61 Ferner wird in dem Angebot von Wahltarifen in Form von Zusatzversicherungen durch gesetzliche Krankenkassen sowie in der Gestattung die staatliche Finanzierung und die Strukturvorteile der gesetzlichen Krankenversicherung auch für das Angebot der Wahltarife zu nutzen, ein Verstoß

---

[58] Vgl. auch *Huber/Storr* Rdn. 51 ff. Das BVerfG hat insoweit die Verfassungsbeschwerden der PKV-Unternehmen gegen die Regelung des § 53 SGB V als unzulässig zurückgewiesen, vgl. VersR 2009, 557.

VII. Schlussfolgerung

gegen die Art. 86 i.V.m. 82, 4, 98, 10 Abs. 2, 49, 87, 88 EG gesehen.[59] Das Bundesverfassungsgericht hat die u.a. auch gegen § 53 SGB V gerichtete Verfassungsbeschwerde von PKV-Unternehmen insoweit als unzulässig erachtet und zu den aufgeworfenen materiellen verfassungsrechtlichen Fragen daher keine Stellung bezogen.[60]

VII. Schlussfolgerung

Durch die Schaffung der in § 53 SGB V geregelten Möglichkeit zur Einführung von Wahltarifen für gesetzliche Krankenkassen wird sich der Wettbewerb zwischen den gesetzlichen Krankenkassen und den PKV-Unternehmen erheblich verschärfen. Der Wettbewerb wird aber durch ungleiche Rahmenbedingungen erheblich verzerrt. Ob dies angesichts der oben dargestellten Tendenz zu einer Ausweitung des Wettbewerbs auf klassische PKV-Zusatzversicherungen und angesichts der ungleichen Rahmenbedingungen im Wettbewerb noch einer verfassungsrechtlichen und europarechtlichen Überprüfung standhält, darf bezweifelt werden.

62

---

[59] Vgl. *Klaue/Schimikowski* S. 104; einschränkend *Huber/Storr* Rdn. 147 ff., der lediglich einen Verstoß gegen das Beihilferegime des Art. 87 Abs. 1 EG sieht.
[60] Vgl. BVerfG NJW 2009, 2033.

Anhang

I. Musterbedingungen 2009 für die Krankheitskosten- und Krankenhaustagegeldversicherung (MB/KK 2009) §§ 1–20

Der Versicherungsschutz

§ 1 Gegenstand, Umfang und Geltungsbereich des Versicherungsschutzes

(1) Der Versicherer bietet Versicherungsschutz für Krankheiten, Unfälle und andere im Vertrag genannte Ereignisse. Er erbringt, sofern vereinbart, damit unmittelbar zusammenhängende zusätzliche Dienstleistungen. Im Versicherungsfall erbringt der Versicherer

a) in der Krankheitskostenversicherung Ersatz von Aufwendungen für Heilbehandlung und sonst vereinbarte Leistungen,
b) in der Krankenhaustagegeldversicherung bei stationärer Heilbehandlung ein Krankenhaustagegeld.

(2) Versicherungsfall ist die medizinisch notwendige Heilbehandlung einer versicherten Person wegen Krankheit oder Unfallfolgen. Der Versicherungsfall beginnt mit der Heilbehandlung; er endet, wenn nach medizinischem Befund Behandlungsbedürftigkeit nicht mehr besteht. Muss die Heilbehandlung auf eine Krankheit oder Unfallfolge ausgedehnt werden, die mit der bisher behandelten nicht ursächlich zusammenhängt, so entsteht insoweit ein neuer Versicherungsfall. Als Versicherungsfall gelten auch

a) Untersuchung und medizinisch notwendige Behandlung wegen Schwangerschaft und die Entbindung,
b) ambulante Untersuchungen zur Früherkennung von Krankheiten nach gesetzlich eingeführten Programmen (gezielte Vorsorgeuntersuchungen),
c) Tod, soweit hierfür Leistungen vereinbart sind.

(3) Der Umfang des Versicherungsschutzes ergibt sich aus dem Versicherungsschein, späteren schriftlichen Vereinbarungen, den Allgemeinen Versicherungsbedingungen (Musterbedingungen mit Anhang, Tarif mit Tarifbedingungen) sowie den gesetzlichen Vorschriften. Das Versicherungsverhältnis unterliegt deutschem Recht.

Anhang

(4) Der Versicherungsschutz erstreckt sich auf Heilbehandlung in Europa. Er kann durch Vereinbarung auf außereuropäische Länder ausgedehnt werden (vgl. aber § 15 Abs. 3). Während des ersten Monats eines vorübergehenden Aufenthaltes im außereuropäischen Ausland besteht auch ohne besondere Vereinbarung Versicherungsschutz. Muss der Aufenthalt wegen notwendiger Heilbehandlung über einen Monat hinaus ausgedehnt werden, besteht Versicherungsschutz, solange die versicherte Person die Rückreise nicht ohne Gefährdung ihrer Gesundheit antreten kann, längstens aber für weitere zwei Monate.

(5) Verlegt eine versicherte Person ihren gewöhnlichen Aufenthalt in einen anderen Mitgliedstaat der Europäischen Union oder in einen anderen Vertragsstaat des Abkommens über den Europäischen Wirtschaftsraum, so setzt sich das Versicherungsverhältnis mit der Maßgabe fort, dass der Versicherer höchstens zu denjenigen Leistungen verpflichtet bleibt, die er bei einem Aufenthalt im Inland zu erbringen hätte.

(6) Der Versicherungsnehmer kann die Umwandlung der Versicherung in einen gleichartigen Versicherungsschutz verlangen, sofern die versicherte Person die Voraussetzungen für die Versicherungsfähigkeit erfüllt. Der Versicherer ist zur Annahme eines solchen Antrags spätestens zu dem Zeitpunkt verpflichtet, zu dem der Versicherungsnehmer die Versicherung hätte kündigen können (§ 13)[1]. Die erworbenen Rechte bleiben erhalten; die nach den technischen Berechnungsgrundlagen gebildete Rückstellung für das mit dem Alter der versicherten Person wachsende Wagnis (Alterungsrückstellung) wird nach Maßgabe dieser Berechnungsgrundlagen angerechnet. Soweit der neue Versicherungsschutz höher oder umfassender ist, kann insoweit ein Risikozuschlag (§ 8a Abs. 3 und 4) verlangt oder ein Leistungsausschluss vereinbart werden; ferner sind für den hinzukommenden Teil des Versicherungsschutzes Wartezeiten (§ 3 Abs. 6) einzuhalten. Der Umwandlungsanspruch besteht bei Anwartschafts- und Ruhensversicherungen nicht, solange der Anwartschaftsgrund bzw. der Ruhensgrund nicht entfallen ist, und nicht bei befristeten Versicherungsverhältnissen[2].

---

[1] Die BaFin vertritt die Auffassung, dass die vorgesehene Annahmefrist das Recht des VN nach § 178f VVG a.F. beschränke, den Tarif zu dem von ihm gewünschten Zeitpunkt zu wechseln, so dass ein Verstoß gegen § 178o VVG a.F. vorliege. Die Annahme des Antrags müsse entsprechend dem allgemeinen Vertragsrecht in einer angemessenen Frist erfolgen.

[2] Die BaFin vertritt die Auffassung, dass der VN gemäß § 178f VVG a.F. einen Anspruch auf Umwandlung einer Anwartschafts- oder Ruhensversicherung bezüglich eines Tarifs in eine solche bezüglich eines anderen Tarifs mit gleichartigem Versicherungsschutz habe; die Regelung also gegen § 178o VVG a.F. verstoße.

I. MB/KK 2009

§ 2 Beginn des Versicherungsschutzes

(1) Der Versicherungsschutz beginnt mit dem im Versicherungsschein bezeichneten Zeitpunkt (Versicherungsbeginn), jedoch nicht vor Abschluss des Versicherungsvertrages (insbesondere Zugang des Versicherungsscheines oder einer schriftlichen Annahmeerklärung) und nicht vor Ablauf von Wartezeiten. Für Versicherungsfälle, die vor Beginn des Versicherungsschutzes eingetreten sind, wird nicht geleistet. Nach Abschluss des Versicherungsvertrages eingetretene Versicherungsfälle sind nur für den Teil von der Leistungspflicht ausgeschlossen, der in die Zeit vor Versicherungsbeginn oder in Wartezeiten fällt. Bei Vertragsänderungen gelten die Sätze 1 bis 3 für den hinzukommenden Teil des Versicherungsschutzes.

(2) Bei Neugeborenen beginnt der Versicherungsschutz ohne Risikozuschläge und ohne Wartezeiten ab Vollendung der Geburt, wenn am Tage der Geburt ein Elternteil mindestens drei Monate beim Versicherer versichert ist und die Anmeldung zur Versicherung spätestens zwei Monate nach dem Tage der Geburt rückwirkend erfolgt. Der Versicherungsschutz darf nicht höher oder umfassender als der eines versicherten Elternteils sein.

(3) Der Geburt eines Kindes steht die Adoption gleich, sofern das Kind im Zeitpunkt der Adoption noch minderjährig ist. Mit Rücksicht auf ein erhöhtes Risiko ist die Vereinbarung eines Risikozuschlages bis zur einfachen Beitragshöhe zulässig.

§ 3 Wartezeiten

(1) Die Wartezeiten rechnen vom Versicherungsbeginn an.

(2) Die allgemeine Wartezeit beträgt drei Monate. Sie entfällt

a) bei Unfällen;

b) für den Ehegatten oder den Lebenspartner gemäß § 1 Lebenspartnerschaftsgesetz einer mindestens seit drei Monaten versicherten Person, sofern eine gleichartige Versicherung innerhalb zweier Monate nach der Eheschließung bzw. Eintragung der Lebenspartnerschaft beantragt wird.

(3) Die besonderen Wartezeiten betragen für Entbindung, Psychotherapie, Zahnbehandlung, Zahnersatz und Kieferorthopädie acht Monate.

(4) Sofern der Tarif es vorsieht, können die Wartezeiten auf Grund besonderer Vereinbarung erlassen werden, wenn ein ärztliches Zeugnis über den Gesundheitszustand vorgelegt wird.

(5) Personen, die aus der gesetzlichen Krankenversicherung oder aus einem anderen Vertrag über eine Krankheitskostenvollversicherung ausgeschieden sind, wird die nachweislich dort ununterbrochen zurückgelegte

Anhang

Versicherungszeit auf die Wartezeiten angerechnet. Voraussetzung ist, dass die Versicherung spätestens zwei Monate nach Beendigung der Vorversicherung beantragt wurde und der Versicherungsschutz in Abweichung von § 2 Abs. 1 im unmittelbaren Anschluss beginnen soll. Entsprechendes gilt beim Ausscheiden aus einem öffentlichen Dienstverhältnis mit Anspruch auf Heilfürsorge.

(6) Bei Vertragsänderungen gelten die Wartezeitregelungen für den hinzukommenden Teil des Versicherungsschutzes.

§ 4 Umfang der Leistungspflicht

(1) Art und Höhe der Versicherungsleistungen ergeben sich aus dem Tarif mit Tarifbedingungen.

(2) Der versicherten Person steht die Wahl unter den niedergelassenen approbierten Ärzten und Zahnärzten frei. Soweit die Tarifbedingungen nichts anderes bestimmen, dürfen Heilpraktiker im Sinne des deutschen Heilpraktikergesetzes in Anspruch genommen werden.

(3) Arznei-, Verband-, Heil- und Hilfsmittel müssen von den in Abs. 2 genannten Behandlern verordnet, Arzneimittel außerdem aus der Apotheke bezogen werden.

(4) Bei medizinisch notwendiger stationärer Heilbehandlung hat die versicherte Person freie Wahl unter den öffentlichen und privaten Krankenhäusern, die unter ständiger ärztlicher Leitung stehen, über ausreichende diagnostische und therapeutische Möglichkeiten verfügen und Krankengeschichten führen.

(5) Für medizinisch notwendige stationäre Heilbehandlung in Krankenanstalten, die auch Kuren bzw. Sanatoriumsbehandlung durchführen oder Rekonvaleszenten aufnehmen, im übrigen aber die Voraussetzungen von Abs. 4 erfüllen, werden die tariflichen Leistungen nur dann gewährt, wenn der Versicherer diese vor Beginn der Behandlung schriftlich zugesagt hat. Bei Tbc-Erkrankungen wird in vertraglichem Umfange auch für die stationäre Behandlung in Tbc-Heilstätten und -Sanatorien geleistet.

(6) Der Versicherer leistet im vertraglichen Umfang für Untersuchungs- oder Behandlungsmethoden und Arzneimittel, die von der Schulmedizin überwiegend anerkannt sind. Er leistet darüber hinaus für Methoden und Arzneimittel, die sich in der Praxis als ebenso erfolgversprechend bewährt haben oder die angewandt werden, weil keine schulmedizinischen Methoden oder Arzneimittel zur Verfügung stehen; der Versicherer kann jedoch seine Leistungen auf den Betrag herabsetzen, der bei der Anwendung vorhandener schulmedizinischer Methoden oder Arzneimittel angefallen wäre.

I. MB/KK 2009

§ 5 Einschränkung der Leistungspflicht

(1) Keine Leistungspflicht besteht

a) für solche Krankheiten einschließlich ihrer Folgen sowie für Folgen von Unfällen und für Todesfälle, die durch Kriegsereignisse verursacht oder als Wehrdienstbeschädigung anerkannt und nicht ausdrücklich in den Versicherungsschutz eingeschlossen sind;

b) für auf Vorsatz beruhende Krankheiten und Unfälle einschließlich deren Folgen sowie für Entziehungsmaßnahmen einschließlich Entziehungskuren;

c) für Behandlung durch Ärzte, Zahnärzte, Heilpraktiker und in Krankenanstalten, deren Rechnungen der Versicherer aus wichtigem Grunde von der Erstattung ausgeschlossen hat, wenn der Versicherungsfall nach der Benachrichtigung des Versicherungsnehmers über den Leistungsausschluss eintritt. Sofern im Zeitpunkt der Benachrichtigung ein Versicherungsfall schwebt, besteht keine Leistungspflicht für die nach Ablauf von drei Monaten seit der Benachrichtigung entstandenen Aufwendungen;

d) für Kur- und Sanatoriumsbehandlung sowie für Rehabilitationsmaßnahmen der gesetzlichen Rehabilitationsträger, wenn der Tarif nichts anderes vorsieht;

e) für ambulante Heilbehandlung in einem Heilbad oder Kurort. Die Einschränkung entfällt, wenn die versicherte Person dort ihren ständigen Wohnsitz hat oder während eines vorübergehenden Aufenthaltes durch eine vom Aufenthaltszweck unabhängige Erkrankung oder einen dort eingetretenen Unfall Heilbehandlung notwendig wird;

f) –

g) für Behandlungen durch Ehegatten, Lebenspartner gemäß § 1 Lebenspartnerschaftsgesetz, Eltern oder Kinder. Nachgewiesene Sachkosten werden tarifgemäß erstattet.

h) für eine durch Pflegebedürftigkeit oder Verwahrung bedingte Unterbringung.

(2) Übersteigt eine Heilbehandlung oder sonstige Maßnahme, für die Leistungen vereinbart sind, das medizinisch notwendige Maß, so kann der Versicherer seine Leistungen auf einen angemessenen Betrag herabsetzen. Stehen die Aufwendungen für die Heilbehandlung oder sonstigen Leistungen in einem auffälligen Missverhältnis zu den erbrachten Leistungen, ist der Versicherer insoweit nicht zur Leistung verpflichtet.

(3) Besteht auch Anspruch auf Leistungen aus der gesetzlichen Unfallversicherung oder der gesetzlichen Rentenversicherung, auf eine gesetzliche Heilfürsorge oder Unfallfürsorge, so ist der Versicherer, unbeschadet der Ansprüche des Versicherungsnehmers auf Krankenhaustagegeld, nur

Anhang

für die Aufwendungen leistungspflichtig, welche trotz der gesetzlichen Leistungen notwendig bleiben.

(4) Hat die versicherte Person wegen desselben Versicherungsfalles einen Anspruch gegen mehrere Erstattungsverpflichtete, darf die Gesamterstattung die Gesamtaufwendungen nicht übersteigen.

§ 6 Auszahlung der Versicherungsleistungen

(1) Der Versicherer ist zur Leistung nur verpflichtet, wenn die von ihm geforderten Nachweise erbracht sind; diese werden Eigentum des Versicherers.

(2) Im Übrigen ergeben sich die Voraussetzungen für die Fälligkeit der Leistungen des Versicherers aus § 14 VVG.

(3) Der Versicherer ist verpflichtet, an die versicherte Person zu leisten, wenn der Versicherungsnehmer ihm diese in Textform als Empfangsberechtigte für deren Versicherungsleistungen benannt hat. Liegt diese Voraussetzung nicht vor, kann nur der Versicherungsnehmer die Leistung verlangen.

(4) Die in ausländischer Währung entstandenen Krankheitskosten werden zum Kurs des Tages, an dem die Belege beim Versicherer eingehen, in Euro umgerechnet.

(5) Kosten für die Überweisung der Versicherungsleistungen und für Übersetzungen können von den Leistungen abgezogen werden.

(6) Ansprüche auf Versicherungsleistungen können weder abgetreten noch verpfändet werden.

§ 7 Ende des Versicherungsschutzes

Der Versicherungsschutz endet – auch für schwebende Versicherungsfälle – mit der Beendigung des Versicherungsverhältnisses.

Pflichten des Versicherungsnehmers

§ 8 Beitragszahlung

(1) Der Beitrag ist ein Jahresbeitrag und wird vom Versicherungsbeginn an berechnet. Er ist zu Beginn eines jeden Versicherungsjahres zu entrichten, kann aber auch in gleichen monatlichen Beitragsraten gezahlt werden, die jeweils bis zur Fälligkeit der Beitragsrate als gestundet gelten. Die Beitragsraten sind am Ersten eines jeden Monats fällig. Wird der Jahresbeitrag während des Versicherungsjahres neu festgesetzt, so ist der Unterschiedsbetrag vom Änderungszeitpunkt an bis zum Beginn des nächsten Versicherungsjahres nachzuzahlen bzw. zurückzuzahlen.

(2) Wird der Vertrag für eine bestimmte Zeit mit der Maßgabe geschlossen, dass sich das Versicherungsverhältnis nach Ablauf dieser bestimmten

I. MB/KK 2009

Zeit stillschweigend um jeweils ein Jahr verlängert, sofern der Versicherungsnehmer nicht fristgemäß gekündigt hat, so kann der Tarif anstelle von Jahresbeiträgen Monatsbeiträge vorsehen. Diese sind am Ersten eines jeden Monats fällig.

(3) Wird der Versicherungsvertrag über eine der Erfüllung der Pflicht zur Versicherung dienende Krankheitskostenversicherung (§ 193 Abs. 3 VVG) später als einen Monat nach Entstehen der Pflicht zur Versicherung beantragt, ist ein Beitragszuschlag in Höhe eines Monatsbeitrags für jeden weiteren angefangenen Monat der Nichtversicherung zu entrichten, ab dem sechsten Monat der Nichtversicherung für jeden weiteren angefangenen Monat der Nichtversicherung ein Sechstel des Monatsbeitrags. Kann die Dauer der Nichtversicherung nicht ermittelt werden, ist davon auszugehen, dass der Versicherte mindestens fünf Jahre nicht versichert war; Zeiten vor dem 1. Januar 2009 werden nicht berücksichtigt. Der Beitragszuschlag ist einmalig zusätzlich zum laufenden Beitrag zu entrichten. Der Versicherungsnehmer kann vom Versicherer die Stundung des Beitragszuschlags verlangen, wenn ihn die sofortige Zahlung ungewöhnlich hart treffen würde und den Interessen des Versicherers durch die Vereinbarung einer angemessenen Ratenzahlung Rechnung getragen werden kann. Der gestundete Betrag wird verzinst.

(4) Der erste Beitrag bzw. die erste Beitragsrate ist, sofern nicht anders vereinbart, unverzüglich nach Ablauf von zwei Wochen nach Zugang des Versicherungsscheines zu zahlen.

(5) Kommt der Versicherungsnehmer mit der Zahlung einer Beitragsrate in Verzug, so werden die gestundeten Beitragsraten des laufenden Versicherungsjahres fällig. Sie gelten jedoch erneut als gestundet, wenn der rückständige Beitragsteil einschließlich der Beitragsrate für den am Tage der Zahlung laufenden Monat und die Mahnkosten entrichtet sind.

(6) Ist der Versicherungsnehmer bei einer der Erfüllung der Pflicht zur Versicherung dienenden Krankheitskostenversicherung (§ 193 Abs. 3 VVG) mit einem Betrag in Höhe von Beitragsanteilen für zwei Monate im Rückstand, mahnt ihn der Versicherer unter Hinweis auf das mögliche Ruhen des Versicherungsschutzes. Ist der Rückstand zwei Wochen nach Zugang dieser Mahnung noch höher als der Beitragsanteil für einen Monat, stellt der Versicherer das Ruhen der Leistungen fest. Das Ruhen tritt drei Tage nach Zugang dieser Mitteilung beim Versicherungsnehmer ein. Während der Ruhenszeit haftet der Versicherer ungeachtet des versicherten Tarifs ausschließlich für Aufwendungen, die zur Behandlung akuter Erkrankungen und Schmerzzustände sowie bei Schwangerschaft und Mutterschaft erforderlich sind; die Erstattungspflicht beschränkt sich nach Grund und Höhe auf ausreichende, zweckmäßige und wirtschaftliche Leistungen. Darüber hinaus hat der Versicherungsnehmer für jeden angefangenen Mo-

nat des Rückstandes einen Säumniszuschlag von 1% des Beitragsrückstandes sowie Mahnkosten in nachgewiesener Höhe, mindestens 5 Euro je Mahnung, zu entrichten.

Das Ruhen endet, wenn alle rückständigen und die auf die Zeit des Ruhens entfallenen Beitragsanteile gezahlt sind oder wenn der Versicherungsnehmer oder die versicherte Person hilfebedürftig im Sinne des Zweiten Buchs Sozialgesetzbuch oder des Zwölften Buchs Sozialgesetzbuch wird. Die Hilfebedürftigkeit ist durch eine Bescheinigung des zuständigen Trägers nach dem Zweiten Buch Sozialgesetzbuch oder dem Zwölften Buch Sozialgesetzbuch nachzuweisen; der Versicherer kann in angemessenen Abständen die Vorlage einer neuen Bescheinigung verlangen. Sind die ausstehenden Beitragsanteile, Säumniszuschläge und Beitreibungskosten nicht innerhalb eines Jahres nach Beginn des Ruhens vollständig bezahlt, so wird das Ruhen der Versicherung im Basistarif gemäß § 12 Abs. 1a VAG fortgesetzt.

(7) Bei anderen als den in Abs. 6 genannten Versicherungen kann die nicht rechtzeitige Zahlung des Erstbeitrages oder eines Folgebeitrages unter den Voraussetzungen der §§ 37 und 38 VVG zum Verlust des Versicherungsschutzes führen. Ist ein Beitrag bzw. eine Beitragsrate nicht rechtzeitig gezahlt und wird der Versicherungsnehmer in Textform gemahnt, so ist er zur Zahlung der Mahnkosten verpflichtet, deren Höhe sich aus dem Tarif ergibt.

(8) Wird das Versicherungsverhältnis vor Ablauf der Vertragslaufzeit beendet, steht dem Versicherer für diese Vertragslaufzeit nur derjenige Teil des Beitrags bzw. der Beitragsrate zu, der dem Zeitraum entspricht, in dem der Versicherungsschutz bestanden hat. Wird das Versicherungsverhältnis durch Rücktritt auf Grund des § 19 Abs. 2 VVG oder durch Anfechtung des Versicherers wegen arglistiger Täuschung beendet, steht dem Versicherer der Beitrag bzw. die Beitragsrate bis zum Wirksamwerden der Rücktritts- oder Anfechtungserklärung zu. Tritt der Versicherer zurück, weil der erste Beitrag bzw. die erste Beitragsrate nicht rechtzeitig gezahlt wird, kann er eine angemessene Geschäftsgebühr verlangen.

(9) Die Beiträge sind an die vom Versicherer zu bezeichnende Stelle zu entrichten.

§ 8a Beitragsberechnung

(1) Die Berechnung der Beiträge erfolgt nach Maßgabe der Vorschriften des Versicherungsaufsichtsgesetzes (VAG) und ist in den technischen Berechnungsgrundlagen des Versicherers festgelegt.

(2) Bei einer Änderung der Beiträge, auch durch Änderung des Versicherungsschutzes, wird das Geschlecht und das (die) bei Inkrafttreten der

I. MB/KK 2009

Änderung erreichte tarifliche Lebensalter (Lebensaltersgruppe) der versicherten Person berücksichtigt. Dabei wird dem Eintrittsalter der versicherten Person dadurch Rechnung getragen, dass eine Alterungsrückstellung gemäß den in den technischen Berechnungsgrundlagen festgelegten Grundsätzen angerechnet wird. Eine Erhöhung der Beiträge oder eine Minderung der Leistungen des Versicherers wegen des Älterwerdens der versicherten Person ist jedoch während der Dauer des Versicherungsverhältnisses ausgeschlossen, soweit eine Alterungsrückstellung zu bilden ist.

(3) Bei Beitragsänderungen kann der Versicherer auch besonders vereinbarte Risikozuschläge entsprechend ändern.

(4) Liegt bei Vertragsänderungen ein erhöhtes Risiko vor, steht dem Versicherer für den hinzukommenden Teil des Versicherungsschutzes zusätzlich zum Beitrag ein angemessener Zuschlag zu. Dieser bemisst sich nach den für den Geschäftsbetrieb des Versicherers zum Ausgleich erhöhter Risiken maßgeblichen Grundsätzen.

§ 8b Beitragsanpassung

(1) Im Rahmen der vertraglichen Leistungszusage können sich die Leistungen des Versicherers z. B. wegen steigender Heilbehandlungskosten, einer häufigeren Inanspruchnahme medizinischer Leistungen oder aufgrund steigender Lebenserwartung ändern. Dementsprechend vergleicht der Versicherer zumindest jährlich für jeden Tarif die erforderlichen mit den in den technischen Berechnungsgrundlagen kalkulierten Versicherungsleistungen und Sterbewahrscheinlichkeiten. Ergibt diese Gegenüberstellung für eine Beobachtungseinheit eines Tarifs eine Abweichung von mehr als dem gesetzlich oder tariflich festgelegten Vomhundertsatz, werden alle Beiträge dieser Beobachtungseinheit vom Versicherer überprüft und, soweit erforderlich, mit Zustimmung des Treuhänders angepasst. Unter den gleichen Voraussetzungen kann auch eine betragsmäßig festgelegte Selbstbeteiligung angepasst und ein vereinbarter Risikozuschlag entsprechend geändert werden. Im Zuge einer Beitragsanpassung werden auch der für die Beitragsgarantie im Standardtarif erforderliche Zuschlag (§ 19 Abs. 1 Satz 2) sowie der für die Betragsbegrenzungen im Basistarif erforderliche Zuschlag (§ 20 Satz 2) mit den jeweils kalkulierten Zuschlägen verglichen, und, soweit erforderlich, angepasst.

(2) Von einer Beitragsanpassung kann abgesehen werden, wenn nach übereinstimmender Beurteilung durch den Versicherer und den Treuhänder die Veränderung der Versicherungsleistungen als vorübergehend anzusehen ist.

(3) Beitragsanpassungen sowie Änderungen von Selbstbeteiligungen und evtl. vereinbarten Risikozuschlägen werden zu Beginn des zweiten Monats wirksam, der auf die Benachrichtigung des Versicherungsnehmers folgt.

Anhang

§ 9 Obliegenheiten

(1) Jede Krankenhausbehandlung ist binnen 10 Tagen nach ihrem Beginn anzuzeigen.

(2) Der Versicherungsnehmer und die als empfangsberechtigt benannte versicherte Person (vgl. § 6 Abs. 3) haben auf Verlangen des Versicherers jede Auskunft zu erteilen, die zur Feststellung des Versicherungsfalles oder der Leistungspflicht des Versicherers und ihres Umfanges erforderlich ist.

(3) Auf Verlangen des Versicherers ist die versicherte Person verpflichtet, sich durch einen vom Versicherer beauftragten Arzt untersuchen zu lassen.

(4) Die versicherte Person hat nach Möglichkeit für die Minderung des Schadens zu sorgen und alle Handlungen zu unterlassen, die der Genesung hinderlich sind.

(5) Wird für eine versicherte Person bei einem weiteren Versicherer ein Krankheitskostenversicherungsvertrag abgeschlossen oder macht eine versicherte Person von der Versicherungsberechtigung in der gesetzlichen Krankenversicherung Gebrauch, ist der Versicherungsnehmer verpflichtet, den Versicherer von der anderen Versicherung unverzüglich zu unterrichten.

(6) Eine weitere Krankenhaustagegeldversicherung darf nur mit Einwilligung des Versicherers abgeschlossen werden.

§ 10 Folgen von Obliegenheitsverletzungen

(1) Der Versicherer ist mit den in § 28 Abs. 2 bis 4 VVG vorgeschriebenen Einschränkungen ganz oder teilweise von der Verpflichtung zur Leistung frei, wenn eine der in § 9 Abs. 1 bis 6 genannten Obliegenheiten verletzt wird.

(2) Wird eine der in § 9 Abs. 5 und 6 genannten Obliegenheiten verletzt, so kann der Versicherer ein Versicherungsverhältnis, das nicht der Erfüllung der Pflicht zur Versicherung (§ 193 Abs. 3 VVG) dient, unter der Voraussetzung des § 28 Abs. 1 VVG innerhalb eines Monats nach dem Bekanntwerden der Obliegenheitsverletzung ohne Einhaltung einer Frist auch kündigen.

(3) Die Kenntnis und das Verschulden der versicherten Person stehen der Kenntnis und dem Verschulden des Versicherungsnehmers gleich.

§ 11 Obliegenheiten und Folgen bei Obliegenheitsverletzungen bei Ansprüchen gegen Dritte

(1) Hat der Versicherungsnehmer oder eine versicherte Person Ersatzansprüche gegen Dritte, so besteht, unbeschadet des gesetzlichen Forderungsüberganges gemäß § 86 VVG, die Verpflichtung, diese Ansprüche

I. MB/KK 2009

bis zur Höhe, in der aus dem Versicherungsvertrag Ersatz (Kostenerstattung sowie Sach- und Dienstleistung) geleistet wird, an den Versicherer schriftlich abzutreten.

(2) Der Versicherungsnehmer oder die versicherte Person hat seinen (ihren) Ersatzanspruch oder ein zur Sicherung dieses Anspruchs dienendes Recht unter Beachtung der geltenden Form- und Fristvorschriften zu wahren und bei dessen Durchsetzung durch den Versicherer soweit erforderlich mitzuwirken.

(3) Verletzt der Versicherungsnehmer oder eine versicherte Person vorsätzlich die in den Absätzen 1 und 2 genannten Obliegenheiten, ist der Versicherer zur Leistung insoweit nicht verpflichtet, als er infolge dessen keinen Ersatz von dem Dritten erlangen kann. Im Falle einer grob fahrlässigen Verletzung der Obliegenheit ist der Versicherer berechtigt, seine Leistung in einem der Schwere des Verschuldens entsprechenden Verhältnis zu kürzen.

(4) Steht dem Versicherungsnehmer oder einer versicherten Person ein Anspruch auf Rückzahlung ohne rechtlichen Grund gezahlter Entgelte gegen den Erbringer von Leistungen zu, für die der Versicherer auf Grund des Versicherungsvertrages Erstattungsleistungen erbracht hat, sind die Absätze 1 bis 3 entsprechend anzuwenden.

§ 12 Aufrechnung

Der Versicherungsnehmer kann gegen Forderungen des Versicherers nur aufrechnen, soweit die Gegenforderung unbestritten oder rechtskräftig festgestellt ist. Gegen eine Forderung aus der Beitragspflicht kann jedoch ein Mitglied eines Versicherungsvereins nicht aufrechnen.

Ende der Versicherung

§ 13 Kündigung durch den Versicherungsnehmer

(1) Der Versicherungsnehmer kann das Versicherungsverhältnis zum Ende eines jeden Versicherungsjahres, frühestens aber zum Ablauf einer vereinbarten Vertragsdauer von bis zu zwei Jahren, mit einer Frist von drei Monaten kündigen.

(2) Die Kündigung kann auf einzelne versicherte Personen oder Tarife beschränkt werden.

(3) Wird eine versicherte Person kraft Gesetzes in der gesetzlichen Krankenversicherung versicherungspflichtig, so kann der Versicherungsnehmer binnen drei Monaten nach Eintritt der Versicherungspflicht eine Krankheitskostenversicherung oder eine dafür bestehende Anwartschaftsversicherung rückwirkend zum Eintritt der Versicherungspflicht kündigen. Die Kündigung ist unwirksam, wenn der Versicherungsnehmer den Eintritt der

Anhang

Versicherungspflicht nicht innerhalb von zwei Monaten nachweist, nachdem der Versicherer ihn hierzu in Textform aufgefordert hat, es sei denn, der Versicherungsnehmer hat die Versäumung dieser Frist nicht zu vertreten. Macht der Versicherungsnehmer von seinem Kündigungsrecht Gebrauch, steht dem Versicherer der Beitrag nur bis zum Zeitpunkt des Eintritts der Versicherungspflicht zu. Später kann der Versicherungsnehmer die Krankheitskostenversicherung oder eine dafür bestehende Anwartschaftsversicherung zum Ende des Monats kündigen, in dem er den Eintritt der Versicherungspflicht nachweist. Dem Versicherer steht der Beitrag in diesem Fall bis zum Ende des Versicherungsvertrages zu. Der Versicherungspflicht steht gleich der gesetzliche Anspruch auf Familienversicherung oder der nicht nur vorübergehende Anspruch auf Heilfürsorge aus einem beamtenrechtlichen oder ähnlichen Dienstverhältnis.

(4) Hat eine Vereinbarung im Versicherungsvertrag zur Folge, dass bei Erreichen eines bestimmten Lebensalters oder bei Eintritt anderer dort genannter Voraussetzungen der Beitrag für ein anderes Lebensalter oder eine andere Altersgruppe gilt oder der Beitrag unter Berücksichtigung einer Alterungsrückstellung berechnet wird, kann der Versicherungsnehmer das Versicherungsverhältnis hinsichtlich der betroffenen versicherten Person binnen zwei Monaten nach der Änderung zum Zeitpunkt deren Inkrafttretens kündigen, wenn sich der Beitrag durch die Änderung erhöht.

(5) Erhöht der Versicherer die Beiträge aufgrund der Beitragsanpassungsklausel oder vermindert er seine Leistungen gemäß § 18 Abs. 1, so kann der Versicherungsnehmer das Versicherungsverhältnis hinsichtlich der betroffenen versicherten Person innerhalb eines Monats nach Zugang der Änderungsmitteilung zum Zeitpunkt des Wirksamwerdens der Änderung kündigen. Bei einer Beitragserhöhung kann der Versicherungsnehmer das Versicherungsverhältnis auch bis und zum Zeitpunkt des Wirksamwerdens der Erhöhung kündigen.

(6) Der Versicherungsnehmer kann, sofern der Versicherer die Anfechtung, den Rücktritt oder die Kündigung nur für einzelne versicherte Personen oder Tarife erklärt, innerhalb von zwei Wochen nach Zugang dieser Erklärung die Aufhebung des übrigen Teils der Versicherung zum Schlusse des Monats verlangen, in dem ihm die Erklärung des Versicherers zugegangen ist, bei Kündigung zu dem Zeitpunkt, in dem diese wirksam wird.

(7) Dient das Versicherungsverhältnis der Erfüllung der Pflicht zur Versicherung (§ 193 Abs. 3 VVG), setzt die Kündigung nach den Abs. 1, 2, 4, 5 und 6 voraus, dass für die versicherte Person bei einem anderen Versicherer ein neuer Vertrag abgeschlossen wird, der den Anforderungen an die Pflicht zur Versicherung genügt. Die Kündigung wird erst wirksam, wenn der Versicherungsnehmer innerhalb der Kündigungsfrist nachweist,

I. MB/KK 2009

dass die versicherte Person bei einem neuen Versicherer ohne Unterbrechung versichert ist.

(8) Bei Kündigung einer Krankheitskostenvollversicherung und gleichzeitigem Abschluss eines neuen substitutiven Vertrages (§ 195 Abs. 1 VVG) kann der Versicherungsnehmer verlangen, dass der Versicherer die kalkulierte Alterungsrückstellung der versicherten Person in Höhe des nach dem 31. Dezember 2008 ab Beginn der Versicherung im jeweiligen Tarif aufgebauten Übertragungswertes nach Maßgabe von § 12 Abs. 1 Nr. 5 VAG auf deren neuen Versicherer überträgt. Dies gilt nicht für vor dem 1. Januar 2009 abgeschlossene Verträge.

(9) Bestehen bei Beendigung des Versicherungsverhältnisses Beitragsrückstände, kann der Versicherer den Übertragungswert bis zum vollständigen Beitragsausgleich zurückbehalten.

(10) Kündigt der Versicherungsnehmer das Versicherungsverhältnis insgesamt oder für einzelne versicherte Personen, haben die versicherten Personen das Recht, das Versicherungsverhältnis unter Benennung des künftigen Versicherungsnehmers fortzusetzen. Die Erklärung ist innerhalb zweier Monate nach der Kündigung abzugeben. Die Kündigung ist nur wirksam, wenn der Versicherungsnehmer nachweist, dass die betroffenen versicherten Personen von der Kündigungserklärung Kenntnis erlangt haben.

(11) Soweit die Krankenversicherung nach Art der Lebensversicherung betrieben wird, haben der Versicherungsnehmer und die versicherten Personen das Recht, einen gekündigten Vertrag in Form einer Anwartschaftsversicherung fortzusetzen.

§ 14 Kündigung durch den Versicherer

(1) In einer der Erfüllung der Pflicht zur Versicherung dienenden Krankheitskostenversicherung (§ 193 Abs. 3 VVG) sowie in der substitutiven Krankheitskostenversicherung gemäß § 195 Abs. 1 VVG ist das ordentliche Kündigungsrecht ausgeschlossen. Dies gilt auch für eine Krankenhaustagegeldversicherung, die neben einer Krankheitskostenvollversicherung besteht.

(2) Liegen bei einer Krankenhaustagegeldversicherung oder einer Krankheitskostenteilversicherung die Voraussetzungen nach Abs. 1 nicht vor, so kann der Versicherer das Versicherungsverhältnis nur innerhalb der ersten drei Versicherungsjahre mit einer Frist von drei Monaten zum Ende eines Versicherungsjahres kündigen.

(3) Die gesetzlichen Bestimmungen über das außerordentliche Kündigungsrecht bleiben unberührt.

(4) Die Kündigung kann auf einzelne versicherte Personen oder Tarife beschränkt werden.

(5) Kündigt der Versicherer das Versicherungsverhältnis insgesamt oder für einzelne versicherte Personen, gilt § 13 Abs. 10 Sätze 1 und 2 entsprechend.

§ 15 Sonstige Beendigungsgründe

(1) Das Versicherungsverhältnis endet mit dem Tod des Versicherungsnehmers. Die versicherten Personen haben jedoch das Recht, das Versicherungsverhältnis unter Benennung des künftigen Versicherungsnehmers fortzusetzen. Die Erklärung ist innerhalb zweier Monate nach dem Tode des Versicherungsnehmers abzugeben.

(2) Beim Tod einer versicherten Person endet insoweit das Versicherungsverhältnis.

(3)[3] Verlegt eine versicherte Person ihren gewöhnlichen Aufenthalt in einen anderen Staat als die in § 1 Absatz 5 genannten, endet insoweit das Versicherungsverhältnis, es sei denn, dass es aufgrund einer anderweitigen Vereinbarung fortgesetzt wird. Der Versicherer kann im Rahmen dieser anderweitigen Vereinbarung einen angemessenen Beitragszuschlag verlangen. Bei nur vorübergehender Verlegung des gewöhnlichen Aufenthaltes in einen anderen Staat als die in § 1 Abs. 5 genannten kann verlangt werden, das Versicherungsverhältnis in eine Anwartschaftsversicherung umzuwandeln.

Sonstige Bestimmungen

§ 16 Willenserklärungen und Anzeigen

Willenserklärungen und Anzeigen gegenüber dem Versicherer bedürfen der Schriftform, sofern nicht ausdrücklich Textform vereinbart ist.

§ 17 Gerichtsstand

(1) Für Klagen aus dem Versicherungsverhältnis gegen den Versicherungsnehmer ist das Gericht des Ortes zuständig, an dem der Versicherungsnehmer seinen Wohnsitz oder in Ermangelung eines solchen seinen gewöhnlichen Aufenthalt hat.

(2) Klagen gegen den Versicherer können bei dem Gericht am Wohnsitz oder gewöhnlichen Aufenthalt des Versicherungsnehmers oder bei dem Gericht am Sitz des Versicherers anhängig gemacht werden.

(3) Verlegt der Versicherungsnehmer nach Vertragsschluss seinen Wohnsitz oder gewöhnlichen Aufenthalt in einen Staat, der nicht Mitglied-

---

[3] Unverbindliche Empfehlung.

I. MB/KK 2009

staat der Europäischen Union oder Vertragsstaat des Abkommens über den Europäischen Wirtschaftsraum ist, oder ist sein Wohnsitz oder gewöhnlicher Aufenthalt im Zeitpunkt der Klageerhebung nicht bekannt, ist das Gericht am Sitz des Versicherers zuständig.

§ 18 Änderungen der Allgemeinen Versicherungsbedingungen

(1) Bei einer nicht nur als vorübergehend anzusehenden Veränderung der Verhältnisse des Gesundheitswesens können die Allgemeinen Versicherungsbedingungen und die Tarifbestimmungen den veränderten Verhältnissen angepasst werden, wenn die Änderungen zur hinreichenden Wahrung der Belange der Versicherungsnehmer erforderlich erscheinen und ein unabhängiger Treuhänder die Voraussetzungen für die Änderungen überprüft und ihre Angemessenheit bestätigt hat. Die Änderungen werden zu Beginn des zweiten Monats wirksam, der auf die Mitteilung der Änderungen und der hierfür maßgeblichen Gründe an den Versicherungsnehmer folgt.

(2) Ist eine Bestimmung in den Allgemeinen Versicherungsbedingungen durch höchstrichterliche Entscheidung oder durch einen bestandskräftigen Verwaltungsakt für unwirksam erklärt worden, kann sie der Versicherer durch eine neue Regelung ersetzen, wenn dies zur Fortführung des Vertrags notwendig ist oder wenn das Festhalten an dem Vertrag ohne neue Regelung für eine Vertragspartei auch unter Berücksichtigung der Interessen der anderen Vertragspartei eine unzumutbare Härte darstellen würde. Die neue Regelung ist nur wirksam, wenn sie unter Wahrung des Vertragsziels die Belange der Versicherungsnehmer angemessen berücksichtigt. Sie wird zwei Wochen, nachdem die neue Regelung und die hierfür maßgeblichen Gründe dem Versicherungsnehmer mitgeteilt worden sind, Vertragsbestandteil.

§ 19 Wechsel in den Standardtarif

(1) Der Versicherungsnehmer kann verlangen, dass versicherte Personen seines Vertrages, die die in § 257 Abs. 2a Nr. 2, 2a und 2b SGB V in der bis zum 31. Dezember 2008 geltenden Fassung genannten Voraussetzungen erfüllen, in den Standardtarif mit Höchstbeitragsgarantie wechseln können. Zur Gewährleistung dieser Beitragsgarantie wird der in den technischen Berechnungsgrundlagen festgelegte Zuschlag erhoben. Neben dem Standardtarif darf gemäß Nr. 1 Abs. 5 und Nr. 9 der Tarifbedingungen für den Standardtarif für eine versicherte Person keine weitere Krankheitskostenteil- oder -vollversicherung bestehen. Der Wechsel ist jederzeit nach Erfüllung der gesetzlichen Voraussetzungen möglich; die Versicherung im Standardtarif beginnt zum Ersten des Monats, der auf den Antrag des Versicherungsnehmers auf Wechsel in den Standardtarif folgt.

(2) Absatz 1 gilt nicht für ab dem 1. Januar 2009 abgeschlossene Verträge.

Anhang

§ 20 Wechsel in den Basistarif

Der Versicherungsnehmer kann verlangen, dass versicherte Personen seines Vertrages in den Basistarif mit Höchstbeitragsgarantie und Beitragsminderung bei Hilfebedürftigkeit wechseln können, wenn der erstmalige Abschluss der bestehenden Krankheitskostenvollversicherung ab dem 1. Januar 2009 erfolgte oder die versicherte Person das 55. Lebensjahr vollendet hat oder das 55. Lebensjahr noch nicht vollendet hat, aber die Voraussetzungen für den Anspruch auf eine Rente der gesetzlichen Rentenversicherung erfüllt und diese Rente beantragt hat oder ein Ruhegehalt nach beamtenrechtlichen oder vergleichbaren Vorschriften bezieht oder hilfebedürftig nach dem Zweiten oder Zwölften Buch Sozialgesetzbuch ist. Zur Gewährleistung dieser Beitragsbegrenzungen wird der in den technischen Berechnungsgrundlagen festgelegte Zuschlag erhoben. § 19 Abs. 1 Satz 4 gilt entsprechend.

II. Musterbedingungen 2009 für die Krankentagegeldversicherung (MB/KT 2009) §§ 1–18

Der Versicherungsschutz

§ 1 Gegenstand, Umfang und Geltungsbereich des Versicherungsschutzes

(1) Der Versicherer bietet Versicherungsschutz gegen Verdienstausfall als Folge von Krankheiten oder Unfällen, soweit dadurch Arbeitsunfähigkeit verursacht wird. Er zahlt im Versicherungsfall für die Dauer einer Arbeitsunfähigkeit ein Krankentagegeld in vertraglichem Umfang.

(2) Versicherungsfall ist die medizinisch notwendige Heilbehandlung einer versicherten Person wegen Krankheit oder Unfallfolgen, in deren Verlauf Arbeitsunfähigkeit ärztlich festgestellt wird. Der Versicherungsfall beginnt mit der Heilbehandlung; er endet, wenn nach medizinischem Befund keine Arbeitsunfähigkeit und keine Behandlungsbedürftigkeit mehr bestehen. Eine während der Behandlung neu eingetretene und behandelte Krankheit oder Unfallfolge, in deren Verlauf Arbeitsunfähigkeit ärztlich festgestellt wird, begründet nur dann einen neuen Versicherungsfall, wenn sie mit der ersten Krankheit oder Unfallfolge in keinem ursächlichen Zusammenhang steht. Wird Arbeitsunfähigkeit gleichzeitig durch mehrere Krankheiten oder Unfallfolgen hervorgerufen, so wird das Krankentagegeld nur einmal gezahlt.

(3) Arbeitsunfähigkeit im Sinne dieser Bedingungen liegt vor, wenn die versicherte Person ihre berufliche Tätigkeit nach medizinischem Befund vorübergehend in keiner Weise ausüben kann, sie auch nicht ausübt und keiner anderweitigen Erwerbstätigkeit nachgeht.

(4) Der Umfang des Versicherungsschutzes ergibt sich aus dem Versicherungsschein, späteren schriftlichen Vereinbarungen, den Allgemeinen Versicherungsbedingungen (Musterbedingungen mit Anhang, Tarif mit Tarifbedingungen) sowie den gesetzlichen Vorschriften. Das Versicherungsverhältnis unterliegt deutschem Recht.

(5) Der Versicherungsnehmer kann die Umwandlung der Versicherung in einen gleichartigen Versicherungsschutz verlangen, sofern die versicherte Person die Voraussetzungen für die Versicherungsfähigkeit erfüllt. Der Versicherer ist zur Annahme eines solchen Antrags spätestens zu dem Zeitpunkt verpflichtet, zu dem der Versicherungsnehmer die Versicherung hätte kündigen können (§ 13)[1]. Die erworbenen Rechte bleiben erhalten; die nach den technischen Berechnungsgrundlagen gebildete Rückstellung für das mit dem Alter der versicherten Person wachsende Wagnis (Alterungsrückstellung) wird nach Maßgabe dieser Berechnungsgrundlagen

angerechnet. Soweit der neue Versicherungsschutz höher oder umfassender ist, kann insoweit ein Risikozuschlag (§ 8a Abs. 3 und 4) verlangt oder ein Leistungsausschluss vereinbart werden; ferner sind für den hinzukommenden Teil des Versicherungsschutzes Wartezeiten (§ 3 Abs. 6) einzuhalten. Der Umwandlungsanspruch besteht bei Anwartschafts- und Ruhensversicherungen nicht, solange der Anwartschaftsgrund bzw. der Ruhensgrund nicht entfallen ist, und nicht bei befristeten Versicherungsverhältnissen.[1]

(6) Der Versicherungsschutz erstreckt sich auf Deutschland.

(7) Bei einem vorübergehenden Aufenthalt im europäischen Ausland wird für im Ausland akut eingetretene Krankheiten oder Unfälle das Krankentagegeld in vertraglichem Umfang für die Dauer einer medizinisch notwendigen stationären Heilbehandlung in einem öffentlichen Krankenhaus gezahlt. Für einen vorübergehenden Aufenthalt im außereuropäischen Ausland können besondere Vereinbarungen getroffen werden.

(8) Verlegt eine versicherte Person ihren gewöhnlichen Aufenthalt in einen anderen Mitgliedstaat der Europäischen Union oder einen anderen Vertragsstaat des Abkommens über den Europäischen Wirtschaftsraum, wird für in diesem Staat akut eingetretene Krankheiten oder Unfälle das Krankentagegeld in vertraglichem Umfang für die Dauer einer medizinisch notwendigen stationären Heilbehandlung in einem öffentlichen Krankenhaus gezahlt.

§ 2 Beginn des Versicherungsschutzes

Der Versicherungsschutz beginnt mit dem im Versicherungsschein bezeichneten Zeitpunkt (Versicherungsbeginn), jedoch nicht vor Abschluss des Versicherungsvertrages (insbesondere Zugang des Versicherungsscheines oder einer schriftlichen Annahmeerklärung) und nicht vor Ablauf von Wartezeiten. Für Versicherungsfälle, die vor Beginn des Versicherungsschutzes eingetreten sind, wird nicht geleistet. Nach Abschluss des Versicherungsvertrages eingetretene Versicherungsfälle sind nur für den Teil von der Leistungspflicht ausgeschlossen, der in die Zeit vor Versicherungsbeginn oder in Wartezeiten fällt. Bei Vertragsänderungen gelten die Sätze 1 bis 3 für den hinzukommenden Teil des Versicherungsschutzes.

---

[1] Die BaFin vertritt die Auffassung, dass die vorgesehene Annahmefrist das Recht des VN nach § 178f VVG a. F. beschränke, den Tarif zu dem von ihm gewünschten Zeitpunkt zu wechseln, so dass ein Verstoß gegen § 178o VVG a. F. vorliege. Die Annahme des Antrags müsse entsprechend dem allgemeinen Vertragsrecht in einer angemessenen Frist erfolgen.

II. MB/KT 2009

§ 3 Wartezeiten

(1) Die Wartezeiten rechnen vom Versicherungsbeginn an.

(2) Die allgemeine Wartezeit beträgt drei Monate. Sie entfällt bei Unfällen.

(3) Die besonderen Wartezeiten betragen für Psychotherapie, Zahnbehandlung, Zahnersatz und Kieferorthopädie acht Monate.

(4) Sofern der Tarif es vorsieht, können die Wartezeiten aufgrund besonderer Vereinbarung erlassen werden, wenn ein ärztliches Zeugnis über den Gesundheitszustand vorgelegt wird.

(5) Personen, die aus der privaten oder gesetzlichen Krankenversicherung ausgeschieden sind, wird bis zur Höhe des bisherigen Krankentagegeld- oder Krankengeldanspruchs die nachweislich dort ununterbrochen zurückgelegte Versicherungszeit auf die Wartezeiten angerechnet. Voraussetzung ist, dass die Versicherung spätestens zwei Monate nach Beendigung der Vorversicherung zusammen mit einer Krankheitskostenversicherung beantragt wurde und der Versicherungsschutz in Abweichung von § 2 im unmittelbaren Anschluss beginnen soll. Entsprechendes gilt beim Ausscheiden aus einem öffentlichen Dienstverhältnis mit Anspruch auf Heilfürsorge.

(6) Bei Vertragsänderungen gelten die Wartezeitenregelungen für den hinzukommenden Teil des Versicherungsschutzes.

§ 4 Umfang der Leistungspflicht

(1) Höhe und Dauer der Versicherungsleistungen ergeben sich aus dem Tarif mit Tarifbedingungen.

(2) Das Krankentagegeld darf zusammen mit sonstigen Krankentage- und Krankengeldern das auf den Kalendertag umgerechnete, aus der beruflichen Tätigkeit herrührende Nettoeinkommen nicht übersteigen. Maßgebend für die Berechnung des Nettoeinkommens ist der Durchschnittsverdienst der letzten 12 Monate vor Antragstellung bzw. vor Eintritt der Arbeitsunfähigkeit, sofern der Tarif keinen anderen Zeitraum vorsieht.

(3) Der Versicherungsnehmer ist verpflichtet, dem Versicherer unverzüglich eine nicht nur vorübergehende Minderung des aus der Berufstätigkeit herrührenden Nettoeinkommens mitzuteilen.

(4) Erlangt der Versicherer davon Kenntnis, dass das Nettoeinkommen der versicherten Person unter die Höhe des dem Vertrage zugrunde gelegten Einkommens gesunken ist, so kann er ohne Unterschied, ob der Versicherungsfall bereits eingetreten ist oder nicht, das Krankentagegeld und den Beitrag mit Wirkung vom Beginn des zweiten Monats nach Kenntnis entsprechend dem geminderten Nettoeinkommen herabsetzen. Bis zum

Zeitpunkt der Herabsetzung wird die Leistungspflicht im bisherigen Umfang für eine bereits eingetretene Arbeitsunfähigkeit nicht berührt.

(5) Die Zahlung von Krankentagegeld setzt voraus, dass die versicherte Person während der Dauer der Arbeitsunfähigkeit durch einen niedergelassenen approbierten Arzt oder Zahnarzt bzw. im Krankenhaus behandelt wird.

(6) Der versicherten Person steht die Wahl unter den niedergelassenen approbierten Ärzten und Zahnärzten frei.

(7) Eintritt und Dauer der Arbeitsunfähigkeit sind durch Bescheinigung des behandelnden Arztes oder Zahnarztes nachzuweisen. Etwaige Kosten derartiger Nachweise hat der Versicherungsnehmer zu tragen. Bescheinigungen von Ehegatten, Lebenspartnern gemäß § 1 Lebenspartnerschaftsgesetz, Eltern oder Kindern reichen zum Nachweis der Arbeitsunfähigkeit nicht aus.

(8) Bei medizinisch notwendiger stationärer Heilbehandlung hat die versicherte Person freie Wahl unter den öffentlichen und privaten Krankenhäusern, die unter ständiger ärztlicher Leitung stehen, über ausreichende diagnostische und therapeutische Möglichkeiten verfügen und Krankengeschichten führen.

(9) Bei medizinisch notwendiger stationärer Heilbehandlung in Krankenanstalten, die auch Kuren bzw. Sanatoriumsbehandlung durchführen oder Rekonvaleszenten aufnehmen, im Übrigen aber die Voraussetzungen von Abs. 8 erfüllen, werden die tariflichen Leistungen nur dann erbracht, wenn der Versicherer diese vor Beginn der Behandlung schriftlich zugesagt hat. Bei Tbc-Erkrankungen wird in vertraglichem Umfange auch bei stationärer Behandlung in Tbc-Heilstätten und -Sanatorien geleistet.

§ 5 Einschränkung der Leistungspflicht

(1) Keine Leistungspflicht besteht bei Arbeitsunfähigkeit

a) wegen solcher Krankheiten einschließlich ihrer Folgen, sowie wegen Folgen von Unfällen, die durch Kriegsereignisse verursacht oder als Wehrdienstbeschädigungen anerkannt und nicht ausdrücklich in den Versicherungsschutz eingeschlossen sind;

b) wegen auf Vorsatz beruhender Krankheiten und Unfälle einschließlich deren Folgen sowie wegen Entziehungsmaßnahmen einschließlich Entziehungskuren;

c) wegen Krankheiten und Unfallfolgen, die auf eine durch Alkoholgenuss bedingte Bewusstseinsstörung zurückzuführen sind;

d) ausschließlich wegen Schwangerschaft, ferner wegen Schwangerschaftsabbruch, Fehlgeburt und Entbindung;

e) während der gesetzlichen Beschäftigungsverbote für werdende Mütter und Wöchnerinnen in einem Arbeitsverhältnis (Mutterschutz). Diese

II. MB/KT 2009

befristete Einschränkung der Leistungspflicht gilt sinngemäß auch für selbständig Tätige, es sei denn, dass die Arbeitsunfähigkeit in keinem Zusammenhang mit den unter d) genannten Ereignissen steht;
f) wenn sich die versicherte Person nicht an ihrem gewöhnlichen Aufenthalt in Deutschland aufhält, es sei denn, dass sie sich – unbeschadet des Absatzes 2 – in medizinisch notwendiger stationärer Heilbehandlung befindet (vgl. § 4 Abs. 8 und 9). Wird die versicherte Person in Deutschland außerhalb ihres gewöhnlichen Aufenthalts arbeitsunfähig, so steht ihr das Krankentagegeld auch zu, solange die Erkrankung oder Unfallfolge nach medizinischem Befund eine Rückkehr ausschließt;
g) während Kur- und Sanatoriumsbehandlung sowie während Rehabilitationsmaßnahmen der gesetzlichen Rehabilitationsträger, wenn der Tarif nichts anderes vorsieht.

(2) Während des Aufenthaltes in einem Heilbad oder Kurort – auch bei einem Krankenhausaufenthalt – besteht keine Leistungspflicht. Die Einschränkung entfällt, wenn die versicherte Person dort ihren gewöhnlichen Aufenthalt hat oder während eines vorübergehenden Aufenthaltes durch eine vom Aufenthaltszweck unabhängige akute Erkrankung oder einen dort eingetretenen Unfall arbeitsunfähig wird, solange dadurch nach medizinischem Befund die Rückkehr ausgeschlossen ist.

§ 6 Auszahlung der Versicherungsleistungen

(1) Der Versicherer ist zur Leistung nur verpflichtet, wenn die von ihm geforderten Nachweise erbracht sind; diese werden Eigentum des Versicherers.

(2) Im Übrigen ergeben sich die Voraussetzungen für die Fälligkeit der Leistungen des Versicherers aus § 14 VVG.

(3) Der Versicherer ist verpflichtet, an die versicherte Person zu leisten, wenn der Versicherungsnehmer ihm diese in Textform als Empfangsberechtigte für deren Versicherungsleistungen benannt hat. Liegt diese Voraussetzung nicht vor, kann nur der Versicherungsnehmer die Leistung verlangen.

(4) Kosten für die Überweisung der Versicherungsleistungen und für Übersetzung können von den Leistungen abgezogen werden.

(5) Ansprüche auf Versicherungsleistungen können weder abgetreten noch verpfändet werden.

§ 7 Ende des Versicherungsschutzes

Der Versicherungsschutz endet – auch für schwebende Versicherungsfälle – mit der Beendigung des Versicherungsverhältnisses (§§ 13 bis 15). Kündigt der Versicherer das Versicherungsverhältnis gemäß § 14 Abs. 1, so endet der Versicherungsschutz für schwebende Versicherungsfälle erst am

Anhang

dreißigsten Tage nach Beendigung des Versicherungsverhältnisses. Endet das Versicherungsverhältnis wegen Wegfalls einer der im Tarif bestimmten Voraussetzungen für die Versicherungsfähigkeit oder wegen Eintritts der Berufsunfähigkeit, so bestimmt sich die Leistungspflicht nach § 15 Abs. 1 Buchstabe a oder b.

Pflichten des Versicherungsnehmers
§ 8 Beitragszahlung

(1) Der Beitrag ist ein Jahresbeitrag und wird vom Versicherungsbeginn an berechnet. Er ist zu Beginn eines jeden Versicherungsjahres zu entrichten, kann aber auch in gleichen monatlichen Beitragsraten gezahlt werden, die jeweils bis zur Fälligkeit der Beitragsrate als gestundet gelten. Die Beitragsraten sind am Ersten eines jeden Monats fällig. Wird der Jahresbeitrag während des Versicherungsjahres neu festgesetzt, so ist der Unterschiedsbetrag vom Änderungszeitpunkt an bis zum Beginn des nächsten Versicherungsjahres nachzuzahlen bzw. zurückzuzahlen.

(2) Wird der Vertrag für eine bestimmte Zeit mit der Maßgabe geschlossen, dass sich das Versicherungsverhältnis nach Ablauf dieser bestimmten Zeit stillschweigend um jeweils ein Jahr verlängert, sofern der Versicherungsnehmer nicht fristgemäß gekündigt hat, so kann der Tarif anstelle von Jahresbeiträgen Monatsbeiträge vorsehen. Diese sind am Ersten eines jeden Monats fällig.

(3) Der erste Beitrag bzw. die erste Beitragsrate ist, sofern nicht anders vereinbart, unverzüglich nach Ablauf von zwei Wochen nach Zugang des Versicherungsscheines zu zahlen.

(4) Kommt der Versicherungsnehmer mit der Zahlung einer Beitragsrate in Verzug, so werden die gestundeten Beitragsraten des laufenden Versicherungsjahres fällig. Sie gelten jedoch erneut als gestundet, wenn der rückständige Beitragsteil einschließlich der Beitragsrate für den am Tage der Zahlung laufenden Monat und die Mahnkosten entrichtet sind.

(5) Nicht rechtzeitige Zahlung des Erstbeitrages oder eines Folgebeitrages kann unter den Voraussetzungen der §§ 37 und 38 zum Verlust des Versicherungsschutzes führen. Ist ein Beitrag bzw. eine Beitragsrate nicht rechtzeitig gezahlt und wird der Versicherungsnehmer in Textform gemahnt, so ist er zur Zahlung der Mahnkosten verpflichtet, deren Höhe sich aus dem Tarif ergibt.

(6) Wird das Versicherungsverhältnis vor Ablauf der Vertragslaufzeit beendet, steht dem Versicherer für diese Vertragslaufzeit nur derjenige Teil des Beitrags bzw. der Beitragsrate zu, der dem Zeitraum entspricht, in dem der Versicherungsschutz bestanden hat. Wird das Versicherungsverhältnis

II. MB/KT 2009

durch Rücktritt auf Grund des § 19 Abs. 2 VVG oder durch Anfechtung des Versicherers wegen arglistiger Täuschung beendet, steht dem Versicherer der Beitrag bzw. die Beitragsrate bis zum Wirksamwerden der Rücktritts- oder Anfechtungserklärung zu. Tritt der Versicherer zurück, weil der erste Beitrag bzw. die erste Beitragsrate nicht rechtzeitig gezahlt wird, kann er eine angemessene Geschäftsgebühr verlangen.

(7) Die Beiträge sind an die vom Versicherer zu bezeichnende Stelle zu entrichten.

§ 8a Beitragsberechnung

(1) Die Berechnung der Beiträge erfolgt nach Maßgabe der Vorschriften des Versicherungsaufsichtsgesetzes (VAG) und ist in den technischen Berechnungsgrundlagen des Versicherers festgelegt.

(2) Bei einer Änderung der Beiträge, auch durch Änderung des Versicherungsschutzes, wird das Geschlecht und das (die) bei Inkrafttreten der Änderung erreichte tarifliche Lebensalter (Lebensaltersgruppe) der versicherten Person berücksichtigt. Dabei wird dem Eintrittsalter der versicherten Person dadurch Rechnung getragen, dass eine Alterungsrückstellung gemäß den in den technischen Berechnungsgrundlagen festgelegten Grundsätzen angerechnet wird. Eine Erhöhung der Beiträge oder eine Minderung der Leistungen des Versicherers wegen des Älterwerdens der versicherten Person ist jedoch während der Dauer des Versicherungsverhältnisses ausgeschlossen, soweit eine Alterungsrückstellung zu bilden ist.

(3) Bei Beitragsänderungen kann der Versicherer auch besonders vereinbarte Risikozuschläge entsprechend ändern.

(4) Liegt bei Vertragsänderungen ein erhöhtes Risiko vor, steht dem Versicherer für den hinzukommenden Teil des Versicherungsschutzes zusätzlich zum Beitrag ein angemessener Zuschlag zu. Dieser bemisst sich nach den für den Geschäftsbetrieb des Versicherers zum Ausgleich erhöhter Risiken maßgeblichen Grundsätzen.

§ 8b Beitragsanpassung

(1) Im Rahmen der vertraglichen Leistungszusage können sich die Leistungen des Versicherers z.B. wegen häufigerer Arbeitsunfähigkeit der Versicherten, wegen längerer Arbeitsunfähigkeitszeiten oder aufgrund steigender Lebenserwartung ändern. Dementsprechend vergleicht der Versicherer zumindest jährlich für jeden Tarif die erforderlichen mit den in den technischen Berechnungsgrundlagen kalkulierten Versicherungsleistungen und Sterbewahrscheinlichkeiten. Ergibt diese Gegenüberstellung für eine Beobachtungseinheit eines Tarifs eine Abweichung von mehr als dem gesetzlich oder tariflich festgelegten Vomhundertsatz, werden alle

Anhang

Beiträge dieser Beobachtungseinheit vom Versicherer überprüft und, soweit erforderlich, mit Zustimmung des Treuhänders angepasst. Unter den gleichen Voraussetzungen kann auch ein vereinbarter Risikozuschlag entsprechend geändert werden.

(2) Von einer Beitragsanpassung kann abgesehen werden, wenn nach übereinstimmender Beurteilung durch den Versicherer und den Treuhänder die Veränderung der Versicherungsleistungen als vorübergehend anzusehen ist.

(3) Beitragsanpassungen sowie Änderungen von evtl. vereinbarten Risikozuschlägen werden zu Beginn des zweiten Monats wirksam, der auf die Benachrichtigung des Versicherungsnehmers folgt.

§ 9 Obliegenheiten

(1) Die ärztlich festgestellte Arbeitsunfähigkeit ist dem Versicherer unverzüglich, spätestens aber innerhalb der im Tarif festgesetzten Frist, durch Vorlage eines Nachweises (§ 4 Abs. 7) anzuzeigen. Bei verspätetem Zugang der Anzeige kann das Krankentagegeld bis zum Zugangstage nach Maßgabe des § 10 gekürzt werden oder ganz entfallen; eine Zahlung vor dem im Tarif vorgesehenen Zeitpunkt erfolgt jedoch nicht. Fortdauernde Arbeitsunfähigkeit ist dem Versicherer innerhalb der im Tarif festgesetzten Frist nachzuweisen. Die Wiederherstellung der Arbeitsfähigkeit ist dem Versicherer binnen drei Tagen anzuzeigen.

(2) Der Versicherungsnehmer und die als empfangsberechtigt benannte versicherte Person (vgl. § 6 Abs. 3) haben auf Verlangen des Versicherers jede Auskunft zu erteilen, die zur Feststellung des Versicherungsfalles oder der Leistungspflicht des Versicherers und ihres Umfanges erforderlich ist. Die geforderten Auskünfte sind auch einem Beauftragten des Versicherers zu erteilen.

(3) Auf Verlangen des Versicherers ist die versicherte Person verpflichtet, sich durch einen vom Versicherer beauftragten Arzt untersuchen zu lassen.

(4) Die versicherte Person hat für die Wiederherstellung der Arbeitsfähigkeit zu sorgen; sie hat insbesondere die Weisungen des Arztes gewissenhaft zu befolgen und alle Handlungen zu unterlassen, die der Genesung hinderlich sind.

(5) Jeder Berufswechsel der versicherten Person ist unverzüglich anzuzeigen.

(6) Der Neuabschluss einer weiteren oder die Erhöhung einer anderweitig bestehenden Versicherung mit Anspruch auf Krankentagegeld darf nur mit Einwilligung des Versicherers vorgenommen werden.

II. MB/KT 2009

§ 10 Folgen von Obliegenheitsverletzungen

(1) Der Versicherer ist mit den in § 28 Abs. 2 bis 4 VVG vorgeschriebenen Einschränkungen ganz oder teilweise von der Verpflichtung zur Leistung frei, wenn eine der in § 9 Abs. 1 bis 6 genannten Obliegenheiten verletzt wird.

(2) Wird eine der in § 9 Abs. 5 und 6 genannten Obliegenheiten verletzt, so kann der Versicherer unter der Voraussetzung des § 28 Abs. 1 VVG innerhalb eines Monats nach dem Bekanntwerden der Obliegenheitsverletzung ohne Einhaltung einer Frist auch kündigen.

(3) Die Kenntnis und das Verschulden der versicherten Person stehen der Kenntnis und dem Verschulden des Versicherungsnehmers gleich.

§ 11 Anzeigepflicht bei Wegfall der Versicherungsfähigkeit

Der Wegfall einer im Tarif bestimmten Voraussetzung für die Versicherungsfähigkeit oder der Eintritt der Berufsunfähigkeit (vgl. § 15 Abs. 1 Buchstabe b) einer versicherten Person ist dem Versicherer unverzüglich anzuzeigen. Erlangt der Versicherer von dem Eintritt dieses Ereignisses erst später Kenntnis, so sind beide Teile verpflichtet, die für die Zeit nach Beendigung des Versicherungsverhältnisses empfangenen Leistungen einander zurückzugewähren.

§ 12 Aufrechnung

Der Versicherungsnehmer kann gegen Forderungen des Versicherers nur aufrechnen, soweit die Gegenforderung unbestritten oder rechtskräftig festgestellt ist. Gegen eine Forderung aus der Beitragspflicht kann jedoch ein Mitglied eines Versicherungsvereins nicht aufrechnen.

Ende der Versicherung

§ 13 Kündigung durch den Versicherungsnehmer

(1) Der Versicherungsnehmer kann das Versicherungsverhältnis zum Ende eines jeden Versicherungsjahres mit einer Frist von drei Monaten kündigen.

(2) Die Kündigung kann auf einzelne versicherte Personen oder Tarife beschränkt werden.

(3) Wird eine versicherte Person kraft Gesetzes krankenversicherungspflichtig, so kann der Versicherungsnehmer binnen drei Monaten nach Eintritt der Versicherungspflicht die Krankentagegeldversicherung oder eine dafür bestehende Anwartschaftsversicherung rückwirkend zum Eintritt der Versicherungspflicht kündigen. Die Kündigung ist unwirksam, wenn der Versicherungsnehmer den Eintritt der Versicherungspflicht nicht innerhalb von zwei Monaten nachweist, nachdem der Versicherer ihn hierzu in Text-

Anhang

form aufgefordert hat, es sei denn, der Versicherungsnehmer hat die Versäumung dieser Frist nicht zu vertreten. Macht der Versicherungsnehmer von seinem Kündigungsrecht Gebrauch, steht dem Versicherer der Beitrag nur bis zum Zeitpunkt des Eintritts der Versicherungspflicht zu. Später kann der Versicherungsnehmer die Krankentagegeldversicherung oder eine dafür bestehende Anwartschaftsversicherung nur zum Ende des Monats kündigen, in dem er den Eintritt der Versicherungspflicht nachweist. Dem Versicherer steht der Beitrag in diesem Fall bis zum Ende des Versicherungsvertrages zu. Der Versicherungspflicht steht gleich der gesetzliche Anspruch auf Familienversicherung oder der nicht nur vorübergehende Anspruch auf Heilfürsorge aus einem beamtenrechtlichen oder ähnlichen Dienstverhältnis.

(4) Erhöht der Versicherer die Beiträge aufgrund der Beitragsanpassungsklausel oder vermindert er seine Leistungen gemäß § 18 Abs. 1 oder macht er von seinem Recht auf Herabsetzung gemäß § 4 Abs. 4 Gebrauch, so kann der Versicherungsnehmer das Versicherungsverhältnis hinsichtlich der betroffenen versicherten Person innerhalb eines Monats vom Zugang der Änderungsmitteilung an zum Zeitpunkt des Wirksamwerdens der Änderung kündigen. Bei einer Beitragserhöhung kann der Versicherungsnehmer das Versicherungsverhältnis auch bis und zum Zeitpunkt des Wirksamwerdens der Erhöhung kündigen.

(5) Der Versicherungsnehmer kann, sofern der Versicherer die Anfechtung, den Rücktritt oder die Kündigung nur für einzelne versicherte Personen oder Tarife erklärt, innerhalb von zwei Wochen nach Zugang dieser Erklärung die Aufhebung des übrigen Teils der Versicherung zum Schlusse des Monats verlangen, in dem ihm die Erklärung des Versicherers zugegangen ist, bei Kündigung zu dem Zeitpunkt, in dem diese wirksam wird.

(6) Kündigt der Versicherungsnehmer das Versicherungsverhältnis insgesamt oder für einzelne versicherte Personen, haben die versicherten Personen das Recht, das Versicherungsverhältnis unter Benennung des künftigen Versicherungsnehmers fortzusetzen. Die Erklärung ist innerhalb zweier Monate nach der Kündigung abzugeben. Die Kündigung ist nur wirksam, wenn der Versicherungsnehmer nachweist, dass die betroffenen versicherten Personen von der Kündigungserklärung Kenntnis erlangt haben.

§ 14 Kündigung durch den Versicherer

(1) Der Versicherer kann das Versicherungsverhältnis zum Ende eines jeden der ersten drei Versicherungsjahre mit einer Frist von drei Monaten kündigen, sofern kein gesetzlicher Anspruch auf einen Beitragszuschuss des Arbeitgebers besteht.

II. MB/KT 2009

(2) Die gesetzlichen Bestimmungen über das außerordentliche Kündigungsrecht bleiben unberührt.

(3) Die Kündigung kann auf einzelne versicherte Personen, Tarife oder auf nachträgliche Erhöhungen des Krankentagegeldes beschränkt werden.

(4) Der Versicherer kann, sofern der Versicherungsnehmer die Kündigung nur für einzelne versicherte Personen oder Tarife erklärt, innerhalb von zwei Wochen nach Zugang der Kündigung die Aufhebung des übrigen Teils der Versicherung zu dem Zeitpunkt verlangen, in dem diese wirksam wird. Das gilt nicht für den Fall des § 13 Abs. 3.

§ 15 Sonstige Beendigungsgründe

(1) Das Versicherungsverhältnis endet hinsichtlich der betroffenen versicherten Personen

a) bei Wegfall einer im Tarif bestimmten Voraussetzung für die Versicherungsfähigkeit zum Ende des Monats, in dem die Voraussetzung weggefallen ist. Besteht jedoch zu diesem Zeitpunkt in einem bereits eingetretenen Versicherungsfall Arbeitsunfähigkeit, so endet das Versicherungsverhältnis nicht vor dem Zeitpunkt, bis zu dem der Versicherer seine im Tarif aufgeführten Leistungen für diese Arbeitsunfähigkeit zu erbringen hat, spätestens aber drei Monate nach Wegfall der Voraussetzung;

b) mit Eintritt der Berufsunfähigkeit. Berufsunfähigkeit liegt vor, wenn die versicherte Person nach medizinischem Befund im bisher ausgeübten Beruf auf nicht absehbare Zeit mehr als 50% erwerbsunfähig ist. Besteht jedoch zu diesem Zeitpunkt in einem bereits eingetretenen Versicherungsfall Arbeitsunfähigkeit, so endet das Versicherungsverhältnis nicht vor dem Zeitpunkt, bis zu dem der Versicherer seine im Tarif aufgeführten Leistungen für diese Arbeitsunfähigkeit zu erbringen hat, spätestens aber drei Monate nach Eintritt der Berufsunfähigkeit;

c) mit dem Bezug von Altersrente, spätestens, sofern tariflich vereinbart, mit Vollendung des 65. Lebensjahres. Sofern eine Beendigung mit Vollendung des 65. Lebensjahres vereinbart ist, hat die versicherte Person das Recht, nach Maßgabe von § 196 VVG den Abschluss einer neuen Krankentagegeldversicherung zu verlangen.

d) mit dem Tod. Beim Tode des Versicherungsnehmers haben die versicherten Personen das Recht, das Versicherungsverhältnis unter Benennung des künftigen Versicherungsnehmers fortzusetzen. Die Erklärung ist innerhalb zweier Monate nach dem Tode des Versicherungsnehmers abzugeben;

e) bei Verlegung des gewöhnlichen Aufenthaltes in einen anderen Staat als die in § 1 Abs. 8 genannten, es sei denn, dass das Versicherungsverhältnis aufgrund einer anderweitigen Vereinbarung fortgesetzt wird.

Anhang

(2) Der Versicherungsnehmer und die versicherten Personen haben das Recht, einen von ihnen gekündigten oder einen wegen Eintritts der Berufsunfähigkeit gemäß Abs. 1 Buchstabe b) beendeten Vertrag nach Maßgabe des Tarifs in Form einer Anwartschaftsversicherung fortzusetzen, sofern mit einer Wiederaufnahme der Erwerbstätigkeit zu rechnen ist.

Sonstige Bestimmungen

§ 16 Willenserklärungen und Anzeigen

Willenserklärungen und Anzeigen gegenüber dem Versicherer bedürfen der Schriftform, sofern nicht ausdrücklich Textform vereinbart ist.

§ 17 Gerichtsstand

(1) Für Klagen aus dem Versicherungsverhältnis gegen den Versicherungsnehmer ist das Gericht des Ortes zuständig, an dem der Versicherungsnehmer seinen Wohnsitz oder in Ermangelung eines solchen seinen gewöhnlichen Aufenthalt hat.

(2) Klagen gegen den Versicherer können bei dem Gericht am Wohnsitz oder gewöhnlichen Aufenthalt des Versicherungsnehmers oder bei dem Gericht am Sitz des Versicherers anhängig gemacht werden.

(3) Verlegt der Versicherungsnehmer nach Vertragsschluss seinen Wohnsitz oder gewöhnlichen Aufenthalt in einen Staat, der nicht Mitgliedstaat der Europäischen Union oder Vertragsstaat des Abkommens über dem Europäischen Wirtschaftsraum ist oder ist sein Wohnsitz oder gewöhnlicher Aufenthalt im Zeitpunkt der Klageerhebung nicht bekannt, ist das Gericht am Sitz des Versicherers zuständig.

§ 18 Änderungen der Allgemeinen Versicherungsbedingungen

(1) Bei einer nicht nur als vorübergehend anzusehenden Veränderung der Verhältnisse des Gesundheitswesens können die Allgemeinen Versicherungsbedingungen und die Tarifbestimmungen den veränderten Verhältnissen angepasst werden, wenn die Änderungen zur hinreichenden Wahrung der Belange der Versicherungsnehmer erforderlich erscheinen und ein unabhängiger Treuhänder die Voraussetzungen für die Änderungen überprüft und ihre Angemessenheit bestätigt hat. Die Änderungen werden zu Beginn des zweiten Monats wirksam, der auf die Mitteilung der Änderungen und der hierfür maßgeblichen Gründe an den Versicherungsnehmer folgt.

(2) Ist eine Bestimmung in den Allgemeinen Versicherungsbedingungen durch höchstrichterliche Entscheidung oder durch einen bestandskräftigen Verwaltungsakt für unwirksam erklärt worden, kann sie der Versicherer durch eine neue Regelung ersetzen, wenn dies zur Fortführung des Ver-

II. MB/KT 2009

trags notwendig ist oder wenn das Festhalten an dem Vertrag ohne neue Regelung für eine Vertragspartei auch unter Berücksichtigung der Interessen der anderen Vertragspartei eine unzumutbare Härte darstellen würde. Die neue Regelung ist nur wirksam, wenn sie unter Wahrung des Vertragsziels die Belange der Versicherungsnehmer angemessen berücksichtigt. Sie wird zwei Wochen, nachdem die neue Regelung und die hierfür maßgeblichen Gründe dem Versicherungsnehmer mitgeteilt worden sind, Vertragsbestandteil.

III. Allgemeine Versicherungsbedingungen (AVB) für den Standardtarif im Sinne des § 257 Abs. 2a SGB V sowie des § 315 SGB V

Teil I Musterbedingungen 2008 für den Standardtarif (MB/ST 2008) §§ 1–18

Teil II Tarifbedingungen (TB/ST) Nummer 1–10

Präambel

Der Standardtarif wird in der Variante ST gemäß § 257 Abs. 2a SGB V (s. Anhang) sowie in der Zeit vom 1. Juli 2007 bis 31. Dezember 2008 in modifizierter Form als Variante mST gemäß § 315 SGB V (s. Anhang) angeboten. Die Varianten unterscheiden sich hinsichtlich der Aufnahme- und Versicherungsfähigkeit und der für den Höchstbeitrag geltenden Regelungen.

Aufnahme- und versicherungsfähig in der Variante ST sind die in Nr. 1 TB/ST genannten Personen. Dem Versicherten wird garantiert, dass er als Einzelperson keinen höheren Beitrag zahlen muss als den durchschnittlichen Höchstbeitrag der gesetzlichen Krankenversicherung (GKV); Ehegatten und Lebenspartner zahlen unter bestimmten Voraussetzungen (s. § 8a Abs. 2 MB/ST) insgesamt höchstens 150 v.H. dieses Höchstbeitrags. Für Personen, die nach beamtenrechtlichen Vorschriften oder Grundsätzen bei Krankheit Anspruch auf Beihilfe haben, verringert sich der garantierte Höchstbeitrag für Einzelpersonen und Ehegatten und Lebenspartner beihilfesatzkonform, das heißt auf den vom Beihilfesatz nicht gedeckten Vom-Hundert-Anteil.

Aufnahme- und versicherungsfähig in der Variante mST sind die in den Nummern 1.1 und 1.2 der Zusatzvereinbarung genannten Personen. Dem Versicherten wird garantiert, dass er keinen höheren Beitrag zahlen muss als den durchschnittlichen Höchstbeitrag der gesetzlichen Krankenversicherung (GKV). Eine besondere Beitragsbegrenzung für Ehegatten bzw. Lebenspartner gibt es nicht. Wenn allein durch die Zahlung des Höchstbeitrags Hilfebedürftigkeit entsteht, reduziert sich der Höchstbeitrag auf die Hälfte. Besteht unabhängig von der Beitragszahlung Hilfebedürftigkeit, reduziert sich der Beitrag ebenfalls auf die Hälfte des Höchstbeitrags. Die Hilfebedürftigkeit ist nachzuweisen. Für Personen, die nach beamtenrechtlichen Vorschriften oder Grundsätzen bei Krankheit Anspruch auf Beihilfe haben, verringert sich der garantierte Höchstbeitrag beihilfesatz-

Anhang

konform, das heißt auf den vom Beihilfesatz nicht gedeckten Vom-Hundert-Anteil. Die Verträge des modifizierten Standardtarifs werden zum 1. Januar 2009 auf den Basistarif umgestellt.

Das Leistungsversprechen des Standardtarifs ist dem der GKV vergleichbar und kann auch künftig angepasst werden (s. Nr. 10 TB/ST). Für Personen mit Beihilfeanspruch werden die den Leistungen der GKV vergleichbaren Leistungen des Standardtarifs in Höhe des vom Beihilfesatz nicht gedeckten Vom-Hundert-Anteils erbracht. Die im Standardtarif erstattungsfähigen Gebührensätze können durch Verträge zwischen dem Verband der privaten Krankenversicherung e. V. (PKV-Verband) im Einvernehmen mit den Trägern der Kosten in Krankheits-, Pflege- und Geburtsfällen nach beamtenrechtlichen Vorschriften einerseits und den Kassenärztlichen bzw. Kassenzahnärztlichen Vereinigungen und Kassenärztlichen bzw. Kassenzahnärztlichen Bundesvereinigungen andererseits geändert werden.

Der in den Allgemeinen Versicherungsbedingungen des Standardtarifs verwendete Begriff „Lebenspartner" bezieht sich auf „Lebenspartner" gemäß § 1 Lebenspartnerschaftsgesetz (s. Anhang).

Der Versicherungsschutz

§ 1 Gegenstand, Umfang und Geltungsbereich des Versicherungsschutzes

(1) Der Versicherer bietet Versicherungsschutz für Krankheiten, Unfälle und andere im Vertrag genannte Ereignisse. Er erbringt, sofern vereinbart, damit unmittelbar zusammenhängende zusätzliche Dienstleistungen. Im Versicherungsfall erbringt der Versicherer Ersatz von Aufwendungen für Heilbehandlung und sonst vereinbarte Leistungen.

Nr. 1 Tarifstufen, Aufnahme- und Versicherungsfähigkeit, Nachweispflichten

(1) Der Standardtarif wird in der Variante ST in zwei Tarifstufen angeboten:
- *Tarifstufe STN*
- *Tarifstufe STB*

*Aufnahme- und versicherungsfähig in Tarifstufe STN sind Personen, die bei Krankheit **keinen** Beihilfeanspruch nach beamtenrechtlichen Vorschriften oder Grundsätzen haben und die über eine Vorversicherungszeit von mindestens 10 Jahren in einem substitutiven Versicherungsschutz (§ 12 Abs. 1 VAG, s. Anhang) verfügen, wenn sie*

a) das 65. Lebensjahr vollendet haben,
b) das 55. Lebensjahr vollendet haben und ihr jährliches Gesamteinkommen (§ 16 SGB IV, s. Anhang) die Jahresarbeitsentgeltgrenze nach § 6 Abs. 7 SGB V (s. Anhang) nicht übersteigt,
c) vor Vollendung des 55. Lebensjahres eine Rente der gesetzlichen Rentenversicherung beziehen oder die Voraussetzungen für diese Rente erfüllen und sie beantragt haben und ihr jährliches Gesamteinkommen (§ 16 SGB IV, s. Anhang) die Jahresarbeitsentgeltgrenze (§ 6 Abs. 7 SGB V, s. Anhang) nicht übersteigt. Aufnahmefähig sind auch deren Familienangehörige, die bei Versicherungspflicht des Standardtarifversicherten in der GKV nach § 10 SGB V (s. Anhang) familienversichert wären.

(3) Aufnahme- und versicherungsfähig in Tarifstufe STB sind Personen, die nach beamtenrechtlichen Vorschriften oder Grundsätzen bei Krankheit Anspruch auf Beihilfe haben sowie deren im Sinne der Beihilfevorschriften des Bundes oder eines Bundeslandes berücksichtigungsfähige Angehörige, wenn sie über eine Vorversicherungszeit von mindestens 10 Jahren in einem substitutiven Versicherungsschutz (§ 12 Abs. 1 VAG, s. Anhang) verfügen und die Voraussetzungen nach Absatz 2a und b erfüllen. Außerdem sind in Tarifstufe STB Personen aufnahme- und versicherungsfähig, die über eine Vorversicherungszeit von mindestens 10 Jahren in einem substitutiven Versicherungsschutz (§ 12 Abs. 1 VAG, s. Anhang) verfügen und vor Vollendung des 55. Lebensjahres ein Ruhegehalt nach beamtenrechtlichen oder vergleichbaren Vorschriften beziehen und deren jährliches Gesamteinkommen (§ 16 SGB IV, s. Anhang) die Jahresarbeitsentgeltgrenze nach § 6 Abs. 7 SGB V (s. Anhang) nicht übersteigt; dies gilt auch für deren Familienangehörige, die bei Versicherungspflicht des Standardtarifversicherten in der GKV nach § 10 SGB V (s. Anhang) familienversichert wären.

(4) Abweichend von den in Absatz 3 genannten Voraussetzungen sind Personen, die nach beamtenrechtlichen Vorschriften oder Grundsätzen bei Krankheit Anspruch auf Beihilfe haben, sowie deren berücksichtigungsfähige Angehörige in der jeweils beihilfesatzkonformen Leistungsstufe der Tarifstufe STB aufnahmefähig, wenn sie nach allgemeinen Aufnahmeregeln aus Risikogründen nicht oder nur zu ungünstigen Konditionen versichert werden könnten. Die Aufnahme in den Standardtarif muss innerhalb der ersten sechs Monate nach der Feststellung einer Behinderung nach § 69 Abs. 1 SGB IX (siehe Anhang) oder nach der Berufung in das Beamtenverhältnis oder bis zum 31. Dezember 2000 beantragt werden.

(5) Neben dem Standardtarif darf für eine versicherte Person keine weitere Krankheitskosten-Teil- oder Vollversicherung bestehen oder abgeschlossen werden; auch nicht bei einem anderen Versicherungsunternehmen.

(6) Die Voraussetzungen für die Aufnahme- und Versicherungsfähigkeit müssen durch die Vorlage von Unterlagen nachgewiesen werden, z.B.:

- aktueller Einkommensteuerbescheid
- Nichtveranlagungsbescheinigung
- Rentenantrag mit Eingangsbestätigung des Rentenversicherungsträgers
- Rentenbescheid bzw. Rentnerausweis
- Bestätigung über Ruhegehaltsbezug nach beamtenrechtlichen oder vergleichbaren Vorschriften
- Bestätigung der Beihilfestelle über Beihilfeberechtigung nach beamtenrechtlichen Vorschriften oder Grundsätzen
- Bestätigung der Beihilfestelle über Berücksichtigungsfähigkeit von Angehörigen bei der Beihilfe
- Ernennungsurkunde über die Berufung in das Beamtenverhältnis

(7) Ändert sich bei einem Versicherten mit Anspruch auf Beihilfe nach den Grundsätzen des öffentlichen Dienstes der Beihilfebemessungssatz oder entfällt der Beihilfeanspruch, so hat der Versicherungsnehmer Anspruch darauf, dass der Versicherer den Versicherungsschutz in der Tarifstufe STB des Standardtarifs so anpasst, dass dadurch der veränderte Beihilfebemessungssatz oder der weggefallene Beihilfeanspruch ausgeglichen wird. Wird der Antrag innerhalb von sechs Monaten nach der Änderung des Beihilfebemessungssatzes bzw. nach Fortfall des Beihilfeanspruchs gestellt, passt der Versicherer den Versicherungsschutz ohne erneute Risikoprüfung oder Wartezeiten zum Zeitpunkt der Änderung an. Bei nicht fristgemäßer Beantragung erfolgt die Anpassung des Versicherungsschutzes zum 1. des auf die Beantragung folgenden Monats. Soweit der Versicherungsschutz dann höher ist, kann der Versicherer insoweit einen Risikozuschlag verlangen. Der sich mit dem Risikozuschlag ergebende Beitrag darf jedoch die Beitragsbegrenzung nach § 8a Abs. 2 MB/ST nicht übersteigen.

Werden versicherte Personen der Tarifstufe STN beihilfeberechtigt, ist der Versicherungsnehmer verpflichtet, dies dem Versicherer innerhalb von zwei Monaten nach Erlangung des Beihilfeanspruchs anzuzeigen. Ab dem Zeitpunkt der Erlangung des Beihilfeanspruchs wird die Versicherung nach Tarifstufe STB weitergeführt.

III. AVB/ST 2008

Wird der Versicherer nicht fristgemäß informiert, erfolgt die Anpassung des Versicherungsschutzes zum 1. des auf die Kenntnisnahme durch den Versicherer folgenden Monats.

(8) War zu Beginn der Versicherung das Risiko durch Vorerkrankungen erhöht, wird bei Versicherten nach Absatz 2 und 3 ein vereinbarter Risikozuschlag bei Fortbestehen der Risikoerhöhung in gleicher prozentualer Höhe auch im Standardtarif erhoben. Ist der Versicherungsschutz des Standardtarifs aber höher oder umfassender als der bisherige, kann insoweit ein Risikozuschlag verlangt werden; ferner sind für den hinzukommenden Teil des Versicherungsschutzes Wartezeiten einzuhalten. Ein zu Beginn der Versicherung vereinbarter Leistungsausschluss wird bei Fortbestehen der Risikoerhöhung in einen Risikozuschlag umgewandelt. Der sich mit dem Risikozuschlag ergebende Beitrag darf jedoch die Beitragsbegrenzung nach § 8a Abs. 2 MB/ST nicht übersteigen.

Personen, deren Aufnahme im Standardtarif nach Absatz 4 erfolgt, werden für die Dauer der Versicherung nach Tarifstufe STB nicht durch den bei Antragstellung festgestellten und dokumentierten Risikozuschlag belastet.

(2) Versicherungsfall ist die medizinisch notwendige Heilbehandlung einer versicherten Person wegen Krankheit oder Unfallfolgen. Der Versicherungsfall beginnt mit der Heilbehandlung; er endet, wenn nach medizinischem Befund Behandlungsbedürftigkeit nicht mehr besteht. Muss die Heilbehandlung auf eine Krankheit oder Unfallfolge ausgedehnt werden, die mit der bisher behandelten nicht ursächlich zusammenhängt, so entsteht insoweit ein neuer Versicherungsfall. Als Versicherungsfall gelten auch

a) Untersuchung und notwendige Behandlung wegen Schwangerschaft und die Entbindung,

b) ambulante Untersuchungen zur Früherkennung von Krankheiten nach gesetzlich eingeführten Programmen (gezielte Vorsorgeuntersuchungen).

(3) Der Umfang des Versicherungsschutzes ergibt sich aus dem Versicherungsschein, späteren schriftlichen Vereinbarungen, den Allgemeinen Versicherungsbedingungen (Musterbedingungen mit Anhang, Tarif mit Tarifbedingungen) sowie den gesetzlichen Vorschriften. Das Versicherungsverhältnis unterliegt deutschem Recht.

(4) Der Versicherungsschutz erstreckt sich auf Heilbehandlung in Europa. Er kann durch Vereinbarung auf außereuropäische Länder ausge-

Anhang

dehnt werden (vgl. aber § 15 Abs. 3). Während des ersten Monats eines vorübergehenden Aufenthaltes im außereuropäischen Ausland besteht auch ohne besondere Vereinbarung Versicherungsschutz. Muss der Aufenthalt wegen notwendiger Heilbehandlung über einen Monat hinaus ausgedehnt werden, besteht Versicherungsschutz, solange die versicherte Person die Rückreise nicht ohne Gefährdung ihrer Gesundheit antreten kann, längstens aber für weitere zwei Monate.

(5) Verlegt eine versicherte Person ihren gewöhnlichen Aufenthalt in einen anderen Mitgliedstaat der Europäischen Union oder in einen anderen Vertragsstaat des Abkommens über den Europäischen Wirtschaftsraum, so setzt sich das Versicherungsverhältnis mit der Maßgabe fort, dass der Versicherer höchstens zu denjenigen Leistungen verpflichtet bleibt, die er bei einem Aufenthalt im Inland zu erbringen hätte.

(6) Der Versicherungsnehmer kann die Umwandlung der Versicherung in einen gleichartigen Versicherungsschutz verlangen, sofern die versicherte Person die Voraussetzungen für die Versicherungsfähigkeit erfüllt. Der Versicherer ist zur Annahme eines solchen Antrags verpflichtet. Die erworbenen Rechte bleiben erhalten; die nach den technischen Berechnungsgrundlagen gebildete Rückstellung für das mit dem Alter der versicherten Person wachsende Wagnis (Alterungsrückstellung) wird nach Maßgabe dieser Berechnungsgrundlagen angerechnet. Soweit der neue Versicherungsschutz höher oder umfassender ist, kann insoweit ein Risikozuschlag verlangt oder ein Leistungsausschluss vereinbart werden; ferner sind für den hinzukommenden Teil des Versicherungsschutzes Wartezeiten einzuhalten. Beantragen Personen, deren Aufnahme im Standardtarif nach Nummer 1 Abs. 4 erfolgte, die Umwandlung der Versicherung nach dem Standardtarif in einen gleichartigen Versicherungsschutz, wird außerdem der zuletzt festgestellte und dokumentierte Risikozuschlag zugrunde gelegt.

§ 2 Beginn des Versicherungsschutzes

(1) Der Versicherungsschutz beginnt mit dem im Versicherungsschein bezeichneten Zeitpunkt (Versicherungsbeginn), jedoch nicht vor Abschluss des Versicherungsvertrages (insbesondere Zugang des Versicherungsscheines oder einer schriftlichen Annahmeerklärung) und nicht vor Ablauf von Wartezeiten. Für Versicherungsfälle, die vor Beginn des Versicherungsschutzes eingetreten sind, wird nicht geleistet. Nach Abschluss des Versicherungsvertrages eingetretene Versicherungsfälle sind nur für den Teil von der Leistungspflicht ausgeschlossen, der in die Zeit vor Versicherungsbeginn oder in Wartezeiten fällt. Bei Vertragsänderungen gelten die Sätze 1 bis 3 für den hinzukommenden Teil des Versicherungsschutzes.

III. AVB/ST 2008

(2) Bei Neugeborenen beginnt der Versicherungsschutz ohne Risikozuschläge und ohne Wartezeiten ab Vollendung der Geburt, wenn am Tage der Geburt ein Elternteil mindestens drei Monate beim Versicherer versichert ist und die Anmeldung zur Versicherung spätestens zwei Monate nach dem Tage der Geburt rückwirkend erfolgt. Der Versicherungsschutz darf nicht höher oder umfassender als der eines versicherten Elternteils sein.

(3) Der Geburt eines Kindes steht die Adoption gleich, sofern das Kind im Zeitpunkt der Adoption noch minderjährig ist.

§ 3 Wartezeiten

(1) Die Wartezeiten rechnen vom Versicherungsbeginn an.

Die allgemeine Wartezeit beträgt drei Monate.

Sie entfällt

a) bei Unfällen;
b) für den Ehegatten oder Lebenspartner einer mindestens seit drei Monaten versicherten Person, sofern eine gleichartige Versicherung innerhalb zweier Monate nach der Eheschließung beantragt wird.

(3) Die besonderen Wartezeiten betragen für Entbindung, Psychotherapie, Zahnbehandlung, Zahnersatz und Kieferorthopädie acht Monate.

(4) Sofern der Tarif es vorsieht, können die Wartezeiten auf Grund besonderer Vereinbarung erlassen werden, wenn ein ärztliches Zeugnis über den Gesundheitszustand vorgelegt wird.

(5) Personen, die aus der gesetzlichen Krankenversicherung ausscheiden, wird die nachweislich dort ununterbrochen zurückgelegte Versicherungszeit auf die Wartezeiten angerechnet. Voraussetzung ist, dass die Versicherung spätestens zwei Monate nach Beendigung der Vorversicherung beantragt wurde und der Versicherungsschutz in Abweichung von § 2 Abs. 1 im unmittelbaren Anschluss beginnen soll. Entsprechendes gilt beim Ausscheiden aus einem öffentlichen Dienstverhältnis mit Anspruch auf freie Heilfürsorge.

(6) Bei Vertragsänderungen gelten die Wartezeitenregelungen für den hinzukommenden Teil des Versicherungsschutzes.

Nr. 2 Wartezeitenanrechnung
Auf die Wartezeiten wird die Versicherungszeit in einem Tarif mit substitutiven Versicherungsschutz angerechnet.

Anhang

§ 4 Umfang der Leistungspflicht

(1) Art und Höhe der Versicherungsleistungen ergeben sich aus dem Tarif mit Tarifbedingungen.

(2) Der versicherten Person steht die Wahl unter den niedergelassenen approbierten Ärzten und Zahnärzten frei.

> *Nr. 3a Psychotherapie*
>
> *Bei ambulanter oder bei stationärer Psychotherapie wird geleistet, wenn und soweit der Versicherer vor der Behandlung eine schriftliche Zusage gegeben hat und die Therapie von einem niedergelassenen approbierten Arzt mit einer Zusatzausbildung auf dem Gebiet der Psychotherapie oder einem in eigener Praxis tätigen und im Arztregister eingetragenen nichtärztlichen Psychologischen Psychotherapeuten oder Kinder- und Jugendlichenpsychotherapeuten durchgeführt wird.*
>
> *Nicht erstattungsfähig sind Aufwendungen für Psychotherapie durch andere Behandler.*
>
> *Nr. 3b Zahntechnik (Material- und Laborkosten)*
>
> *Erstattungsfähig sind nur die im Preis- und Leistungsverzeichnis für zahntechnische Leistungen des Standardtarifs (Anlage) ausgewiesenen zahntechnischen Laborarbeiten und Materialien.*

(3) Arznei-, Verband-, Heil- und Hilfsmittel müssen von den in Absatz 2 genannten Behandlern verordnet, Arzneimittel außerdem aus der Apotheke bezogen werden.

> *Nr. 3c Definitionen*
>
> *(1) Als Arzneimittel gelten nicht: Nährmittel, Stärkungsmittel, Geheimmittel, Mineralwässer, kosmetische Mittel, Mittel zur Hygiene und Körperpflege, Badezusätze, Mittel zur Potenzsteigerung, zur Gewichtsreduzierung oder gegen androgenetisch bedingten Haarausfall sowie sonstige Mittel, für die die GKV keine Leistungen vorsieht.*
>
> *Nicht erstattungsfähig sind bei Versicherten, die das 12. Lebensjahr vollendet haben, Aufwendungen für nicht verschreibungspflichtige Arzneimittel. Dieser Leistungsausschluss gilt nicht*
>
> *– für versicherte Jugendliche bis zum vollendeten 18. Lebensjahr mit Entwicklungsstörungen und*

III. AVB/ST 2008

> – *für nicht verschreibungspflichtige Arzneimittel, die in den Richtlinien des Gemeinsamen Bundesausschusses (§§ 91 Abs. 1, 92 Abs. 1 Satz 2 Nr. 6 SGB V, s. Anhang) aufgeführt sind und daher zu Lasten der gesetzlichen Krankenversicherung verordnet werden können.*
>
> *(2) Erstattungsfähige Heilmittel sind nur die im Heilmittelverzeichnis des Standardtarifs (Anlage) ausgewiesenen physikalisch-medizinischen Leistungen, soweit sie vom in eigener Praxis tätigen Masseur, Masseur und medizinischen Bademeister, Krankengymnasten oder Physiotherapeuten ausgeführt werden.*
>
> *Nicht erstattungsfähig sind Aufwendungen für sonstige Leistungen (wie z.B. Thermal-, Sauna- und ähnliche Bäder) sowie Mehraufwendungen für die Behandlung in der Wohnung der versicherten Person.*
>
> *(3) Erstattungsfähige Heilmittel sind auch Stimm-, Sprech- und Sprachübungsbehandlungen, soweit sie im Heilmittelverzeichnis des Standardtarifs aufgeführt sind und von einem Logopäden ausgeführt werden.*
>
> *(4) Der Anspruch auf Versorgung mit Hörgeräten, Krankenfahrstühlen und anderen Hilfsmitteln umfasst die Aufwendungen für das Ausleihen, die Reparatur sowie die Unterweisung im Gebrauch, nicht aber für Wartung, Gebrauch und Pflege.*
>
> *Ein erneuter Anspruch auf Erstattung von Kosten für Brillengläser besteht nur bei einer ärztlich festgestellten Änderung der Sehfähigkeit – bezogen auf ein Auge – um mindestens 0,5 Dioptrien. Aufwendungen für Brillengestelle sind nicht erstattungsfähig.*

(4) Bei medizinisch notwendiger stationärer Heilbehandlung hat die versicherte Person freie Wahl unter den öffentlichen und privaten Krankenhäusern, die unter ständiger ärztlicher Leitung stehen, über ausreichende diagnostische und therapeutische Möglichkeiten verfügen und Krankengeschichten führen.

> **Nr. 3d Einschränkung**
> *Die freie Krankenhauswahl beschränkt sich auf solche öffentlichen und privaten Krankenhäuser, die der Bundespflegesatzverordnung bzw. dem Krankenhausentgeltgesetz unterliegen.*

(5) Für medizinisch notwendige stationäre Heilbehandlung in Krankenanstalten, die auch Kuren bzw. Sanatoriumsbehandlung durchführen oder Rekonvaleszenten aufnehmen, im übrigen aber die Voraussetzungen von

Anhang

Absatz 4 erfüllen, werden die tariflichen Leistungen nur dann gewährt, wenn der Versicherer diese vor Beginn der Behandlung schriftlich zugesagt hat. Bei Tbc-Erkrankungen wird in vertraglichem Umfange auch für die stationäre Behandlung in Tbc-Heilstätten und -Sanatorien geleistet.

(6) Der Versicherer leistet im vertraglichen Umfang für Untersuchungs- oder Behandlungsmethoden und Arzneimittel, die von der Schulmedizin überwiegend anerkannt sind. Er leistet darüber hinaus für Methoden und Arzneimittel, die sich in der Praxis als ebenso erfolgversprechend bewährt haben oder die angewandt werden, weil keine schulmedizinischen Methoden oder Arzneimittel zur Verfügung stehen; der Versicherer kann jedoch seine Leistungen auf den Betrag herabsetzen, der bei der Anwendung vorhandener schulmedizinischer Methoden oder Arzneimittel angefallen wäre.

§ 5 Einschränkung der Leistungspflicht

(1) Keine Leistungspflicht besteht

a) für solche Krankheiten einschließlich ihrer Folgen sowie für Folgen von Unfällen und für Todesfälle, die durch Kriegsereignisse verursacht oder als Wehrdienstbeschädigung anerkannt und nicht ausdrücklich in den Versicherungsschutz eingeschlossen sind;

b) für auf Vorsatz beruhende Krankheiten und Unfälle einschließlich deren Folgen sowie für Entziehungsmaßnahmen einschließlich Entziehungskuren;

c) für Behandlung durch Ärzte, Zahnärzte und in Krankenanstalten, deren Rechnungen der Versicherer aus wichtigem Grunde von der Erstattung ausgeschlossen hat, wenn der Versicherungsfall nach der Benachrichtigung des Versicherungsnehmers über den Leistungsausschluss eintritt. Sofern im Zeitpunkt der Benachrichtigung ein Versicherungsfall schwebt, besteht keine Leistungspflicht für die nach Ablauf von drei Monaten seit der Benachrichtigung entstandenen Aufwendungen;

d) für Kur- und Sanatoriumsbehandlung sowie für Rehabilitationsmaßnahmen der gesetzlichen Rehabilitationsträger, wenn der Tarif nichts anderes vorsieht;

e) für ambulante Heilbehandlung in einem Heilbad oder Kurort. Die Einschränkung entfällt, wenn die versicherte Person dort ihren ständigen Wohnsitz hat oder während eines vorübergehenden Aufenthaltes durch eine vom Aufenthaltszweck unabhängige Erkrankung oder einen dort eingetretenen Unfall Heilbehandlung notwendig wird;

f) für Behandlung durch Ehegatten, Lebenspartner, Eltern oder Kinder. Nachgewiesene Sachkosten werden tarifgemäß erstattet;

g) für eine durch Pflegebedürftigkeit oder Verwahrung bedingte Unterbringung.

III. AVB/ST 2008

(2) Übersteigt eine Heilbehandlung oder sonstige Maßnahme, für die Leistungen vereinbart sind, das medizinisch notwendige Maß, so kann der Versicherer seine Leistungen auf einen angemessenen Betrag herabsetzen. Stehen die Aufwendungen für die Heilbehandlung oder sonstigen Leistungen in einem auffälligen Missverhältnis zu den erbrachten Leistungen, ist der Versicherer insoweit nicht zur Leistung verpflichtet.

(3) Besteht auch Anspruch auf Leistungen aus der gesetzlichen Unfallversicherung oder der gesetzlichen Rentenversicherung, auf eine gesetzliche Heilfürsorge oder Unfallfürsorge, so ist der Versicherer nur für die Aufwendungen leistungspflichtig, welche trotz der gesetzlichen Leistungen notwendig bleiben.

(4) Hat die versicherte Person wegen desselben Versicherungsfalles einen Anspruch gegen mehrere Erstattungsverpflichtete, darf die Gesamterstattung die Gesamtaufwendungen nicht übersteigen.

§ 6 Auszahlung der Versicherungsleistungen

(1) Der Versicherer ist zur Leistung nur verpflichtet, wenn die von ihm geforderten Nachweise erbracht sind; diese werden Eigentum des Versicherers.

Nr. 4 Nachweise

(1) Es sind Rechnungsurschriften oder deren beglaubigte Zweitschriften mit einer Bestätigung eines anderen Kostenträgers über die gewährten Leistungen einzureichen.

Die Belege der Behandler müssen Namen und Geburtsdatum der behandelten Person, die Krankheitsbezeichnung, die einzelnen ärztlichen Leistungen mit Bezeichnung und Nummer gemäß der angewandten Gebührenordnung, die gesondert berechnungsfähigen Auslagen sowie die jeweiligen Behandlungsdaten enthalten.

(2) Arzneimittelverordnungen sind zusammen mit der dazugehörigen Rechnung des Behandlers einzureichen, es sei denn, dass die Krankheitsbezeichnung auf der Verordnung vom Behandler vermerkt ist. Der Preis für die bezogenen Arzneimittel muss durch Stempelaufdruck der Apotheke mit Datumsangabe quittiert sein. Rechnungen über Heil- und Hilfsmittel sind zusammen mit den Verordnungen der Behandler einzureichen. Die Verordnungen müssen den Namen der behandelten Person enthalten.

(3) Die geforderten Nachweise sollen spätestens bis zum 31.3. des auf die Rechnungsstellung folgenden Jahres eingereicht werden.

Anhang

(2) Im Übrigen ergeben sich die Voraussetzungen für die Fälligkeit der Leistungen des Versicherers aus § 14 VVG (s. Anhang).

(3) Der Versicherer ist verpflichtet, an die versicherte Person zu leisten, wenn der Versicherungsnehmer ihm diese in Textform als Empfangsberechtigte für deren Versicherungsleistungen benannt hat. Liegt diese Voraussetzung nicht vor, kann nur der Versicherungsnehmer die Leistung verlangen.

(4) Die in einer Fremdwährung entstandenen Kosten werden zum aktuellen Kurs des Tages, an dem die Belege beim Versicherer eingehen, in Euro umgerechnet.

Nr. 5 Wechselkurs
Als Kurs des Tages gilt der offizielle Euro-Wechselkurs der Europäischen Zentralbank. Für nicht gehandelte Währungen, für die keine Referenzkurse festgelegt werden, gilt der Kurs gemäß „Devisenkursstatistik", Veröffentlichungen der Deutschen Bundesbank, Frankfurt/Main, nach jeweils neuestem Stand, es sei denn, die versicherte Person weist durch Bankbeleg nach, dass sie die zur Bezahlung der Rechnungen notwendigen Devisen zu einem ungünstigeren Kurs erworben hat.

(5) Kosten für die Überweisung der Versicherungsleistungen und für Übersetzungen können von den Leistungen abgezogen werden.

Nr. 6 Kosten
Überweisungskosten werden nur abgezogen, wenn auf Verlangen des Versicherungsnehmers eine Überweisung in das Ausland erfolgt oder eine besondere Überweisungsform gewünscht wird. Übersetzungskosten werden nicht abgezogen.

(6) Ansprüche auf Versicherungsleistungen können weder abgetreten noch verpfändet werden.

§ 7 Ende des Versicherungsschutzes

Der Versicherungsschutz endet – auch für schwebende Versicherungsfälle – mit der Beendigung des Versicherungsverhältnisses.

III. AVB/ST 2008

Pflichten des Versicherungsnehmers

§ 8 Beitragszahlung

Der Beitrag ist ein Jahresbeitrag und wird vom Versicherungsbeginn an berechnet. Er ist zu Beginn eines jeden Versicherungsjahres zu entrichten, kann aber auch in gleichen monatlichen Beitragsraten gezahlt werden, die jeweils bis zur Fälligkeit der Beitragsrate als gestundet gelten. Die Beitragsraten sind am Ersten eines jeden Monats fällig. Wird der Jahresbeitrag während des Versicherungsjahres neu festgesetzt, so ist der Unterschiedsbetrag vom Änderungszeitpunkt an bis zum Beginn des nächsten Versicherungsjahres nachzuzahlen bzw. zurückzuzahlen.

(2) Wird der Vertrag für eine bestimmte Zeit mit der Maßgabe geschlossen, dass sich das Versicherungsverhältnis nach Ablauf dieser bestimmten Zeit stillschweigend um jeweils ein Jahr verlängert, sofern der Versicherungsnehmer nicht fristgemäß gekündigt hat, so kann der Tarif anstelle von Jahresbeiträgen Monatsbeiträge vorsehen. Diese sind am Ersten eines jeden Monats fällig.

(3) Der erste Beitrag bzw. die erste Beitragsrate ist, sofern nicht anders vereinbart, unverzüglich nach Ablauf von zwei Wochen nach Zugang des Versicherungsscheines zu zahlen.

(4) Kommt der Versicherungsnehmer mit der Zahlung einer Beitragsrate in Verzug, so werden die gestundeten Beitragsraten des laufenden Versicherungsjahres fällig. Sie gelten jedoch erneut als gestundet, wenn der rückständige Beitragsteil einschließlich der Beitragsrate für den am Tage der Zahlung laufenden Monat und die Mahnkosten entrichtet sind.

(5) Nicht rechtzeitige Zahlung des Erstbeitrags oder eines Folgebeitrags kann unter den Voraussetzungen der §§ 37 und 38 i.V.m. § 194 Abs. 2 VVG (s. Anhang) zum Verlust des Versicherungsschutzes führen. Ist ein Beitrag bzw. eine Beitragsrate nicht rechtzeitig gezahlt und wird der Versicherungsnehmer in Textform gemahnt, so ist er zur Zahlung der Mahnkosten verpflichtet, deren Höhe sich aus den Tarifbedingungen ergibt.

Nr. 7 Mahnkosten
Die Mahnkosten betragen je Mahnung 0,51 EUR.

(6) Wird das Versicherungsverhältnis vor Ablauf der Vertragslaufzeit beendet, steht dem Versicherer für diese Vertragslaufzeit nur derjenige Teil des Beitrags bzw. der Beitragsrate zu, der dem Zeitraum entspricht, in dem der Versicherungsschutz bestanden hat. Wird das Versicherungsverhältnis durch Rücktritt auf Grund des § 19 Abs. 2 VVG (s. Anhang) oder durch

Anhang

Anfechtung des Versicherers wegen arglistiger Täuschung beendet, steht dem Versicherer der Beitrag bzw. die Beitragsrate bis zum Wirksamwerden der Rücktritts- oder Anfechtungserklärung zu. Tritt der Versicherer zurück, weil der erste Beitrag bzw. die erste Beitragsrate nicht rechtzeitig gezahlt wird, kann er eine angemessene Geschäftsgebühr verlangen.

(7) Die Beiträge sind an die vom Versicherer zu bezeichnende Stelle zu entrichten.

§ 8a Beitragsberechnung, -begrenzung, -angleichung und -anpassung

(1) Die Berechnung der Beiträge erfolgt nach Maßgabe der Vorschriften des Versicherungsaufsichtsgesetzes (VAG) und ist in den technischen Berechnungsgrundlagen des Versicherers festgelegt.

> *Nr. 8 Eintrittsalter*
>
> *(1) Die Höhe des Tarifbeitrags richtet sich nach dem Geschlecht und dem Eintrittsalter der versicherten Person. Als Eintrittsalter gilt der Unterschied zwischen dem Jahr des Eintritts in den Standardtarif und dem Geburtsjahr. Der Tatsache, dass das Eintrittsalter der versicherten Person in die Krankheitskostenversicherung, aus der sie in den Standardtarif wechselt, niedriger gewesen ist, wird in der Weise Rechnung getragen, dass die Alterungsrückstellung anzurechnen ist. Dabei darf der neue Beitrag den halben niedrigsten Erwachsenenbeitrag (Frauen, Männer) der versicherten Leistungsstufe nicht unterschreiten.*
>
> *Für Kinder und Jugendliche richtet sich der Beitrag nach dem jeweils vollendeten Lebensjahr. Nach Vollendung des 16. Lebensjahres wird vom folgenden Monatsersten an der Jugendlichenbeitrag (Frauen, Männer) der versicherten Leistungsstufe und nach Vollendung des 21. Lebensjahres wird vom folgenden Monatsersten an der Erwachsenenbeitrag (Frauen, Männer) der versicherten Leistungsstufe berechnet.*

(2) Der zu zahlende Beitrag ist für Einzelpersonen begrenzt auf die Höhe des durchschnittlichen Höchstbeitrages der gesetzlichen Krankenversicherung (GKV) und für Ehegatten oder Lebenspartner insgesamt auf 150 v. H. des durchschnittlichen Höchstbeitrages der GKV, sofern das jährliche Gesamteinkommen der Ehegatten oder Lebenspartner die Jahresarbeitsentgeltgrenze nicht übersteigt. In die Beitragsbegrenzung wird bis zur Vollendung des 65. Lebensjahres des Versicherten auch der Beitrag für eine Krankentagegeldversicherung einbezogen, soweit sie Leistungen von höchstens 70 v. H. der Beitragsbemessungsgrenze in der GKV frühestens ab dem 43. Tag einer Arbeitsunfähigkeit vorsieht.

III. AVB/ST 2008

Der durchschnittliche Höchstbeitrag der GKV bemisst sich nach dem durchschnittlichen allgemeinen Beitragssatz der Krankenkassen vom 1. Januar des Vorjahres (§ 245 SGB V, s. Anhang) und der Beitragsbemessungsgrenze (§ 223 Abs. 3 SGB V, s. Anhang).

Für Personen mit Beihilfeanspruch sowie deren berücksichtigungsfähige Angehörige ist der zu zahlende Beitrag nach Satz 1 begrenzt auf den durch den Beihilfesatz nicht gedeckten Vom-Hundert-Anteil des durchschnittlichen Höchstbeitrags der GKV gemäß Satz 3. Der für die Beitragsbegrenzung maßgebliche Beihilfesatz ist der nach den jeweiligen Beihilfebestimmungen gültige Beihilfebemessungssatz; abweichende Beihilfebemessungssätze für einzelne Arten beihilfefähiger Aufwendungen bleiben hier außer Betracht.

Die Voraussetzungen für die Beitragsbegrenzung sind nachzuweisen.

Der Wegfall der Voraussetzungen für die Beitragsbegrenzung bei Ehegatten oder Lebenspartnern durch

– Überschreiten der Jahresarbeitsentgeltgrenze
– Tod eines Ehegatten oder Lebenspartners
– Scheidung
– Beendigung des Standardtarifs für einen Ehegatten oder Lebenspartner

ist dem Versicherer unverzüglich anzuzeigen; dieser ist dann berechtigt, ab dem Zeitpunkt des Wegfalls die Beitragsbegrenzung für Einzelpersonen anzuwenden. Unabhängig von der Anzeigepflicht kann der Versicherer in regelmäßigen Abständen die Berechtigung zur Inanspruchnahme der Beitragsbegrenzung überprüfen; hierfür kann der Versicherer auch die Vorlage des Steuer- und des Rentenbescheides verlangen.

Sind die Ehegatten oder Lebenspartner nicht bei demselben Versicherer versichert, wird von jedem Ehegatten oder Lebenspartner die Hälfte des maßgeblichen Gesamtbeitrags erhoben. Liegt der individuelle Beitrag eines Versicherten jedoch niedriger als die Hälfte des maßgeblichen Gesamtbeitrags, so wird der gesamte Kappungsbeitrag dem anderen Ehegatten oder Lebenspartner zugerechnet.

Die Differenz zwischen dem zu zahlenden und dem nach den technischen Berechnungsgrundlagen kalkulatorisch notwendigen Beitrag wird durch einen Zuschuss des Versicherers ausgeglichen.

(3) Ändert sich der durchschnittliche Höchstbeitrag der GKV, wird bei Versicherten, die einen Zuschuss des Versicherers gemäß Absatz 2 letzter Satz erhalten, eine Beitragsangleichung auf den kalkulatorisch notwendigen Beitrag vorgenommen, höchstens jedoch bis zur Höhe des neuen durchschnittlichen Höchstbeitrages der GKV. Absatz 2 Satz 1 und 3 gelten entsprechend.

Anhang

(4) Im Rahmen der vertraglichen Leistungszusage können sich die Leistungen des Versicherers z.B. wegen steigender Heilbehandlungskosten oder einer häufigeren Inanspruchnahme medizinischer Leistungen (Schadenwahrscheinlichkeit) oder aufgrund steigender Lebenserwartung ändern. Dementsprechend werden jährlich die erforderlichen mit den in den technischen Berechnungsgrundlagen kalkulierten Versicherungsleistungen und Sterbewahrscheinlichkeiten verglichen. Dies geschieht jeweils getrennt für jede Beobachtungseinheit der Tarifstufen STN und STB anhand der jeweiligen Gemeinschaftsstatistik gemäß den Festlegungen in den technischen Berechnungsgrundlagen. Ergibt diese Gegenüberstellung eine Veränderung der Schadenwahrscheinlichkeit von mehr als 10 v.H. bzw. der Sterbewahrscheinlichkeit von mehr als 5 v.H., so werden die Beiträge der betroffenen Beobachtungseinheiten überprüft und, soweit erforderlich, mit Zustimmung eines unabhängigen Treuhänders angepasst. Bei einer Veränderung der Schadenwahrscheinlichkeiten von mehr als 5 v.H. können die Beiträge der betroffenen Beobachtungseinheiten überprüft und, soweit erforderlich, mit Zustimmung eines unabhängigen Treuhänders angepasst werden. Von einer solchen Beitragsanpassung wird abgesehen, wenn die Veränderung der Versicherungsleistungen als vorübergehend anzusehen ist.

(5) Bei Beitragsänderungen kann der Versicherer auch eine betragsmäßig festgelegte Selbstbeteiligung und besonders vereinbarte Risikozuschläge entsprechend dem erforderlichen Beitrag ändern.

(6) Bei einer Änderung der Beiträge, auch durch Änderung des Versicherungsschutzes, wird das Geschlecht und das (die) bei Inkrafttreten der Änderung erreichte tarifliche Lebensalter (Lebensaltersgruppe) der versicherten Person berücksichtigt. Dabei wird dem Eintrittsalter der versicherten Person dadurch Rechnung getragen, dass eine Alterungsrückstellung gemäß den in den technischen Berechnungsgrundlagen festgelegten Grundsätzen angerechnet wird.

Eine Erhöhung der Beiträge oder eine Minderung der Leistungen des Versicherers wegen des Älterwerdens der versicherten Person ist jedoch während der Dauer des Versicherungsverhältnisses in dem Umfang ausgeschlossen, in dem eine Alterungsrückstellung für das mit dem Alter der versicherten Person wachsende Wagnis zu bilden ist.

(7) Beitragsangleichungen (s. Absatz 3) werden zum Zeitpunkt des Inkrafttretens des geänderten durchschnittlichen Höchstbeitrages der GKV wirksam.

Beitragsanpassungen (s. Absatz 4) und Änderungen von Selbstbeteiligungen und evtl. vereinbarten Risikozuschlägen (s. Absatz 5) werden zu Beginn des zweiten Monats wirksam, der auf die Benachrichtigung der Versicherungsnehmer folgt.

III. AVB/ST 2008

§ 9 Obliegenheiten

(1) Jede Krankenhausbehandlung ist binnen 10 Tagen nach ihrem Beginn anzuzeigen.

(2) Der Versicherungsnehmer und die als empfangsberechtigt benannte versicherte Person (vgl. § 6 Abs. 3) haben auf Verlangen des Versicherers jede Auskunft zu erteilen, die zur Feststellung des Versicherungsfalles, der Leistungspflicht des Versicherers und ihres Umfanges sowie für die Beitragseinstufung der versicherten Personen erforderlich ist. Die Auskünfte sind auch einem Beauftragten des Versicherers zu erteilen.

(3) Auf Verlangen des Versicherers ist die versicherte Person verpflichtet, sich durch einen vom Versicherer beauftragten Arzt untersuchen zu lassen.

(4) Die versicherte Person hat nach Möglichkeit für die Minderung des Schadens zu sorgen und alle Handlungen zu unterlassen, die der Genesung hinderlich sind.

(5) Wird für eine versicherte Person bei einem weiteren Versicherer ein Krankheitskostenversicherungsvertrag abgeschlossen oder macht eine versicherte Person von der Versicherungsberechtigung in der gesetzlichen Krankenversicherung Gebrauch, ist der Versicherungsnehmer verpflichtet, den Versicherer von der anderen Versicherung unverzüglich zu unterrichten.

> *Nr. 9 Keine Zusatzversicherung*
>
> *Neben dem Standardtarif darf für eine versicherte Person keine weitere Krankheitskosten-Teil- oder Vollversicherung bestehen oder abgeschlossen werden; auch nicht bei einem anderen Versicherungsunternehmen. Besteht gleichwohl eine solche Versicherung, entfällt für die Dauer dieser Versicherung die Begrenzung des Höchstbeitrages auf den Höchstbeitrag der GKV gemäß § 8a Abs. 2.*

§ 10 Folgen von Obliegenheitsverletzungen

(1) Der Versicherer ist mit den in § 28 Abs. 2 bis 4 VVG (s. Anhang) vorgeschriebenen Einschränkungen ganz oder teilweise von der Verpflichtung zur Leistung frei, wenn eine der in § 9 Abs. 1 bis 5 genannten Obliegenheiten verletzt wird.

(2) Wird die in § 9 Abs. 5 genannte Obliegenheit verletzt, so kann der Versicherer unter der Voraussetzung des § 28 Abs. 1 VVG (s. Anhang) innerhalb eines Monats nach dem Bekanntwerden der Obliegenheitsverletzung ohne Einhaltung einer Frist kündigen.

(3) Die Kenntnis und das Verschulden der versicherten Person stehen der Kenntnis und dem Verschulden des Versicherungsnehmers gleich.

Anhang

§ 11 Obliegenheiten und Folgen bei Obliegenheitsverletzungen bei Ansprüchen gegen Dritte

(1) Hat der Versicherungsnehmer oder eine versicherte Person Ersatzansprüche gegen Dritte, so besteht, unbeschadet des gesetzlichen Forderungsüberganges gemäß § 86 VVG (s. Anhang), die Verpflichtung, diese Ansprüche bis zur Höhe, in der aus dem Versicherungsvertrag Ersatz (Kostenerstattung sowie Sach- und Dienstleistung) geleistet wird, an den Versicherer schriftlich abzutreten.

(2) Der Versicherungsnehmer oder die versicherte Person hat seinen (ihren) Ersatzanspruch oder ein zur Sicherung dieses Anspruchs dienendes Recht unter Beachtung der geltenden Form- und Fristvorschriften zu wahren und bei dessen Durchsetzung durch den Versicherer soweit erforderlich mitzuwirken.

(3) Verletzt der Versicherungsnehmer oder eine versicherte Person vorsätzlich die in den Absätzen 1 und 2 genannten Obliegenheiten, ist der Versicherer zur Leistung insoweit nicht verpflichtet, als er infolge dessen keinen Ersatz von dem Dritten erlangen kann. Im Falle einer grob fahrlässigen Verletzung der Obliegenheit ist der Versicherer berechtigt, seine Leistung in einem der Schwere des Verschuldens entsprechenden Verhältnis zu kürzen.

(4) Steht dem Versicherungsnehmer oder einer versicherten Person ein Anspruch auf Rückzahlung ohne rechtlichen Grund gezahlter Entgelte gegen den Erbringer von Leistungen zu, für die der Versicherer auf Grund des Versicherungsvertrages Erstattungsleistungen erbracht hat, sind die Absätze 1 bis 3 entsprechend anzuwenden.

§ 12 Aufrechnung

Der Versicherungsnehmer kann gegen Forderungen des Versicherers nur aufrechnen, soweit die Gegenforderung unbestritten oder rechtskräftig festgestellt ist. Gegen eine Forderung aus der Beitragspflicht kann jedoch ein Mitglied eines Versicherungsvereins nicht aufrechnen.

Ende der Versicherung

§ 13 Kündigung durch den Versicherungsnehmer

(1) Der Versicherungsnehmer kann das Versicherungsverhältnis zum Ende eines jeden Versicherungsjahres, frühestens aber zum Ablauf einer vereinbarten Vertragsdauer von bis zu zwei Jahren, mit einer Frist von drei Monaten kündigen.

(2) Die Kündigung kann auf einzelne versicherte Personen oder Tarife beschränkt werden.

III. AVB/ST 2008

(3) Wird eine versicherte Person kraft Gesetzes krankenversicherungspflichtig, so kann der Versicherungsnehmer binnen drei Monaten nach Eintritt der Versicherungspflicht eine Krankheitskostenvollversicherung oder eine dafür bestehende Anwartschaftsversicherung rückwirkend zum Eintritt der Versicherungspflicht kündigen. Die Kündigung ist unwirksam, wenn der Versicherungsnehmer den Eintritt der Versicherungspflicht nicht innerhalb von zwei Monaten nachweist, nachdem der Versicherer ihn hierzu in Textform aufgefordert hat, es sei denn, der Versicherungsnehmer hat die Versäumung dieser Frist nicht zu vertreten. Macht der Versicherungsnehmer von seinem Kündigungsrecht Gebrauch, steht dem Versicherer der Beitrag nur bis zum Zeitpunkt des Eintritts der Versicherungspflicht zu. Später kann der Versicherungsnehmer die Krankheitskostenversicherung oder eine dafür bestehende Anwartschaftsversicherung zum Ende des Monats kündigen, in dem er den Eintritt der Versicherungspflicht nachweist. Dem Versicherer steht der Beitrag in diesem Fall bis zum Ende des Versicherungsvertrages zu. Der Versicherungspflicht steht gleich der gesetzliche Anspruch auf Familienversicherung oder der nicht nur vorübergehende Anspruch auf Heilfürsorge aus einem beamtenrechtlichen oder ähnlichen Dienstverhältnis.

(4) Hat eine Vereinbarung im Versicherungsvertrag zur Folge, dass bei Erreichen eines bestimmten Lebensalters oder bei Eintritt anderer dort genannter Voraussetzungen der Beitrag für ein anderes Lebensalter oder eine andere Altersgruppe gilt oder der Beitrag unter Berücksichtigung einer Alterungsrückstellung berechnet wird, kann der Versicherungsnehmer das Versicherungsverhältnis hinsichtlich der betroffenen versicherten Person binnen zwei Monaten nach der Änderung zum Zeitpunkt deren Inkrafttretens kündigen, wenn sich der Beitrag durch die Änderung erhöht.

(5) Erhöht der Versicherer die Beiträge aufgrund der Beitragsanpassungsklausel (§ 8a) oder vermindert er seine Leistungen gemäß § 18 Abs. 1, so kann der Versicherungsnehmer das Versicherungsverhältnis hinsichtlich der betroffenen versicherten Person innerhalb eines Monats vom Zugang der Änderungsmitteilung an zum Zeitpunkt des Wirksamwerdens der Änderung kündigen. Bei einer Beitragserhöhung kann der Versicherungsnehmer das Versicherungsverhältnis auch bis und zum Zeitpunkt des Wirksamwerdens der Erhöhung kündigen.

(6) Der Versicherungsnehmer kann, sofern der Versicherer die Anfechtung, den Rücktritt oder die Kündigung nur für einzelne versicherte Personen oder Tarife erklärt, innerhalb von zwei Wochen nach Zugang dieser Erklärung die Aufhebung des übrigen Teils der Versicherung zum Schlusse des Monats verlangen, in dem ihm die Erklärung des Versicherers zugegangen ist, bei Kündigung zu dem Zeitpunkt, in dem diese wirksam wird.

Anhang

(7) Kündigt der Versicherungsnehmer das Versicherungsverhältnis insgesamt oder für einzelne versicherte Personen, haben die versicherten Personen das Recht, das Versicherungsverhältnis unter Benennung des künftigen Versicherungsnehmers fortzusetzen. Die Erklärung ist innerhalb zweier Monate nach der Kündigung abzugeben. Die Kündigung ist nur wirksam, wenn der Versicherungsnehmer nachweist, dass die betroffenen versicherten Personen von der Kündigungserklärung Kenntnis erlangt haben.

§ 14 Kündigung durch den Versicherer

(1) Der Versicherer verzichtet auf das ordentliche Kündigungsrecht.

(2) Die gesetzlichen Bestimmungen über das außerordentliche Kündigungsrecht bleiben unberührt.

(3) Die Kündigung kann auf einzelne versicherte Personen oder Tarife beschränkt werden.

(4) Kündigt der Versicherer das Versicherungsverhältnis insgesamt oder für einzelne versicherte Personen, gilt § 13 Abs. 7 Satz 1 und 2 entsprechend.

§ 15 Sonstige Beendigungsgründe

(1) Das Versicherungsverhältnis endet mit dem Tod des Versicherungsnehmers. Die versicherten Personen haben jedoch das Recht, das Versicherungsverhältnis unter Benennung des künftigen Versicherungsnehmers fortzusetzen. Die Erklärung ist innerhalb zweier Monate nach dem Tode des Versicherungsnehmers abzugeben.

(2) Beim Tod einer versicherten Person endet insoweit das Versicherungsverhältnis.

(3) Verlegt eine versicherte Person ihren gewöhnlichen Aufenthalt in einen anderen Staat als die in § 1 Abs. 5 genannten, endet insoweit das Versicherungsverhältnis, es sei denn, dass es aufgrund einer anderweitigen Vereinbarung fortgesetzt wird. Der Versicherer kann im Rahmen dieser anderweitigen Vereinbarung einen angemessenen Beitragszuschlag verlangen. Bei nur vorübergehender Verlegung des gewöhnlichen Aufenthaltes in einen anderen Staat als die in § 1 Abs. 5 genannten kann verlangt werden, das Versicherungsverhältnis in eine Anwartschaftsversicherung umzuwandeln.

Sonstige Bestimmungen

§ 16 Willenserklärungen und Anzeigen

Willenserklärungen und Anzeigen gegenüber dem Versicherer bedürfen der Schriftform, sofern nicht ausdrücklich Textform vereinbart ist.

III. AVB/ST 2008

§ 17 Gerichtsstand

(1) Für Klagen aus dem Versicherungsverhältnis gegen den Versicherungsnehmer ist das Gericht des Ortes zuständig, an dem der Versicherungsnehmer seinen Wohnsitz oder in Ermangelung eines solchen seinen gewöhnlichen Aufenthalt hat.

(2) Klagen gegen den Versicherer können bei dem Gericht am Wohnort oder gewöhnlichen Aufenthalt des Versicherungsnehmers oder bei dem Gericht am Sitz des Versicherers anhängig gemacht werden.

(3) Verlegt der Versicherungsnehmer nach Vertragsschluss seinen Wohnsitz oder gewöhnlichen Aufenthalt in einen Staat, der nicht Mitgliedstaat der Europäischen Union oder Vertragsstaat des Abkommens über den Europäischen Wirtschaftsraum ist, oder ist sein Wohnsitz oder gewöhnlicher Aufenthalt im Zeitpunkt der Klageerhebung nicht bekannt, ist das Gericht am Sitz des Versicherers zuständig.

§ 18 Änderungen des Standardtarifs

(1) Die Muster- und Tarifbedingungen des Standardtarifs können gemäß § 257 Abs. 2b SGB V (s. Anhang) aufgrund einer Vereinbarung zwischen der Bundesanstalt für Finanzdienstleistungsaufsicht und dem Verband der privaten Krankenversicherung mit Wirkung für bestehende Versicherungsverhältnisse, auch für den noch nicht abgelaufenen Teil des Versicherungsjahres, geändert werden, soweit sie Bestimmungen über Versicherungsschutz, Pflichten des Versicherungsnehmers, sonstige Beendigungsgründe, Willenserklärungen und Anzeigen sowie Gerichtsstand betreffen. Änderungen nach Satz 1 werden zu Beginn des zweiten Monats wirksam, der auf die Benachrichtigung der Versicherungsnehmer folgt, sofern nicht mit Zustimmung der Aufsichtsbehörde ein anderer Zeitpunkt bestimmt wird.

Nr. 10 Leistungsänderung
Der Standardtarif sieht Leistungen vor, die den Leistungen der gesetzlichen Krankenversicherung (GKV) jeweils vergleichbar sind. Der Versicherer ist unter den Voraussetzungen des § 18 Abs. 1 MB/ST berechtigt, die tariflichen Leistungen mit Wirkung für bestehende Versicherungsverhältnisse, auch für den noch nicht abgelaufenen Teil des Versicherungsjahres, den Leistungen der GKV anzupassen. Dabei können auch im Tarif genannte betraglich festgelegte Zuzahlungen des Versicherten, betraglich festgelegte Zuschüsse des Versicherers und erstattungsfähige Höchstbeträge bei Anhebung und bei Absenkung der entsprechenden Leistungsgrenzen der GKV angeglichen werden. Die nach dem Standardtarif erstattungsfähigen Gebührensätze kön-

Anhang

> *nen durch Verträge zwischen dem Verband der privaten Krankenversicherung im Einvernehmen mit den Trägern der Kosten in Krankheits-, Pflege- und Geburtsfällen nach beamtenrechtlichen Vorschriften einerseits und den Kassenärztlichen bzw. Kassenzahnärztlichen Vereinigungen oder den Kassenärztlichen bzw. Kassenzahnärztlichen Bundesvereinigungen andererseits ganz oder teilweise abweichend geregelt werden.*

(2) Ist eine Bestimmung in den Allgemeinen Versicherungsbedingungen durch höchstrichterliche Entscheidung oder durch einen bestandskräftigen Verwaltungsakt für unwirksam erklärt worden, kann sie der Versicherer durch eine neue Regelung ersetzen, wenn dies zur Fortführung des Vertrages notwendig ist oder wenn das Festhalten an dem Vertrag ohne neue Regelung für eine Vertragspartei auch unter Berücksichtigung der Interessen der anderen Vertragspartei eine unzumutbare Härte darstellen würde. Die neue Regelung ist nur wirksam, wenn sie unter Wahrung des Vertragsziels die Belange der Versicherungsnehmer angemessen berücksichtigt. Sie wird zwei Wochen, nachdem die neue Regelung und die hierfür maßgeblichen Gründe dem Versicherungsnehmer mitgeteilt worden sind, Vertragsbestandteil.

Zusatzvereinbarung für Versicherungsverträge des modifizierten Standardtarifs (mST) gemäß § 315 SGB V (Zusatzvereinbarung mST)

Für Versicherungsverträge, die zwischen dem 1. Juli 2007 und dem 31. Dezember 2008 mit nichtversicherten und nach folgenden Nrn. 1.1 und 1.2 zu Nr. 1 TB/ST aufnahme- und versicherungsfähigen Personen abgeschlossen werden, gilt folgende Zusatzvereinbarung:

> *1.   Zu Nr. 1 TB/ST Tarifstufen, Aufnahme- und Versicherungsfähigkeit, Nachweispflichten*
>
> *1.1   Der Standardtarif wird in der Variante mST in zwei Tarifstufen angeboten:*
>   *– Tarifstufe mSTN*
>   *– Tarifstufe mSTB*
>
> *1.2   In Abweichung von Nr. 1 Abs. 2 TB/ST sind aufnahme- und versicherungsfähig in Tarifstufe mSTN Personen mit Wohnsitz oder gewöhnlichen Aufenthalt in der Bundesrepublik Deutschland, die weder*

a) in der gesetzlichen Krankenversicherung versichert sind oder versicherungspflichtig sind,
b) über eine private Krankheitskostenvollversicherung verfügen,
c) einen Anspruch auf freie Heilfürsorge haben, beihilfeberechtigt sind oder vergleichbare Ansprüche haben,
d) Anspruch auf Leistungen nach dem Asylbewerberleistungsgesetz haben, noch
e) Leistungen nach dem Dritten, Vierten, Sechsten und Siebten Kapitel des SGB XII beziehen;
in den Fällen der Buchstaben d) und e) gilt bei Zeiten einer Unterbrechung des Leistungsbezugs von weniger als einem Monat der Leistungsbezug als fortbestehend.

1.3 In Abweichung von Nr. 1 Abs. 3 TB/ST sind aufnahme- und versicherungsfähig in Tarifstufe mSTB Personen mit Wohnsitz oder gewöhnlichen Aufenthalt in der Bundesrepublik Deutschland, die Anspruch auf Beihilfe nach beamtenrechtlichen Grundsätzen haben und bisher nicht über eine auf Ergänzung der Beihilfe beschränkte private Krankenversicherung verfügen und auch nicht freiwillig in der gesetzlichen Krankenversicherung versichert sind.

1.4 Nr. 1 Abs. 4 TB/ST gilt nicht.

1.5 Unterlagen, die zur Prüfung der Aufnahme- und Versicherungsfähigkeit über die in Nr. 1 Abs. 6 TB/ST genannten Unterlagen hinaus geeignet sind, sind z. B.
 – Mitgliedsbescheinigungen von Krankenkassen,
 – Versicherungsscheine von privaten Krankenversicherungsunternehmen,
 – Versicherungsscheine von ausländischen gesetzlichen oder privaten Krankenkassen,
 – Bescheid des Sozialhilfeträgers über den Leistungsbezug nach dem Dritten, Vierten, Sechsten und Siebten Kapitel des SGB XII,
 – Bescheid über Leistungen nach dem Asylbewerberleistungsgesetz,
 – Bescheinigung des Einwohnermeldeamtes über den Wohnsitz bzw. eine Aufenthaltsgenehmigung,
 – Gewerbeerlaubnis,
 – Anzeige der Aufnahme einer selbständigen Tätigkeit.

Anhang

1.6 In Abweichung von Nr. 1 Abs. 7 Satz 4 TB/ST wird ein festgestellter und dokumentierter Risikozuschlag für die Dauer der Versicherung im Standardtarif nicht erhoben.

1.7 In Abweichung von Nr. 1 Abs. 8 TB/ST werden versicherte Personen für die Dauer der Versicherung im Standardtarif nicht durch den bei Antragstellung festgestellten und dokumentierten Risikozuschlag belastet.

2.   Zu § 1 MB/ST Gegenstand, Umfang und Geltungsbereich des Versicherungsschutzes

2.1 § 1 Abs. 5 MB/ST findet keine Anwendung.

2.2 § 1 Abs. 6 Satz 4 MB/ST wird in der folgenden Fassung ergänzt: Wenn der Versicherungsnehmer die Umwandlung der Versicherung nach dem Standardtarif in einen gleichartigen Versicherungsschutz verlangt, wird außerdem der beim Eintritt in den Standardtarif festgestellte und dokumentierte Risikozuschlag zugrunde gelegt.

3.   Zu § 8a MB/ST Beitragsberechnung, -begrenzung, -angleichung und -anpassung

3.1 § 8a Abs. 2 MB/ST hat folgende geänderte Fassung: Der zu zahlende Beitrag ist für Einzelpersonen begrenzt auf die Höhe des durchschnittlichen Höchstbeitrages der gesetzlichen Krankenversicherung (GKV). Wenn allein durch die Zahlung des Höchstbeitrags Hilfebedürftigkeit im Sinne des SGB II oder SGB XII entsteht, reduziert sich der Höchstbeitrag für die Dauer der Hilfebedürftigkeit auf die Hälfte. Wenn unabhängig von der Zahlung des Beitrags Hilfebedürftigkeit besteht, reduziert sich der Beitrag ebenfalls auf die Hälfte des Höchstbeitrags. Das Entstehen von Hilfebedürftigkeit durch die Zahlung des Höchstbeitrags und das Bestehen von Hilfebedürftigkeit unabhängig von der Beitragszahlung sind durch Bescheinigungen der zuständigen Träger nach dem SGB II und SGB XII nachzuweisen. In die Beitragsbegrenzung wird bis zur Vollendung des 65. Lebensjahres des Versicherten auch der Beitrag für eine Krankentagegeldversicherung einbezogen, soweit sie Leistungen von höchstens 70 v.H. der Beitragsbemessungsgrenze in der GKV frühestens ab dem 43. Tag der Arbeitsunfähigkeit vorsieht.

Der durchschnittliche Höchstbeitrag bemisst sich nach dem durchschnittlichen allgemeinen Beitragssatz der Krankenkassen vom 1. Januar des Vorjahres (§ 245 SGB V, s. Anhang) und der Beitragsbemessungsgrenze (§ 223 Abs. 3 SGB V, s. Anhang).

III. AVB/ST 2008

Für Personen mit Beihilfeanspruch ist der zu zahlende Höchstbeitrag nach Satz 1 begrenzt auf den durch den Beihilfesatz nicht gedeckten Vom-Hundert-Anteil des durchschnittlichen Höchstbeitrags der GKV gemäß Satz 6. Für die Dauer der Hilfebedürftigkeit ist er reduziert auf die Hälfte des nach Satz 7 begrenzten durchschnittlichen Höchstbeitrags. Der für die Beitragsbegrenzung maßgebliche Beihilfesatz ist der nach den jeweiligen Beihilfebestimmungen gültige Beihilfebemessungssatz; abweichende Beihilfebemessungssätze für einzelne Arten beihilfefähiger Aufwendungen bleiben hier außer Betracht.

Die Voraussetzungen für die Beitragsbegrenzung nach Satz 2, 3 und 8 sind nachzuweisen.

Der Wegfall der Voraussetzungen für die Beitragsbegrenzung bei Bestehen von Hilfebedürftigkeit nach Satz 2, 3 und 8 ist dem Versicherer unverzüglich anzuzeigen; ab dem Zeitpunkt des Wegfalls der Hilfebedürftigkeit entfällt die Reduzierung des Beitrags. Unabhängig von der Anzeigepflicht kann der Versicherer in regelmäßigen Abständen die Berechtigung zur Inanspruchnahme der Beitragsbegrenzung überprüfen. Hierfür kann der Versicherer auch in angemessenen Abständen die Vorlage einer erneuten Bescheinigung des zuständigen Trägers nach dem SGB II oder SGB XII verlangen.

3.2 § 8a Abs. 3 MB/ST entfällt.

4. Zu Nr. 9 TB/ST Keine Zusatzversicherung

Nr. 9 TB/ST gilt in folgender Fassung: Neben dem Standardtarif in der Variante mST darf für eine versicherte Person keine weitere Krankheitskosten-Teil- oder Vollversicherung bestehen oder abgeschlossen werden; auch nicht bei einem anderen Versicherungsunternehmen. Besteht gleichwohl eine solche Versicherung, entfällt für die Dauer dieser Versicherung die Begrenzung des Höchstbeitrags auf den Höchstbeitrag der GKV nach Nr. 3.1 Satz 1 und 7 bzw. die Hälfte des Höchstbeitrags nach Nr. 3.1 Satz 2, 3 und 8.

5. Zu § 15 MB/ST Sonstige Beendigungsgründe

§ 15 Abs. 3 MB/ST hat folgende geänderte Fassung: Verlegt eine versicherte Person ihren gewöhnlichen Aufenthalt in einen anderen Staat als die Bundesrepublik Deutschland, endet insoweit das Versicherungsverhältnis, es sei denn, dass es aufgrund einer anderweitigen Vereinbarung ausgedehnt wird. Der

Versicherer kann im Rahmen dieser Vereinbarung einen angemessenen Beitragszuschlag verlangen.

6. Zu § 17 MB/ST Gerichtsstand

§ 17 Abs. 3 MB/ST hat folgende geänderte Fassung: Verlegt der Versicherungsnehmer seinen Wohnsitz oder gewöhnlichen Aufenthalt in einen anderen Staat als die Bundesrepublik Deutschland und wird das Versicherungsverhältnis nach Nr. 5 Zusatzvereinbarung mST fortgesetzt, ist das Gericht am Sitz des Versicherers zuständig.

7. Umstellung

Das Versicherungsverhältnis im Standardtarif in der Variante mST wird zum 1. Januar 2009 in ein Versicherungsverhältnis nach dem Basistarif (§ 315 Abs. 4 SGB V, s. Anhang) umgestellt und im Basistarif weiter fortgeführt.

Teil III – Tarif ST/mST

Einführung:

In den Abschnitten A bis D des Tarifs sind die Leistungen des Versicherers festgelegt. Es wird dargelegt, worauf sich die Leistungspflicht des Versicherers bezieht (z.B. Aufwendungen für ambulante ärztliche Behandlung – Abschnitt A 1) und in welchem Umfang der Versicherer zur Erstattung der entstandenen Aufwendungen verpflichtet ist (z.B. 100 v.H. der Aufwendungen für ambulante ärztliche Behandlung gemäß Abschnitt A 1 oder 65 v.H. der Aufwendungen für Zahnersatz gemäß Abschnitt B 2). Die Höhe der Versicherungsleistungen hängt dann davon ab, welcher Tarifstufe die versicherte Person angehört bzw. welcher Leistungsstufe innerhalb der Tarifstufe.

Tarifstufe STN/mSTN

für versicherte Personen *ohne* Anspruch auf Beihilfe nach beamtenrechtlichen Vorschriften oder Grundsätzen

Die Höhe der Versicherungsleistungen beträgt 100 v.H. der Leistungszusage nach den Abschnitten A bis D des Tarifs.

Beispiel:

Erstattungsfähige Aufwendungen des Versicherten für Zahnersatz: 1000 EUR

III. AVB/ST 2008

Leistungszusage gemäß Abschnitt B 2 des Tarifs ST/mST: 65 v.H. der erstattungsfähigen Aufwendungen = 650 EUR
Versicherungsleistung (Erstattungsbetrag): 100 v.H. der Leistungszusage = 650 EUR

Tarifstufe STB/mSTB
für versicherte Personen mit Anspruch auf Beihilfe nach beamtenrechtlichen Vorschriften oder Grundsätzen.

Die Höhe der Versicherungsleistungen hängt ab von der Leistungsstufe, der die versicherte Person zugeordnet ist. Die Zuordnung zu den verschiedenen Leistungsstufen wird bestimmt durch den Beihilfebemessungssatz der versicherten Person. Beihilfebemessungssatz und Erstattungssatz des Standardtarifs in Tarifstufe STB/mSTB ergeben zusammen jeweils 100 v.H. (Beispiel: Beihilfebemessungssatz 80 v.H. → Erstattungssatz 20 v.H. = Leistungsstufe 20). Die nachfolgende Tabelle gibt einen Überblick über Leistungsstufen und Erstattungssätze. Die Leistungsstufe STB/mSTB 100 ist solchen Personen vorbehalten, die nach Tarifstufe STB/mSTB versichert sind und ihren Beihilfeanspruch verlieren.

Tarifstufe	STB/mSTB									
Leistungsstufe	100	70	60	50	45	40	35	30	25	20	15
Erstattungssatz Abschnitt A., B., C., D. (ambulant, Zahn, stationär, Entbindung)	100 v.H.	70 v.H.	60 v.H.	50 v.H.	45 v.H.	40 v.H.	35 v.H.	30 v.H.	25 v.H.	20 v.H.	15 v.H.

Tarifstufe	STB/mSTB								
Leistungsstufe	70/55	60/45	55/40	50/35	45/30	40/25	35/20	30/15	25/15	20/15
Erstattungssatz Abschnitt A., B., D.1 (ambulant, Zahn, ambulante Entbindung)	70 v.H.	60 v.H.	55 v.H.	50 v.H.	45 v.H.	40 v.H.	35 v.H.	30 v.H.	25 v.H.	20 v.H.
Erstattungssatz Abschnitt C., D.2 (stationär, stationäre Entbindung)	55 v.H.	45 v.H.	40 v.H.	35 v.H.	30 v.H.	25 v.H.	20 v.H.	15 v.H.	15 v.H.	15 v.H.

Anhang

Beispiel:

Erstattungsfähige Aufwendungen des Versicherten für Zahnersatz: 1000 EUR

Leistungszusage gemäß Abschnitt B 2 des Tarifs ST/mST: 65 v.H. der erstattungsfähigen Aufwendungen = 650 EUR

Versicherungsleistung (Erstattungsbetrag) bei Leistungsstufe 20: 20 v.H. der Leistungszusage = 130 EUR

Bemessung der ärztlichen/zahnärztlichen Gebühren

Die Bemessung der Gebühren für ärztliche bzw. zahnärztliche Leistungen bei Versicherten des Standardtarifs der privaten Krankenversicherung sowie die Ermächtigung des PKV-Verbandes, durch Vereinbarungen mit den Kassenärztlichen bzw. Kassenzahnärztlichen Vereinigungen oder den Kassenärztlichen bzw. Kassenzahnärztlichen Bundesvereinigungen im Einvernehmen mit den Trägern der Kosten in Krankheits-, Pflege- und Geburtsfällen nach beamtenrechtlichen Vorschriften davon abzuweichen, ist in § 75 Abs. 3a und 3b SGB V geregelt (s. Anhang).

Der Erstattung nach den Abschnitten A. 1, A. 2, B. 1, B. 2, B. 3, C. 2, D. 1 und D. 2 werden für ärztliche und zahnärztliche Leistungen maximal die Aufwendungen bis zu den dort genannten Gebührensätzen zugrunde gelegt.

...

Leistungen des Versicherers

A. Ambulante Behandlung

1. Ambulante, ärztliche Behandlung, Früherkennung

100 v.H.

der erstattungsfähigen Aufwendungen für ärztliche Leistungen einschließlich gezielter Vorsorgeuntersuchungen nach auf der Grundlage gesetzlicher Vorschriften der Bundesrepublik Deutschland eingeführten Programmen, soweit die Gebühren die folgenden Gebührensätze nicht übersteigen:

– 1,16facher Satz der Gebührenordnung für Ärzte (GOÄ) für Leistungen nach Abschnitt M des Gebührenverzeichnis der GOÄ (Laboratoriumsuntersuchungen) sowie Nr. 437 des Gebührenverzeichnisses der GOÄ (Laboratoriumsuntersuchungen im Rahmen einer Intensivbehandlung, bis zu 24 Stunden Dauer);

– 1,38facher Satz GOÄ für Leistungen nach den Abschnitten A (Gebühren in besonderen Fällen), E (Physikalisch-medizinische Leistungen), O

III. AVB/ST 2008

(Strahlendiagnostik, Nuklearmedizin, Magnetresonanztomographie und Strahlentherapie) des Gebührenverzeichnisses der GOÄ;
– 1,8facher Satz GOÄ für Leistungen nach den übrigen Abschnitten des Gebührenverzeichnisses der GOÄ.

2. Psychotherapie

100 v. H.

der erstattungsfähigen Aufwendungen unter der Voraussetzung der Nr. 3a TB/ST bis zu 25 Sitzungen im Kalenderjahr; auch bei nichtärztlichen Therapeuten werden die Aufwendungen wie für ärztliche Therapeuten bis zum 1,8fachen des Gebührensatzes der Gebührenordnung für Psychotherapeuten und Kinder- und Jugendlichenpsychotherapeuten (GOP) erstattet.

3. Rettungsfahrten

90 v. H.

der Fahrkosten zum nächsterreichbaren
– Krankenhaus zur Erstversorgung nach einem Unfall bzw. Notfall, auch wenn eine stationäre Behandlung nicht erforderlich ist;
– Arzt oder Krankenhaus, wenn während der Fahrt eine fachliche Betreuung oder die besonderen Einrichtungen eines Krankenwagens benötigt werden.

Hinsichtlich des vom Versicherten zu tragenden Anteils an den Fahrkosten in Höhe von 10 v. H. gilt folgendes: Die Selbstbeteiligung beträgt mindestens 5 Euro, soweit die tatsächlich entstandenen Kosten nicht darunter liegen, und höchstens 10 Euro. Wenn die Fahrkosten unter 5 Euro liegen, trägt sie der Versicherte; erstattungsfähige Aufwendungen entstehen dann nicht.

4. Häusliche Behandlungspflege

90 v. H.

der erstattungsfähigen Aufwendungen für ärztlich angeordnete medizinische Einzelleistungen durch Pflegefachkräfte, die auf Heilung, Besserung, Linderung oder Verhütung einer Verschlimmerung der Krankheit gerichtet sind (z. B. Verband- oder Katheterwechsel, Injektionen, Blutdruckmessungen), bis zu den von den Trägern der gesetzlichen Krankenversicherung mit den Leistungserbringern vereinbarten Höchstsätzen.

Der je Versichertem zu tragende Anteil von 10 v. H. der erstattungsfähigen Aufwendungen ist begrenzt auf die für die ersten 28 Kalendertage der Leistungsinanspruchnahme je Kalenderjahr anfallenden Kosten. Bei Versicherten, die das 18. Lebensjahr noch nicht vollendet haben, entfällt die Selbstbeteiligung, es werden 100 v. H. der Kosten erstattet.

5. Arznei- und Verbandmittel
80 v. H.
der erstattungsfähigen Aufwendungen für Arznei- und Verbandmittel (s. Nr. 3c Abs. 1 TB/ST),
nach Erreichen des Selbstbehalts gemäß Abschnitt A 9
100 v. H.

6. Heilmittel
80 v. H.
der nach dem Heilmittelverzeichnis des Standardtarifs für die Leistungen
– des Masseurs, des Masseurs und medizinischen Bademeisters, des Krankengymnasten (s. Nr. 3c Abs. 2 TB/ST)
– des Logopäden (s. Nr. 3c Abs. 3 TB/ST)
erstattungsfähigen Aufwendungen,
nach Erreichen des Selbstbehalts gemäß Abschnitt A 9
100 v. H.

7. Hilfsmittel
80 v. H.
der erstattungsfähigen Aufwendungen für folgende Hilfsmittel in Standardausführung (s. Nr. 3c Abs. 4 TB/ST):
Bandagen, Bruchbänder, Einlagen zur Fußkorrektur, orthopädische Schuhe, Kompressionsstrümpfe, Korrekturschienen, Kunstglieder, Liegeschalen, orthopädische Rumpf-, Arm- und Beinstützapparate, Sprechgeräte (elektronischer Kehlkopf),
nach Erreichen des Selbstbehalts gemäß Abschnitt A 9
100 v. H.

8. Hilfsmittel mit maximalen erstattungsfähigen Aufwendungen
Erstattungsfähig sind die Aufwendungen für Brillengläser, soweit der Versicherte das 18. Lebensjahr noch nicht vollendet hat, Hörgeräte und Krankenfahrstühle (s. Nr. 3c Abs. 4 TB/ST) bis:

– zu den Festbeträgen der gesetzlichen Krankenversicherung für Brillengläser,
– 512 EUR für Hörgeräte innerhalb von 3 Kalenderjahren,
– 767 EUR für Krankenfahrstühle.

Bei Versicherten, die das 18. Lebensjahr vollendet haben, sind Aufwendungen für Brillengläser bis zu den Festbeträgen der gesetzlichen

III. AVB/ST 2008

Krankenversicherung erstattungsfähig, wenn bei ihnen aufgrund ihrer Sehschwäche oder Blindheit auf beiden Augen eine schwere Sehbeeinträchtigung besteht oder wenn Augenverletzungen oder Augenerkrankungen mit einer nach den Richtlinien der gesetzlichen Krankenkassen indizierten therapeutischen Sehhilfe behandelt werden müssen.

9. Selbstbehalt für die Abschnitte A.5 bis A.7

Tarifstufe	STN/mSTN	STB/mSTB										
Leistungsstufe	100	100	70, 70/55	60, 60/45	55/40	50, 50/35	45, 45/30	40, 40/25	35, 35/20	30, 30/15	25, 25/15	20, 20/15	15
Selbstbehalt EUR	306	306	214	184	168	153	138	122	107	92	76	61	46

Erstattungsfähige Aufwendungen nach Abschnitt A.5 bis A.7 werden zu 80 v.H. der Erstattung zugrunde gelegt. Der hierdurch entstehende Selbstbehalt von 20 v.H. der erstattungsfähigen Aufwendungen wirkt sich bei der Erstattung je nach vereinbarter Tarifstufe aus. Der letztendlich beim Versicherten verbleibende Selbstbehalt ist auf den in der vorstehenden Tabelle genannten Betrag beschränkt. Darüber hinausgehende erstattungsfähige Aufwendungen werden zu 100 v.H. der Erstattung zugrunde gelegt. Der Selbstbehalt und die Erhöhung auf 100 v.H. gelten je versicherte Person und Kalenderjahr.

Die Aufwendungen werden dem Kalenderjahr zugerechnet, in dem die Arznei-, Verband-, Heil- und Hilfsmittel bezogen worden sind. Beginnt die Versicherung nicht am 1. Januar, wird der Selbstbehalt für das erste Kalenderjahr um jeweils 1/12 für jeden am vollen Kalenderjahr fehlenden Monat gemindert. Endet die Versicherung während eines Kalenderjahres, mindert sich der Selbstbehalt nicht.

B. Zahnbehandlung und -ersatz, Kieferorthopädie

1. Zahnärztliche Behandlung, Früherkennung, Prophylaxe

100 v.H.

der erstattungsfähigen Aufwendungen für
– konservierende und chirurgische zahnärztliche Leistungen,
– zahnärztliche Leistungen bei Erkrankungen der Mundschleimhaut und des Parodontiums,
– ahnärztliche Strahlendiagnostik,
– gezielte Vorsorgeuntersuchung zur Früherkennung von Zahn-, Mund- und Kieferkrankheiten,
– individuelle Prophylaxe in Einzelunterweisung,

Anhang

soweit die Gebühren das 2,0fache des Gebührensatzes der Gebührenordnung für Zahnärzte (GOZ) bzw. die in Abschnitt A. 1 dieses Tarifs genannten Gebührensätze des Gebührenverzeichnisses der GOÄ nicht übersteigen.

2. **Zahnärztliche Behandlung für Zahnersatz, Funktionsanalyse, Implantologie, Zahntechnik**

65 v. H.

– der erstattungsfähigen Aufwendungen für zahnärztliche Leistungen für
– Einlagefüllungen in metallischer Ausführung ohne Verblendung
– Kronen (Vollkrone/Teilkrone) und Brücken in metallischer Ausführung mit Verblendung bis zum Zahn 5
– Prothesen
– funktionsanalytische und funktionstherapeutische Leistungen
– implantologische Leistungen, begrenzt auf das Einbringen von zwei Implantaten in den zahnlosen Unterkiefer und den darauf zu befestigenden Zahnersatz

Heil- und Kostenplan sowie vorbereitende Maßnahmen,

soweit die Gebühren das 2,0fache des Gebührensatzes der GOZ bzw. die in Abschnitt A. 1 dieses Tarifs genannten Gebührensätze des Gebührenverzeichnisses der GOÄ nicht übersteigen.

– der nach dem Preis- und Leistungsverzeichnis für zahntechnische Leistungen des Standardtarifs erstattungsfähigen Aufwendungen für zahntechnische Laborarbeiten und Materialien (s. Nr. 3b TB/ST)

Voraussetzung

Vor Beginn der Behandlung ist dem Versicherer ein Heil- und Kostenplan mit vollständiger Befundangabe vorzulegen, wenn die voraussichtlichen Gesamtkosten 2557 EUR übersteigen. Der Versicherer prüft den Heil- und Kostenplan und gibt über die zu erwartende Versicherungsleistung schriftlich Auskunft. Wird vor Erhalt dieser Auskunft mit der Behandlung begonnen oder wird kein Heil- und Kostenplan vorgelegt, wird der 2557 EUR übersteigende Teil der erstattungsfähigen Aufwendungen nicht zu 65 v. H., sondern zu 40 v. H. der Erstattung zugrunde gelegt.

3. **Kieferorthopädische Behandlung**

80 v. H.

der Aufwendungen für kieferorthopädische Leistungen, wenn eine Kiefer- oder Zahnfehlstellung vorliegt, die das Kauen, Beißen, Sprechen oder Atmen erheblich beeinträchtigt, soweit die Gebühren das 2,0fache des Ge-

III. AVB/ST 2008

bührensatzes der GOZ bzw. die in Abschnitt A. 1 dieses Tarifs genannten Gebührensätze des Gebührenverzeichnisses der GOÄ nicht übersteigen.

Voraussetzung

Vor Beginn der Behandlung ist dem Versicherer ein Heil- und Kostenplan mit vollständiger Befundangabe vorzulegen, wenn die voraussichtlichen Gesamtkosten 2557 EUR übersteigen. Der Versicherer prüft den Heil- und Kostenplan und gibt über die zu erwartende Versicherungsleistung schriftlich Auskunft. Wird vor Erhalt dieser Auskunft mit der Behandlung begonnen oder wird kein Heil- und Kostenplan vorgelegt, wird der 2557 EUR übersteigende Teil der erstattungsfähigen Aufwendungen nicht zu 80 v.H., sondern zu 40 v.H. der Erstattung zugrunde gelegt.

C. Stationäre Heilbehandlung

1. Krankenhausbehandlung

100 v.H. der 10 EUR pro Tag übersteigenden

Aufwendungen für Allgemeine Krankenhausleistungen in Krankenhäusern, die der Bundespflegesatzverordnung bzw. dem Krankenhausentgeltgesetz unterliegen (s. Nr. 3d TB/ST).

Der je Versichertem zu tragende Anteil von 10 EUR täglich endet nach 28 Tagen Krankenhausaufenthalt innerhalb eines Kalenderjahres.

Bei Versicherten, die das 18. Lebensjahr noch nicht vollendet haben, entfällt die Zuzahlung. Es werden vom ersten Tag des Krankenhausaufenthaltes 100 v.H. der Aufwendungen für Allgemeine Krankenhausleistungen erstattet.

2. Belegärztliche Behandlung

100 v.H.

der Aufwendungen für belegärztliche (nicht wahlärztliche) Leistungen, soweit die Gebühren das 2,0fache des Gebührensatzes der GOZ bzw. die folgenden Gebührensätze der GOÄ nicht übersteigen:

– 1,16facher Satz GOÄ für Leistungen nach Abschnitt M des Gebührenverzeichnisses der GOÄ (Laboratoriumsuntersuchungen) sowie Nr. 437 des Gebührenverzeichnisses der GOÄ (Laboratoriumsuntersuchungen im Rahmen einer Intensivbehandlung, bis zu 24 Stunden Dauer);
– 1,38facher Satz GOÄ für Leistungen nach den Abschnitten A (Gebühren in besonderen Fällen), E (Physikalisch-medizinische Leistungen), O (Strahlendiagnostik, Nuklearmedizin, Magnetresonanztomographie und Strahlentherapie) des Gebührenverzeichnisses der GOÄ;
– 1,8facher Satz GOÄ für Leistungen nach den übrigen Abschnitten des Gebührenverzeichnisses der GOÄ.

Anhang

3. Fahrkosten

90 v. H.

der Fahrkosten zum nächstgelegenen Krankenhaus in Verbindung mit Leistungen, die stationär erbracht werden, und Fahrkosten vom Krankenhaus bis zu 100 Kilometer.

Hinsichtlich des vom Versicherten zu tragenden Anteils an den Fahrkosten in Höhe von 10 v. H. gilt folgendes: Die Selbstbeteiligung beträgt mindestens 5 Euro, soweit die tatsächlich entstandenen Kosten nicht darunter liegen, und höchstens 10 Euro. Wenn die Fahrkosten unter 5 Euro liegen, trägt sie der versicherte; erstattungsfähige Aufwendungen entstehen dann nicht.

D. Entbindungen

1. Häusliche Entbindungen

Für häusliche Entbindungen gilt Abschnitt A.

2. Stationäre Entbindungen

Für Entbindungen im Krankenhaus einschließlich der Unterbringungskosten für das gesunde Neugeborene gilt Abschnitt C.

Zu den erstattungsfähigen Aufwendungen nach Abschnitt D.1 und D.2 gehören auch Aufwendungen für Hebammen und Entbindungspfleger. Erstattungsfähig sind Aufwendungen bis zu den Sätzen der Hebammenhilfe-Gebührenverordnung in der jeweils gültigen Fassung.

Wird eine Liste von Arzneimitteln erlassen, die zu Lasten der gesetzlichen Krankenversicherung (GKV) verordnet werden können, ist der Versicherungsschutz auf diese begrenzt.

Belegärzte sind niedergelassene, nicht am Krankenhaus angestellte Ärzte, die ihre Patienten unter Inanspruchnahme der Einrichtungen des Krankenhauses stationär behandeln.

III. AVB/ST 2008

Heilmittelverzeichnis des Standardtarifs

I. Inhalationen

Leistung		erstattungsfähiger Höchstbetrag EUR
001	Inhalationstherapie – auch mittels Ultraschallvernebelung – als Einzelinhalation	6,70

II. Krankengymnastik, Bewegungsübungen

Leistung		erstattungsfähiger Höchstbetrag EUR
002	Krankengymnastische Behandlung (auch auf neurophysiologischer Grundlage, Atemtherapie) als Einzelbehandlung – einschl. der erforderlichen Massage –	19,50
003	Krankengymnastische Behandlung auf neurophysiologischer Grundlage bei nach Abschluss der Hirnreife erworbenen zentralen Bewegungsstörungen als Einzelbehandlung, Mindestbehandlungsdauer 30 Minuten	23,10
004	Krankengymnastische Behandlung auf neurophysiologischer Grundlage bei angeborenen oder frühkindlich erworbenen zentralen Bewegungsstörungen, als Einzelbehandlung bis zur Vollendung des 14. Lebensjahres, Mindestbehandlungsdauer 45 Minuten	34,30
005	Krankengymnastik in einer Gruppe (2–8 Pers.) – auch orthopädisches Turnen –, je Teilnehmer	6,20
006	Krankengymnastik in einer Gruppe bei zerebralen Dysfunktionen (2–4 Pers.), Mindestbehandlungsdauer 45 Minuten, je Teilnehmer	10,80
007	Krankengymnastik (Atemtherapie) in einer Gruppe (2–5 Pers.) bei Behandlung schwerer Bronchialerkrankungen, Mindestbehandlungsdauer 45 Minuten, je Teilnehmer	10,80
007a	Krankengymnastik (Atemtherapie) bei Behandlung von Mukoviszidose als Einzelbehandlung, Mindestbehandlungsdauer 45 Minuten	34,30

Anhang

Leistung		erstattungsfähiger Höchstbetrag EUR
008	Bewegungsübungen	7,70
009	Krankengymnastische Behandlung/Bewegungsübungen im Bewegungsbad als Einzelbehandlung – einschl. der erforderlichen Nachruhe –	23,60
010	Krankengymnastik/Bewegungsübungen in einer Gruppe im Bewegungsbad (bis 5 Pers.), je Teilnehmer – einschl. der erforderlichen Nachruhe –	11,80
011	Manuelle Therapie zur Behandlung von Gelenkblockierungen, Mindestbehandlungsdauer 30 Minuten	22,50
012	Chirogymnastik – einschl. der erforderlichen Nachruhe –	14,40
013	Erweiterte ambulante Physiotherapie, Mindestbehandlungsdauer 120 Minuten, je Behandlungstag	81,90
015	Extensionsbehandlung (z.B. Glissonschlinge)	5,20
016	Extensionsbehandlung mit größeren Apparaten (z.B. Schrägbrett, Extensionstisch, Perl'sches Gerät, Schlingentisch)	6,70

III. Massagen

Leistung		erstattungsfähiger Höchstbetrag EUR
017	Massagen einzelner oder mehrerer Körperteile, auch Spezialmassagen (Bindegewebs-, Reflexzonen-, Segment-, Periost-, Bürsten- und Colonmassage)	13,80
018	Manuelle Lymphdrainage nach Dr. Vodder	
	a) Großbehandlung, mindestens 30 Minuten	19,50
	b) Ganzbehandlung, mindestens 45 Minuten	29,20
	c) Kompressionsbandagierung einer Extremität	8,70

III. AVB/ST 2008

Leistung		erstattungsfähiger Höchstbetrag EUR
019	Unterwasserdruckstrahlmassage bei einem Wanneninhalt von mindestens 600 Litern und einer Aggregatleistung von mindestens 200 l/min. sowie mit Druck- und Temperaturmesseinrichtung – einschl. der erforderlichen Nachruhe –	23,10

IV. Packungen, Hydrotherapie, Bäder

Leistung		erstattungsfähiger Höchstbetrag EUR
020	Heiße Rolle – einschl. der erforderlichen Nachruhe –	10,30
021	Warmpackung eines oder mehrerer Körperteile – einschl. der erforderlichen Nachruhe – bei Anwendung wiederverwendbarer Packungsmaterialien (z.B. Paraffin, Fango-Paraffin, Moor-Paraffin, Pelose, Turbatherm)	11,80
022	An- und absteigendes Teilbad (z.B. Hauffe) – einschl. der erforderliche Nachruhe –	12,30
023	Wechsel-Teilbad – einschl. der erforderlichen Nachruhe –	9,20
025	Medizinische Bäder mit Zusätzen	
	a) Teilbad(Hand-, Fußbad) mit Zusatz, z.B. vegetabilische Extrakte, ätherische Öle, spezielle Emulsionen, mineralische huminsäurehaltige und salizylsäurehaltige Zusätze	6,70
	b) Sitzbad mit Zusatz – einschl. der erforderlichen Nachruhe –	13,30
	c) weitere Zusätze, je Zusatz	3,10
026	Gashaltige Bäder	
	a) Gashaltiges Bad (z.B. Kohlensäurebad, Sauerstoffbad) – einschl. der erforderlichen Nachruhe –	19,50
	b) Gashaltiges Bad mit Zusatz – einschl. der erforderlichen Nachruhe –	22,50
	c) Kohlendioxidgasbad (Kohlensäuregasbad) – einschl. der erforderlichen Nachruhe –	21,00

Anhang

V. Kälte- und Wärmebehandlung

Leistung		erstattungsfähiger Höchstbetrag EUR
027	Eisanwendung, Kältebehandlung (z.B. Kompresse, Eisbeutel, direkte Abreibung)	9,80
027a	Eisanwendung, Kältebehandlung (z.B. Kaltgas, Kaltluft)	6,70
028	Eisteilbad	9,80
029	Heißluftbehandlung oder Wärmeanwendung (Glühlicht, Strahler – auch Infrarot -) eines oder mehrerer Körperteile	5,70

VI. Elektrotherapie

Leistung		erstattungsfähiger Höchstbetrag EUR
030	Ultraschallbehandlung – auch Phonophorese	6,20
031	Behandlung eines oder mehrerer Körperabschnitte mit hochfrequenten Strömen (Kurz-, Dezimeter- oder Mikrowellen)	6,20
032	Behandlung eines oder mehrerer Körperabschnitte mit niederfrequenten Strömen (z.B. Reizstrom, diadynamischer Strom, Interferenzstrom, Galvanisation)	6,20
033	Gezielte Niederfrequenzbehandlung, Elektrogymnastik bei spastischen oder schlaffen Lähmungen	11,80
034	Iontophorese	6,20
035	Zwei- oder Vierzellenbad	11,30
036	Hydroelektrisches Vollbad (z.B. Stangerbad), auch mit Zusatz – einschl. der erforderlichen Nachruhe –	22,00

VII. Lichttherapie

III. AVB/ST 2008

Leistung		erstattungsfähiger Höchstbetrag EUR
037	Behandlung mit Ultraviolettlicht	
	a) als Einzelbehandlung	3,10
	b) in einer Gruppe, je Teilnehmer	2,60
038	a) Reizbehandlung eines umschriebenen Hautbezirks mit Ultraviolettlicht	3,10
	b) Reizbehandlung mehrerer umschriebener Hautbezirke mit Ultraviolettlicht	5,20
039	Quarzlampendruckbestrahlung eines Feldes	6,20
040	Quarzlampendruckbestrahlung mehrerer Felder	8,70

VIII. Logopädie

Leistung		erstattungsfähiger Höchstbetrag EUR
041	Erstgespräch mit Behandlungsplanung und -besprechungen, einmal je Behandlungsfall	31,70
042	Standardisierte Verfahren zur Behandlungsplanung einschl. Auswertung, nur auf spezielle ärztliche Verordnung bei Verdacht auf zentrale Sprachstörungen, einmal pro Behandlungsfall	49,60
042a	Ausführlicher Bericht	11,80
043	Einzelbehandlung bei Sprech-, Sprach- und Stimmstörungen	
	a) Mindestdauer 30 Minuten	31,70
	b) Mindestdauer 45 Minuten	41,50
	c) Mindestdauer 60 Minuten	52,20
044	Gruppenbehandlung bei Sprech-, Sprach- und Stimmstörungen mit Beratung des Patienten und ggf. der Eltern, je Teilnehmer	
	a) Kindergruppe, Mindestbehandlungsdauer 30 Minuten	14,90
	b) Erwachsenengruppe, Mindestbehandlungsdauer 45 Minuten	17,40

Anhang

Preis- und Leistungsverzeichnis des Standardtarifs für zahntechnische Leistungen

Leistung		erstattungsfähiger Höchstbetrag EUR
001	Modell	5,22
002	Doublieren/Platzhalter einfügen/Verwendung von Kunststoff/Galvanisieren	13,29
003	Set-up	7,86
005	Stumpfmodell	8,96
007	Zahnkranz sockeln	5,26
011	Modellpaar trimmen/Fixator	7,91
012	Einstellen in Mittelwertartikulator	7,70
013	Modellpaar sockeln	20,04
020	Basis für Konstruktionsbiss/Basis für Vorbissnahme	7,04
021	Basis für Autopolymerisat	18,49
022	Bisswall	5,19
024	Übertragungskappe	20,28
031	Provisorische Krone oder Brückenglied	28,41
032	Formteil	15,93
101	Vollkrone Metall/Krone für Keramikverblendung/Wurzelstiftkappe	60,42
102	Vollkrone Stufenpräparation/Teilkrone/Krone für Kunststoffverblendung	65,89
103	Vorbereiten Krone/Krone einarbeiten/Stiftaufbau einarbeiten	11,84
104	Modellation gießen	15,28
105	Stiftaufbau	43,15
110	Brückenglied	49,62
111	Mantelkrone Kunststoff	60,44
112	Mantelkrone Keramik	85,14
120	Teleskopierende Krone	203,28
130	Steg	83,86
131	Steglasche/Stegreiter	46,02

III. AVB/ST 2008

Leistung		erstattungsfähiger Höchstbetrag EUR
132	Steggeschiebe individuell	94,67
133	Individuelles Geschiebe/Ankerbandklammer/ Rillen-Schulter-Geschiebe	177,82
134	Konfektions-Geschiebe/Konfektions-Gelenk/ Konfektions-Anker/Konfektions-Riegel	85,34
135	Friktionsstift/Federbolzen/Schraube/Bolzen	42,30
136	Gefrästes Lager	44,62
137	Schubverteilungsarm	25,80
140	Riegel individuell	113,51
150	Metallverbindung nach Brand	24,85
160	Verblendung Kunststoff	36,69
161	Zahnfleisch aus Kunststoff	13,88
162	Verblendung aus Keramik	75,60
163	Zahnfleisch aus Keramik	30,14
201	Metallbasis	107,11
202	einarmige Klammer/Inlayklammer/fortlaufende Klammer/Bonyhardklammer/Kralle/ Ney-Stiel/Auflage/Umgehungsbügel	11,25
203	zweiarmige Klammer/Approximalklammer/ Ringklammer/Rücklaufklammer/Bonyhardklammer Gegenlager/Doppelbogenklammer	17,77
204	zweiarmige Klammer, Auflage/Approximalklammer, Auflage/Ringklammer, Auflage/ Rücklaufklammer, Auflage/Bonyhardklammer, Auflage/Überwurfklammer, Auflage	22,64
205	Bonwillklammer	39,56
208	Rückenschutzplatte/Metallzahn/Metallkaufläche	36,65
210	Lösungsknopf für Friktionsprothese	11,89
211	Abschlussrand	16,28
212	Zuschlag einzelne Klammer	18,89
301	Aufstellung Wachsbasis Grundeinheit	24,27
302	Aufstellung auf Wachsbasis, je Zahn	1,62
303	Aufstellung auf Metallbasis, je Zahn	1,88

Anhang

Leistung		erstattungsfähiger Höchstbetrag EUR
341	Übertragung einer Aufstellung auf Metall je Zahn	1,45
361	Fertigstellung einer Prothese Grundeinheit	39,27
362	Fertigstellung je Zahn	2,80
380	einarmige Klammer/Inlayklammer/Interdental-Knopfklammer/Approximalklammer/ Auflage/Bonyhardklammer	9,42
381	zweiarmige Klammer, Auflage/Bonyhardklammer, Auflage/Überwurfklammer/ Doppelbogenklammer	14,85
382	Weichkunststoff ZE	83,74
383	Herstellung eines Zahnes aus zahnfarbenem Kunststoff	32,59
401	Aufbissschiene/Knirscherschiene/Bissführungsplatte	76,87
402	Miniplastschiene/Retentionsschiene/ Verband-, Verschlussplatte	50,65
403	Umarbeiten einer Prothese zum Aufbissbehelf mit adjustierter Oberfläche	37,07
404	Festsitzende Schiene aus Kunststoff mit adjustierter Oberfläche, je Zahn	8,27
405	Abnehmbare Dauerschiene mit adjustierter Oberfläche aus Metall	101,56
701	Basis für Einzelkiefergerät	45,05
702	Basis für bimaxilläres Gerät	77,99
703	Schiefe Ebene	39,99
704	Vorhofplatte	52,37
705	Kinnkappe	46,49
710	Aufbiss	8,39
711	Abschirmelement	16,01
712	Weichkunststoff KFO	44,55
720	Schraube einarbeiten	13,49
721	Spezialschraube einarbeiten	20,78
722	Trennen einer Basis	5,92

III. AVB/ST 2008

Leistung		erstattungsfähiger Höchstbetrag EUR
730	Labialbogen intramaxillär mit zwei Schlaufen	16,36
731	Labialbogen intramaxillär mit mehr als zwei Schlaufen	23,25
732	Labialbogen intermaxillär	26,75
733	Feder, offen	7,43
734	Feder, geschlossen	10,15
740	Verbindungselement intramaxillär	20,46
741	Verbindungselemente intermaxillär	21,85
742	Verankerungselement	19,50
743	Einzelelement einarbeiten	10,12
744	Metallverbindung KFO	13,08
750	einarmiges Halte- oder Abstützelement, je Zahn	7,86
751	mehrarmiges Halte- oder Abstützelement, je Zahn	14,85
761	Grundeinheit für Instandsetzung und/oder Erweiterung einer KFO-Basis oder Aufbissbehelfs	15,77
762	Leistungseinheit Dehn-, Regulierungselement	6,54
770	Remontieren eines Gerätes ohne Kunststoffbasis	26,38
801	Grundeinheit für Instandsetzung und/oder Erweiterung	16,18
802	Leistungseinheit Sprung/Bruch/einarbeiten Zahn/Basisteil Kunststoff/Klammer einarbeiten/Rückenschutzplatte/Kunststoffsattel	6,74
803	Retention, gebogen	30,57
804	Retention, gegossen	35,10
806	gegossenes Basisteil	54,95
807	Metallverbindung	15,25
808	Teilunterfütterung	37,67
809	vollständige Unterfütterung	48,55
810	Basis erneuern	59,00

Anhang

Leistung		erstattungsfähiger Höchstbetrag EUR
813	Auswechseln von Konfektionsteilen	7,86
820	Kronen- oder Brückenreparatur	33,26
933	Versandkosten	2,49
970	Verrechnungseinheit für die Fertigung aus edelmetallfreier Legierung	8,07
S0020	Remontage-Modell	24,24
S0401	Montage eines Modellpaares in Fixator	9,71
S0402	Montage in Mittelwertartikulator I	11,66
S0404	Modellmontage in individuellen Artikulator I	12,63
S0407	Montage eines Gegenkiefermodells	7,16
S0408	Einstellen nach Registrat	7,77
S2301	Gussfüllung indirekt einflächig	45,27
S2302	Gussfüllung indirekt zweiflächig	53,10
S2303	Gussfüllung indirekt dreiflächig	62,56
S2304	Gussfüllung indirekt mehrflächig	66,06
S2307	Gussonlay	66,06

Anhang

SGB IV

§ 16 Gesamteinkommen

Gesamteinkommen ist die Summe der Einkünfte im Sinne des Einkommensteuerrechts; es umfasst insbesondere das Arbeitsentgelt und das Arbeitseinkommen.

SGB V

§ 6 Versicherungsfreiheit

(1) Versicherungsfrei sind

1. Arbeiter und Angestellte, deren regelmäßiges Jahresarbeitsentgelt die Jahresarbeitsentgeltgrenze nach den Absätzen 6 oder 7 übersteigt und in drei aufeinander folgenden Kalenderjahren überstiegen hat; dies gilt nicht für Seeleute; Zuschläge, die mit Rücksicht auf den Familienstand gezahlt werden, bleiben unberücksichtigt.

(7) Abweichend von Absatz 6 Satz 1 beträgt die Jahresarbeitsentgeltgrenze für Arbeiter und Angestellte, die am 31. Dezember 2002 wegen Überschreitens der an diesem Tag geltenden Jahresarbeitsentgeltgrenze versicherungsfrei und bei einem privaten Krankenversicherungsunternehmen in einer substitutiven Krankenversicherung versichert waren, im Jahr 2003 41 400 Euro. Absatz 6 Satz 2 bis 4 gilt entsprechend.

§ 10 Familienversicherung

(1) Versichert sind der Ehegatte, der Lebenspartner und die Kinder von Mitgliedern sowie die Kinder von familienversicherten Kindern, wenn diese Familienangehörigen

1. ihren Wohnsitz oder gewöhnlichen Aufenthalt im Inland haben,
2. nicht nach § 5 Abs. 1 Nr. 1 bis 8, 11 oder 12 oder nicht freiwillig versichert sind,
3. nicht versicherungsfrei oder nicht von der Versicherungspflicht befreit sind; dabei bleibt die Versicherungsfreiheit nach § 7 außer Betracht,
4. nicht hauptberuflich selbständig erwerbstätig sind und
5. kein Gesamteinkommen haben, das regelmäßig im Monat ein Siebtel der monatlichen Bezugsgröße nach § 18 des Vierten Buches überschreitet; bei Renten wird der Zahlbetrag ohne den auf Entgeltpunkte für Kindererziehungszeiten entfallenden Teil berücksichtigt, für geringfügig Beschäftigte nach § 8 Abs. 1 Nr. 1, § 8a des Vierten Buches beträgt das zulässige Gesamteinkommen 400 Euro.

Eine hauptberufliche selbständige Tätigkeit im Sinne des Satzes 1 Nr. 4 ist nicht deshalb anzunehmen, weil eine Versicherung nach § 1 Abs. 3 des Gesetzes über die Alterssicherung der Landwirte vom 29. Juli 1994 (BGBl. I S. 1890, 1891) besteht. Ehegatten und Lebenspartner sind für die Dauer der Schutzfristen nach § 3 Abs. 2 und § 6 Abs. 1 des Mutterschutzgesetzes sowie der Elternzeit nicht versichert, wenn sie zuletzt vor diesen Zeiträumen nicht gesetzlich krankenversichert waren.

(2) Kinder sind versichert

1. bis zur Vollendung des achtzehnten Lebensjahres,
2. bis zur Vollendung des dreiundzwanzigsten Lebensjahres, wenn sie nicht erwerbstätig sind,
3. bis zur Vollendung des fünfundzwanzigsten Lebensjahres, wenn sie sich in Schul- und Berufsausbildung befinden oder ein freiwilliges soziales Jahr im Sinne des Gesetzes zur Förderung eines freiwilligen sozialen Jahres oder ein freiwilliges ökologisches Jahr im Sinne des Gesetzes zur Förderung eines freiwilligen ökologischen Jahres leisten; wird die Schul- oder Berufsausbildung durch Erfüllung einer gesetzlichen Dienstpflicht des Kindes unterbrochen oder verzögert, besteht die

Anhang

Versicherung auch für einen der Dauer dieses Dienstes entsprechenden Zeitraum über das fünfundzwanzigste Lebensjahr hinaus,
4. ohne Altersgrenze, wenn sie als behinderte Menschen (§ 2 Abs. 1 Satz 1 des Neunten Buches) außerstande sind, sich selbst zu unterhalten; Voraussetzung ist, dass die Behinderung zu einem Zeitpunkt vorlag, in dem das Kind nach Nummer 1, 2 oder 3 versichert war.

(3) Kinder sind nicht versichert, wenn der mit den Kindern verwandte Ehegatte oder Lebenspartner des Mitglieds nicht Mitglied einer Krankenkasse ist und sein Gesamteinkommen regelmäßig im Monat ein Zwölftel der Jahresarbeitsentgeltgrenze übersteigt und regelmäßig höher als das Gesamteinkommen des Mitglieds ist; bei Renten wird der Zahlbetrag berücksichtigt.

(4) Als Kinder im Sinne der Absätze 1 bis 3 gelten auch Stiefkinder und Enkel, die das Mitglied überwiegend unterhält, sowie Pflegekinder (§ 56 Abs. 2 Nr. 2 des Ersten Buches). Kinder, die mit dem Ziel der Annahme als Kind in die Obhut des Annehmenden aufgenommen sind und für die die zur Annahme erforderliche Einwilligung der Eltern erteilt ist, gelten als Kinder des Annehmenden und nicht mehr als Kinder der leiblichen Eltern. Stiefkinder im Sinne des Satzes 1 sind auch die Kinder des Lebenspartners eines Mitglieds.

(5) Sind die Voraussetzungen der Absätze 1 bis 4 mehrfach erfüllt, wählt das Mitglied die Krankenkasse.

(6) Das Mitglied hat die nach den Absätzen 1 bis 4 Versicherten mit den für die Durchführung der Familienversicherung notwendigen Angaben sowie die Änderung dieser Angaben an die zuständige Krankenkasse zu melden. Die Spitzenverbände der Krankenkassen vereinbaren für die Meldung nach Satz 1 ein einheitliches Verfahren und einheitliche Meldevordrucke.

§ 75 Inhalt und Umfang der Sicherstellung

(3a) Die Kassenärztlichen Vereinigungen und die Kassenärztlichen Bundesvereinigungen haben auch die ärztliche Versorgung der in den brancheneinheitlichen Standardtarifen nach § 257 Abs. 2a in Verbindung mit § 314 und nach § 257 Abs. 2a in Verbindung mit § 315 Versicherten mit den in diesen Tarifen versicherten ärztlichen Leistungen sicherzustellen. Solange und soweit nach Absatz 3b nichts Abweichendes vereinbart oder festgesetzt wird, sind die in Satz 1 genannten Leistungen einschließlich der belegärztlichen Leistungen nach § 121 nach der Gebührenordnung für Ärzte oder der Gebührenordnung für Zahnärzte mit der Maßgabe zu vergüten, dass Gebühren für die in Abschnitt M des Gebührenverzeichnisses der Gebührenordnung für Ärzte genannten Leistungen sowie für die Leistung nach Nummer 437 des Gebührenverzeichnisses der Gebührenordnung für Ärzte nur bis zum 1,16fachen des Gebührensatzes der Gebühren-

III. AVB/ST 2008

ordnung für Ärzte, Gebühren für die in den Abschnitten A, E und O des Gebührenverzeichnisses der Gebührenordnung für Ärzte genannten Leistungen nur bis zum 1,38fachen des Gebührensatzes der Gebührenordnung für Ärzte, Gebühren für die übrigen Leistungen des Gebührenverzeichnisses der Gebührenordnung für Ärzte nur bis zum 1,8fachen des Gebührensatzes der Gebührenordnung für Ärzte und Gebühren für die Leistungen des Gebührenverzeichnisses der Gebührenordnung für Zahnärzte nur bis zum Zweifachen des Gebührensatzes der Gebührenordnung für Zahnärzte berechnet werden dürfen. Für die Vergütung von in den § 115b und 116b bis 119 genannten Leistungen gilt Satz 2 entsprechend, wenn diese für die in Satz 1 genannten Versicherten im Rahmen der dort genannten Tarife erbracht werden.

(3b) Die Vergütung für die in Absatz 3a Satz 2 genannten Leistungen kann in Verträgen zwischen dem Verband der privaten Krankenversicherung einheitlich mit Wirkung für die Unternehmen der privaten Krankenversicherung und im Einvernehmen mit den Trägern der Kosten in Krankheits-, Pflege- und Geburtsfällen nach beamtenrechtlichen Vorschriften mit den Kassenärztlichen Vereinigungen oder den Kassenärztlichen Bundesvereinigungen ganz oder teilweise abweichend von den Vorgaben des Absatzes 3a Satz 2 geregelt werden. Für den Verband der privaten Krankenversicherung gilt § 12 Abs. 1d des Versicherungsaufsichtsgesetzes entsprechend. Wird zwischen den Beteiligten nach Satz 1 keine Einigung über eine von Absatz 3a Satz 2 abweichende Vergütungsregelung erzielt, kann der Beteiligte, der die Abweichung verlangt, die Schiedsstelle nach Absatz 3c anrufen. Diese hat innerhalb von drei Monaten über die Gegenstände, über die keine Einigung erzielt werden konnte, zu entscheiden und den Vertragsinhalt festzusetzen. Die Schiedsstelle hat ihre Entscheidung so zu treffen, dass der Vertragsinhalt

1. den Anforderungen an eine ausreichende, zweckmäßige, wirtschaftliche und in der Qualität gesicherte ärztliche Versorgung der in Absatz 3a Satz 1 genannten Versicherten entspricht,
2. die Vergütungsstrukturen vergleichbarer Leistungen aus dem vertragsärztlichen und privatärztlichen Bereich berücksichtigt und
3. die wirtschaftlichen Interessen der Vertragsärzte sowie die finanziellen Auswirkungen der Vergütungsregelungen auf die Entwicklung der Prämien für die Tarife der in Absatz 3a Satz 1 genannten Versicherten angemessen berücksichtigt.

Wird nach Ablauf einer von den Vertragsparteien nach Satz 1 vereinbarten oder von der Schiedsstelle festgesetzten Vertragslaufzeit keine Einigung über die Vergütung erzielt, gilt der bisherige Vertrag bis zu der Entscheidung der Schiedsstelle weiter. Für die in Absatz 3a Satz 1 genannten Versicherten und Tarife kann die Vergütung für die in den § 115b und 116b bis

Anhang

119 genannten Leistungen in Verträgen zwischen dem Verband der privaten Krankenversicherung einheitlich mit Wirkung für die Unternehmen der privaten Krankenversicherung und im Einvernehmen mit den Trägern der Kosten in Krankheits-, Pflege- und Geburtsfällen nach beamtenrechtlichen Vorschriften mit den entsprechenden Leistungserbringern oder den sie vertretenden Verbänden ganz oder teilweise abweichend von den Vorgaben des Absatzes 3a Satz 2 und 3 geregelt werden; Satz 2 gilt entsprechend. Wird nach Ablauf einer von den Vertragsparteien nach Satz 7 vereinbarten Vertragslaufzeit keine Einigung über die Vergütung erzielt, gilt der bisherige Vertrag weiter.

§ 91 Gemeinsamer Bundesausschuss

(1) Die Kassenärztlichen Bundesvereinigungen, die Deutsche Krankenhausgesellschaft, die Bundesverbände der Krankenkassen, die Bundesknappschaft und die Verbände der Ersatzkassen bilden einen Gemeinsamen Bundesausschuss. Der Gemeinsame Bundesausschuss ist rechtsfähig.

§ 92 Richtlinien der Bundesausschüsse

(1) Der Gemeinsame Bundesausschuss beschließt die zur Sicherung der ärztlichen Versorgung erforderlichen Richtlinien über die Gewährung für eine ausreichende, zweckmäßige und wirtschaftliche Versorgung der Versicherten; dabei ist den besonderen Erfordernissen der Versorgung behinderter oder von Behinderung bedrohter Menschen und psychisch Kranker Rechnung zu tragen, vor allem bei den Leistungen zur Belastungserprobung und Arbeitstherapie; er kann dabei die Erbringung und Verordnung von Leistungen einschließlich Arzneimitteln oder Maßnahmen einschränken oder ausschließen, wenn nach allgemein anerkanntem Stand der medizinischen Erkenntnisse der diagnostische oder therapeutische Nutzen, die medizinische Notwendigkeit oder die Wirtschaftlichkeit nicht nachgewiesen sind sowie wenn insbesondere ein Arzneimittel unzweckmäßig oder eine andere, wirtschaftlichere Behandlungsmöglichkeit mit vergleichbarem diagnostischen oder therapeutischen Nutzen verfügbar ist. Er soll insbesondere Richtlinien beschließen über die

1. ärztliche Behandlung,
2. zahnärztliche Behandlung einschließlich der Versorgung mit Zahnersatz sowie kieferorthopädische Behandlung,
3. Maßnahmen zur Früherkennung von Krankheiten,
4. ärztliche Betreuung bei Schwangerschaft und Mutterschaft,
5. Einführung neuer Untersuchungs- und Behandlungsmethoden,
6. Verordnung von Arznei-, Verband-, Heil- und Hilfsmitteln, Krankenhausbehandlung, häuslicher Krankenpflege und Soziotherapie,

III. AVB/ST 2008

7. Beurteilung der Arbeitsunfähigkeit,
8. Verordnung von im Einzelfall gebotenen Leistungen zur medizinischen Rehabilitation und die Beratung über Leistungen zur medizinischen Rehabilitation, Leistungen zur Teilhabe am Arbeitsleben und ergänzende Leistungen zur Rehabilitation,
9. Bedarfsplanung,
10. medizinische Maßnahmen zur Herbeiführung einer Schwangerschaft nach § 27a Abs. 1,
11. Maßnahmen nach den §§ 24a und 24b,
12. Verordnung von Krankentransporten.

§ 223 Beitragspflicht, beitragspflichtige Einnahmen, Beitragsbemessungsgrenze

(3) Beitragspflichtige Einnahmen sind bis zu einem Betrag von einem Dreihundertsechzigstel der Jahresarbeitsentgeltgrenze (nach § 6 Abs. 7) für den Kalendertag zu berücksichtigen (Beitragsbemessungsgrenze). Einnahmen, die diesen Betrag übersteigen, bleiben außer Ansatz soweit dieses Buch nichts Abweichendes bestimmt.

§ 245 Beitragssatz für Studenten und Praktikanten

(1) Für die nach § 5 Abs. 1 Nr. 9 und 10 Versicherungspflichtigen gelten als Beitragssatz sieben Zehntel des durchschnittlichen allgemeinen Beitragssatzes der Krankenkassen, den das Bundesministerium für Gesundheit jeweils zum 1. Januar feststellt sowie der zusätzliche Beitragssatz. Der Beitragssatz ist auf eine Stelle nach dem Komma zu runden. Er gilt für Studenten vom Beginn des auf die Feststellung folgenden Wintersemesters, im Übrigen jeweils vom 1. Oktober an.

(2) Der Beitragssatz nach Absatz 1 gilt auch für Personen, deren Mitgliedschaft in der studentischen Krankenversicherung nach § 190 Abs. 9 endet und die sich freiwillig weiterversichert haben, bis zu der das Studium abschließenden Prüfung, jedoch längstens für die Dauer von sechs Monaten.

§ 257 Beitragszuschüsse für Beschäftigte

(2) Beschäftigte, die nur wegen Überschreitens der Jahresarbeitsentgeltgrenze oder auf Grund von § 6 Abs. 3a versicherungsfrei oder die von der Versicherungspflicht befreit und bei einem privaten Krankenversicherungsunternehmen versichert sind und für sich und ihre Angehörigen, die bei Versicherungspflicht des Beschäftigten nach § 10 versichert wären, Vertragsleistungen beanspruchen können, die der Art nach den Leistungen dieses Buches entsprechen, erhalten von ihrem Arbeitgeber einen Beitragszuschuss. Der Zuschuss beträgt die Hälfte des Betrages, der sich unter Anwendung des durchschnittlichen allgemeinen Beitragssatzes der Krankenkassen vom 1. Januar des Vorjahres (§ 245) und der nach § 226 Abs. 1

Anhang

Satz 1 Nr. 1 und § 232a Abs. 2 bei Versicherungspflicht zugrunde zu legenden beitragspflichtigen Einnahmen als Beitrag ergibt, höchstens jedoch die Hälfte des Betrages, den der Beschäftigte für seine Krankenversicherung zu zahlen hat. Für Personen, die bei Mitgliedschaft in einer Krankenkasse keinen Anspruch auf Krankengeld hätten, sind bei Berechnung des Zuschusses neun Zehntel des in Satz 2 genannten Beitragssatzes anzuwenden. Für Beschäftigte, die Kurzarbeitergeld oder Winterausfallgeld nach dem Dritten Buch beziehen, gilt Absatz 1 Satz 3 mit der Maßgabe, dass sie höchstens den Betrag erhalten, den sie tatsächlich zu zahlen haben. Absatz 1 Satz 2 gilt.

(2a) Der Zuschuss nach Absatz 2 wird ab 1. Juli 1994 für eine private Krankenversicherung nur gezahlt, wenn das Versicherungsunternehmen

1. diese Krankenversicherung nach Art der Lebensversicherung betreibt,
2. sich verpflichtet, für versicherte Personen, die das 65. Lebensjahr vollendet haben und die über eine Vorversicherungszeit von mindestens zehn Jahren in einem substitutiven Versicherungsschutz (§ 12 Abs. 1 des Versicherungsaufsichtsgesetzes) verfügen oder die das 55. Lebensjahr vollendet haben, deren jährliches Gesamteinkommen (§ 16 des Vierten Buches) die Jahresarbeitsentgeltgrenze (nach § 6 Abs. 7) nicht übersteigt und über diese Vorversicherungszeit verfügen, einen brancheneinheitlichen Standardtarif anzubieten, dessen Vertragsleistungen den Leistungen dieses Buches bei Krankheit jeweils vergleichbar sind und dessen Beitrag für Einzelpersonen den durchschnittlichen Höchstbeitrag der gesetzlichen Krankenversicherung und für Ehegatten oder Lebenspartner insgesamt 150 vom Hundert des durchschnittlichen Höchstbeitrages der gesetzlichen Krankenversicherung nicht übersteigt, sofern das jährliche Gesamteinkommen der Ehegatten oder Lebenspartner die Jahresarbeitsentgeltgrenze nicht übersteigt,
2a. sich verpflichtet, den brancheneinheitlichen Standardtarif unter den in Nummer 2 genannten Voraussetzungen auch Personen, die das 55. Lebensjahr nicht vollendet haben, anzubieten, die die Voraussetzungen für den Anspruch auf eine Rente der gesetzlichen Rentenversicherung erfüllen und diese Rente beantragt haben oder die ein Ruhegeld nach beamtenrechtlichen oder vergleichbaren Vorschriften beziehen, dies gilt auch für Familienangehörige, die bei Versicherungspflicht des Versicherungsnehmers nach § 10 familienversichert wären,
2b. sich verpflichtet, auch versicherten Personen, die nach beamtenrechtlichen Vorschriften oder Grundsätzen bei Krankheit Anspruch auf Beihilfe haben, sowie deren berücksichtigungsfähigen Angehörigen unter den in Nummer 2 genannten Voraussetzungen einen brancheneinheitlichen Standardtarif anzubieten, dessen die Beihilfe ergänzende Vertragsleistungen den Leistungen dieses Buches bei Krankheit

III. AVB/ST 2008

jeweils vergleichbar sind und dessen Beitrag sich aus der Anwendung des durch den Beihilfesatz nicht gedeckten Vom-Hundert-Anteils auf den in Nummer 2 genannten Höchstbeitrag ergibt,

2c. sich verpflichtet, den brancheneinheitlichen Standardtarif unter den in Nummer 2b genannten Voraussetzungen ohne Berücksichtigung der Vorversicherungszeit, der Altersgrenze und des Gesamteinkommens ohne Risikozuschlag auch Personen anzubieten, die nach allgemeinen Aufnahmeregeln aus Risikogründen nicht oder nur zu ungünstigen Konditionen versichert werden könnten, wenn sie das Angebot innerhalb der ersten sechs Monate nach der Feststellung der Behinderung oder der Berufung in das Beamtenverhältnis oder bis zum 31. Dezember 2000 annehmen,

3. sich verpflichtet, den überwiegenden Teil der Überschüsse, die sich aus dem selbst abgeschlossenen Versicherungsgeschäft ergeben, zugunsten der Versicherten zu verwenden,

4. vertraglich auf das ordentliche Kündigungsrecht verzichtet und

5. die Krankenversicherung nicht zusammen mit anderen Versicherungssparten betreibt, wenn das Versicherungsunternehmen seinen Sitz im Geltungsbereich dieses Gesetzes hat. Der nach Satz 1 Nr. 2 maßgebliche durchschnittliche Höchstbeitrag der gesetzlichen Krankenversicherung ist jeweils zum 1. Januar nach dem durchschnittlichen allgemeinen Beitragssatz der Krankenkassen vom 1. Januar des Vorjahres (§ 245) und der Beitragsbemessungsgrenze (§ 223 Abs. 3) zu errechnen. Der Versicherungsnehmer hat dem Arbeitgeber jeweils nach Ablauf von drei Jahren eine Bescheinigung des Versicherungsunternehmens darüber vorzulegen, dass die Aufsichtsbehörde dem Versicherungsunternehmen bestätigt hat, dass es die Versicherung, die Grundlage des Versicherungsvertrages ist, nach den in Satz 1 genannten Voraussetzungen betreibt.

(2b) Zur Gewährleistung der in Absatz 2a Satz 1 Nr. 2 und 2a bis 2c genannten Begrenzung sind alle Versicherungsunternehmen, die die nach Absatz 2 zuschussberechtigte Krankenversicherung betreiben, verpflichtet, an einem finanziellen Spitzenausgleich teilzunehmen, dessen Ausgestaltung zusammen mit den Einzelheiten des Standardtarifs zwischen der Bundesanstalt für Finanzdienstleistungsaufsicht und dem Verband der privaten Krankenversicherung mit Wirkung für die beteiligten Unternehmen zu vereinbaren ist und der eine gleichmäßige Belastung dieser Unternehmen bewirkt. Für in Absatz 2a Satz 1 Nr. 2c genannte Personen, bei denen eine Behinderung nach § 4 Abs. 1 des Gesetzes zur Eingliederung Schwerbehinderter in Arbeit, Beruf und Gesellschaft festgestellt worden ist, wird ein fiktiver Zuschlag von 100 vom Hundert auf die Bruttoprämie angerechnet, der in den Ausgleich nach Satz 1 einbezogen wird.

Anhang

§ 315 Standardtarif für Personen ohne Versicherungsschutz

(1) Personen, die weder
1. in der gesetzlichen Krankenversicherung versichert oder versicherungspflichtig sind,
2. über eine private Krankheitsvollversicherung verfügen,
3. einen Anspruch auf freie Heilfürsorge haben, beihilfeberechtigt sind oder vergleichbare Ansprüche haben,
4. Anspruch auf Leistungen nach dem Asylbewerberleistungsgesetz haben, noch
5. Leistungen nach dem Dritten, Vierten, Sechsten und Siebten Kapitel des Zwölften Buches beziehen,

können bis zum 31. Dezember 2008 Versicherungsschutz im Standardtarif gemäß § 257 Abs. 2a verlangen; in den Fällen der Nummern 4 und 5 begründen Zeiten einer Unterbrechung des Leistungsbezugs von weniger als einem Monat keinen entsprechenden Anspruch. Der Antrag darf nicht abgelehnt werden. Die in § 257 Abs. 2a Nr. 2b genannten Voraussetzungen gelten für Personen nach Satz 1 nicht; Risikozuschläge dürfen für sie nicht verlangt werden. Abweichend von Satz 1 Nummer 3 können auch Personen mit Anspruch auf Beihilfe nach beamtenrechtlichen Grundsätzen, die bisher nicht über eine auf Ergänzung der Beihilfe beschränkte private Krankenversicherung verfügen und auch nicht freiwillig in der gesetzlichen Krankenversicherung versichert sind, eine die Beihilfe ergänzende Absicherung im Standardtarif gemäß § 257 Abs. 2a Nr. 2b verlangen.

(2) Der Beitrag von im Standardtarif nach Absatz 1 versicherten Personen darf den durchschnittlichen Höchstbeitrag der gesetzlichen Krankenversicherung gemäß § 257 Abs. 2a Satz 1 Nr. 2 nicht überschreiten; die dort für Ehegatten oder Lebenspartner vorgesehene besondere Beitragsbegrenzung gilt für nach Absatz 1 versicherte Personen nicht. § 12 Abs. 1c Satz 4 bis 6 des Versicherungsaufsichtsgesetzes in der ab 1. Januar 2009 geltenden Fassung gilt für nach Absatz 1 im Standardtarif versicherte Personen entsprechend.

(3) Eine Risikoprüfung ist nur zulässig, soweit sie für Zwecke des finanziellen Spitzenausgleichs nach § 257 Abs. 2b oder für spätere Tarifwechsel erforderlich ist. Abweichend von § 257 Abs. 2b sind im finanziellen Spitzenausgleich des Standardtarifs für Versicherte nach Absatz 1 die Begrenzungen gemäß Absatz 2 sowie die durch das Verbot von Risikozuschlägen gemäß Abs. 1 Satz 3 auftretenden Mehraufwendungen zu berücksichtigen.

(4) Die gemäß Absatz 1 abgeschlossenen Versicherungsverträge im Standardtarif werden zum 1. Januar 2009 auf Verträge im Basistarif nach § 12 Abs. 1a des Versicherungsaufsichtsgesetzes umgestellt.

III. AVB/ST 2008

Versicherungsaufsichtsgesetz

§ 12 Substitutive Krankenversicherung
(in der Fassung bis zum 31.12. 2008)

(1) Soweit die Krankenversicherung geeignet ist, die gesetzliche Krankenversicherung ganz oder teilweise zu ersetzen (substitutive Krankenversicherung), darf sie im Inland nur nach Art der Lebensversicherung betrieben werden, wobei

1. die Prämien auf versicherungsmathematischer Grundlage unter Zugrundelegung von Wahrscheinlichkeitstafeln und anderen einschlägigen statistischen Daten, insbesondere unter Berücksichtigung der maßgeblichen Annahme zur Invaliditäts- und Krankheitsgefahr, zur Sterblichkeit, zur Alters- und Geschlechtsabhängigkeit des Risikos und zur Stornowahrscheinlichkeit und unter Berücksichtigung von Sicherheits- und sonstigen Zuschlägen sowie eines Rechnungszinses von höchstens 3,5 v.H. zu berechnen sind,
2. die Alterungsrückstellung nach § 341f des Handelsgesetzbuches zu bilden ist,
3. in dem Versicherungsvertrag das ordentliche Kündigungsrecht des Versicherungsunternehmens, in der Krankentagegeldversicherung spätestens ab dem vierten Versicherungsjahr ausgeschlossen ist sowie eine Erhöhung der Prämien vorbehalten sein muss,
4. dem Versicherungsnehmer in dem Versicherungsvertrag das Recht auf Vertragsänderungen durch Wechsel in andere Tarife mit gleichartigem Versicherungsschutz unter Anrechnung der aus der Vertragslaufzeit erworbenen Rechte und der Alterungsrückstellung einzuräumen ist.

§ 12 Substitutive Krankenversicherung
(in der Fassung ab 1. Januar 2009)

(1) Soweit die Krankenversicherung geeignet ist, die gesetzliche Krankenversicherung ganz oder teilweise zu ersetzen (substitutive Krankenversicherung), darf sie im Inland nur nach Art der Lebensversicherung betrieben werden, wobei

1. die Prämien auf versicherungsmathematischer Grundlage unter Zugrundelegung von Wahrscheinlichkeitstafeln und anderen einschlägigen statistischen Daten, insbesondere unter Berücksichtigung der maßgeblichen Annahme zur Invaliditäts- und Krankheitsgefahr, zur Sterblichkeit, zur Alters- und Geschlechtsabhängigkeit des Risikos und zur Stornowahrscheinlichkeit und unter Berücksichtigung von Sicherheits- und sonstigen Zuschlägen sowie eines Rechnungszinses von höchstens 3,5 vom Hundert zu berechnen sind,
2. die Alterungsrückstellung nach § 341f des Handelsgesetzbuches zu bilden ist,

3. in dem Versicherungsvertrag das ordentliche Kündigungsrecht des Versicherungsunternehmens, in der Krankentagegeldversicherung spätestens ab dem vierten Versicherungsjahr ausgeschlossen ist sowie eine Erhöhung der Prämien vorbehalten sein muss,
4. dem Versicherungsnehmer in dem Versicherungsvertrag das Recht auf Vertragsänderungen durch Wechsel in andere Tarife mit gleichartigem Versicherungsschutz unter Anrechnung der aus der Vertragslaufzeit erworbenen Rechte und der Alterungsrückstellung einzuräumen ist,
5. in dem Versicherungsvertrag die Mitgabe des Übertragungswerts des Teils der Versicherung, dessen Leistungen dem Basistarif im Sinn des Absatzes 1a entsprechen, bei Wechsel des Versicherungsnehmers zu einem anderen privaten Krankenversicherungsunternehmen vorzusehen ist. Dies gilt nicht für vor dem 1. Januar 2009 abgeschlossene Verträge.

(1c) Der Beitrag für den Basistarif ohne Selbstbehalt und in allen Selbstbehaltsstufen darf den Höchstbeitrag der gesetzlichen Krankenversicherung nicht übersteigen; dieser Höchstbeitrag errechnet sich aus dem allgemeinen Beitragssatz der Krankenkassen vom 1. Januar des Vorjahres und der Beitragsbemessungsgrenze; abweichend davon wird im Jahr 2009 zur Berechnung des Höchstbeitrags der allgemeine Beitragssatz der Krankenkassen vom 1. Januar 2009 zu Grunde gelegt. Der Höchstbeitrag wird zum Stichtag 1. Juli jedes Jahres auf Basis der vorläufigen Rechnungsergebnisse des Vorjahres der gesetzlichen Krankenversicherung um den vom Hundert Wert angepasst, um den die Einnahmen des Gesundheitsfonds von einer vollständigen Deckung der Ausgaben des Vorjahres abweichen. Für Personen mit Anspruch auf Beihilfe nach beamtenrechtlichen Grundsätzen gelten die Sätze 1 und 2 mit der Maßgabe, dass an die Stelle des Höchstbeitrages der gesetzlichen Krankenversicherung ein Höchstbeitrag tritt, der dem prozentualen Anteil des die Beihilfe ergänzenden Leistungsanspruchs entspricht. Entsteht allein durch die Zahlung des Beitrags nach Satz 1 oder Satz 3 Hilfebedürftigkeit im Sinne des Zweiten oder des Zwölften Buches Sozialgesetzbuch, vermindert sich der Beitrag für die Dauer der Hilfebedürftigkeit um die Hälfte; die Hilfebedürftigkeit ist vom zuständigen Träger nach dem Zweiten oder dem Zwölften Buch Sozialgesetzbuch auf Antrag des Versicherten zu prüfen und zu bescheinigen. Besteht auch bei einem nach Satz 4 verminderten Beitrag Hilfebedürftigkeit im Sinne des Zweiten oder des Zwölften Buches Sozialgesetzbuch, beteiligt sich der zuständige Träger nach dem Zweiten oder Zwölften Buch Sozialgesetzbuch auf Antrag des Versicherten im erforderlichen Umfang, soweit dadurch Hilfebedürftigkeit vermieden wird. Besteht unabhängig von der Höhe des zu zahlenden Beitrags Hilfebedürftigkeit nach dem Zweiten oder Zwölften

III. AVB/ST 2008

Buch Sozialgesetzbuch, gilt Satz 4 entsprechend; der zuständige Träger zahlt den Betrag, der auch für einen Bezieher von Arbeitslosengeld II in der gesetzlichen Krankenversicherung zu tragen ist.

Gesetz über den Versicherungsvertrag

§ 14 Fälligkeit der Geldleistung

(1) Geldleistungen des Versicherers sind fällig mit der Beendigung der zur Feststellung des Versicherungsfalles und des Umfanges der Leistung des Versicherers notwendigen Erhebungen.

(2) Sind diese Erhebungen nicht bis zum Ablauf eines Monats seit der Anzeige des Versicherungsfalles beendet, kann der Versicherungsnehmer Abschlagszahlungen in Höhe des Betrags verlangen, den der Versicherer voraussichtlich mindestens zu zahlen hat. Der Lauf der Frist ist gehemmt, solange die Erhebungen infolge eines Verschuldens des Versicherungsnehmers nicht beendet werden können.

(3) Eine Vereinbarung, durch die der Versicherer von der Verpflichtung zur Zahlung von Verzugszinsen befreit wird, ist unwirksam.

§ 19 Anzeigepflicht

(1) Der Versicherungsnehmer hat bis zur Abgabe seiner Vertragserklärung die ihm bekannten Gefahrumstände, die für den Entschluss des Versicherers, den Vertrag mit dem vereinbarten Inhalt zu schließen, erheblich sind und nach denen der Versicherer in Textform gefragt hat, dem Versicherer anzuzeigen. Stellt der Versicherer nach der Vertragserklärung des Versicherungsnehmers, aber vor Vertragsannahme Fragen im Sinn des Satzes 1, ist der Versicherungsnehmer auch insoweit zur Anzeige verpflichtet.

(2) Verletzt der Versicherungsnehmer seine Anzeigepflicht nach Absatz 1, kann der Versicherer vom Vertrag zurücktreten.

§ 28 Verletzung einer vertraglichen Obliegenheit

(1) Bei Verletzung einer vertraglichen Obliegenheit, die vom Versicherungsnehmer vor Eintritt des Versicherungsfalles gegenüber dem Versicherer zu erfüllen ist, kann der Versicherer den Vertrag innerhalb eines Monats, nachdem er von der Verletzung Kenntnis erlangt hat, ohne Einhaltung einer Frist kündigen, es sei denn, die Verletzung beruht nicht auf Vorsatz oder auf grober Fahrlässigkeit.

(2) Bestimmt der Vertrag, dass der Versicherer bei Verletzung einer vom Versicherungsnehmer zu erfüllenden vertraglichen Obliegenheit nicht zur Leistung verpflichtet ist, ist er leistungsfrei, wenn der Versicherungsnehmer die Obliegenheit vorsätzlich verletzt hat. Im Fall einer grob fahrlässigen Verletzung der Obliegenheit ist der Versicherer berechtigt, seine Leis-

Anhang

tung in einem der Schwere des Verschuldens des Versicherungsnehmers entsprechenden Verhältnis zu kürzen; die Beweislast für das Nichtvorliegen einer groben Fahrlässigkeit trägt der Versicherungsnehmer.

(3) Abweichend von Absatz 2 ist der Versicherer zur Leistung verpflichtet, soweit die Verletzung der Obliegenheit weder für den Eintritt oder die Feststellung des Versicherungsfalles noch für die Feststellung oder den Umfang der Leistungspflicht des Versicherers ursächlich ist. Satz 1 gilt nicht, wenn der Versicherungsnehmer die Obliegenheit arglistig verletzt hat.

(4) Die vollständige oder teilweise Leistungsfreiheit des Versicherers nach Absatz 2 hat bei Verletzung einer nach Eintritt des Versicherungsfalles bestehenden Auskunfts- oder Aufklärungsobliegenheit zur Voraussetzung, dass der Versicherer den Versicherungsnehmer durch gesonderte Mitteilung in Textform auf diese Rechtsfolge hingewiesen hat.

§ 37 Zahlungsverzug bei Erstprämie

(1) Wird die einmalige oder die erste Prämie nicht rechtzeitig gezahlt, ist der Versicherer, solange die Zahlung nicht bewirkt ist, zum Rücktritt vom Vertrag berechtigt, es sei denn, der Versicherungsnehmer hat die Nichtzahlung nicht zu vertreten.

(2) Ist die einmalige oder die erste Prämie bei Eintritt des Versicherungsfalles nicht gezahlt, ist der Versicherer nicht zur Leistung verpflichtet, es sei denn, der Versicherungsnehmer hat die Nichtzahlung nicht zu vertreten. Der Versicherer ist nur leistungsfrei, wenn er den Versicherungsnehmer durch gesonderte Mitteilung in Textform oder durch einen auffälligen Hinweis im Versicherungsschein auf diese Rechtsfolge der Nichtzahlung der Prämie aufmerksam gemacht hat.

§ 38 Zahlungsverzug bei Folgeprämie

(1) Wird eine Folgeprämie nicht rechtzeitig gezahlt, kann der Versicherer dem Versicherungsnehmer auf dessen Kosten in Textform eine Zahlungsfrist bestimmen, die mindestens zwei Wochen betragen muss. Die Bestimmung ist nur wirksam, wenn sie die rückständigen Beträge der Prämie, Zinsen und Kosten im Einzelnen beziffert und die Rechtsfolgen angibt, die nach den Absätzen 2 und 3 mit dem Fristablauf verbunden sind; bei zusammengefassten Verträgen sind die Beträge jeweils getrennt anzugeben.

(2) Tritt der Versicherungsfall nach Fristablauf ein und ist der Versicherungsnehmer bei Eintritt mit der Zahlung der Prämie oder der Zinsen oder Kosten in Verzug, ist der Versicherer nicht zur Leistung verpflichtet.

(3) Der Versicherer kann nach Fristablauf den Vertrag ohne Einhaltung einer Frist kündigen, sofern der Versicherungsnehmer mit der Zahlung der geschuldeten Beträge in Verzug ist. Die Kündigung kann mit der Bestimmung der Zahlungsfrist so verbunden werden, dass sie mit Fristablauf

III. AVB/ST 2008

wirksam wird, wenn der Versicherungsnehmer zu diesem Zeitpunkt mit der Zahlung in Verzug ist; hierauf ist der Versicherungsnehmer bei der Kündigung ausdrücklich hinzuweisen. Die Kündigung wird unwirksam, wenn der Versicherungsnehmer innerhalb eines Monats nach der Kündigung oder, wenn sie mit der Fristbestimmung verbunden worden ist, innerhalb eines Monats nach Fristablauf die Zahlung leistet; Absatz 2 bleibt unberührt.

§ 86 Übergang von Ersatzansprüchen

(1) Steht dem Versicherungsnehmer ein Ersatzanspruch gegen einen Dritten zu, geht dieser Anspruch auf den Versicherer über, soweit der Versicherer den Schaden ersetzt. Der Übergang kann nicht zum Nachteil des Versicherungsnehmers geltend gemacht werden.

(2) Der Versicherungsnehmer hat seinen Ersatzanspruch oder ein zur Sicherung dieses Anspruchs dienendes Recht unter Beachtung der geltenden Form- und Fristvorschriften zu wahren und bei dessen Durchsetzung durch den Versicherer soweit erforderlich mitzuwirken. Verletzt der Versicherungsnehmer diese Obliegenheit vorsätzlich, ist der Versicherer zur Leistung insoweit nicht verpflichtet, als er infolgedessen keinen Ersatz von dem Dritten erlangen kann. Im Fall einer grob fahrlässigen Verletzung der Obliegenheit ist der Versicherer berechtigt, seine Leistung in einem der Schwere des Verschuldens des Versicherungsnehmers entsprechenden Verhältnis zu kürzen; die Beweislast für das Nichtvorliegen einer groben Fahrlässigkeit trägt der Versicherungsnehmer.

(3) Richtet sich der Ersatzanspruch des Versicherungsnehmers gegen eine Person, mit der er bei Eintritt des Schadens in häuslicher Gemeinschaft lebt, kann der Übergang nach Absatz 1 nicht geltend gemacht werden, es sei denn, diese Person hat den Schaden vorsätzlich verursacht.

§ 194 Anzuwendende Vorschriften

(2) § 38 ist auf die Krankenversicherung mit der Maßgabe anzuwenden, dass die Zahlungsfrist nach § 38 Abs. 1 Satz 1 mindestens zwei Monate betragen muss. Zusätzlich zu den Angaben nach § 38 Abs. 1 Satz 2 hat der Versicherer den Versicherungsnehmer darauf hinzuweisen, dass

1. der Abschluss einer neuen Krankenversicherung nach der Kündigung des Versicherers nach § 38 Abs. 3 für den Versicherungsnehmer mit einer neuen Gesundheitsprüfung, einer Einschränkung des Umfangs des bisherigen Versicherungsschutzes sowie einer höheren Prämie verbunden sein kann,
2. Bezieher von Arbeitslosengeld II unter den Voraussetzungen des § 26 Abs. 2 des Zweiten Buches Sozialgesetzbuch einen Zuschuss zu den

Anhang

Beiträgen erhalten können, die sie für eine private Kranken- oder Pflegeversicherung zahlen,
3. der Träger der Sozialhilfe unter den Voraussetzungen des § 32 Abs. 2 und 3 des Zwölften Buches Sozialgesetzbuch Beiträge zur privaten Kranken- oder Pflegeversicherung übernehmen kann.

§ 195 Versicherungsdauer

(1) Die Krankenversicherung, die ganz oder teilweise den im gesetzlichen Sozialversicherungssystem vorgesehenen Kranken- oder Pflegeversicherungsschutz ersetzen kann (substitutive Krankenversicherung), ist vorbehaltlich der Absätze 2 und 3 und der §§ 196 und 199 unbefristet. Wird die nicht substitutive Krankenversicherung nach Art der Lebensversicherung betrieben, gilt Satz 1 entsprechend.

(2) Bei Ausbildungs-, Auslands-, Reise- und Restschuldkrankenversicherungen können Vertraglaufzeiten vereinbart werden.

(3) Bei der Krankenversicherung einer Person mit befristetem Aufenthaltstitel für das Inland kann vereinbart werden, dass sie spätestens nach fünf Jahren endet. Ist eine kürzere Laufzeit vereinbart, kann ein gleichartiger neuer Vertrag nur mit einer Höchstlaufzeit geschlossen werden, die unter Einschluss der Laufzeit des abgelaufenen Vertrags fünf Jahre nicht überschreitet; dies gilt auch, wenn der neue Vertrag mit einem anderen Versicherer geschlossen wird.

Lebenspartnerschaftsgesetz

§ 1 Form und Voraussetzungen

(1) Zwei Personen gleichen Geschlechts gründen eine Lebenspartnerschaft, wenn sie gegenseitig persönlich und bei gleichzeitiger Anwesenheit erklären, miteinander eine Partnerschaft auf Lebenszeit führen zu wollen (Lebenspartnerinnen oder Lebenspartner). Die Erklärungen können nicht unter einer Bedingung oder Zeitbestimmung abgegeben werden. Die Erklärungen werden wirksam, wenn sie vor der zuständigen Behörde erfolgen. Weitere Voraussetzung der Lebenspartnerschaft ist, dass die Lebenspartner eine Erklärung über ihren Vermögensstand (§ 6 Abs. 1) abgegeben haben.

(2) Eine Lebenspartnerschaft kann nicht wirksam begründet werden
1. mit einer Person, die minderjährig oder verheiratet ist oder bereits mit einer anderen Person eine Lebenspartnerschaft führt;
2. zwischen Personen, die in gerader Linie miteinander verwandt sind;
3. zwischen vollbürtigen und halbbürtigen Geschwistern;
4. wenn die Lebenspartner bei der Begründung darüber einig sind, keine Verpflichtungen gemäß § 2 begründen zu wollen.

IV. Allgemeine Versicherungsbedingungen 2009 für den Basistarif (MB/BT 2009) §§ 1–18, Tarif BT

Präambel

Der Basistarif wird von den Unternehmen der privaten Krankenversicherung aufgrund gesetzlicher Verpflichtung und in einheitlicher Form angeboten und folgt den nachstehend aufgeführten, ebenfalls durch Gesetz vorgegebenen Rahmenbedingungen:

Aufnahme- und versicherungsfähig im Basistarif sind ausschließlich die in Abschnitt A. Absätze 2 und 3 genannten Personen. Krankenversicherungsunternehmen unterliegen unter bestimmten gesetzlichen Voraussetzungen einem Annahmezwang. Eine Risikoprüfung wird durchgeführt, auch wenn für die Dauer der Versicherung im Basistarif keine Risikozuschläge erhoben werden.

Die Vertragsleistungen des Basistarifs sind in Art, Umfang und Höhe den Leistungen nach dem Dritten Kapitel des Fünften Buches Sozialgesetzbuch, auf die ein Anspruch besteht, jeweils vergleichbar.

Der Beitrag für den Basistarif darf den Höchstbeitrag der gesetzlichen Krankenversicherung nicht übersteigen. Für Personen mit Anspruch auf Beihilfe tritt an die Stelle des Höchstbeitrags der gesetzlichen Krankenversicherung ein Höchstbeitrag, der dem prozentualen Anteil des die Beihilfe ergänzenden Leistungsanspruchs für ambulante Heilbehandlung entspricht.

A. Aufnahme- und Versicherungsfähigkeit

(1) Der Basistarif wird als

Tarifstufe BTN ohne Selbstbehalt sowie mit Selbstbehalten von 300, 600, 900 oder 1200 Euro sowie als

Tarifstufe BTB ohne Selbstbehalt sowie mit Selbstbehalten in Höhe des durch den Beihilfesatz für ambulante Heilbehandlung nicht gedeckten Prozentsatzes von 300, 600, 900 oder 1200 Euro

angeboten.

(2) Aufnahme- und versicherungsfähig in **Tarifstufe BTN** sind Personen mit Wohnsitz in Deutschland, die nicht beihilfeberechtigt sind und auch keine vergleichbaren Ansprüche haben, wenn sie:

a) freiwillig in der gesetzlichen Krankenversicherung versichert sind und den Abschluss des Versicherungsvertrages im Basistarif in der Zeit vom 1. Januar bis 30. Juni 2009 zum nächstmöglichen Termin beantragen;

Anhang

b) freiwillig in der gesetzlichen Krankenversicherung versichert sind und den Abschluss des Versicherungsvertrages im Basistarif innerhalb von sechs Monaten nach Beginn der im Fünften Buch Sozialgesetzbuch (SGB V) vorgesehenen erstmaligen Wechselmöglichkeit im Rahmen ihres freiwilligen Versicherungsverhältnisses zum nächstmöglichen Termin beantragen;

c) nicht in der gesetzlichen Krankenversicherung versicherungspflichtig sind und nicht zum Personenkreis nach a) und b) gehören, keinen Anspruch nach § 2 des Asylbewerberleistungsgesetzes haben, keinen Anspruch auf laufende Leistungen nach dem Dritten, Vierten, Sechsten und Siebten Kapitel des Zwölften Buches Sozialgesetzbuch (SGB XII) haben und noch keine private Krankheitskostenversicherung mit einem in Deutschland zum Geschäftsbetrieb zugelassenen Versicherungsunternehmen vereinbart haben, die der Pflicht zur Versicherung genügt. Bei Empfängern von Leistungen nach dem Dritten, Vierten, Sechsten und Siebten Kapitel des SGB XII gilt der Leistungsbezug bei Zeiten einer Unterbrechung von weniger als einem Monat als fortbestehend, wenn er vor dem 1. Januar 2009 begonnen hat;

d) eine private Krankheitskostenvollversicherung mit einem in Deutschland zum Geschäftsbetrieb zugelassenen Versicherungsunternehmen vereinbart haben und der Vertrag erstmals nach dem 31. Dezember 2008 abgeschlossen wurde;

e) eine private Krankheitskostenvollversicherung mit einem in Deutschland zum Geschäftsbetrieb zugelassenen Versicherungsunternehmen vereinbart haben und der Vertrag vor dem 1. Januar 2009 abgeschlossen wurde, wenn der Antrag auf Versicherung im Basistarif in der Zeit vom 1. Januar bis zum 30. Juni 2009 zum nächstmöglichen Termin gestellt wird;

f) eine private Krankheitskostenvollversicherung mit einem in Deutschland zum Geschäftsbetrieb zugelassenen Versicherungsunternehmen vereinbart haben und dieser Vertrag vor dem 1. Januar 2009 abgeschlossen wurde, wenn die zu versichernde Person das 55. Lebensjahr vollendet hat oder das 55. Lebensjahr noch nicht vollendet hat, aber die Voraussetzungen für den Anspruch auf eine Rente der gesetzlichen Rentenversicherung erfüllt und diese Rente beantragt hat oder ein Ruhegehalt nach beamtenrechtlichen oder vergleichbaren Vorschriften bezieht oder hilfebedürftig nach dem Zweiten Buch Sozialgesetzbuch (SGB II) oder dem SGB XII ist;

g) in der Zeit vom 1. Juli 2007 bis 31. Dezember 2008 als Personen ohne Versicherungsschutz in den modifizierten Standardtarif aufgenommen worden sind;

h) im Standardtarif nach § 257 Abs. 2a SGB V in der bis zum 31. Dezember 2008 geltenden Fassung versichert sind;

i) versicherte Personen sind, deren Versicherungsverhältnis wegen Beitragsrückstandes auf den Basistarif umgestellt worden ist.

Die Aufnahme- und Versicherungsfähigkeit der Personenkreise nach den Buchstaben f) bis i) beschränkt sich auf den Basistarif des Versicherungsunternehmens, bei dem das bisherige Versicherungsverhältnis bestand.

(3) Aufnahme- und versicherungsfähig in **Tarifstufe BTB** sind Personen, die beihilfeberechtigt sind oder vergleichbare Ansprüche haben sowie ihre bei der Beihilfe berücksichtigungsfähigen Angehörigen, wenn sie zu den in Absatz 2 genannten Personenkreisen gehören und ergänzenden beihilfekonformen Versicherungsschutz zur Erfüllung der Pflicht zur Versicherung benötigen.

B. Allgemeine Versicherungsbedingungen 2009 für den Basistarif (AVB/BT 2009) §§ 1–18

Der Versicherungsschutz

§ 1 Gegenstand, Umfang und Geltungsbereich des Versicherungsschutzes

(1) Im Basistarif bietet der Versicherer Versicherungsschutz für Krankheiten, Unfälle und andere im Vertrag genannte Ereignisse. Er erbringt im Versicherungsfall Ersatz von Aufwendungen für Heilbehandlung und sonst vereinbarte Leistungen. Der Versicherer ist berechtigt, anstelle des Aufwendungsersatzes auch die unmittelbare Abrechnung der medizinischen Versorgung mit dem jeweiligen Leistungserbringer vorzusehen.

Die Erstattungspflicht des Versicherers beschränkt sich nach Grund und Höhe auf ausreichende, zweckmäßige und wirtschaftliche Leistungen.

(2) Der Versicherer bietet ferner Versicherungsschutz gegen Verdienstausfall als Folge von Krankheiten oder Unfällen, soweit dadurch Arbeitsunfähigkeit verursacht wird. Er zahlt im Versicherungsfall für die Dauer einer Arbeitsunfähigkeit ein Krankentagegeld.

(3) Versicherungsfall für die Leistungen nach Absatz 1 ist die medizinisch notwendige Heilbehandlung einer versicherten Person wegen Krankheit oder Unfallfolgen. Der Versicherungsfall beginnt mit der Heilbehandlung; er endet, wenn nach medizinischem Befund Behandlungsbedürftigkeit nicht mehr besteht. Muss die Heilbehandlung auf eine Krankheit oder Unfallfolge ausgedehnt werden, die mit der bisher behandelten nicht ursächlich zusammenhängt, so entsteht insoweit ein neuer Versicherungsfall. Als Versicherungsfall gelten auch

a) Untersuchung und medizinisch notwendige Behandlung wegen Schwangerschaft und die Entbindung, ärztliche Beratung über Fragen

Anhang

der Empfängnisverhütung einschließlich Untersuchung und Verordnung von empfängnisregelnden Mitteln, eine durch Krankheit erforderliche Sterilisation und ein nicht rechtswidriger Schwangerschaftsabbruch durch einen Arzt sowie medizinische Maßnahmen zur Herbeiführung einer Schwangerschaft bei einer verheirateten versicherten Person,

b) ambulante Untersuchungen zur Früherkennung von Krankheiten nach gesetzlich eingeführten Programmen (gezielte Vorsorgeuntersuchungen) und Schutzimpfungen,

c) medizinische Vorsorgeleistungen,

d) Leistungen zur medizinischen Rehabilitation sowie Vorsorgeleistungen im Zusammenhang mit Behinderung oder Pflegebedürftigkeit,

e) stationäre Versorgung in einem Hospiz.

(4) Versicherungsfall für die Leistungen nach Absatz 2 ist die medizinisch notwendige Heilbehandlung einer versicherten Person wegen Krankheit oder Unfallfolgen, in deren Verlauf Arbeitsunfähigkeit ärztlich festgestellt wird. Der Versicherungsfall beginnt bei Krankenhausbehandlung oder Behandlung in einer Vorsorge- oder Rehabilitationseinrichtung mit deren Beginn, im Übrigen mit dem Tag, der auf die ärztliche Feststellung der Arbeitsunfähigkeit folgt. Er endet, wenn nach medizinischem Befund Arbeitsunfähigkeit und Behandlungsbedürftigkeit nicht mehr bestehen, spätestens mit Ablauf der im Tarif genannten Höchstdauer. Eine während der Behandlung neu eingetretene und behandelte Krankheit oder Unfallfolge, in deren Verlauf Arbeitsunfähigkeit ärztlich festgestellt wird, begründet nur dann einen neuen Versicherungsfall, wenn sie mit der ersten Krankheit oder Unfallfolge in keinem ursächlichen Zusammenhang steht. Wird Arbeitsunfähigkeit gleichzeitig durch mehrere Krankheiten oder Unfallfolgen hervorgerufen, so wird das Krankentagegeld nur einmal gezahlt.

(5) Der Umfang des Versicherungsschutzes ergibt sich aus dem Versicherungsschein, späteren schriftlichen Vereinbarungen, den Allgemeinen Versicherungsbedingungen (Bedingungsteil MB/BT 2009, Tarif BT) sowie den gesetzlichen Vorschriften, insbesondere dem Dritten Kapitel des SGB V, soweit auf die Leistungen ein Anspruch besteht, sowie den jeweils geltenden Richtlinien und Empfehlungen des Gemeinsamen Bundesausschusses gemäß § 92 SGB V für die Versorgung in der gesetzlichen Krankenversicherung.

(6) Das Versicherungsverhältnis unterliegt deutschem Recht.

(7) Der Versicherungsschutz erstreckt sich auf Heilbehandlung in der Bundesrepublik Deutschland. Unter den im Tarif genannten Voraussetzungen können auch Leistungserbringer in einem anderen Mitgliedstaat der Europäischen Union oder in einem anderen Vertragsstaat des Abkommens

IV. MB/BT 2009

über den Europäischen Wirtschaftsraum sowie in der Schweiz in Anspruch genommen werden. Anspruch auf Krankenhausleistungen besteht nur, wenn eine vorherige schriftliche Leistungszusage des Versicherers erteilt worden ist. Anspruch auf Krankentagegeld besteht nur für in einem der in Satz 2 genannten Länder akut eingetretene Krankheiten oder Unfälle und nur für die Dauer einer medizinisch notwendigen Heilbehandlung in einem öffentlichen Krankenhaus unter Berücksichtigung von Karenzzeit und Höchstdauer.

(8) Der Versicherungsnehmer hat unter den Voraussetzungen und mit den Rechtsfolgen der §§ 204 Abs. 1 Nr. 1 Versicherungsvertragsgesetz (VVG), 13 Abs. 1a Kalkulationsverordnung (KalV) das Recht, für sich oder für die in seinem Vertrag versicherten Personen den Wechsel in einen anderen Tarif mit gleichartigem Versicherungsschutz zu verlangen. Im neuen Tarif können Risikozuschläge, die während der Dauer der Versicherung im Basistarif nicht erhoben werden, aktiviert werden.

(9) An eine gewählte Selbstbehaltstufe ist die versicherte Person drei Jahre gebunden; der Wechsel in eine andere Selbstbehaltstufe kann frühestens mit einer Frist von drei Monaten zum Ablauf der Dreijahresfrist beantragt werden. Durch einen zwischenzeitlichen Wechsel des Versicherers wird die Dreijahresfrist nicht berührt. Danach kann der Wechsel derselben Selbstbehaltstufe mit einer Frist von drei Monaten jeweils zum Ablauf eines Jahres beantragt werden.

§ 2 Beginn des Versicherungsschutzes

(1) Der Versicherungsschutz beginnt mit dem im Versicherungsschein bezeichneten Zeitpunkt (Versicherungsbeginn), jedoch nicht vor Abschluss des Versicherungsvertrages (insbesondere Zugang des Versicherungsscheines oder einer schriftlichen Annahmeerklärung). Vor und nach Abschluss des Versicherungsvertrages eingetretene Versicherungsfälle sind für den Teil von der Leistungspflicht ausgeschlossen, der in die Zeit vor Versicherungsbeginn fällt. Bei Vertragsänderungen gelten die Sätze 1 und 2 für den hinzukommenden Teil des Versicherungsschutzes. Mit Rücksicht auf ein erhöhtes Risiko ist die Vereinbarung eines Risikozuschlages zulässig; während der Dauer der Versicherung im Basistarif wird der Risikozuschlag nicht erhoben.

(2) Bei Neugeborenen beginnt der Versicherungsschutz ohne Risikozuschläge und ohne Wartezeiten ab Vollendung der Geburt, wenn die Anmeldung zur Versicherung im Basistarif spätestens zwei Monate nach dem Tage der Geburt rückwirkend erfolgt.

(3) Der Geburt eines Kindes steht die Adoption gleich, sofern das Kind im Zeitpunkt der Adoption noch minderjährig ist. Mit Rücksicht auf ein erhöhtes Risiko ist die Vereinbarung eines Risikozuschlages bis zur einfa-

chen Beitragshöhe zulässig; während der Dauer der Versicherung im Basistarif wird der Risikozuschlag nicht erhoben.

§ 3 Wartezeiten

Die Wartezeiten entfallen.[1]

§ 4 Umfang der Leistungspflicht

(1) Art, Höhe, Umfang und Dauer der Versicherungsleistungen ergeben sich aus dem Tarif.

(2) Der versicherten Person steht die Wahl unter den Ärzten und Zahnärzten frei, die zur vertragsärztlichen bzw. -zahnärztlichen Versorgung in der gesetzlichen Krankenversicherung zugelassen sind (Vertragsärzte bzw. Vertragszahnärzte). Die Mit- oder Weiterbehandlung durch einen anderen als den zuerst in Anspruch genommenen Vertragsarzt bzw. -zahnarzt ist nur zulässig aufgrund einer Überweisung mittels eines in der vertragsärztlichen bzw. -zahnärztlichen Versorgung geltenden Überweisungsscheins. Erfolgt die Inspruchnahme des Vertragsarztes bzw. -zahnarztes aufgrund einer Überweisung gemäß Satz 2, ist vor Behandlungsbeginn der Überweisungsschein vorzulegen. Bei psychotherapeutischer Behandlung dürfen auch Psychologische Psychotherapeuten sowie in der Kinder- und Jugendlichenpsychotherapie Kinder- und Jugendlichenpsychotherapeuten in Anspruch genommen werden, die zur vertragsärztlichen Versorgung in der gesetzlichen Krankenversicherung zugelassen sind. Bei medizinisch notwendiger ambulanter Heilbehandlung kann auch ein Krankenhaus, ein Medizinisches Versorgungszentrum oder eine sonstige Einrichtung in Anspruch genommen werden, wenn die Einrichtung zur vertragsärztlichen oder -zahnärztlichen Versorgung in der gesetzlichen Krankenversicherung zugelassen ist und ihre Rechnungen nach der Gebührenordnung für Ärzte oder der Gebührenordnung für Zahnärzte erstellt.

(3) Arznei-, Verband-, Heil- und Hilfsmittel müssen von den in Absatz 2 Satz 1 genannten Leistungserbringern verordnet, Arzneimittel außerdem aus der Apotheke bezogen werden. Heilmittel dürfen nur von Therapeuten angewandt werden, die zur Versorgung in der gesetzlichen Krankenversicherung zugelassen sind.

(4) Bei medizinisch notwendiger stationärer Heilbehandlung hat die versicherte Person Anspruch auf Behandlung in zugelassenen Krankenhäusern und Rehabilitationseinrichtungen nach Maßgabe von Abschnitt D. des Tarifs BT.

---

[1] Vorbehaltlich der Änderung der KalV.

IV. MB/BT 2009

(5) Als Krankentagegeld ersetzt der Versicherer den durch Arbeitsunfähigkeit als Folge von Krankheit oder Unfall verursachten Verdienstausfall nach Maßgabe von Abschnitt F. des Tarifs BT.

§ 5 Einschränkung der Leistungspflicht

(1) Keine Leistungspflicht besteht

a) für solche Krankheiten einschließlich ihrer Folgen sowie für Folgen von Unfällen und für Todesfälle, die durch Kriegsereignisse verursacht oder als Wehrdienstbeschädigung anerkannt und nicht ausdrücklich in den Versicherungsschutz eingeschlossen sind;

b) für auf Vorsatz beruhende Krankheiten und Unfälle einschließlich deren Folgen, sowie für Krankheiten, die sich die versicherte Person bei einem von ihr begangenen Verbrechen oder vorsätzlichen Vergehen oder durch eine medizinisch nicht indizierte Maßnahme (z. B. Sterilisation, ästhetische Operationen, Tätowierungen, Piercings) zugezogen hat. Beim Krankentagegeld gilt der Leistungsausschluss auch für Krankheiten und Unfallfolgen, die auf eine durch Alkoholgenuss bedingte Bewusstseinsstörung zurückzuführen sind;

c) für Behandlung durch Ärzte, Zahnärzte, psychologische Psychotherapeuten, in Medizinischen Versorgungszentren und in Krankenanstalten, deren Rechnungen der Versicherer aus wichtigem Grunde von der Erstattung ausgeschlossen hat, wenn der Versicherungsfall nach der Benachrichtigung des Versicherungsnehmers über den Leistungsausschluss eintritt. Sofern im Zeitpunkt der Benachrichtigung ein Versicherungsfall schwebt, besteht keine Leistungspflicht für die nach Ablauf von drei Monaten seit der Benachrichtigung entstandenen Aufwendungen;

d) für Kur- und Sanatoriumsbehandlung sowie für Rehabilitationsmaßnahmen der gesetzlichen Rehabilitationsträger, wenn der Tarif nichts anderes vorsieht;

e) für Behandlungen durch Ehegatten, Lebenspartner i. S. v. § 1 Lebenspartnerschaftsgesetz, Eltern oder Kinder. Nachgewiesene Sachkosten werden tarifgemäß erstattet;

f) für eine durch Pflegebedürftigkeit oder Verwahrung bedingte Unterbringung;

g) für Krankentagegeld ferner auch bei Arbeitsunfähigkeit
 aa) ausschließlich wegen Schwangerschaft und Entbindung, wenn diese nicht im Krankenhaus erfolgt;
 bb) während der gesetzlichen Beschäftigungsverbote für werdende Mütter und Wöchnerinnen in einem Arbeitsverhältnis (Mutterschutz). Diese befristete Einschränkung gilt sinngemäß auch für selbständig Tätige, es sei denn, dass die Arbeitsunfähigkeit in keinem Zusammenhang mit den unter aa) genannten Ereignissen steht;

cc) wenn die versicherte Person sich nicht an ihrem Wohnsitz in Deutschland aufhält, es sei denn, dass sie sich in medizinisch notwendiger stationärer Heilbehandlung befindet (§ 1 Abs. 7, § 4 Abs. 4);
dd) wenn und soweit die versicherte Person Anspruch auf Arbeitsentgelt, Lohnersatzleistungen, Ruhegehalt nach beamtenrechtlichen Vorschriften oder Grundsätzen, Verletztengeld oder Übergangsgeld der gesetzlichen Unfallversicherung oder vergleichbare Leistungen hat;
ee) vor dem 43. Tag der Arbeitsunfähigkeit.

(2) Auf Leistungen besteht ferner auch dann kein Anspruch, wenn sich die versicherte Person in den Geltungsbereich des Versicherungsvertragsgesetzes begeben hat, um aufgrund einer Versicherung als bisher nicht versicherte Person (vgl. Teil A. Abs. 2 c)) missbräuchlich Leistungen in Anspruch zu nehmen.

(3) Besteht auch Anspruch auf Leistungen aus der gesetzlichen Krankenversicherung, aus der gesetzlichen Unfallversicherung oder der gesetzlichen Rentenversicherung, auf eine gesetzliche Heilfürsorge oder Unfallfürsorge, so ist der Versicherer, unbeschadet etwaiger Ansprüche des Versicherungsnehmers auf Krankenhaustagegeld, nur für die Aufwendungen leistungspflichtig, welche trotz der gesetzlichen Leistungen notwendig bleiben.

(4) Hat die versicherte Person wegen desselben Versicherungsfalles einen Anspruch gegen mehrere Erstattungsverpflichtete, darf die Gesamterstattung die Gesamtaufwendungen nicht übersteigen.

§ 6 Auszahlung der Versicherungsleistungen

(1) Der Versicherer ist zur Leistung nur verpflichtet, wenn die folgenden Nachweise, die Eigentum des Versicherers werden, erbracht sind:
a) Es sind Rechnungsoriginale oder deren beglaubigte Zweitschriften mit einer Bestätigung eines anderen Kostenträgers über die erbrachten Leistungen einzureichen.
b) Die Belege der Leistungserbringer müssen Namen und Geburtsdatum der behandelten Person, die Krankheitsbezeichnung, die einzelnen ärztlichen oder zahnärztlichen Leistungen mit Bezeichnung und Nummer gemäß der angewandten Gebührenordnung, die gesondert berechnungsfähigen Entschädigungen und Auslagen sowie die jeweiligen Behandlungsdaten, ferner die Vertragsarztnummer sowie das Institutionskennzeichen des Krankenhauses enthalten.
c) Arzneimittelverordnungen sollen zusammen mit der dazugehörigen Rechnung des Leistungserbringers eingereicht werden, es sei denn, dass der Leistungserbringer die Krankheitsbezeichnung auf der Verordnung vermerkt hat. Der Preis für die bezogenen Arzneimittel muss durch

IV. MB/BT 2009

Stempelaufdruck der Apotheke mit Datumsangabe quittiert sein; außerdem muss die Pharmazentralnummer aufgedruckt werden. Rechnungen über Heil- und Hilfsmittel sind zusammen mit den Verordnungen der Leistungserbringer einzureichen, Hilfsmittelrechnungen müssen die Hilfsmittelnummern des Hilfsmittelverzeichnisses der gesetzlichen Krankenversicherung ausweisen. Die Verordnungen müssen den Namen der behandelten Person enthalten

d) Die nach Buchstaben a) bis c) geforderten Nachweise sollen spätestens bis zum 31.3. des auf die Rechnungsstellung folgenden Jahres eingereicht werden.

e) Der Anzeige der Arbeitsunfähigkeit ist das Original der ärztlichen Bescheinigung über die Arbeitsunfähigkeit mit Bezeichnung der Krankheit und der Nachweis über die Höhe des Nettoeinkommens beizufügen.

(2) Im Übrigen ergeben sich die Voraussetzungen für die Fälligkeit der Leistungen des Versicherers aus § 14 VVG.

(3) Der Versicherer ist berechtigt, in vertraglichem Umfang unmittelbar an den Rechnungssteller zu leisten, wenn dieser ihm die den Anforderungen von Absatz 1 genügende Rechnung übersendet. Der vertragliche Anspruch des Versicherungsnehmers ist insoweit erfüllt.

(4) Reicht der Versicherungsnehmer die Rechnung zur Erstattung ein ohne einen Nachweis darüber beizufügen, dass er die Forderung des Rechnungsstellers erfüllt hat, ist der Versicherer berechtigt, unmittelbar an den Rechnungssteller zu leisten. Der vertragliche Anspruch des Versicherungsnehmers ist insoweit erfüllt.

(5) Der Versicherer ist verpflichtet, an die versicherte Person zu leisten, wenn der Versicherungsnehmer ihm diese in Textform als Empfangsberechtigte für deren Versicherungsleistungen benannt hat. In diesem Fall ist die versicherte Person auch zur Erbringung des Nachweises gemäß Absatz 4 verpflichtet. Liegt keine Benennung nach Satz 1 vor, kann vorbehaltlich von Absatz 3 nur der Versicherungsnehmer die Leistung verlangen.

(6) Die in ausländischer Währung entstandenen Krankheitskosten werden zum Kurs des Tages, an dem die Belege beim Versicherer eingehen, in Euro umgerechnet.

(7) Kosten für die Überweisung der Versicherungsleistungen und für Übersetzungen können von den Leistungen abgezogen werden.

(8) Ansprüche auf Versicherungsleistungen können weder abgetreten noch verpfändet werden.

§ 7 Ende des Versicherungsschutzes

Der Versicherungsschutz endet – auch für schwebende Versicherungsfälle – mit der Beendigung des Versicherungsverhältnisses.

Anhang

Pflichten des Versicherungsnehmers

§ 8 Beitragszahlung

(1) Der Beitrag ist ein Monatsbeitrag und wird vom Versicherungsbeginn an berechnet. Der Beitrag ist am Ersten eines jeden Monats fällig.

(2) Der erste Beitrag ist, sofern nicht anders vereinbart, unverzüglich nach Ablauf von zwei Wochen nach Zugang des Versicherungsscheines zu zahlen.

(3) Ist der Versicherungsnehmer mit einem Betrag in Höhe von Beitragsanteilen für zwei Monate im Rückstand, mahnt ihn der Versicherer unter Hinweis auf die mögliche Einschränkung des Versicherungsschutzes. Ist der Rückstand zwei Wochen nach Zugang dieser Mahnung noch höher als der Beitragsanteil für einen Monat, stellt der Versicherer das Ruhen der Leistungen fest. Das Ruhen tritt drei Tage nach Zugang dieser Mitteilung beim Versicherungsnehmer ein. Während der Ruhenszeit haftet der Versicherer ungeachtet des versicherten Leistungsumfangs ausschließlich für Aufwendungen, die zur Behandlung akuter Erkrankungen und Schmerzzustände sowie bei Schwangerschaft und Mutterschaft erforderlich sind. Darüber hinaus hat der Versicherungsnehmer für jeden angefangenen Monat des Rückstandes einen Säumniszuschlag von 1% des Beitragsrückstandes sowie Mahnkosten in Höhe von 5 Euro je Mahnung zu entrichten.

Das Ruhen endet, wenn alle rückständigen und die auf die Zeit des Ruhens entfallenden Beitragsanteile gezahlt sind oder wenn der Versicherungsnehmer oder die versicherte Person hilfebedürftig im Sinne des SGB II oder SGB XII wird. Die Hilfebedürftigkeit ist durch eine Bescheinigung des zuständigen Trägers nach dem SGB II oder SGB XII nachzuweisen; der Versicherer kann in angemessenen Abständen die Vorlage einer neuen Bescheinigung verlangen.

(4) Wird das Versicherungsverhältnis vor Ablauf der Vertragslaufzeit beendet, steht dem Versicherer für diese Vertragslaufzeit nur derjenige Teil des Beitrags bzw. der Beitragsrate zu, der dem Zeitraum entspricht, in dem der Versicherungsschutz bestanden hat.

(5) Die Beiträge sind an die vom Versicherer zu bezeichnende Stelle zu entrichten.

§ 8a Beitragsberechnung und -begrenzung

(1) Die Berechnung der Beiträge erfolgt nach Maßgabe der Vorschriften des Versicherungsaufsichtsgesetzes (VAG) und ist in den technischen Berechnungsgrundlagen des Versicherers festgelegt.

(2) Die Höhe des Tarifbeitrags richtet sich nach dem Versicherungsumfang, dem Geschlecht und dem Eintrittsalter der versicherten Person. Als

IV. MB/BT 2009

Eintrittsalter gilt der Unterschied zwischen dem Jahr des Eintritts in den Basistarif und dem Geburtsjahr. Ist bei Abschluss des Basistarifes eine Alterungsrückstellung zu berücksichtigen, wird diese gemäß den in den technischen Berechnungsgrundlagen festgelegten Grundsätzen angerechnet. Dabei darf der Beitrag eines Erwachsenen den halben Neugeschäftsbeitrag zum jüngsten Erwachsenenalter in der jeweils versicherten Tarifstufe nicht unterschreiten.

(3) Für Kinder und Jugendliche richtet sich der Beitrag nach dem jeweils vollendeten Lebensjahr. Von dem auf die Vollendung des 15. Lebensjahres folgenden Kalenderjahr an ist der Beitrag für Jugendliche (Frauen, Männer) und von dem auf die Vollendung des 20. Lebensjahres folgenden Kalenderjahr an der für Erwachsene (Frauen, Männer) der versicherten Leistungsstufe zu entrichten.

(4) Risikozuschläge werden für die Dauer der Versicherung im Basistarif nicht erhoben.

(5) Der zu zahlende Beitrag ist für die versicherte Person begrenzt auf die Höhe des Höchstbeitrages der gesetzlichen Krankenversicherung; dieser Höchstbeitrag errechnet sich aus dem allgemeinen Beitragssatz der Krankenkassen vom 1. Januar des Vorjahres und der Beitragsbemessungsgrenze; abweichend davon wird im Jahr 2009 zur Berechnung des Höchstbeitrags der allgemeine Beitragssatz der Krankenkassen vom 1. Januar 2009 zugrunde gelegt. Der Höchstbeitrag wird zum Stichtag 1. Juli jedes Jahres auf Basis der vorläufigen Rechnungsergebnisse des Vorjahres der gesetzlichen Krankenversicherung um den Vom-Hundert-Wert angepasst, um den die Einnahmen des Gesundheitsfonds von einer vollständigen Deckung der Ausgaben des Vorjahres abweichen.

Für Personen mit Anspruch auf Beihilfe oder mit vergleichbaren Ansprüchen sowie deren berücksichtigungsfähige Angehörige tritt an die Stelle des Höchstbeitrages der gesetzlichen Krankenversicherung ein Höchstbeitrag, der dem prozentualen Anteil des die Beihilfe ergänzenden Leistungsanspruchs für ambulante Heilbehandlung entspricht.

(6) Entsteht allein durch die Zahlung des Beitrags nach Absatz 5 Satz 1 oder Satz 3 Hilfebedürftigkeit im Sinne des Zweiten oder des Zwölften Buches Sozialgesetzbuch, vermindert sich der zu zahlende Beitrag[2] für die Dauer der Hilfebedürftigkeit auf die Hälfte. Besteht unabhängig von der Höhe des zu zahlenden Beitrags Hilfebedürftigkeit nach dem Zweiten oder Zwölften Buch Sozialgesetzbuch, vermindert sich der Beitrag ebenfalls auf die Hälfte.

---

[2] Vorbehaltlich der Änderung der KalV.

Anhang

Die Hilfebedürftigkeit ist durch eine Bescheinigung des zuständigen Trägers nach dem Zweiten oder dem Zwölften Buch Sozialgesetzbuch nachzuweisen; der Versicherer kann in angemessenen Abständen die Vorlage einer neuen Bescheinigung verlangen.

(7) Wenn und solange eine versicherte Person auf die Halbierung des Beitrags nach Absatz 6 angewiesen ist, kann der Versicherer verlangen, dass zum Basistarif abgeschlossene Zusatzversicherungen ruhen.

(8) Bei einer Änderung der Beiträge, auch durch Änderung des Versicherungsschutzes, wird das Geschlecht und das (die) bei Inkrafttreten der Änderung erreichte tarifliche Lebensalter (Lebensaltersgruppe) der versicherten Person berücksichtigt. Dabei wird dem Eintrittsalter der versicherten Person dadurch Rechnung getragen, dass eine Alterungsrückstellung gemäß den in den technischen Berechnungsgrundlagen festgelegten Grundsätzen angerechnet wird. Eine Erhöhung der Beiträge oder eine Minderung der Leistungen des Versicherers wegen des Älterwerdens der versicherten Person ist jedoch während der Dauer des Versicherungsverhältnisses ausgeschlossen, soweit eine Alterungsrückstellung zu bilden ist.

(9) Wird der Versicherungsvertrag im Basistarif für eine versicherte Person später als einen Monat nach Entstehen der Pflicht zur Versicherung abgeschlossen, ist ein Beitragszuschlag in Höhe eines Monatsbeitrags für jeden weiteren Monat der Nichtversicherung zu entrichten, ab dem sechsten Monat der Nichtversicherung für jeden weiteren angefangenen Monat der Nichtversicherung ein Sechstel des Monatsbeitrags. Kann die Dauer der Nichtversicherung nicht ermittelt werden, ist davon auszugehen, dass die versicherte Person mindestens fünf Jahre nicht versichert war; Zeiten vor dem 1. Januar 2009 werden nicht berücksichtigt. Der Beitragszuschlag ist einmalig zusätzlich zum laufenden Beitrag zu entrichten und fällt nicht unter die Höchstbeitragsbegrenzung gemäß den Absätzen 5 und 6. Der Versicherungsnehmer kann vom Versicherer die Stundung des Beitragszuschlags verlangen, wenn ihn die sofortige Zahlung ungewöhnlich hart treffen würde und den Interessen des Versicherers durch die Vereinbarung einer angemessenen Ratenzahlung Rechnung getragen werden kann. Der gestundete Betrag wird mit 5 Prozentpunkten über dem Basiszinssatz verzinst.

§ 8b Beitragsanpassung

(1) Im Rahmen der vertraglichen Leistungszusage können sich die Leistungen des Versicherers z.B. wegen steigender Heilbehandlungskosten, einer häufigeren Inanspruchnahme medizinischer Leistungen oder aufgrund steigender Lebenserwartung ändern. Dementsprechend werden zumindest jährlich die erforderlichen mit den in den technischen Berechnungsgrundlagen kalkulierten Versicherungsleistungen und Sterbewahrscheinlichkei-

IV. MB/BT 2009

ten verglichen. Dies geschieht jeweils getrennt für die Tarifstufen BTN und BTB anhand der Gemeinschaftsstatistik der den Basistarif anbietenden Versicherer gemäß den Festlegungen in den technischen Berechnungsgrundlagen. Ergibt diese Gegenüberstellung für eine Beobachtungseinheit eines Tarifs eine Abweichung von mehr als 5 Prozent, werden alle Beiträge dieser Beobachtungseinheit überprüft und, soweit erforderlich, mit Zustimmung des Treuhänders angepasst. Von einer solchen Beitragsanpassung wird abgesehen, wenn die Veränderung der Versicherungsleistungen als vorübergehend anzusehen ist.

Ändert sich die vertragliche Leistungszusage des Versicherers aufgrund der dem Versicherungsverhältnis zugrundeliegenden gesetzlichen Bestimmungen (vgl. § 1 Abs. 5), ist der Versicherer berechtigt, die Beiträge im Rahmen der Höchstbeitragsgarantie mit Zustimmung eines unabhängigen Treuhänders dem veränderten Bedarf anzupassen.

(2) Sind die zu zahlenden Beiträge infolge der Höchstbeitragsgarantie gegenüber den nach den technischen Berechnungsgrundlagen notwendigen Beiträgen gekürzt, so können diese Beiträge abweichend von Absatz 1 bei einer Veränderung des Höchstbeitrags angeglichen werden.

(3) Beitragsanpassungen gemäß Absatz 1 werden zu Beginn des zweiten Monats wirksam, der auf die Benachrichtigung des Versicherungsnehmers folgt; Beitragsangleichungen gemäß Absatz 2 werden zum Zeitpunkt des Inkrafttretens des geänderten Höchstbeitrages wirksam.

§ 9 Obliegenheiten

(1) Der Versicherungsnehmer und die als empfangsberechtigt benannte versicherte Person (vgl. § 6 Abs. 5) haben auf Verlangen des Versicherers jede Auskunft zu erteilen, die zur Feststellung des Versicherungsfalles oder der Leistungspflicht des Versicherers und ihres Umfanges erforderlich ist. Die geforderten Auskünfte sind auch einem Beauftragten des Versicherers zu erteilen.

(2) Auf Verlangen des Versicherers ist die versicherte Person verpflichtet, sich durch einen vom Versicherer beauftragten Arzt untersuchen zu lassen. Die versicherte Person muss die Nachuntersuchung innerhalb von drei Tagen nach Erhalt der Aufforderung durchführen lassen. Verweigert sie die Nachuntersuchung, kann das Krankentagegeld für die Dauer der Weigerung entzogen werden.

(3) Die versicherte Person hat nach Möglichkeit für die Minderung des Schadens und die Wiederherstellung der Arbeitsfähigkeit zu sorgen; sie hat insbesondere die Weisungen des Arztes gewissenhaft zu befolgen und alle Handlungen zu unterlassen, die der Genesung hinderlich sind.

(4) Für den Bezug von Krankentagegeld

Anhang

a) ist die ärztlich festgestellte Arbeitsunfähigkeit dem Versicherer unverzüglich, spätestens aber ab dem 43. Tag, durch Vorlage eines Nachweises (§ 6 Abs. 1) anzuzeigen. Bei verspätetem Zugang der Anzeige wird das Krankentagegeld erst vom Zugangstage an gezahlt, jedoch nicht vor dem 43. Tag. Bei länger als zwei Wochen fortdauernder Arbeitsunfähigkeit muss der Nachweis unaufgefordert alle zwei Wochen erneuert werden. Die Wiederherstellung der Arbeitsfähigkeit ist dem Versicherer binnen drei Tagen anzuzeigen;
b) darf der Neuabschluss einer weiteren oder die Erhöhung einer anderweitig bestehenden Versicherung mit Anspruch auf Krankentagegeld nur mit Einwilligung des Versicherers vorgenommen werden.

(5) Die versicherten Personen sind verpflichtet, gegenüber den in § 4 Absätzen 2 bis 4 genannten Leistungserbringern unter Vorlage des vom Versicherer ausgehändigten Ausweises auf ihren Versicherungsschutz im Basistarif hinzuweisen.

Händigt der Versicherer der bei ihm versicherten Person statt des Ausweises eine elektronische Gesundheitskarte aus, ist deren Vorlage beim Leistungserbringer für die versicherte Person zwingend.

(6) Die versicherte Person ist verpflichtet, dem Versicherer die Ermittlung und Verwendung der individuellen Krankenversichertennummer gemäß § 290 SGB V zu ermöglichen.

§ 10 Folgen von Obliegenheitsverletzungen

(1) Der Versicherer ist mit den in § 28 Abs. 2 bis 4 VVG vorgeschriebenen Einschränkungen ganz oder teilweise von der Verpflichtung zur Leistung frei, wenn eine der in § 9 Abs. 1 bis 4 genannten Obliegenheiten verletzt wird.

(2) Wird die in § 9 Abs. 5 genannte Obliegenheit verletzt, ist der Versicherer berechtigt, bei jedem zur Erstattung eingereichten Beleg vom Erstattungsbetrag einen Verwaltungskostenabschlag in Höhe von 5 Euro, höchstens 50 Euro im Kalenderjahr, abzuziehen.

(3) Die Kenntnis und das Verschulden der versicherten Person stehen der Kenntnis und dem Verschulden des Versicherungsnehmers gleich.

§ 11 Obliegenheiten und Folgen bei Obliegenheitsverletzungen bei Ansprüchen gegen Dritte

(1) Hat der Versicherungsnehmer oder eine versicherte Person Ersatzansprüche gegen Dritte, so besteht, unbeschadet des gesetzlichen Forderungsüberganges gemäß § 86 VVG, die Verpflichtung, diese Ansprüche bis zur Höhe, in der aus dem Versicherungsvertrag Ersatz (Kostenerstattung sowie Sach- und Dienstleistung) geleistet wird, an den Versicherer schriftlich abzutreten.

IV. MB/BT 2009

(2) Der Versicherungsnehmer oder die versicherte Person hat seinen (ihren) Ersatzanspruch oder ein zur Sicherung dieses Anspruchs dienendes Recht unter Beachtung der geltenden Form- und Fristvorschriften zu wahren und bei dessen Durchsetzung durch den Versicherer soweit erforderlich mitzuwirken.

(3) Verletzt der Versicherungsnehmer oder eine versicherte Person vorsätzlich die in den Absätzen 1 und 2 genannten Obliegenheiten, ist der Versicherer zur Leistung insoweit nicht verpflichtet, als er infolge dessen keinen Ersatz von dem Dritten erlangen kann. Im Falle einer grob fahrlässigen Verletzung der Obliegenheit ist der Versicherer berechtigt, seine Leistung in einem der Schwere des Verschuldens entsprechenden Verhältnis zu kürzen.

(4) Steht dem Versicherungsnehmer oder einer versicherten Person ein Anspruch auf Rückzahlung ohne rechtlichen Grund gezahlter Entgelte gegen den Erbringer von Leistungen zu, für die der Versicherer auf Grund des Versicherungsvertrages Erstattungsleistungen erbracht hat, sind die Absätze 1 bis 3 entsprechend anzuwenden.

§ 12 Aufrechnung

Der Versicherungsnehmer kann gegen Forderungen des Versicherers nur aufrechnen, soweit die Gegenforderung unbestritten oder rechtskräftig festgestellt ist. Gegen eine Forderung aus der Beitragspflicht kann jedoch ein Mitglied eines Versicherungsvereins nicht aufrechnen.

Ende der Versicherung

§ 13 Kündigung durch den Versicherungsnehmer

(1) Der Versicherungsnehmer kann das Versicherungsverhältnis zum Ende eines jeden Versicherungsjahres, frühestens aber zum Ablauf der vereinbarten Vertragsdauer von 18 Monaten, mit einer Frist von drei Monaten kündigen. Das Versicherungsjahr beginnt mit dem im Versicherungsschein bezeichneten Zeitpunkt (Versicherungsbeginn). Werden weitere Personen in dem bestehenden Versicherungsverhältnis versichert, so endet ihr erstes Versicherungsjahr mit dem laufenden Versicherungsjahr des Versicherungsnehmers. Die weiteren Versicherungsjahre fallen mit denjenigen des Versicherungsnehmers zusammen.

(2) Die Kündigung kann auf einzelne versicherte Personen oder Tarife beschränkt werden.

(3) Wird eine versicherte Person kraft Gesetzes in der gesetzlichen Krankenversicherung versicherungspflichtig, so kann der Versicherungsnehmer binnen drei Monaten nach Eintritt der Versicherungspflicht das Versicherungsverhältnis rückwirkend zum Eintritt der Versicherungspflicht

Anhang

kündigen. Die Kündigung ist unwirksam, wenn der Versicherungsnehmer den Eintritt der Versicherungspflicht nicht innerhalb von zwei Monaten nachweist, nachdem der Versicherer ihn hierzu in Textform aufgefordert hat, es sei denn, der Versicherungsnehmer hat die Versäumung dieser Frist nicht zu vertreten. Macht der Versicherungsnehmer von seinem Kündigungsrecht Gebrauch, steht dem Versicherer der Beitrag nur bis zum Zeitpunkt des Eintritts der Versicherungspflicht zu. Später kann der Versicherungsnehmer das Versicherungsverhältnis zum Ende des Monats kündigen, in dem er den Eintritt der Versicherungspflicht nachweist. Dem Versicherer steht der Beitrag in diesem Fall bis zum Ende des Versicherungsvertrages zu. Der Versicherungspflicht steht gleich der gesetzliche Anspruch auf Familienversicherung oder der nicht nur vorübergehende Anspruch auf Heilfürsorge aus einem beamtenrechtlichen oder ähnlichen Dienstverhältnis.

(4) Hat eine Vereinbarung im Versicherungsvertrag zur Folge, dass bei Erreichen eines bestimmten Lebensalters oder bei Eintritt anderer dort genannter Voraussetzungen der Beitrag für ein anderes Lebensalter oder eine andere Altersgruppe gilt oder der Beitrag unter Berücksichtigung einer Alterungsrückstellung berechnet wird, kann der Versicherungsnehmer das Versicherungsverhältnis hinsichtlich der betroffenen versicherten Person binnen zwei Monaten nach der Änderung zum Zeitpunkt deren Inkrafttretens kündigen, wenn sich der Beitrag durch die Änderung erhöht.

(5) Erhöht der Versicherer die Beiträge aufgrund der Beitragsanpassungsklausel, so kann der Versicherungsnehmer das Versicherungsverhältnis hinsichtlich der betroffenen versicherten Person innerhalb eines Monats nach Zugang der Änderungsmitteilung zum Zeitpunkt des Wirksamwerdens der Änderung kündigen. Bei einer Beitragserhöhung kann der Versicherungsnehmer das Versicherungsverhältnis auch bis und zum Zeitpunkt des Wirksamwerdens der Erhöhung kündigen.

(6) Die Kündigung nach den Absätzen 1, 2, 4 und 5 setzt voraus, dass für die versicherte Person bei einem anderen Versicherer ein neuer Vertrag abgeschlossen wird, der den Anforderungen an die Pflicht zur Versicherung genügt. Die Kündigung wird erst wirksam, wenn der Versicherungsnehmer innerhalb der Kündigungsfrist nachweist, dass die versicherte Person bei einem neuen Versicherer ohne Unterbrechung versichert ist.

(7) Bei Kündigung des Versicherungsverhältnisses und gleichzeitigem Abschluss eines neuen, der Pflicht zur Versicherung genügenden Vertrages kann der Versicherungsnehmer verlangen, dass der Versicherer die kalkulierte Alterungsrückstellung der versicherten Person in Höhe des nach dem 1. Januar 2009 aufgebauten Übertragungswertes nach Maßgabe von § 12 Abs. 1 Nr. 5 VAG auf deren neuen Versicherer überträgt.

IV. MB/BT 2009

(8) Bestehen bei Beendigung des Versicherungsverhältnisses Beitragsrückstände, ist der Versicherer berechtigt, den Übertragungswert bis zum Ausgleich des Rückstandes zurückzubehalten.

(9) Der Versicherungsnehmer und die versicherte Person haben das Recht, einen gekündigten Vertrag in Form einer Anwartschaftsversicherung fortzusetzen.

§ 14 Kündigung durch den Versicherer

(1) Das ordentliche Kündigungsrecht ist ausgeschlossen.

(2) Die gesetzlichen Bestimmungen über das außerordentliche Kündigungsrecht bleiben unberührt.

(3) Die Kündigung kann auf einzelne versicherte Personen oder Tarife beschränkt werden.

§ 15 Sonstige Beendigungsgründe

(1) Das Versicherungsverhältnis endet mit dem Tod des Versicherungsnehmers. Die versicherten Personen haben jedoch die Pflicht, das Versicherungsverhältnis unter Benennung des künftigen Versicherungsnehmers fortzusetzen. Die Erklärung ist innerhalb zweier Monate nach dem Tode des Versicherungsnehmers abzugeben.

(2) Beim Tod einer versicherten Person endet insoweit das Versicherungsverhältnis.

(3) Gibt eine versicherte Person ihren Wohnsitz oder gewöhnlichen Aufenthalt in der Bundesrepublik Deutschland auf, endet insoweit das Versicherungsverhältnis.

(4) Entfällt eine der in Abschnitt A. Absatz 2 bestimmten Voraussetzungen für die Versicherungsfähigkeit und entfällt damit auch die Pflicht zur Versicherung, endet das Versicherungsverhältnis zum Ende des Monats, in dem die Voraussetzung weggefallen ist.

Sonstige Bestimmungen

§ 16 Willenserklärungen und Anzeigen

Willenserklärungen und Anzeigen gegenüber dem Versicherer bedürfen der Schriftform, sofern nicht ausdrücklich Textform vereinbart ist.

§ 17 Gerichtsstand

(1) Für Klagen aus dem Versicherungsverhältnis gegen den Versicherungsnehmer ist das Gericht des Ortes zuständig, an dem der Versicherungsnehmer seinen Wohnsitz oder in Ermangelung eines solchen seinen gewöhnlichen Aufenthalt hat.

(2) Klagen gegen den Versicherer können bei dem Gericht am Wohnsitz oder gewöhnlichen Aufenthalt des Versicherungsnehmers oder bei dem Gericht am Sitz des Versicherers anhängig gemacht werden.

(3) Verlegt der Versicherungsnehmer nach Vertragsschluss seinen Wohnsitz oder gewöhnlichen Aufenthalt in einen Staat, der nicht Mitgliedstaat der Europäischen Union oder Vertragsstaat des Abkommens über den Europäischen Wirtschaftsraum ist, oder ist sein Wohnsitz oder gewöhnlicher Aufenthalt im Zeitpunkt der Klageerhebung nicht bekannt, ist das Gericht am Sitz des Versicherers zuständig.

§ 18 Änderungen der Allgemeinen Versicherungsbedingungen

(1) Bei einer nicht nur als vorübergehend anzusehenden Veränderung der Verhältnisse des Gesundheitswesens können die Allgemeinen Versicherungsbedingungen des Basistarifs einschließlich des Tarifs BT den veränderten Verhältnissen angepasst werden, wenn die Änderungen zur hinreichenden Wahrung der Belange der Versicherungsnehmer erforderlich erscheinen und ein unabhängiger Treuhänder die Voraussetzungen für die Änderungen überprüft und ihre Angemessenheit bestätigt hat. Die Änderungen werden zu Beginn des zweiten Monats wirksam, der auf die Mitteilung der Änderungen und der hierfür maßgeblichen Gründe an den Versicherungsnehmer folgt.

(2) Ist eine Bestimmung in den Allgemeinen Versicherungsbedingungen durch höchstrichterliche Entscheidung oder durch einen bestandskräftigen Verwaltungsakt für unwirksam erklärt worden, kann sie der Versicherer durch eine neue Regelung ersetzen, wenn dies zur Fortführung des Vertrags notwendig ist oder wenn das Festhalten an dem Vertrag ohne neue Regelung für eine Vertragspartei auch unter Berücksichtigung der Interessen der anderen Vertragspartei eine unzumutbare Härte darstellen würde. Die neue Regelung ist nur wirksam, wenn sie unter Wahrung des Vertragsziels die Belange der Versicherungsnehmer angemessen berücksichtigt. Sie wird zwei Wochen, nachdem die neue Regelung und die hierfür maßgeblichen Gründe dem Versicherungsnehmer mitgeteilt worden sind, Vertragsbestandteil.

(3) Ändern sich die leistungsbezogenen Vorschriften des SGB V, ist der Versicherer berechtigt, die Leistungen des Basistarifs mit Wirkung für bestehende Versicherungsverhältnisse, auch für den noch nicht abgelaufenen Teil des Versicherungsschutzes, nach den Vorgaben des insoweit beliehenen (§ 12 Abs. 4b VAG) Verbandes der privaten Krankenversicherung e.V., entsprechend anzupassen. Dabei können auch im Tarif BT genannte betraglich festgelegte Zuzahlungen der versicherten Person, betraglich festgelegte Zuschüsse des Versicherers und erstattungsfähige Höchstbeträge bei

Anhebung und bei Absenkung der entsprechenden Leistungsgrenzen der gesetzlichen Krankenversicherung angeglichen werden. Die im Basistarif erstattungsfähigen Gebührensätze können durch Verträge zwischen dem Verband der privaten Krankenversicherung e. V. im Einvernehmen mit den Trägern der Kosten in Krankheits-, Pflege- und Geburtsfällen nach beamtenrechtlichen Vorschriften einerseits und den Kassenärztlichen bzw. Kassenzahnärztlichen Vereinigungen oder den Kassenärztlichen bzw. Kassenzahnärztlichen Bundesvereinigungen andererseits ganz oder teilweise abweichend geregelt werden. Absatz 1 Satz 2 gilt entsprechend.

Tarif BT
Leistungen des Versicherers

Die **Höhe der Versicherungsleistungen** hängt davon ab, welcher Tarifstufe und welcher Leistungsstufe innerhalb der Tarifstufe die versicherte Person angehört. Die versicherbaren Leistungsstufen ergeben sich aus der Beitragstabelle.

Bei **Tarifstufe BTN** beträgt die Höhe der Versicherungsleistungen 100 Prozent der Leistungszusage nach den Abschnitten A bis I.

Bei **Tarifstufe BTB** hängt die Höhe der Versicherungsleistungen von der **Leistungsstufe** ab, der die versicherte Person zugeordnet ist; die Zuordnung zu den verschiedenen Leistungsstufen wird bestimmt durch den für die versicherte Person geltenden Beihilfebemessungssatz. Beihilfebemessungssatz und Erstattungssatz des Basistarifs dürfen insgesamt 100 Prozent nicht überschreiten.

A. Ambulante Heilbehandlung
1. Ärztliche Behandlung

(1) Erstattungsfähig sind die Aufwendungen für ärztliche Leistungen einschließlich gezielter Vorsorgeuntersuchungen und Schutzimpfungen durch Vertragsärzte, die für die vertragsärztliche Versorgung im Bundesmantelvertrag-Ärzte/Ersatzkassen bzw. einem diesen ersetzenden Nachfolgevertrag, dem Einheitlichen Bewertungsmaßstab und den Richtlinien des Gemeinsamen Bundesausschusses festgelegt sind. Aufwendungen für neue Untersuchungs- und Behandlungsmethoden sind nur erstattungsfähig, wenn der Gemeinsame Bundesausschuss diese in die Versorgung in der gesetzlichen Krankenversicherung einbezogen hat.

(2) Die erstattungsfähigen Aufwendungen werden bis zu den im Folgenden genannten Höchstsätzen zu 100 Prozent ersetzt, sofern nicht Abzüge für einen vertraglich vereinbarten Selbstbehalt und für Zuzahlungen vorzunehmen sind:

Anhang

a) 1,16facher Satz der Gebührenordnung für Ärzte (GOÄ) für Leistungen nach Abschnitt M sowie für die Leistung nach Ziffer 437 des Gebührenverzeichnisses der GOÄ
b) 1,38facher Satz GOÄ für Leistungen nach den Abschnitten A, E und O des Gebührenverzeichnisses der GOÄ
c) 1,8facher Satz GOÄ für alle übrigen Leistungen des Gebührenverzeichnisses der GOÄ.

Ersetzt werden auch Aufwendungen für pauschalierte Entgelte, wenn sie die Höchstsätze nach Satz 1 nicht übersteigen.

(3) Werden die Vergütungen für die ärztliche Behandlung gemäß Absatz 1 durch Verträge zwischen dem Verband der privaten Krankenversicherung e. V. im Einvernehmen mit den Trägern der Kosten in Krankheits-, Pflege- und Geburtsfällen nach beamtenrechtlichen Vorschriften einerseits und den Kassenärztlichen Vereinigungen oder der Kassenärztlichen Bundesvereinigung andererseits ganz oder teilweise abweichend geregelt, gelten die jeweils vertraglich vereinbarten Vergütungen.

2. Psychotherapie

(1) Erstattungsfähig sind Aufwendungen für ambulante Psychotherapie, wenn und soweit der Versicherer zuvor im Rahmen eines Konsiliar- und Gutachterverfahrens eine schriftliche Leistungszusage erteilt hat. Leistungen werden nur für die in der gesetzlichen Krankenversicherung entsprechend den Richtlinien des Gemeinsamen Bundesausschusses in Abhängigkeit von bestimmten Diagnosen

a) zugelassenen Verfahren
b) bei Inanspruchnahme entsprechend qualifizierter Vertragsärzte oder zugelassener psychologischer Psychotherapeuten
c) bis zum jeweils festgelegten Höchstumfang

zugesagt.

(2) Für die folgenden Maßnahmen ist eine Zusage ausgeschlossen:

Maßnahmen zur beruflichen Anpassung und Berufsförderung, Erziehungsberatung, Sexualberatung, körperbezogene Therapieverfahren, darstellende Gestaltungstherapie sowie heilpädagogische oder sonstige Maßnahmen, für die die gesetzliche Krankenversicherung keine Leistungen vorsieht.

(3) Die erstattungsfähigen Aufwendungen werden, sofern nicht Abzüge für einen vertraglich vereinbarten Selbstbehalt und für Zuzahlungen vorzunehmen sind, zu 100 Prozent ersetzt

a) bei Ärzten bis zu den in Nr. 1 Abs. 2 und 3 genannten Höchstsätzen,

IV. MB/BT 2009

b) bei Psychotherapeuten gemäß § 4 Abs. 2 Satz 2 MB/BT 2009 bis zum 1,8fachen des Gebührensatzes der Gebührenordnung für Psychotherapeuten und Kinder- und Jugendlichenpsychotherapeuten (GOP); Nr. 1 Abs. 3 gilt entsprechend.

3. Zuzahlungen bei den Nummern 1 und 2

Bei ärztlicher Behandlung und Psychotherapie wird bei jeder ersten Inanspruchnahme eines Leistungserbringers im Kalendervierteljahr, die nicht auf Überweisung aus demselben Kalendervierteljahr erfolgt, eine Zuzahlung von 10 Euro vom Erstattungsbetrag abgezogen. Gezielte Vorsorgeuntersuchungen und Schutzimpfungen sind von der Zuzahlungspflicht befreit. Kinder und Jugendliche bis zum vollendeten 18. Lebensjahr sind von der Zuzahlung befreit.

4. Soziotherapie

(1) Erstattungsfähig sind Aufwendungen für Soziotherapie entsprechend den Richtlinien des Gemeinsamen Bundesausschusses, wenn die versicherte Person wegen schwerer psychischer Erkrankungen nicht in der Lage ist, ärztliche oder ärztlich verordnete Leistungen selbständig in Anspruch zu nehmen und wenn dadurch Krankenhausbehandlung vermieden oder verkürzt wird, oder wenn Krankenhausbehandlung geboten, aber nicht ausführbar ist. Voraussetzung ist eine vorherige schriftliche Leistungszusage des Versicherers. Die Verordnung muss durch einen von der Kassenärztlichen Vereinigung hierzu befugten Vertragsarzt erfolgen.

(2) Der Anspruch besteht für höchstens 120 Stunden innerhalb von drei Jahren je Versicherungsfall. Die Dreijahresfrist wird durch einen zwischenzeitlichen Wechsel des Versicherers nicht berührt. Die versicherte Person ist verpflichtet, auf Verlangen des Versicherers einen Nachweis über die Inanspruchnahme zu führen.

(3) Die erstattungsfähigen Aufwendungen werden zu 100 Prozent ersetzt
a) bei Ärzten bis zu den in Nr. 1 Abs. 2 und 3 genannten Höchstsätzen,
b) bei Fachkräften für Soziotherapie nicht mehr als der Betrag, der für die Versorgung eines Versicherten der gesetzlichen Krankenversicherung aufzuwenden wäre,

sofern nicht Abzüge für einen vertraglich vereinbarten Selbstbehalt und für Zuzahlungen vorzunehmen sind. Die Zuzahlung beträgt 8 Euro je Behandlungstag. Kinder und Jugendliche bis zum vollendeten 18. Lebensjahr sind von der Zuzahlung befreit.

5. Häusliche Krankenpflege

(1) Erstattungsfähig sind Aufwendungen für ärztlich verordnete häusliche Krankenpflege entsprechend den Richtlinien des Gemeinsamen Bundesausschusses durch geeignete Pflegekräfte, wenn Krankenhausbehandlung

geboten, aber nicht ausführbar ist oder wenn sie durch die häusliche Krankenpflege vermieden oder verkürzt wird. Die häusliche Krankenpflege umfasst die im Einzelfall erforderliche Grund- und Behandlungspflege sowie hauswirtschaftliche Versorgung.

Ist die häusliche Krankenpflege zur Sicherung des Ziels der ärztlichen Behandlung erforderlich, sind nur die Aufwendungen für Behandlungspflege erstattungsfähig.

(2) Der Anspruch auf häusliche Krankenpflege besteht nur, soweit eine im Haushalt lebende Person die versicherte Person nicht wie notwendig pflegen und versorgen kann. Leistungen werden nur erbracht, wenn und soweit der Versicherer eine vorherige schriftliche Zusage erteilt hat.

(3) Der Anspruch gemäß Absatz 1 Satz 1 besteht bis zu vier Wochen je Versicherungsfall.

(4) Die erstattungsfähigen Aufwendungen werden zu 100 Prozent ersetzt

a) bei Ärzten bis zu den in Nr. 1 Abs. 2 und 3 genannten Höchstsätzen,
b) bei Pflegefachkräften nicht mehr als der Betrag, der für die Versorgung eines Versicherten der gesetzlichen Krankenversicherung aufzuwenden wäre,

sofern nicht Abzüge für einen vertraglich vereinbarten Selbstbehalt und für Zuzahlungen vorzunehmen sind. Die Zuzahlung beträgt 8 Euro je Tag, begrenzt auf die für die ersten 28 Kalendertage je Kalenderjahr anfallenden Kosten, sowie 10 Euro je Verordnung. Kinder und Jugendliche bis zum vollendeten 18. Lebensjahr sind von der Zuzahlung befreit.

6. Haushaltshilfe

(1) Erstattungsfähig sind Aufwendungen für Haushaltshilfe, wenn der versicherten Person die Weiterführung des Haushaltes nicht möglich ist wegen

a) Krankenhausbehandlung,
b) Anschlussheilbehandlung und Rehabilitation,
c) medizinischer Vorsorgeleistungen,
d) medizinischer Vorsorge für Mütter und Väter,
e) medizinischer Rehabilitation für Mütter und Väter,
f) Schwangerschaft und Entbindung,
g) häuslicher Krankenpflege.

(2) Der Anspruch setzt voraus, dass im Haushalt der versicherten Person ein Kind lebt, das bei Beginn der Haushaltshilfe das 12. Lebensjahr noch nicht vollendet hat oder das behindert und auf Hilfe angewiesen ist, und keine im Haushalt lebende Person den Haushalt weiterführen kann.

(3) Die erstattungsfähigen Aufwendungen werden, sofern nicht Abzüge für einen vertraglich vereinbarten Selbstbehalt und für eine Zuzahlung vorzunehmen sind, zu 100 Prozent ersetzt, jedoch nicht mehr als der Betrag, der für einen Versicherten der gesetzlichen Krankenversicherung aufzuwenden wäre. Die Zuzahlung beträgt 8 Euro je Kalendertag. Kinder und Jugendliche bis zum vollendeten 18. Lebensjahr sind von der Zuzahlung befreit.

7. Arznei- und Verbandmittel

(1) Erstattungsfähig sind Aufwendungen für verschreibungspflichtige Arzneimittel, die von einem Vertragsarzt verordnet worden sind und innerhalb eines Monats nach Ausstellung der Verordnung aus der Apotheke (auch Internet- und Versandapotheke) bezogen werden. Erstattungsfähig sind ferner nicht verschreibungspflichtige Arzneimittel, die nach den Arzneimittel-Richtlinien des Gemeinsamen Bundesausschusses durch den behandelnden Vertragsarzt ausnahmsweise zu Lasten der gesetzlichen Krankenversicherung verordnet werden können.

Stehen für das verordnete Arzneimittel mehrere wirkstoffgleiche Arzneimittel zur Verfügung, sind nur Aufwendungen für eines der drei preisgünstigsten Arzneimittel erstattungsfähig, es sei denn die Verordnung eines bestimmten Arzneimittels ist medizinisch notwendig oder keines der drei preisgünstigsten Arzneimittel ist zeitgerecht lieferbar.

(2) Bei versicherten Personen, die das 12. Lebensjahr noch nicht vollendet haben, sowie bei versicherten Jugendlichen bis zum vollendeten 18. Lebensjahr mit Entwicklungsstörungen sind auch verordnete, nicht verschreibungspflichtige Arzneimittel erstattungsfähig.

(3) Als Arzneimittel gelten nicht: Nährmittel, Stärkungsmittel, Genussmittel, Mineralwässer, kosmetische Mittel, Mittel zur Hygiene und Körperpflege, Mittel zur Potenzsteigerung, zur Raucherentwöhnung, zur Gewichtsreduzierung oder gegen Haarausfall, sowie sonstige Mittel, für die die gesetzliche Krankenversicherung keine Leistungen vorsieht.

Sondennahrung, Aminosäuremischungen, Eiweißhydrolysate und Elementardiäten gelten als Arzneimittel, wenn aufgrund einer medizinischen Indikation eine normale Nahrungsaufnahme nicht möglich ist. Die dafür entstehenden Aufwendungen sind in den Fällen erstattungsfähig, die in den Arzneimittel-Richtlinien des Gemeinsamen Bundesausschusses als medizinisch notwendig festgelegt sind.

(4) Keine Leistungspflicht besteht für Arzneimittel, die wegen Unwirtschaftlichkeit oder weil sie ihrer Zweckbestimmung nach üblicherweise bei geringfügigen Gesundheitsstörungen verordnet werden, durch Rechtsverordnung für die Versorgung in der gesetzlichen Krankenversicherung

ausgeschlossen sind, sowie für nicht verordnungsfähige Arzneimittel im Sinne der Richtlinien des Gemeinsamen Bundesausschusses.

(5) Aufwendungen für verschreibungspflichtige Fertigarzneimittel sind nur bis zur Höhe des Apothekenverkaufspreises gemäß Arzneimittelpreisverordnung oder, im Falle von vom Spitzenverband Bund der Krankenkassen festgesetzter Fest- bzw. Höchstbeträge, bis zu dem jeweiligen Betrag erstattungsfähig.

(6) Aufwendungen für nicht verschreibungspflichtige Fertigarzneimittel sind nur bis zur Höhe des Apothekenverkaufspreises gemäß der am 31.12.2003 gültigen Arzneimittelpreisverordnung oder, im Falle von vom Spitzenverband Bund der Krankenkassen festgesetzter Fest- bzw. Höchstbeträge, bis zu dem jeweiligen Betrag erstattungsfähig.

(7) Aufwendungen für in der Apotheke individuell hergestellte Arzneimittel (Rezepturen) sind nur bis zu den Preisen erstattungsfähig, die sich aus der sachgerechten Anwendung der Hilfstaxe für Apotheken ergeben würden.

(8) Aufwendungen für Verbandmittel, Harn- und Blutteststreifen, die innerhalb eines Monats nach Verordnung aus der Apotheke (auch Internet- und Versandapotheke) bezogen werden müssen, sind bis zur Höhe des Apothekeneinkaufspreises, der am Tag der Abgabe in der Großen Deutschen Spezialitäten-Taxe gelistet ist, zuzüglich des durchschnittlichen in der gesetzlichen Krankenversicherung üblichen Preisaufschlags erstattungsfähig.

(9) Die erstattungsfähigen Aufwendungen werden, sofern nicht Abzüge für einen vertraglich vereinbarten Selbstbehalt und für eine Zuzahlung vorzunehmen sind, zu 100 Prozent ersetzt. Die Zuzahlung beträgt 6 Euro für jedes Arznei- und Verbandmittel, jedoch nicht mehr als die tatsächlichen Aufwendungen. Kinder und Jugendliche bis zum vollendeten 18. Lebensjahr sind von der Zuzahlung befreit.

8. Heilmittel

(1) Erstattungsfähig sind Aufwendungen für die im Heilmittelverzeichnis **(Anlage)** des Basistarifs aufgeführten Leistungen. Diese müssen von einem Vertragsarzt verordnet und von einem für die Versorgung in der gesetzlichen Krankenversicherung zugelassenen Therapeuten erbracht werden. Die Behandlung muss bei Physiotherapie innerhalb von 10 Tagen, Ergo- und Logotherapie innerhalb von 14 Tagen und bei Podologie innerhalb von 28 Tagen nach Ausstellung der Verordnung begonnen werden, es sei denn, der Arzt hat einen späteren Beginn auf der Verordnung vermerkt.

(2) Der Anspruch ist begrenzt auf die jeweilige Höchstmenge der nach dem Heilmittelkatalog der gesetzlichen Krankenversicherung indikationsbezo-

gen verordnungsfähigen Heilmittel. Wird die entsprechend den Heilmittelrichtlinien des Gemeinsamen Bundesausschusses bestimmte Gesamtverordnungsmenge des Regelfalles überschritten, sind weitere Verordnungen zu begründen und vor Fortsetzung der Therapie vom Versicherer zu genehmigen.

(3) Keine Leistungspflicht besteht für nicht verordnungsfähige Heilmittel entsprechend den Richtlinien des Gemeinsamen Bundesausschusses und für durch Rechtsverordnung für die Versorgung in der gesetzlichen Krankenversicherung ausgeschlossene Heilmittel von geringem oder umstrittenem therapeutischen Nutzen.

(4) Die erstattungsfähigen Aufwendungen werden, sofern nicht Abzüge für einen vertraglich vereinbarten Selbstbehalt und für eine Zuzahlung vorzunehmen sind, zu 100 Prozent ersetzt. Die Zuzahlung beträgt 2 Euro je Heilmittel sowie 10 Euro je Verordnung. Kinder und Jugendliche bis zum vollendeten 18. Lebensjahr sind von der Zuzahlung befreit.

9. Hilfsmittel

(1) Erstattungsfähig sind Aufwendungen für die Versorgung mit im Hilfsmittelverzeichnis der gesetzlichen Krankenversicherung in der jeweils geltenden Fassung aufgelisteten Hilfsmitteln in Standardausführung einschließlich der Aufwendungen für Reparatur und Unterweisung im Gebrauch sowie für Gebrauch und Pflege. Die Wartung und Kontrolle von Hilfsmitteln sind nur erstattungsfähig, wenn sie zum Schutz des Versicherten vor unvertretbaren Gesundheitsrisiken erforderlich oder nach dem Stand der Technik zur Erhaltung der Funktionsfähigkeit und der technischen Sicherheit notwendig sind. Hilfsmittel müssen von einem Vertragsarzt verordnet und innerhalb eines Monats nach Ausstellung der Verordnung bei einem Leistungserbringer, der Vertragspartner eines Trägers der gesetzlichen Krankenversicherung ist, bezogen werden. Vor dem Bezug eines Hilfsmittels ist die Genehmigung des Versicherers einzuholen. Hilfsmittel können vom Versicherer auch leihweise überlassen werden.

Ist im Einzelfall eine über Satz 1 hinausgehende Hilfsmittelversorgung medizinisch notwendig, um den Erfolg einer Krankheitsbehandlung zu sichern, einer drohenden Behinderung vorzubeugen oder eine Behinderung auszugleichen, sind die Aufwendungen erstattungsfähig, wenn und soweit der Versicherer eine vorherige schriftliche Leistungszusage erteilt hat.

(2) Aufwendungen für Brillengläser sind erstattungsfähig bis zu den Festbeträgen der gesetzlichen Krankenversicherung, soweit die versicherte Person das 18. Lebensjahr noch nicht vollendet hat. Nach Vollendung des 14. Lebensjahres besteht ein erneuter Anspruch auf Erstattung von Kosten für Brillengläser nur bei einer ärztlich festgestellten Änderung der Sehfähigkeit – bezogen auf ein Auge – um mindestens 0,5 Dioptrien.

Anhang

(3) Bei versicherten Personen, die das 18. Lebensjahr vollendet haben, sind Aufwendungen für Brillengläser bis zu den Festbeträgen der gesetzlichen Krankenversicherung erstattungsfähig, wenn bei ihnen aufgrund ihrer Sehschwäche oder Blindheit, entsprechend der von der Weltgesundheitsorganisation empfohlenen Klassifikation des Schweregrades der Sehbeeinträchtigung, auf beiden Augen eine schwere Sehbeeinträchtigung mindestens der Stufe 1 besteht. Wenn Augenverletzungen oder Augenerkrankungen behandelt werden müssen, sind auch Aufwendungen für eine nach den Richtlinien des Gemeinsamen Bundesausschusses indizierte therapeutische Sehhilfe erstattungsfähig.

(4) Ein Anspruch auf Kontaktlinsen besteht nur bei Vorliegen einer vom Gemeinsamen Bundesausschuss in den Hilfsmittel-Richtlinien festgelegten Indikation.

(5) Keine Leistungspflicht besteht für nicht verordnungsfähige Hilfsmittel im Sinne der Richtlinien des Gemeinsamen Bundesausschusses und für durch Rechtsverordnung für die Versorgung in der gesetzlichen Krankenversicherung ausgeschlossene Hilfsmittel von geringem therapeutischem Nutzen oder geringem Abgabepreis. Brillengestelle sowie Aufwendungen für Kontaktlinsenpflegemittel werden nicht ersetzt.

(6) Aufwendungen sind nur bis zur Höhe eines der drei preisgünstigsten Hilfsmittel erstattungsfähig, die für die Versorgung eines Versicherten der gesetzlichen Krankenversicherung zur Verfügung stehen, oder, im Falle bestehender Festbeträge, bis zu dem jeweiligen Betrag. Abzüglich eines vertraglich vereinbarten Selbstbehaltes und einer Zuzahlung werden die erstattungsfähigen Aufwendungen zu 100 Prozent ersetzt. Die Zuzahlung beträgt 8 Euro je Hilfsmittel. Bei zum Verbrauch bestimmten Hilfsmitteln beträgt die Zuzahlung 10 Euro für den gesamten Monatsbedarf des jeweiligen Hilfsmittels, jedoch nicht mehr als die tatsächlichen Aufwendungen. Kinder und Jugendliche bis zum vollendeten 18. Lebensjahr sind von der Zuzahlung befreit.

Sofern das Hilfsmittel nicht leihweise überlassen wird, benennt der Versicherer mit der Genehmigung gemäß Absatz 1 Satz 4 einen Hilfsmittelanbieter, der den Hilfsmittelbezug in zumutbarer Weise gewährleistet, ohne dass die versicherte Person über die Zuzahlung und einen vertraglich vereinbarten Selbstbehalt hinausgehende Eigenanteile aufzubringen hat.

10. Ambulante medizinische Vorsorgeleistungen

(1) Erstattungsfähig sind auch Aufwendungen für ärztliche Behandlung und Versorgung mit Arznei-, Verband-, Heil- und Hilfsmitteln, wenn diese medizinisch notwendig sind, um

a) eine Schwächung der Gesundheit, die in absehbarer Zeit voraussichtlich zu einer Krankheit führen würde, zu beseitigen,

IV. MB/BT 2009

b) einer Gefährdung der gesundheitlichen Entwicklung eines Kindes entgegen zu wirken,

c) Krankheiten zu verhüten oder deren Verschlimmerung zu vermeiden oder

d) Pflegebedürftigkeit zu vermeiden,

wenn und soweit der Versicherer eine vorherige schriftliche Leistungszusage erteilt hat.

(2) Erstattungsfähig sind auch ambulante Vorsorgemaßnahmen in anerkannten Kurorten, wenn die Vorsorgeleistungen nach Absatz 1 nicht ausreichen und der Versicherer eine vorherige schriftliche Leistungszusage erteilt hat. Die übrigen im Zusammenhang mit dieser Leistung entstehenden Kosten sind nicht erstattungsfähig. Der Anspruch kann erst nach Ablauf von drei Jahren erneut geltend gemacht werden, es sei denn, vorzeitige Leistungen sind aus medizinischen Gründen dringend erforderlich. Die Dreijahresfrist wird durch einen zwischenzeitlichen Wechsel des Versicherers nicht berührt. Die versicherte Person ist verpflichtet, auf Verlangen des Versicherers einen Nachweis über die Inanspruchnahme zu führen.

(3) Die erstattungsfähigen Aufwendungen werden, sofern nicht Abzüge für einen vertraglich vereinbarten Selbstbehalt und für Zuzahlungen vorzunehmen sind, zu 100 Prozent ersetzt.

11. Ambulante Rehabilitation

(1) Erstattungsfähig sind Aufwendungen für ambulante Rehabilitationsmaßnahmen in einer Rehabilitationseinrichtung, die einen Versorgungsvertrag mit den Landesverbänden der Krankenkassen und den Verbänden der Ersatzkassen abgeschlossen hat, wenn eine Behandlung nach Nr. 1 nicht ausreicht, das medizinisch erforderliche Behandlungsziel zu erreichen. Voraussetzung ist, dass der Versicherer zuvor eine schriftliche Leistungszusage erteilt hat.

(2) Abweichend von § 4 Abs. 2 MB/BT 2009 bestimmt der Versicherer die Rehabilitationseinrichtung sowie Art, Dauer, Umfang, Beginn und Durchführung der Leistungen nach pflichtgemäßem Ermessen anhand der medizinischen Erfordernisse des Einzelfalls.

(3) Der Anspruch auf ambulante Rehabilitationsleistungen ist begrenzt auf höchstens 20 Behandlungstage und kann erst nach Ablauf von vier Jahren erneut geltend gemacht werden, es sei denn, eine Verlängerung ist aus medizinischen Gründen dringend erforderlich. Die Vierjahresfrist wird durch einen zwischenzeitlichen Wechsel des Versicherers nicht berührt. Die versicherte Person ist verpflichtet, auf Verlangen des Versicherers einen Nachweis über die Inanspruchnahme zu führen.

Anhang

(4) Die erstattungsfähigen Aufwendungen werden, sofern nicht Abzüge für einen vertraglich vereinbarten Selbstbehalt und für eine Zuzahlung vorzunehmen sind, zu 100 Prozent ersetzt. Die Zuzahlung beträgt für versicherte Personen, die das 18. Lebensjahr vollendet haben, 10 Euro je Behandlungstag.

12. Ergänzende Leistungen zur Rehabilitation

(1) Erstattungsfähig sind Aufwendungen für

a) ärztlich verordneten Rehabilitationssport in Gruppen unter ärztlicher Betreuung und Überwachung,

b) ärztlich verordnetes Funktionstraining in Gruppen unter fachkundiger Anleitung und Überwachung

c) Reisekosten

d) Betriebs- oder Haushaltshilfe und Kinderbetreuungskosten,

e) solche Leistungen, die unter Berücksichtigung von Art oder Schwere der Behinderung erforderlich sind, um das Ziel der Rehabilitation zu erreichen oder zu sichern, die aber nicht zu den Leistungen zur Teilhabe am Arbeitsleben oder zu den Leistungen zur allgemeinen sozialen Eingliederung führen,

f) wirksame und effiziente Patientenschulungsmaßnahmen für chronisch kranke versicherte Personen,

wenn zuletzt der Versicherer Leistungen für ärztliche Behandlung erbracht hat oder erbringt; ferner für

g) aus medizinischen Gründen in unmittelbarem Anschluss an eine Krankenhausbehandlung oder stationäre Rehabilitation erforderliche sozialmedizinische Nachsorgemaßnahmen für chronisch kranke oder schwerstkranke Kinder, die das 12. Lebensjahr noch nicht vollendet haben, wenn die Nachsorge wegen der Art, Schwere und Dauer der Erkrankung notwendig ist, um den stationären Aufenthalt zu verkürzen oder die anschließende ambulante ärztliche Behandlung sichern.

(2) Die erstattungsfähigen Aufwendungen werden, sofern nicht ein Abzug für einen vertraglich vereinbarten Selbstbehalt vorzunehmen ist, zu 100 Prozent ersetzt, wenn und soweit der Versicherer zuvor eine schriftliche Leistungszusage erteilt hat.

13. Spezialisierte ambulante Palliativversorgung

(1) Erstattungsfähig sind Aufwendungen für spezialisierte ambulante Palliativversorgung entsprechend den Richtlinien des Gemeinsamen Bundesausschusses, die darauf abzielen, die Betreuung der versicherten Person in der vertrauten häuslichen Umgebung zu ermöglichen. Anspruchsberechtigt ist eine versicherte Person mit einer nicht heilbaren, fortschreitenden

IV. MB/BT 2009

und weit fortgeschrittenen Erkrankung bei einer zugleich begrenzten Lebenserwartung, die eine besonders aufwändige Versorgung benötigt.

(2) Anspruch auf Erstattung der Leistungen für spezialisierte ambulante Palliativversorgung haben auch Versicherte in stationären Pflegeeinrichtungen.

(3) Die erstattungsfähigen Aufwendungen werden zu 100 Prozent ersetzt

a) bei Ärzten bis zu den in Nr. 1 Abs. 2 und 3 genannten Vergütungssätzen,

b) bei Fachkräften für spezialisierte ambulante Palliativversorgung jedoch nicht mehr als der Betrag, der für die Versorgung eines Versicherten der gesetzlichen Krankenversicherung aufzuwenden wäre,

sofern nicht Abzüge für einen vertraglich vereinbarten Selbstbehalt vorzunehmen sind.

B. Maßnahmen nach § 1 Abs. 3 a) MB/BT 2009

1. Schwangerschaft und Entbindung

(1) Erstattungsfähig sind die Aufwendungen für

a) gezielte Vorsorgeuntersuchungen bei Schwangerschaft,

b) Schwangerschafts-, Entbindungs- und Wöchnerinnenbetreuung durch Arzt und Hebamme sowie für ergänzende, medizinisch notwendige häusliche Pflege ohne hauswirtschaftliche Versorgung,

c) Haushaltshilfe, wenn der versicherten Person die Weiterführung des Haushalts nicht möglich ist und keine im Haushalt lebende Person den Haushalt weiterführen kann,

d) stationäre Entbindung in einem zugelassenen Krankenhaus oder einer anderen stationären Vertragseinrichtung, in der Geburtshilfe geleistet wird.

(2) Die erstattungsfähigen Aufwendungen werden, sofern nicht Abzüge für einen vertraglich vereinbarten Selbstbehalt vorzunehmen sind, zu 100 Prozent ersetzt.

2. Künstliche Herbeiführung einer Schwangerschaft

(1) Erstattungsfähig sind Aufwendungen für Insemination bzw. künstliche Befruchtung bei einer versicherten Person entsprechend den Richtlinien des Gemeinsamen Bundesausschusses, wenn die jeweilige Maßnahme nach ärztlicher Feststellung die einzig erfolgversprechende Möglichkeit zur Herbeiführung einer Schwangerschaft darstellt, vor Behandlungsbeginn nach Durchführung eines unabhängigen ärztlichen Beratungsverfahrens eine schriftliche Leistungszusage des Versicherers erteilt wurde und

Anhang

a) die Behandlung bei einer verheirateten versicherten Person und ihrem Ehepartner erfolgt,
b) zum Zeitpunkt der Behandlung die Frau mindestens 25 Jahre alt ist und sie das 40. und der Mann das 50. Lebensjahr noch nicht vollendet haben,
c) ausschließlich Ei- und Samenzellen der Ehepartner verwendet werden,
d) eine hinreichende Erfolgsaussicht für die gewählte Behandlungsmethode besteht; eine hinreichende Aussicht besteht nicht mehr, wenn die Maßnahme dreimal ohne Erfolg durchgeführt worden ist.

(2) Die erstattungsfähigen Aufwendungen werden, sofern nicht Abzüge für einen vertraglich vereinbarten Selbstbehalt vorzunehmen sind, zu 50 Prozent ersetzt.

3. Empfängnisverhütung

(1) Erstattungsfähig sind Aufwendungen für ärztliche Beratung und Untersuchung wegen Empfängnisregelung. Für versicherte weibliche Personen bis zum vollendeten 20. Lebensjahr sind auch die Aufwendungen für ärztlich verordnete, verschreibungspflichtige empfängnisverhütende Mittel einschließlich der Kosten für die ärztliche Verordnung erstattungsfähig.

(2) Die erstattungsfähigen Aufwendungen werden, sofern nicht Abzüge für einen vertraglich vereinbarten Selbstbehalt und für Zuzahlungen nach Abschnitt A. Nr. 3 und Nr. 7 Abs. 9 vorzunehmen sind, zu 100 Prozent ersetzt.

4. Schwangerschaftsabbruch und Sterilisation

(1) Erstattungsfähig sind Aufwendungen für eine durch Krankheit erforderliche Sterilisation sowie für einen nicht rechtswidrigen Abbruch der Schwangerschaft durch einen Arzt einschließlich jeweils gesetzlich vorgeschriebener Begutachtungs- und Beratungsleistungen. Ein Anspruch auf Leistungen bei einem nicht rechtswidrigen Schwangerschaftsabbruch besteht nur, wenn er in einer dem Schwangerschaftskonfliktgesetz genügenden Einrichtung vorgenommen wird.

(2) Die erstattungsfähigen Aufwendungen werden, sofern nicht Abzüge für einen vertraglich vereinbarten Selbstbehalt vorzunehmen sind, zu 100 Prozent ersetzt.

C. Zahnbehandlung und -ersatz, Kieferorthopädie

1. Zahnärztliche Behandlung

(1) Erstattungsfähig sind die Aufwendungen für zahnärztliche und -technische Leistungen durch Vertragszahnärzte, die für die vertragszahnärztliche Versorgung im Ersatzkassenvertrag-Zahnärzte bzw. einem diesen ersetzenden Nachfolgevertrag, dem Bewertungsmaßstab zahnärztlicher

IV. MB/BT 2009

Leistungen und den Richtlinien des Gemeinsamen Bundesausschusses festgelegt sind. Sie umfassen insbesondere

a) gezielte Vorsorgeuntersuchungen zur Früherkennung von Zahn-, Mund- und Kieferkrankheiten,
b) Erstellung eines Therapie- und Kostenplanes,
c) Individualprophylaxe nach den Richtlinien des Gemeinsamen Bundesausschusses bei Kindern und Jugendlichen bis zum vollendeten 18. Lebensjahr,
d) konservierend-chirurgische Leistungen und Röntgenleistungen, die im Zusammenhang mit Zahnersatz einschließlich Zahnkronen und Suprakonstruktionen oder einer kieferorthopädischen Behandlung erbracht werden.

Aufwendungen für neue Untersuchungs- und Behandlungsmethoden sind nur erstattungsfähig, wenn der Gemeinsame Bundesausschuss diese in die Versorgung in der gesetzlichen Krankenversicherung einbezogen hat.

(2) Die erstattungsfähigen Aufwendungen werden bis zum 2,0fachen Satz der Gebührenordnung für Zahnärzte (GOZ) ersetzt. Erbringt der Zahnarzt Leistungen, die in den in § 6 Abs. 1 GOZ genannten Abschnitten der Gebührenordnung für Ärzte (GOÄ) aufgeführt sind, werden die Vergütungen für diese Leistungen bis zu den in Abschnitt A Nr. 1 Absatz 2 genannten Höchstsätzen ersetzt.

(3) Werden die Gebührensätze gemäß Absatz 2 durch Verträge zwischen dem Verband der privaten Krankenversicherung e. V. im Einvernehmen mit den Trägern der Kosten in Krankheits-, Pflege- und Geburtsfällen nach beamtenrechtlichen Vorschriften einerseits und den Kassenzahnärztlichen Vereinigungen oder der Kassenzahnärztlichen Bundesvereinigung andererseits ganz oder teilweise abweichend geregelt, gelten die jeweils vertraglich vereinbarten Vergütungen.

(4) Wählt der Versicherte bei Zahnfüllungen eine über die Richtlinien des Gemeinsamen Bundesausschusses hinausgehende Versorgung, hat er die über die vergleichbare preisgünstigste plastische Füllung hinausgehenden Mehrkosten selbst zu tragen. Wird eine intakte plastische Füllung ausgetauscht, entsteht kein Leistungsanspruch, auch nicht anteilig.

(5) Nicht erstattungsfähig sind Aufwendungen für
a) funktionsanalytische und funktionstherapeutische Maßnahmen,
b) implantologische Leistungen, es sei denn, es liegt eine Ausnahmeindikation für besonders schwere Fälle vor, die der Gemeinsame Bundesausschuss festgelegt hat.

(6) Die erstattungsfähigen Aufwendungen werden, sofern nicht Abzüge für einen vertraglich vereinbarten Selbstbehalt und für Zuzahlungen vorzunehmen sind, zu 100 Prozent ersetzt.

Anhang

(7) Leistungen für Schienentherapien und Aufbissbehelfe sowie für systematische Parodontalbehandlungen werden nur erbracht, wenn die versicherte Person dem Versicherer vor Behandlungsbeginn einen Therapie- und Kostenplan vorlegt. Der Versicherer prüft den Plan und gibt der versicherten Person über die zu erwartenden Leistungen Auskunft.

2. Zahnersatz einschließlich Kronen und Suprakonstruktionen

(1) Erstattungsfähig sind die Aufwendungen für

a) zahnärztliche Leistungen durch Vertragszahnärzte, die für die vertragszahnärztliche Versorgung im Ersatzkassenvertrag-Zahnärzte bzw. einem diesen ersetzenden Nachfolgevertrag, dem Bewertungsmaßstab zahnärztlicher Leistungen und den Richtlinien des Gemeinsamen Bundesausschusses festgelegt sind und

b) zahntechnische Leistungen, die in dem zwischen dem Spitzenverband Bund der Krankenkassen und dem Verband Deutscher Zahntechniker-Innungen vereinbarten bundeseinheitlichen Verzeichnis enthalten sind,

bei der Versorgung mit Zahnersatz einschließlich Kronen und Suprakonstruktionen, wenn eine zahnprothetische Versorgung notwendig ist und die geplante Versorgung einer Methode entspricht, die vom Gemeinsamen Bundesausschuss bei dem vorliegenden Befund anerkannt ist. Erstattungsfähig sind nur Aufwendungen für Leistungen, die der vertragszahnärztlichen Regelversorgung entsprechen. Wählt die versicherte Person einen über die Regelversorgung hinausgehenden gleichartigen oder davon abweichenden andersartigen Zahnersatz, hat sie die Mehrkosten selbst zu tragen.

(2) Die erstattungsfähigen Aufwendungen für zahnärztliche Leistungen werden bis zum 2,0fachen Gebührensatz der GOZ ersetzt. Nr. 1 Abs. 3 gilt entsprechend.

(3) Die erstattungsfähigen Aufwendungen für zahntechnische Leistungen werden ersetzt auf der Grundlage der von den Landesverbänden der gesetzlichen Krankenkassen und den Innungsverbänden der Zahntechniker vereinbarten Höchstpreise für zahntechnische Leistungen. Werden die zahntechnischen Leistungen von Zahnärzten erbracht, vermindern sich die entsprechenden Preise um 5 Prozent.

(4) Der Aufwendungsersatz beträgt 50 Prozent der erstattungsfähigen Aufwendungen. Er erhöht sich auf 60 Prozent, wenn der Gebisszustand der versicherten Person regelmäßige Zahnpflege erkennen lässt und sie nachweisen kann, dass sie während der letzten fünf Jahre vor Behandlungsbeginn

a) sich vor Vollendung des 18. Lebensjahres zweimal in jedem Kalenderjahr

b) sich nach Vollendung des 18. Lebensjahres einmal in jedem Kalenderjahr

hat zahnärztlich untersuchen lassen. Bei ununterbrochener 10 jähriger Inanspruchnahme der jeweils vorgesehenen Untersuchungen erhöht sich der Aufwendungsersatz um weitere 5 Prozent der erstattungsfähigen Aufwendungen. Bei einer Unterbrechung des Fünf- oder Zehnjahreszeitraums vermindert sich der Aufwendungsersatz wieder auf 50 Prozent.

(5) Weist die versicherte Person nach, dass sie durch den ihr nach Absatz 4 verbleibenden Eigenanteil entsprechend § 55 Abs. 2 SGB V unzumutbar belastet würde, werden die erstattungsfähigen Aufwendungen zu 100 Prozent ersetzt.

(6) Zur Vermeidung von Härten wird der versicherten Person bei entsprechendem Nachweis von dem nach Absatz 4 verbleibenden Eigenanteil ein weiterer Betrag nach Maßgabe von § 55 Abs. 3 SGB V ersetzt.

(7) Leistungen werden nur erbracht, wenn die versicherte Person dem Versicherer vor Behandlungsbeginn einen Therapie- und Kostenplan vorlegt, der die Regelversorgung und die tatsächlich geplante Versorgung nach Art, Umfang und Kosten beinhaltet. Der Versicherer prüft den Plan und gibt der versicherten Person über die zu erwartende Leistung schriftlich Auskunft.

3. Kieferorthopädische Behandlung

(1) Erstattungsfähig sind die Aufwendungen für

a) zahnärztliche Leistungen durch Vertragszahnärzte, die im Ersatzkassenvertrag-Zahnärzte bzw. einem diesen ersetzenden Nachfolgevertrag, dem Bewertungsmaßstab zahnärztlicher Leistungen und den Richtlinien des Gemeinsamen Bundesausschusses festgelegt sind, und

b) zahntechnische Leistungen, die in dem zwischen dem Spitzenverband Bund der Krankenkassen und dem Verband Deutscher Zahntechniker-Innungen vereinbarten bundeseinheitlichen Verzeichnis enthalten sind,

für eine kieferorthopädische Versorgung in den durch den Gemeinsamen Bundesausschuss medizinisch begründeten Indikationsgruppen, bei denen eine Kiefer- oder Zahnfehlstellung vorliegt, die das Kauen, Beißen, Sprechen oder Atmen erheblich beeinträchtigt oder zu beeinträchtigen droht.

(2) Leistungen kann nur eine versicherte Person beanspruchen, die bei Behandlungsbeginn das 18. Lebensjahr noch nicht vollendet hat. Diese Einschränkung gilt nicht, wenn die versicherte Person unter einer vom Gemeinsamen Bundesausschuss anerkannten schweren Kieferanomalie leidet, die kombinierte kieferchirurgische und kieferorthopädische Behandlungsmaßnahmen erfordert.

Anhang

(3) Die erstattungsfähigen Aufwendungen für zahnärztliche Leistungen werden bis zum 2,0fachen Gebührensatz der GOZ ersetzt. Nr. 1 Abs. 3 gilt entsprechend.

(4) Die erstattungsfähigen Aufwendungen für zahntechnische Leistungen werden ersetzt auf der Grundlage der von den Landesverbänden der gesetzlichen Krankenkassen und den Innungsverbänden der Zahntechniker vereinbarten Höchstpreise für zahntechnische Leistungen. Werden die zahntechnischen Leistungen von Zahnärzten erbracht, vermindern sich die entsprechenden Preise um 5 Prozent.

(5) Der Aufwendungsersatz ist zunächst begrenzt auf 80 Prozent der erstattungsfähigen Aufwendungen. Er erhöht sich auf 90 Prozent der erstattungsfähigen Aufwendungen für das zweite und jedes weitere versicherte Kind, das sich gleichzeitig in kieferorthopädischer Behandlung befindet, bei Beginn der Behandlung das 18. Lebensjahr noch nicht vollendet hat und mit seinem Erziehungsberechtigten in einem gemeinsamen Haushalt lebt. Ist die Behandlung in dem durch den Therapie- und Kostenplan bestimmten medizinisch erforderlichen Umfang abgeschlossen, ersetzt der Versicherer die erstattungsfähigen Restkosten.

(6) Leistungen werden nur erbracht, wenn die versicherte Person dem Versicherer vor Behandlungsbeginn einen Therapie- und Kostenplan vorlegt, der insbesondere umfassende Angaben zum Befund und zur geplanten Versorgung nach Art, Umfang und Kosten beinhaltet. Der Versicherer prüft den Plan und gibt der versicherten Person über die zu erwartende Leistung schriftlich Auskunft.

4. Zuzahlungen und Selbstbehalt bei den Nummern 1 bis 3

(1) Bei Zahnbehandlung und -ersatz sowie bei Kieferorthopädie werden bei der ersten Inanspruchnahme eines Zahnarztes im Kalendervierteljahr, die nicht auf Überweisung aus demselben Kalendervierteljahr erfolgt, 10 Euro vom Erstattungsbetrag abgezogen. Zwei Vorsorgeuntersuchungen je Kalenderjahr sind von der Zuzahlungspflicht befreit. Außerdem sind Kinder und Jugendliche bis zum vollendeten 18. Lebensjahr von der Zuzahlung befreit.

(2) Vom Erstattungsbetrag wird ein vertraglich vereinbarter Selbstbehalt abgezogen.

D. Stationäre Heilbehandlung

1. Krankenhausbehandlung

(1) Erstattungsfähig sind Aufwendungen für Allgemeine Krankenhausleistungen gemäß den Krankenhausbehandlungsrichtlinien des Gemeinsamen Bundesausschusses in Krankenhäusern, die

IV. MB/BT 2009

a) nach den landesrechtlichen Vorschriften als Hochschulklinik anerkannt sind,
b) in den Krankenhausplan eines Landes aufgenommen sind (Plankrankenhäuser) oder
c) einen Versorgungsvertrag mit den Landesverbänden der Krankenkassen und den Verbänden der Ersatzkassen abgeschlossen haben,

(zugelassene Krankenhäuser)

wenn die versicherte Person ein solches Krankenhaus aufgrund einer ärztlichen Einweisung aufsucht. Wählt die versicherte Person ohne zwingenden Grund ein anderes als das in der Einweisung genannte Krankenhaus, sind die Mehrkosten von der versicherten Person selbst zu tragen. Aufwendungen für Untersuchungs- und Behandlungsmethoden im Krankenhaus, die der Gemeinsame Bundesausschuss von der Versorgung in der gesetzlichen Krankenversicherung ausgeschlossen hat, werden nicht erstattet.

(2) Für stationäre Psychotherapie wird geleistet, wenn und soweit der Versicherer zuvor eine schriftliche Leistungszusage erteilt hat.

(3) Die Leistungen umfassen auch die aus medizinischen Gründen notwendige Mitaufnahme einer Begleitperson der versicherten Person, wenn und soweit der Versicherer zuvor eine schriftliche Leistungszusage erteilt hat.

(4) Erstattungsfähig sind außerdem die Aufwendungen für belegärztliche Leistungen in Krankenhäusern nach Absatz 1 bis zu den in Abschnitt A. Nr. 1 Absätze 2 und 3 genannten Höchstsätzen.

2. Stationäre medizinische Vorsorgeleistungen

(1) Reichen ambulante medizinische Vorsorgeleistungen nach Abschnitt A Nr. 10 nicht aus, sind Aufwendungen für Behandlung, Unterkunft und Verpflegung in Vorsorgeeinrichtungen, die einen Versorgungsvertrag mit den Landesverbänden der Krankenkassen und den Verbänden der Ersatzkassen abgeschlossen haben, erstattungsfähig, wenn und soweit der Versicherer zuvor eine schriftliche Leistungszusage erteilt hat.

(2) Der Anspruch ist begrenzt auf höchstens drei Wochen, es sei denn eine Verlängerung ist aus medizinischen Gründen dringend erforderlich. Der Anspruch kann erst nach Ablauf von vier Jahren erneut geltend gemacht werden, es sei denn, vorzeitige Leistungen sind aus medizinischen Gründen dringend erforderlich. Die Vierjahresfrist wird durch einen zwischenzeitlichen Wechsel des Versicherers nicht berührt. Die versicherte Person ist verpflichtet, auf Verlangen des Versicherers einen Nachweis über die Inanspruchnahme zu führen.

Anhang

3. Medizinische Vorsorge für Mütter und Väter

(1) Reichen ambulante medizinische Vorsorgeleistungen nach Abschnitt A Nr. 10 nicht aus, sind für versicherte Mütter und Väter auch Aufwendungen zur medizinischen Vorsorge in Form einer Mutter- bzw. Vater-Kind-Maßnahme in einer Einrichtung des Müttergenesungswerks oder einer gleichartigen Einrichtung, die über einen Versorgungsvertrag mit einem Träger der gesetzlichen Krankenversicherung verfügt, erstattungsfähig.

(2) Abweichend von § 4 Abs. 4 MB/BT 2009 bestimmt der Versicherer aufgrund einer vorherigen schriftlichen Leistungszusage die Einrichtung sowie Art, Dauer, Umfang, Beginn und Durchführung der Leistungen nach pflichtgemäßem Ermessen anhand der medizinischen Erfordernisse des Einzelfalls.

(3) Der Anspruch ist begrenzt auf höchstens drei Wochen, es sei denn eine Verlängerung ist aus medizinischen Gründen dringend erforderlich. Der Anspruch kann erst nach Ablauf von vier Jahren erneut geltend gemacht werden, es sei denn, vorzeitige Leistungen sind aus medizinischen Gründen dringend erforderlich. Die Vierjahresfrist wird durch einen zwischenzeitlichen Wechsel des Versicherers nicht berührt. Die versicherte Person ist verpflichtet, auf Verlangen des Versicherers einen Nachweis über die Inanspruchnahme zu führen.

4. Anschlussheilbehandlung und Rehabilitation

(1) Reicht eine ambulante Rehabilitationsmaßnahme nach Abschnitt A. Nr. 11 nicht aus, sind Aufwendungen für Anschlussheilbehandlungs- und Rehabilitationsleistungen mit Unterkunft und Verpflegung in Einrichtungen, die einen Versorgungsvertrag mit den Landesverbänden der Krankenkassen und den Verbänden der Ersatzkassen abgeschlossen haben, erstattungsfähig, wenn und soweit der Versicherer zuvor eine schriftliche Leistungszusage erteilt hat.

(2) Anschlussheilbehandlungen müssen in der Regel spätestens 14 Tage nach einer stationären Krankenhausbehandlung beginnen.

(3) Der Anspruch ist begrenzt auf höchstens drei Wochen, es sei denn eine Verlängerung ist aus medizinischen Gründen dringend erforderlich. Der Anspruch kann erst nach Ablauf von vier Jahren erneut geltend gemacht werden, es sei denn, vorzeitige Leistungen sind aus medizinischen Gründen dringend erforderlich. Die Vierjahresfrist wird durch einen zwischenzeitlichen Wechsel des Versicherers nicht berührt. Die versicherte Person ist verpflichtet, auf Verlangen des Versicherers einen Nachweis über die Inanspruchnahme zu führen.

IV. MB/BT 2009

5. Medizinische Rehabilitation für Mütter und Väter

(1) Erstattungsfähig sind Aufwendungen für Leistungen zur medizinischen Rehabilitation für versicherte Mütter und Väter in Form einer Mutter- bzw. Vater-Kind-Maßnahme in einer Einrichtung des Müttergenesungswerks oder einer gleichartigen Einrichtung, die über einen Versorgungsvertrag mit einem Träger der gesetzlichen Krankenversicherung verfügt.

(2) Abweichend von § 4 Abs. 4 MB/BT 2009 bestimmt der Versicherer aufgrund einer vorherigen schriftlichen Leistungszusage die Einrichtung sowie Art, Dauer, Umfang, Beginn und Durchführung der Leistungen nach pflichtgemäßem Ermessen anhand der medizinischen Erfordernisse des Einzelfalls.

(3) Der Anspruch ist begrenzt auf höchstens drei Wochen, es sei denn eine Verlängerung ist aus medizinischen Gründen dringend erforderlich. Der Anspruch kann erst nach Ablauf von vier Jahren erneut geltend gemacht werden, es sei denn, vorzeitige Leistungen sind aus medizinischen Gründen dringend erforderlich. Die Vierjahresfrist wird durch einen zwischenzeitlichen Wechsel des Versicherers nicht berührt. Die versicherte Person ist verpflichtet, auf Verlangen des Versicherers einen Nachweis über die Inanspruchnahme zu führen.

6. Umfang des Aufwendungsersatzes nach Nr. 1 bis 5

Die erstattungsfähigen Aufwendungen werden, sofern nicht Abzüge für vereinbarte Selbstbehalte sowie für die folgenden Zuzahlungen und Begrenzungen vorzunehmen sind, zu 100 Prozent ersetzt:

a) Zuzahlungen

Die Zuzahlung beträgt für versicherte Personen, die das 18. Lebensjahr vollendet haben, 10 Euro je Kalendertag. Die Zuzahlungen bei Leistungen nach Abschnitt D. Nr. 1 sowie bei Anschlussheilbehandlungen nach Abschnitt D. Nr. 4, nicht jedoch bei Rehabilitationsmaßnahmen,sind begrenzt auf insgesamt 280 Euro je Kalenderjahr. Aufnahme- und Entlassungstag zählen als ein Tag.

b) Begrenzungen

Die erstattungsfähigen Leistungen sind begrenzt auf den Betrag, der für die Behandlung eines Versicherten der gesetzlichen Krankenversicherung aufzuwenden wäre.

7. Stationäre Hospizleistung

(1) Erstattungsfähig sind Aufwendungen für stationäre oder teilstationäre Versorgung in einem von der gesetzlichen Krankenversicherung zugelassenen Hospiz, in dem palliativ-medizinische Behandlung erbracht wird,

Anhang

wenn die versicherte Person keiner Krankenhausbehandlung bedarf und eine ambulante Versorgung im Haushalt oder der Familie der versicherten Person nicht erbracht werden kann.

(2) Die erstattungsfähigen Aufwendungen werden bis zu der Höhe erstattet, die für die Versorgung eines Versicherten der gesetzlichen Krankenversicherung aufzuwenden wäre.

E. Fahrkosten

(1) Erstattungsfähig sind Aufwendungen für den Transport

a) zum nächsterreichbaren geeigneten Krankenhaus nach einem Unfall bzw. Notfall, auch wenn eine stationäre Behandlung nicht erforderlich ist,

b) zum nächsterreichbaren **geeigneten** Arzt oder Krankenhaus, wenn während der Fahrt eine fachliche Betreuung oder die besonderen Einrichtungen eines Krankenwagens benötigt werden,

c) bei Verlegung in ein anderes Krankenhaus, wenn diese aus zwingenden medizinischen Gründen erforderlich ist oder nach vorheriger schriftlicher Genehmigung des Versicherers bei Verlegung in ein wohnortnahes Krankenhaus,

d) für Fahrten zur ambulanten Krankenbehandlung in den nach den Richtlinien des Gemeinsamen Bundesausschusses festgelegten Fällen, wenn der Versicherer zuvor eine schriftliche Leistungszusage erteilt hat.

(2) Die erstattungsfähigen Aufwendungen werden, sofern nicht Abzüge für einen vertraglich vereinbarten Selbstbehalt und für Zuzahlungen vorzunehmen sind, zu 100 Prozent ersetzt, jedoch nicht mehr als der Betrag, der für die Versorgung eines Versicherten der gesetzlichen Krankenversicherung aufzuwenden wäre. Die Zuzahlung beträgt 10 Euro je Transport.

F. Krankentagegeld

(1) Anspruchsberechtigt sind versicherte Personen, die bei Eintritt der Arbeitsunfähigkeit

a) als Arbeitnehmer gegen Arbeitsentgelt beschäftigt sind,
b) Arbeitslosengeld beziehen,
c) Einkommen aus hauptberuflicher selbständiger oder freiberuflicher Erwerbstätigkeit beziehen, soweit sie Krankentagegeld gewählt haben.

(2) Arbeitsunfähigkeit liegt vor, wenn die versicherte Person ihre berufliche Tätigkeit nach medizinischem Befund vorübergehend in keiner Weise ausüben kann, sie auch nicht ausübt und keiner anderweitigen Erwerbstätigkeit nachgeht.

(3) Für die Dauer einer Arbeitsunfähigkeit nach § 1 Abs. 4 MB/BT 2009 wird ab dem 43. Tag ein Krankentagegeld in folgender Höhe gezahlt:

IV. MB/BT 2009

a) bei Arbeitnehmern, Selbständigen und freiberuflich Tätigen nicht mehr als 70 Prozent des auf den Kalendertag umgerechneten Arbeitsentgelts und Arbeitseinkommens bis zur Höhe der Beitragsbemessungsgrenze in der gesetzlichen Krankenversicherung. Das aus dem Arbeitsentgelt berechnete Krankentagegeld darf 90 Prozent des Nettoeinkommens nicht übersteigen. Maßgebend ist das Nettoeinkommen der letzten zwölf Monate vor Eintritt des Versicherungsfalls. Bei Selbständigen und freiberuflich Tätigen gilt als Nettoeinkommen der Gewinn (§ 2 Abs. 2.1 Einkommensteuergesetz) aus der im Versicherungsantrag bzw. nachträglich als Berufswechsel angegebenen Tätigkeit. Bei Arbeitnehmern werden Zeiten wiederholter Arbeitsunfähigkeit, die der Arbeitgeber bei der Lohn- oder Gehaltsfortzahlung berechtigterweise zusammengerechnet hat, bei der Ermittlung des Leistungsbeginns ebenfalls zusammengefasst,

b) bei Beziehern von Arbeitslosengeld nicht mehr als das bei Einstellung der Zahlungen durch die Bundesagentur für Arbeit bezogene kalendertägliche Arbeitslosengeld.

Bei versicherten Personen der Tarifstufe BTB wird, sofern ein tariflicher Anspruch besteht, das Krankentagegeld auf den tariflichen Prozentsatz gekürzt.

Die versicherte Person hat die Höhe des Nettoeinkommens bei jedem Antrag auf Zahlung von Krankentagegeld nachzuweisen.

(4) Die versicherte Person hat im Fall der Arbeitsunfähigkeit wegen derselben Krankheit Anspruch auf Krankentagegeld für längstens 78 Wochen innerhalb von drei Jahren, gerechnet vom Tage des Beginns der Arbeitsunfähigkeit an. Zeiten, in denen die Zahlung von Krankentagegeld entsprechend § 49 SGB V ruht, werden auf die Frist angerechnet. Tritt während der Arbeitsunfähigkeit eine weitere Krankheit hinzu, wird die Leistungsdauer nicht verlängert. Nach Ablauf des Dreijahreszeitraums lebt der Anspruch auf Krankentagegeld wieder auf, wenn die versicherte Person bei Eintritt der erneuten Arbeitsunfähigkeit mit Anspruch auf Krankentagegeld versichert ist und in der Zwischenzeit mindestens sechs Monate nicht wegen dieser Krankheit arbeitsunfähig war und entweder erwerbstätig war oder der Arbeitsvermittlung zur Verfügung stand.

(5) Versicherte Personen nach Absatz 1 Buchstabe a) haben ferner Anspruch auf Krankentagegeld, wenn es nach ärztlichem Zeugnis erforderlich ist, dass sie zur Beaufsichtigung, Betreuung oder Pflege ihres erkrankten und privat krankheitskostenvollversicherten Kindes der Arbeit fernbleiben, eine andere in ihrem Haushalt lebende Person das Kind nicht beaufsichtigen, betreuen oder pflegen kann und das Kind das zwölfte Lebensjahr noch nicht vollendet hat oder behindert und auf Hilfe angewiesen ist. Anspruch besteht in jedem Kalenderjahr für jedes Kind längstens für 10

Anhang

Arbeitstage, jedoch für nicht mehr als insgesamt 25 Arbeitstage. Bei allein erziehenden versicherten Personen besteht der Anspruch für jedes privat krankheitskostenvollversicherte Kind für längstens für 20 Arbeitstage, insgesamt für nicht mehr als 50 Arbeitstage je Kalenderjahr. Die zeitliche Begrenzung der Krankentagegeldzahlung entfällt, wenn das Kind nach ärztlichem Zeugnis an einer Erkrankung leidet,

a) die progredient verläuft und bereits ein weit fortgeschrittenes Stadium erreicht hat,
b) bei der eine Heilung ausgeschlossen und eine palliativ-medizinische Behandlung notwendig oder von einem Elternteil erwünscht ist und
c) die lediglich eine begrenzte Lebenserwartung von Wochen oder wenigen Monaten erwarten lässt.

(6) Der Anspruch nach Absatz 5 entfällt, wenn gegen den Arbeitgeber ein Anspruch auf bezahlte Freistellung von der Arbeitsleistung besteht. Arbeitnehmer haben einen Nachweis ihres Arbeitgebers über unbezahlte Freistellung vorzulegen.

(7) Der Anspruch auf Krankentagegeld endet

a) mit dem Ende der Arbeitsunfähigkeit,
b) mit dem Ende der Bezugsdauer nach Absatz 4.
c) mit dem Ruhen der Leistungen nach § 8 Abs. 3 MB/BT 2009,
d) wenn die Voraussetzungen für den Bezug von Arbeitslosengeld aus einem anderen Grund als Arbeitsunfähigkeit nicht oder nicht mehr gegeben sind,
e) mit Beendigung der beruflichen Tätigkeit,
f) mit Eintritt der Berufsunfähigkeit. Berufsunfähigkeit liegt vor, wenn die versicherte Person nach medizinischem Befund im bisher ausgeübten Beruf auf nicht absehbare Zeit mehr als 50 Prozent erwerbsunfähig ist,
g) mit dem Bezug von Alters-, Erwerbsminderungs-, Erwerbsunfähigkeits- oder Berufsunfähigkeitsrente und vergleichbarer beamtenrechtlicher Versorgungen, spätestens mit dem Erreichen des gesetzlichen Rentenalters der versicherten Person.

G. Mutterschaftsgeld

(1) Versicherte weibliche Personen haben Anspruch auf Mutterschaftsgeld, wenn

a) sie bei Arbeitsunfähigkeit Anspruch auf Krankentagegeld haben oder
b) ihnen wegen der Mutterschutzfristen kein Arbeitsentgelt gezahlt wird oder
c) ihr Arbeitsverhältnis während der Schwangerschaft oder der Mutterschutzfrist nach der Entbindung nach Maßgabe von § 9 Abs. 3 Mutterschutzgesetz aufgelöst worden ist.

(2) Das Mutterschaftsgeld wird in Höhe von höchstens 13 Euro je Kalendertag, bei versicherten Personen der Tarifstufe BTB, sofern ein tariflicher Anspruch besteht, auf den tariflichen Prozentsatz gekürzt, für die letzten sechs Wochen vor der Entbindung, den Entbindungstag und für die ersten acht Wochen, bei Mehrlings- und Frühgeburten für die ersten zwölf Wochen nach der Entbindung gezahlt. Die Auszahlung des Mutterschaftsgeldes erfolgt nach Vorlage eines Nachweises über die erfolgte Entbindung.

H. Auslandsbehandlung

(1) Soweit in den folgenden Absätzen nichts anderes vorgesehen ist, ruht der Leistungsanspruch, solange die versicherte Person sich im Ausland aufhält.

(2) Bei vorübergehendem Aufenthalt in einem anderen Mitgliedstaat der Europäischen Union oder in einem anderen Vertragsstaat des Europäischen Wirtschaftsraumes sowie in der Schweiz sind erstattungsfähig die Aufwendungen für medizinisch notwendige ambulante Heilbehandlung durch Leistungserbringer im Sinne von § 4 Abs. 2 MB/BT 2009, die aufgrund einer EG-Richtlinie approbiert oder die im jeweiligen nationalen System der Krankenversicherung des Aufenthaltsstaates zur Versorgung zugelassen sind. Die erstattungsfähigen Aufwendungen werden zu 80 Prozent ersetzt, jedoch nicht mehr als die Vergütung, die bei Behandlung im Inland angefallen wäre.

(3) Für stationäre Heilbehandlungen in einem der in Absatz 2 Satz 1 genannten Staaten werden die erstattungsfähigen Aufwendungen ersetzt, wenn und soweit der Versicherer eine vorherige schriftliche Leistungszusage erteilt hat.

(4) Aufwendungen für eine während eines vorübergehenden Aufenthaltes in einem anderen als einem der in Absatz 2 Satz 1 genannten Staaten medizinisch notwendige Heilbehandlung, die auch im Inland möglich wäre, sind nur erstattungsfähig, wenn der versicherten Person wegen einer Vorerkrankung oder wegen ihres Alters der Abschluss einer Auslandsreisekrankenversicherung nicht möglich ist und dies dem Versicherer vor Beginn der Reise nachgewiesen worden ist. Die erstattungsfähigen Aufwendungen werden zu 100 Prozent ersetzt, jedoch nicht mehr als die Vergütung, die bei Behandlung im Inland angefallen wäre. Der Anspruch besteht für längstens sechs Wochen im Kalenderjahr. Keine Erstattung erfolgt, wenn sich die versicherte Person zur Behandlung ins Ausland begibt.

(5) Kosten eines Rücktransportes aus dem Ausland sind nicht erstattungsfähig.

Anhang

(6) Der Anspruch auf Krankentagegeld ruht während eines Auslandsaufenthaltes, es sei denn, dass die versicherte Person sich nach Eintritt der Arbeitsunfähigkeit mit Zustimmung des Versicherers im Ausland aufhält.

I. Zuzahlungen und Selbstbehalte

(1) Bei der Ermittlung des Erstattungsbetrages werden zunächst tariflich vorgesehene Zuzahlungen abgezogen. Auszahlungen erfolgen nach Überschreiten eines vereinbarten Selbstbehalts.

(2) Bei der Ermittlung eines Selbstbehalts werden die Aufwendungen dem Kalenderjahr zugerechnet, in dem der Leistungserbringer in Anspruch genommen, die Arznei-, Verband- und Hilfsmittel bezogen worden sind.

(3) Beginnt die Versicherung nicht am 1. Januar, wird ein Selbstbehalt für das erste Kalenderjahr um jeweils 1/12 für jeden nicht versicherten Monat gemindert. Endet die Versicherung während eines Kalenderjahres, mindert sich ein Selbstbehalt nicht.

(4) In der Tarifstufe BTB entfallen tarifliche Zuzahlungen, soweit diese bei der Bemessung der Beihilfe Berücksichtigung finden.

(5) Der Versicherer erfasst kalenderjährlich die bei den Versicherungsleistungen in Abzug gebrachten Zuzahlungen. Weist der Versicherungsnehmer nach, dass die Summe der Abzüge die für ihn geltende Belastungsgrenze gemäß § 62 SGB V übersteigt, leistet der Versicherer entsprechende Nachzahlungen.

Sachregister

(Die Buchstaben bezeichnen Teile des Werks,
die Zahlen bezeichnen Randnummern)

Anrechnung B 168 ff., 286 ff.
- des Übertragungswerts bei Wechsel des Versicherers **B** 168 ff.
- von Wartezeiten bei Wechsel des Versicherers **B** 286 ff.

Anwartschaftsversicherung B 227 ff., 265 ff.
- Anspruch auf Abschluss einer A. bei Kündigung **B** 265 ff.
- Aufbau einer Alterungsrückstellung **B** 228
- Definition **B** 228
- Erstreckung des Kündigungsrechts auf die A. **A** 34
- „große" A. **B** 228 ff.
- „kleine" A. **B** 228
- Mitgabe des Übertragungswerts **B** 227 ff.
- Recht auf Fortführung eines gekündigten Vertrags in Form einer A. **B** 265 ff.

Anzeigepflichtverletzung A 6 f., **B** 58 ff., 128, 132
- Ausschlussfrist **A** 6 f.
- Kündigungsrecht **B** 128
- Rücktrittsrecht **B** 132
- bei Versicherung im Basistarif **B** 58 ff.

Aufrechnung des Versicherers **B** 158, 239 ff.
- A. von Prämienrückständen mit dem Anspruch auf Mitgabe des Übertragungswerts **B** 239 ff.
- A. von Prämienrückständen mit Leistungsansprüchen nach Eintritt von Hilfebedürftigkeit **B** 158
- Verzicht des Versicherers auf das Aufrechnungsrecht **B** 253

Basistarif B 5, 16, 30, 31, 40 ff., 49 ff., 52, 55 ff., 63, 69 ff., 75, 79, 80, 159 f., 186 ff., 258 ff.
- Anpassung der Tarifbedingungen bei Änderung des Leistungskatalogs der GKV **B** 71
- Anspruch auf Abschluss eines Zusatztarifs beim Wechsel in den B. **B** 72, 159 f., 258 ff.
- Anzeigepflicht **B** 55 ff.
- Ausnahmen für kleinere VVaG **B** 52
- B. als Kompakttarif **B** 16
- Beihilfevarianten **B** 81
- berechtigter Personenkreis **B** 63
- Brancheneinheitlichkeit **B** 69 ff.
- Direktabrechnung **B** 89 ff.
- Fortsetzung des Vertrags im B. bei Zahlungsverzug **B** 148 ff.
- gesamtschuldnerische Haftung **B** 89 ff.
- Hilfebedürftigkeit **B** 75 ff., 159
- individuelle Leistungsausschlüsse **B** 40 ff.
- Kontrahierungszwang des Versicherers **B** 49 ff.
- Kosten der Risikoprüfung **B** 57
- Leistungskatalog **B** 30
- Mindestbindungsfrist bei Verträgen mit Selbstbehalt **B** 83 ff.
- Prämienhöhe **B** 75
- Risikoausgleich zwischen den Versicherungsunternehmen **B** 79
- Risikoprüfung **B** 55 ff.
- Risikozuschläge **B** 54 f.
- Ruhen von Zusatzversicherungen bei Beitragshalbierung **B** 159 f.
- Selbstbehalte **B** 31, 80
- Tarifwechsel **B** 161 ff., 172 ff., 186 ff.

261

Sachregister

- Übertragungswert **B** 161 ff.
- Umfang des Versicherungsschutzes **B** 69 ff.
- Verfassungsmäßigkeit **B** 52
- Verhältnis zur Mindestanforderung an den Versicherungsschutz im Rahmen der Pflicht zur Versicherung **B** 49
- verpflichtete Unternehmen **B** 5
- vorvertragliche Versicherungsfälle **B** 73
- Zusatzversicherungen **B** 72, 159 f., 258 ff.

Befristung der substitutiven Krankenversicherung **A** 21 ff., 24, **B** 192, 219 f.
- Anspruch auf Mitgabe des Übertragungswerts **B** 192
- Ausbildungsversicherung **A** 22
- Auslandskrankenversicherung **A** 22
- Ausschluss des Anspruchs auf Mitgabe des Übertragungswerts bei Befristung **B** 219 f.
- befristete Aufenthaltserlaubnis für das Inland **A** 22
- Beihilfe **A** 24
- Krankentagegeldversicherung **B** 219 f.
- Reisekrankenversicherung **A** 22
- Restschuldkrankenversicherung **A** 22
- substitutive Krankenversicherung **A** 21 f.
- Zulässigkeit **A** 22

Beihilfeberechtigte A 24 f., **B** 17, 81 ff., 234 f., **C** 2 ff.
- Anspruch auf Anpassung des Versicherungsschutzes **A** 25, **B** 81 f., 234 f.
- Basistarif **B** 81 f.
- Befristung des Versicherungsschutzes **A** 24
- modifizierter Standardtarif **C** 2 ff.
- Sonderregelung betreffend den Mindestversicherungsschutz für Altverträge bei Beihilfeberechtigten **B** 17

- Zugang zum modifizierten Standardtarif **C** 4

Beratungspflichten des Versicherers
- Makler **B** 307
- nach dem VVG **B** 306 ff., 310 ff., 316 ff.

Bereicherungsverbot A 18 f.
- Erweiterung des B. gegen mehrere Erstattungsverpflichtete **A** 19 f.
- gesetzlicher Forderungsübergang **A** 18

Forderungsübergang, gesetzlicher **A** 18
- Rückzahlungsanspruch gegen Leistungserbringer **A** 18

Gruppenversicherungsvertrag A 32, 35, **B** 14, 99 ff.
- Bestandsschutz bei Wegfall eines Rabatts **B** 14
- Fortsetzungsrecht bei Kündigung **A** 35
- Kündigung **A** 32, **B** 99 ff.
- Nachweis einer Folgeversicherung bei Kündigung **B** 99 ff.
- Wegfall eines Rabatts aus einem G. **B** 14

Hilfebedürftigkeit B 75 ff., 154 ff., 159 f.
- Anspruch auf Übernahme der Aufwendungen für eine private Krankenversicherung **B** 78
- Aufrechnung von Prämienrückständen mit Leistungsansprüchen nach Eintritt von H. **B** 158
- Basistarif **B** 75 ff.
- Bemessungsgrundlage für die Prämienhalbierung bei H. **B** 77
- Prämienhalbierung **B** 75
- Rechtsfolgen **B** 75 ff., 154 ff., 159 f.
- Ruhen von Zusatzversicherungen zum Basistarif bei Eintritt von H. **B** 159 f.

Buchst. = Teile des Werks; Zahlen = Rdn.

– Zeitpunkt des Nachweises der H. **B** 76

Informationspflichten des Versicherers
– bei Altkunden **B** 289 ff., 305, 320 ff.
– bei Neukunden **B** 304

Kindernachversicherung B 223 ff.

Kontrahierungszwang des Versicherers **B** 49 ff., 52, 55 ff., 63 ff., 173 ff.
– Anzeigepflicht **B** 55 ff., 58
– Ausnahmen **B** 64
– berechtigter Personenkreis **B** 63
– Beschränkung für kleinere VVaG **B** 52
– Leistungsausschlüsse **B** 178 ff.
– Reichweite **B** 54 ff.
– Risikoprüfung **B** 55 ff.
– Verfassungsmäßigkeit **B** 52
– Verhältnis zum Tarifwechselrecht **B** 172 ff.
– Verhältnis zur Kündigung der Vorversicherung **B** 66 ff.

Krankentagegeld A 22, 29, **B** 23, 123 ff., 218 ff., 266, **C** 27 ff.
– Anwartschaftsversicherung **B** 266
– Befristung **A** 22
– gesetzliche Krankenversicherung **C** 27 ff.
– Kündigung **A** 29, **B** 123 ff.
– Pflicht zur Versicherung **B** 23
– Übertragungswert **B** 218 ff.
– Wahltarif **C** 27 ff.
– Wettbewerb zwischen PKV und GKV **C** 53 ff.

Kündigung A 31, 34 ff., **B** 86 ff., 93 ff., 99 ff., 123 ff., 127 ff., 199 ff., 265 ff.
– Anspruch auf Abschluss einer Anwartschaftsversicherung bei K. **B** 265 ff.
– Einschränkung im Rahmen der Pflicht zur Versicherung **B** 93 ff., 123 ff.
– Erstreckung auf die Anwartschaftsversicherung **A** 34
– Fortsetzungsrecht der versicherten Person **A** 31, 35
– Frist **A** 34
– Gruppenversicherungsvertrag **B** 99 ff.
– Mitgabe des Übertragungswerts **B** 199 ff.
– Neuregelungen im Rahmen der VVG-Reform **A** 34 ff.
– ordentliche K. des VN **A** 34 ff., **B** 93 ff.
– Sonderkündigungsrecht bei Prämienerhöhung **B** 86 ff.
– teleologische Reduktion des Kündigungsverbots des Versicherers **B** 127 ff.
– Verbot der K. durch den Versicherer **B** 123 ff.
– Verhältnis des Kündigungsverbots zum Rücktrittsrecht wegen Anzeigepflichtverletzung und Verzug mit Zahlung der Erstprämie **B** 132
– des Versicherers **B** 123 ff.
– des VN **A** 34 ff., **B** 93 ff.
– Voraussetzungen der K. des VN **B** 94 ff.
– Zulässigkeit der K. bei Anzeigepflichtverletzung **B** 128

Kündigungsverbot des Versicherers **B** 123 ff.
– Reichweite **B** 123 ff.
– teleologische Reduktion **B** 127 ff.
– Verhältnis zum Rücktrittsrecht **B** 132

Mindestbindungsfrist B 83 ff., **C** 32 ff.
– Basistarif **B** 83 ff.
– Dauer **B** 83
– Reichweite **B** 84 f.
– Verhältnis zum Sonderkündigungsrecht nach § 205 Abs. 4 VVG **B** 86 f.
– Wahltarife der gesetzlichen Krankenkassen **C** 32 ff.

263

Sachregister

Mindestversicherungsschutz
B 23 ff., 33 ff., 40 ff.
- Beispiele B 33 ff.
- individuelle Leistungsausschlüsse B 40 ff.
- Umfang im Rahmen der Pflicht zur Versicherung B 23 ff.
- Verhältnis zum Basistarif B 31

Mindestverweildauer in der gesetzlichen Krankenkasse für freiwillig Versicherte C 46 ff.
- Ausnahme C 51 f.
- Bestandsschutz C 51
- Übergangsregelung C 49
- Unterbrechung einer versicherungsfreien Beschäftigung C 50
- Verlängerung der M. C 46 ff.

Mitversicherung
- beitragsfreie M. von Kindern und Ehegatten in der GKV A 2 ff., B 155 f., 326
- Benennung als Empfangsberechtigten A 3
- Hilfebedürftigkeit B 155 f.
- Vermeidung von Doppelzahlungen A 4

Musterbedingungen
- für den Basistarif (MB/BT 2009) **Anh. IV**
- für die Krankentagegeldversicherung (MB/KT 2009) **Anh. II**
- für die Krankheitskosten- und Krankenhaustagegeldversicherung (MB/KK 2009) **Anh. I**
- für den Standardtarif (MB/ST 2008) **Anh. III**

Nachfrage- und Beratungspflichten des Versicherers nach dem VVG B 306 ff., 310 ff., 316 ff.

Nichtversicherte B 1 ff., 49 ff., C 1 ff.
- Aufnahme in modifizierten Standardtarif B 50, C 1 ff.
- Beihilfeberechtigte B 4
- Kontrahierungszwang im Basistarif B 49 ff.
- Pflicht zur Versicherung B 1 ff.

- Prämienzuschlag bei verspätetem Nachkommen der Pflicht zur Versicherung B 44

Notfallbehandlung bei Ruhen der Leistungen B 139 ff.

Pflicht zur Versicherung in der PKV B 1 ff., 13, 23 ff., 27, 31 ff., 40 ff.
- Ausnahmen B 10
- Bestandsschutz und Tarifwechsel B 14
- Geltungsbereich B 3 ff.
- Grenzgänger B 13
- individuelle Leistungsausschlüsse B 40 ff.
- Maßstab für die inhaltliche Ausgestaltung B 23 ff.
- Prämienzuschlag B 44
- Sanktionen bei Verstoß B 43 ff.
- Selbstbehaltbegrenzung B 23 ff.
- Sonderregelung für alte Verträge B 14
- Umfang B 23 ff.
- Verhältnis zum Leistungsumfang des Basistarifs B 27, 31
- Verhältnis zur Versicherungspflicht in der GKV B 7
- Versicherung bei gesetzlicher Krankenversicherung im Ausland B 13
- Zweck der Regelung B 2

Prämienzuschlag bei Verstoß gegen die Pflicht zur Versicherung B 43 ff.
- Berechnung B 44
- Ratenzahlung B 48
- Rechtsfolgen B 45
- Stundung B 48
- Verzicht B 47

Risikoprüfung B 55 f., 175 ff., 178 ff., 183 ff.
- Basistarif B 55 f.
- ergänzende Risikoprüfung für die Mehrleistung bei Wechsel aus dem Basistarif B 183 ff.
- Reichweite bei Aufnahme in den Basistarif B 175 ff., 178 ff.

Buchst. = Teile des Werks; Zahlen = Rdn.

Ruhen der Leistungen bei Zahlungsverzug **B** 133 ff., 147 ff., 152 ff., 158 ff.
- Aufrechnung von Prämienrückständen mit Leistungsansprüchen **B** 158
- Ausbleiben des Prämienzuschlags **B** 136 ff.
- Beitragszahlung **B** 133, 146
- Ende **B** 152 ff.
- Fortsetzung des Vertrags im Basistarif **B** 148 f.
- Hilfebedürftigkeit **B** 154 ff.
- Leistungsanspruch **B** 139 ff.
- Notfallbehandlung **B** 139 ff.
- Rechtsfolgen **B** 139 ff.
- Ruhen von Zusatzversicherungen **B** 159 f.
- Säumniszuschlag **B** 147
- Voraussetzungen **B** 134

Säumniszuschlag B 147
Selbstbehalt B 23 ff., 53
- im Basistarif **B** 80
- Begrenzung **B** 23 ff.
  - bei Steigerungsfaktor **B** 37
  - Reichweite der B. **B** 24 ff.
- individuelle Leistungsausschlüsse **B** 40
- Pflicht zur Versicherung **B** 23 ff.
- Preisleistungslisten **B** 36
- primäre Leistungseinschränkungen **B** 26
- prozentuale Leistungsversprechen **B** 38
- prozentualer S. **B** 34 f.

Standardtarif B 50, **C** 1 ff., 13 ff.
- Aufnahmepflicht Nichtversicherter in den modifizierten S. **B** 50, **C** 1 ff.
- modifizierter S. **C** 1 ff., 7 ff.
- Schließung **C** 13 ff.
- zugangsberechtigter Personenkreis **C** 3 ff., 13 ff.

Tarifwechselrecht B 161 ff., 172 ff., 186 ff., 275 ff.
- Anspruch auf Vereinbarung eines Zusatztarifs bei Wechsel in den Basistarif **B** 258
- Neuregelung **B** 161 ff.
- Tarifwechsel
  - in den Basistarif **B** 186 ff
  - aus dem Basistarif in Normaltarife **B** 172 ff., 184 f.
  - zwischen „neuer Welt" und „alter Welt" **B** 275 ff.
- Übertragungswert **B** 161 ff.
- Verhältnis zum Kontrahierungszwang **B** 173 ff.
- Wechselmöglichkeit
  - für PKV-Altkunden in den Basistarif **B** 189
  - für PKV-Neukunden in den Basistarif **B** 188
- Zwangsumstellung in den Basistarif bei Zahlungsverzug **B** 148 ff.

Übermaßverbot A 12 f.
Übertragungswert B 161 ff., 166 ff., 172 ff., 199 ff., 211 ff., 218 ff., 221 ff., 227 ff., 239 ff., 246 ff.
- Anwartschaftsversicherung **B** 227 ff.
- Aufrechnung des Versicherers **B** 239 ff.
- Berechnung **B** 163
- Folgen für die Tariflandschaft des Versicherers **B** 221 ff.
- Krankentagegeldversicherung **B** 218 ff.
- Mitgabe bei Wechsel des Versicherers **B** 162 f., 199 ff.
- praktische Auswirkungen der gesetzlichen Neuregelung **B** 166 ff.
- Reichweite des Anspruchs auf Mitgabe bei Versichererwechsel **B** 211 ff.
- Zurückbehaltungsrecht des Versicherers **B** 246 ff.
- Zweck **B** 165

Vereinbarung zusätzlicher Dienstleistungen **A** 14 ff.

Sachregister

Verfassungsrechtliche Aspekte
– versicherungsvertrags- und aufsichtsrechtliche Neuregelungen **B** 324 ff.
– Wahltarife der GKV **C** 59 ff.

Verzug mit Zahlung einer Folgeprämie **A** 9 f.
– Fristbestimmung **A** 10
– Zahlungsfrist **A** 9

Wahltarife im Bereich der GKV **C** 17 ff., 19 f., 21 f., 23, 24, 25, 26, 27 ff., 32 ff., 44 f., 54 ff.
– Auswirkungen auf den Wettbewerb zwischen der PKV und der GKV **C** 53 ff.
– für besondere Versorgungsformen **C** 23
– für bestimmte Mitgliedergruppen **C** 26
– für den Fall der Nichtinanspruchnahme von Leistungen **C** 21 f.
– Kalkulation **C** 44 f.
– für Kosten für Arzneimittel der besonderen Therapieeinrichtungen **C** 25
– für Kostenerstattung **C** 24
– Krankengeld **C** 27 ff.
– Mindestbindungsfrist **C** 32 ff.
– Reichweite der Befugnis der GKV zur Einführung von Wahltarifen **C** 54 f.
– mit Selbstbehalt **C** 19 f.
– Wahlerklärung Krankengeld **C** 28 f.

Wettbewerb zwischen der PKV und der GKV im Bereich der Wahltarife **C** 53 ff.
– Reichweite der Befugnis der GKV zur Einführung von Wahltarifen **C** 54 ff.
– Wettbewerbsvorteile der GKV gegenüber der PKV **C** 56 ff.

Widerrufsrecht B 105 ff., 111 ff.
– Auswirkungen auf Versicherungsschutz bei Widerruf nach Wechsel des Versicherers **B** 111 ff.
– Verhältnis zur Pflicht zur Versicherung **B** 105 ff.

Wiederinkraftsetzung von Verträgen B 236 ff.

Wohnsitzverlegung innerhalb der EU **A** 27 f.

Zurückbehaltungsrecht des Versicherers **B** 246 ff.

Zusatzversicherungen B 15 ff., 133, 159 f., 216 ff., 258 f.
– Anspruch auf Abschluss einer Zusatzversicherung beim Wechsel in den Basistarif **B** 258 ff.
– Fiktion des Erfüllens der Pflicht zur Versicherung **B** 15 ff.
– Kündigung des Versicherers **B** 125
– Ruhen der Leistungen **B** 133, 159 ff.
– Übertragungswert **B** 216 ff.
– Wechsel in den Basistarif **B** 258 f.

Sichern Sie sich dieses Meisterwerk!

Münchener Kommentar VVG
Band 3: §§ 192–215
2009, LII, 924 Seiten.
In Leinen € 190,–
ISBN 978-3-406-58903-4
Band 1· §§ 1–99
(erscheint im Januar 2010)
Band 2: §§ 100–191
(in Vorbereitung für 3. Quartal 2010)
Es besteht Gesamtabnahmeverpflichtung für alle drei Bände.

Start mit Band 3 zur Krankenversicherung:

Band 3 erschien wegen der besonderen Bedeutung der Privaten Krankenversicherung (PKV-Reform und GKV-WSG) im Rahmen der VVG-Reform als erster Band des Kommentars mit **Rechtsstand 1.1.2009**. Die Gesundheitsreform ist mit den zum 1.1.2009 in Kraft tretenden Vorschriften des Gesetzes zur Stärkung des Wettbewerbs in der Gesetzlichen Krankenversicherung voll berücksichtigt.

Inhalt von Band 3:

- Kapitel 8. Krankenversicherung (§§ 192–208), Kernstück der VVG-Reform – zugleich das umstrittenste Kapitel wegen der Berücksichtigung der Gesundheitsreform per 1.1.2009
- Schlussvorschriften (§§ 209–215)
- Synopsen und Materialien
- Register zu Band 3

Der neue Münchener Kommentar zum VVG

erläutert ebenso praxisorientiert, wie wissenschaftlich fundiert die 215 Vorschriften des neuen VVG (mit Rechtsstand 1.1.2009). Das Werk stellt die an das Versicherungsvertragsrecht angrenzenden Gebiete, wie Versicherungsaufsichtsrecht, Rückversicherungsrecht und Kartell- und Steuerrecht systematisch dar. Die verschiedenen Haftpflichtsparten bzw. Versicherungszweige der Kompositversicherung werden in systematischen Einführungen vorgestellt.